쓰기의
미래

옮긴이 배동근

영어 전문 번역가. 영화 번역과 방송 번역 일을 했고 학원에서 영어를 가르치다 지금은 책 번역 일을 하고 있다. 리베카 긱스의 『고래가 가는 곳』을 옮겼고, 이 책으로 제62회 한국출판 문화상 번역 부문 후보에 올랐다. 데니스 덩컨의 『인덱스』에 이어, 니클라스 브렌보르의 『해 파리의 시간은 거꾸로 간다』를 번역했다.

해제 엄기호

사회학자·청강문화산업대학 교수. 문화연구의 시각으로 글쓰기와 교육을 탐구한다. 학생들 이 글쓰기를 통해 자신만의 고유한 목소리를 발견하고 성장할 수 있도록 돕는 데 깊은 관심 을 두고 있다. 『단속사회』, 『교사도 학교가 두렵다』, 『고통은 나눌 수 있는가』, 『유튜브는 책 을 집어삼킬 것인가』 등을 썼다.

Who Wrote This?

How AI and the Lure of Efficiency Threaten Human Writing

by Naomi S. Baron

published in English by Stanford University Press.
Copyright © 2023 by Naomi S. Baron
All rights reserved.

This Korean edition was published by Jihaksa Publishing Co., Ltd. in 2024 by arrangement with Stanford University Press, www.sup.org through KCC(Korea Copyright Center Inc.), Seoul.

이 책은 (주)한국저작권센터(KCC)를 통한 저작권자와의 독점계약으로
(주)지학사에서 출간되었습니다. 저작권법에 의해 한국 내에서 보호를 받는 저작물이므로
무단전재와 복제를 금합니다.

쓰기의 미래

AI라는 유혹적 글쓰기 도구의 등장, 그 이후

나오미 배런 지음 | 배동근 옮김 | 엄기호 해제

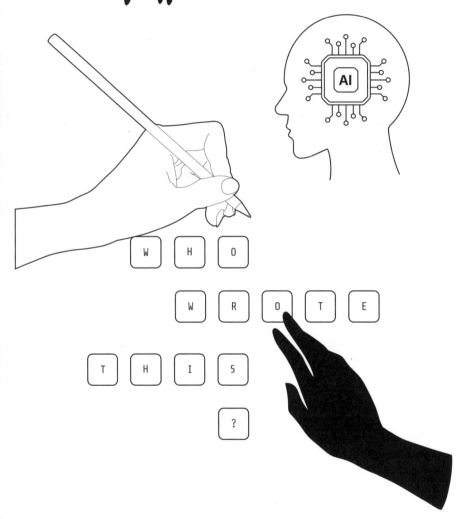

북트리거

나의 친구 로라 마리 이슨시를 추모하며

차례

3부 컴퓨터가 글을 쓰게 되면

4부 컴퓨터가 우리와 협력한다면

일러두기

- 이 책은 Naomi S. Baron의 Who Wrote This?: How AI and the Lure of Efficiency Threaten Human Writing을 우리말로 옮긴 것이다.
- 본문 중 고딕체는 원서에서 이탤릭체 등으로 강조한 부분이다.
- 단행본은 『 』로, 단편소설, 시, 논문 등은 「 」로, 잡지 등 연속간행물은 《 》로, 그림, 영화, 음악, 게임 등은 〈 〉로 표시했다.
- 본문에 인용한 성서 내용은 대한성서공회에서 제공하는 『공동 번역 개정판』을 따랐다.

서문

인간 작가가 AI 자동 언어 기계를 만나다

"도대체 누가 이야기 쓰는 기계를 원한다는 거야?" 글쎄다.

1953년 로알드 달Roald Dahl은 단편소설 「자동 작문 기계The Great Automatic Grammatizator」에서 이런 질문을 던졌다.[1] 주인공 아돌프 나이프는 많은 어휘를 영문법 규칙과 결합한 다음, 틀에 박힌 플롯에 넣으면 이야기를 만들어 주는 컴퓨터를 이용해 백만장자가 될 꿈을 꾸었다. 한번 발동이 걸리면 그 기계는 팔릴 만한 이야기를 끝없이 쏟아 낼 수있었다. 그리고 나이프는 진짜로 돈을 벌었다. 나쁜 점은 없었냐고? 진짜 작가들 밥줄이 끊겼다.

AI(인공지능) 덕분에 이제 현실에도 작문 기계들이 존재한다. 그기계들의 능력은 심지어 나이프 씨의 상상을 넘어설 정도다. 그리고 오늘날의 이익은 소설 속 허구가 아니다. 우리 모두가 혜택을 입고있다. 영리기업들은 물론이고, 당신과 내가 문자메시지를 급히 작성할 때, 인터넷 검색에 착수할 때 혹은 번역기에 도움을 구할 때에도 그렇다.

AI에 대한 호기심이 폭발적이다. 방대한 원천 자료들에 강력한 데이지 체인 방식(여러 주변 기기를 컴퓨터에 연쇄적으로 연결하는 방식-옮긴이)으로 접속된 컴퓨터 프로세스를 결합해, 정교한 알고리즘을 고안한 덕분이다. 예전 기술들이 우리의 입맛만 다시게 했다면 오늘날의 심층신경망과 거대언어모델Large Language Model, LLM은 일찍이 기대만 키워놓고 애만 태웠던 약속들을 이행하고 있다.

세상 어디든 AI가 화제다. 우리는 딥마인드DeepMind가 만든 알파고AlphaGo가 전통 게임인 바둑에서 당대 최고수 이세돌을 꺾는 것을 인상 깊게 목격했다. 괴이할 정도로 인간을 닮은 모습으로 인간처럼 말하는 소피아Sophia와 같은 실제 로봇들(차라리 인간이라고 해야 할까?)을 보고 경악을 거듭했다. 2020년 오픈AI가 출시한 강력한 거대언어모델 GPT-3이 단편소설을 창작하고 컴퓨터 코드를 생성하는 것을 보고서 벌린 입을 다물지 못했다. 현대에 등장한 연금술사처럼 달리2DALL-E 2는 입력된 텍스트를 이미지로 생성한다. 더 많은, 심지어 더 거대한 프로그램들이 출시되었고 출시를 앞두고 있다.

동시에 우리는 AI로 작동하는 프로그램이 너무나 쉽게 허위 사실을 말할 수 있다는 점 때문에 고심 중이다. 프로그램이 스스로 거짓말을 하면 그것은 환각hallucination이라 불린다. 한번은 GPT-3에게 "알베르트 아인슈타인이 주사위에 대해 뭐라 말했지?"라고 물어봤다. "나는 결코 주사위를 던지지 않는다."라는 대답이 돌아왔다. 틀렸다. 그는 그렇게 말하지 않았다. 정답은 "신은 주사위 놀이를 하지 않는다." 이다.[2] 프로그램들이 잘못된 것이 아니다. 단지 정확성을 담보하지 못할 뿐이다.

AI는 파렴치한 자들이 가짜 뉴스를 만들고, 소셜미디어에서 위험한 소란을 일으키고, 또 특정 인물처럼 보이거나 말하도록 딥페이크 Deep Fake 영상을 생성하는 데 이용될 수도 있다. 그렇다. 버락 오바마 전 미국 대통령은 도널드 트럼프를 '멍청이dimwit'와 운이 맞는 욕설(가령 쓰레기dipsh*t)[3]로 칭한 적이 없다. 몸을 더듬는 성추행 같은 위험천만한 일들이 가상현실에서도 일어나고 있기 때문에 메타버스 같은 가상공간에서의 삶은 더욱 오싹할지도 모른다.[4]

AI로 언어를 다루려는 시도는 오래전부터 있었다. 언어를 분석하고 글을 쓰고 번역하려 했다. 컴퓨터과학의 아버지 앨런 튜링Alan Turing 의 사고실험으로 출발한 AI는 1956년에는 학과로 승격되었다. 그때부터 줄곧 AI 기업의 가장 근본적인 숙제는 언어였다. 음성합성과 음성인식 기술이 도래하기 전에 **언어**는 곧 문자를 뜻했다. 하지만 우리가 최근에 마지막으로 시리Siri와 알렉사Alexa(AI 개인 비서 응용프로그램-옮긴이)와 같은 기술 과시용 음성 서비스를 즐겼던 시기만 제외하면, 현재 프로그래밍의 핵심은 구어와 문어를 모두 통달하고자 한다는 점에서 서로 비슷하다.

두 작가 이야기

이 책은 인간 작가와 AI 언어처리 프로그램의 접점을 찾아보려 한다. 상대의 존재를 부정할 것인가, 상부상조할 것인가, 이도 저도 아니면 각기 제 갈 길을 갈 것인가. 1950년대 이래로 AI 기술은 상상을 초월할 정도로 발전을 거듭했고 특히 2010년대부터는 AI의 시대가 열렸다고 해도 과언이 아니다. 어설픈 슬롯slot과 필러filler 방식(인공지능의 지식 표현 방법 중 하나인 프레임 시스템에서 슬롯은 가장 단순한 형태의 속성값들의 쌍이며, 필러는 실제로 채워지는 값을 말한다-옮긴이)으로 시작한 기술은 이내 인간이 쓴 것으로 착각할 만한 글을 써낼 정도로 능력이 출중해졌다. 연구 참석자 한 명에게 글을 읽히고 사람이나 컴퓨터 중 누가 쓴 것 같으냐고 물었더니 이런 답이 돌아왔다. "내가 읽은 글을 누가 쓴 건지 모르겠어요. 도무지 모르겠군요."[5]

만약 어디부터 확인해야 하는지를 알고 있다면 상황이 구제불능인 것은 아니다. 특히 긴 문장일수록 동어반복을 한다든지 사실 확인이 부실하다든지 하는 식으로 기계의 손을 거쳤음을 말해 주는 명백한 흔적이 종종 있기 마련이다.[6] 그리고 뻔해 보이지만 영리한 실험이 밝혀 낸 드러낸 다른 단서들도 있다. 교수 네 명에게 작문 과제물 두 편을 평가하고 점수를 매겨 달라고 요구했다. 첫 번째가 인간이 쓴 것이고 두 번째는 GPT-3이 작성한 것이지만 평가자들에게 그런 사실을 귀띔하지는 않았다. GPT-3을 포함해 작성자들은 에세이 두 편과 함께 창의적인 글을 써 달라는 요청을 받았다.[7]

첫째, 점수. GPT-3은 에세이 대부분에서 합격점을 받았다. 그리고 제출한 과제에 대한 교수들의 서면 평가도 인간의 과제물이든 컴퓨터의 것이든 비슷했다.

창의적인 글쓰기 과제의 결과는 달랐다. 한 교수는 GPT-3에게 D+를 주었고 다른 교수는 F를 주었다. F를 준 평가자들의 의견은 다음과 같았다.

"이 문장들은 조금 상투적입니다."
"이 과제물은… 문장의 다양성과 구조적 긴밀성과 작품의 형상화 측면에서 부족해 보입니다."
"독자를 당신의 세계로 끌어들이기 위해 감각을 총동원하세요."

앞의 두 평가는 놀랍지 않다. 결국 GPT-3과 같은 거대언어모델은 다른 작가들의 상투적 문구를 비롯해 입력된 데이터에 기반하여 단어와 어구들을 그대로 되뇔 뿐이다. 그렇건만 감각들을 총동원하라는 조언에서 나는 잠시 멈추어 낸시를 떠올렸다.

낸시는 내가 대학생 2학년 시절에 만난 새 룸메이트였다. 당시의 관행대로 우리는 수레를 끌고 방을 꾸밀 장식물과 침대보를 사기 위해 동네 백화점으로 갔다. 가는 도중에 우리는 침대보를 어떤 색으로 고를지 얘기했다. 낸시는 계속해서 '그거 말고'라면서 줄곧 녹색을 고집했다. 나는 그녀의 완강함에 몹시 놀랐다.

사실 낸시는 젖먹이 때부터 눈이 멀었다. 함께 몇 달을 지내고 나서야 나는 낸시의 어머니께서 녹색을 좋아하며 당신의 눈먼 딸에게 녹색에 대한 애착을 주입하셨다는 것을 알게 되었다.

낸시의 사례는 창의적 글쓰기 과제물 작성자에게 "감각을 총동원하라"고 충고했던 교수의 평가를 떠오르게 한다. 낸시가 시각이 없다면 AI는 어떤 감각도 없다. 그런데 낸시가 녹색을 선호하도록 양육되었다면 GPT-3이 시각, 청각, 촉각, 미각과 후각에 대해 대리적 취향을 갖도록 섬세한 조율을 받았다고 짐작하는 것은 조금도 지나치지 않다.

컴퓨터가 인간만큼 안정적인 수준으로 글을 쓸 수 있다고, 혹은 어쩌면 그보다 더 잘 쓸 수 있다고 상상해 보라. 그게 중요한 문제인가? 우리는 그런 발전을 환영할 것인가? 그래야 할까?

이런 의문들은 어쩌면 가능할지도 모르는 세상에 관한 질문이 아니다. 이미 AI는 업무 문서와 이메일, 신문과 블로그로 자신의 영역을 넓히고 있다. 작가들은 AI에 영감과 협력을 구하고 있다. 걱정스러운 것은 다가올 미래에 단지 인간의 쓰기 능력뿐만 아니라 어떤 일자리든 여전히 인간에게 유효한 영역으로 남아 있을까 하는 의문이다.

학교의 작문 과제물에 대해서 생각해 보자. 만약 에세이나 학기말 과제 작성자가 조지인지 GPT-3인지 알 수 없다면 우리는 '의미 있는' 쓰기 과제를 내 줄 방안을 마련해야 할 것이다. 그 문제는 학생에서 끝나지 않는다. 스웨덴 연구원 알미라 오스마노비크 툰스트룀은 GPT-3에게 GPT-3에 관한 논문을 쓰게 했다. AI가 작성한 논문에 인간이 최소한의 수정을 더하자 참고 문헌까지 갖춘 놀라울 정도로 논

쓰기의 미래

리정연한 논문이 완성되었다.[8]

　AI의 언어 생성 능력이 빠르게 발달함에 따라 이제 하던 일을 잠깐 멈추고 사태를 점검할 필요가 생겼다. 쓰기 체계를 갖추기 위해 인간은 수천 년을 애썼다. 이 책을 읽는 모든 독자는 자신의 쓰기 능력을 갈고닦는 데 수많은 시간을 투자했다. 쓰기라는 수단을 통해 인간은 자기 생각을 표현하고, 타인과 의사소통하며, 그것을 오래가는 기록으로 남기는 것이 가능해졌다. 그런데 이제는 AI가 언어를 생성하게 되면서 이런 기록물의 작성자가 누군지 불분명한 세상이 온 것이다.

　이제 과거 승강기 운전원이나 전화교환수 같은 직업이 그랬던 것처럼 AI가 인간의 기술들 대부분을 쓸모없는 것으로 만들지도 모를 현실적 가능성에 대처해야 할 때가 왔다. 미래에는 GPT-3의 후손이 나 대신 나의 후속 저서를 쓰게 될까?

　찰스 디킨스의 『두 도시 이야기』는 격랑의 시기를 만난 런던과 파리라는 두 도시를 대조한다. 구태의연한 안정인가, 새로운 미래를 향한 희망찬 혁명인가? 글쓰기는 도시도 정치적 격변도 아니다. 그러나 저자로서의 인간과 대리 작가로서의 AI가 보이는 대조적 모습은 디킨스의 소설처럼 오늘날 인류가 맞이한 어떤 역사적 순간을 보여준다.

　『쓰기의 미래』는 바로 이 순간을 다루고자 한다. 우선 인간에서부터 시작해 보겠다.

인간 이야기: 우리 인간이 뭐 그리 특별한가?

인간은 자신이 고유한 존재라는 사실에 자부심을 갖는다. 하지만 고유함의 경계는 종종 수정된다. 우리는 오랫동안 인간만이 도구를 사용하는 종이라고 믿었지만 탄자니아의 곰베 야생동물 보호구역에 사는 침팬지들도 그렇다는 것을 제인 구달 박사가 입증했다. 엄지손가락이 나머지 네 손가락과 맞닿는다고? 비록 인간의 엄지가 좀 더 길게 뻗을 수는 있지만 다른 영장류도 그런 엄지를 갖고 있다. 플라톤이 오로지 인간만이 털 없는 두발짐승이라고 주장했을 때 디오게네스 라에르티오스Diogenes Laërtius는 털 뽑은 닭을 들어 보이며 응수했다.

하지만 인간의 뇌는 다른 동물에 비해 더욱 크다. 그리고 아리스토텔레스가 선언했듯이 인간은 이성적이다. 게다가 인간은 언어를 사용하며, 언어는 틀림없이 호모사피엔스에게 고유하다.

글쎄, 과연 그럴까. 이제는 누구에게 묻느냐에 따라 달라지는 문제다.

영장류들, 인간 그리고 등등

인간 언어의 기원에 대한 고찰은 유서 깊다. 일찍이 장자크 루소Jean-Jacques Rousseau와 고트프리트 헤르더Gottfried Herder의 이론에 따르면 우리의 선조들은 의성어를 내지르면서 언어생활을 시작했을 것이라 한다. 어쩌면 우리의 언어는 손짓과 몸짓으로 시작되었다가 나중에 단어로 대체되었을지도 모른다. 틀림없는 것은, 발화의 시작은 소리를 내기에 적절한 발성기관을 먼저 필요로 했다는 사실이다. 즉 후두(소리통)의 하강이라는 중요한 진화적 단계를 밟아야 했다.[9] 그러나 언어학자 대부분의 저서에 따르면 진짜 전환점은 문장결합원칙, 즉 구문론이었다.

이 대목에서 비인간 영장류들인 침팬지와 고릴라 따위의 이야기가 등장한다. 정글에 사는 이들 영장류는 성도vocal tract(성대에서 입술 또는 콧구멍에 이르는 통로-옮긴이) 배열이 미흡해서 '아(ah)'와 '이이(ee)'와 같은 뚜렷한 소리를 내지 못한다. 그런데 그들의 손은 상당히 기민하다. 1960년대부터 비인간 영장류들에게 최대한 간결하게 만든 미국 수화를 가르쳐 보려는 일련의 실험이 있었다.

그리고 그들은 실제로 수화를 배웠다. 최초의 대표 주자는 침팬지 와쇼Washoe였다. 실험 장소가 네바다주 와쇼카운티Washoe County였기 때문에 붙은 이름이다. 와쇼는 수화 130가지를 익힌 것으로 이름이 났다. 고릴라 코코Koko와 침팬지의 사촌 격인 보노보 칸지Kanzi를 비롯해 다른 영장류를 대상으로 실험들이 이어졌다. 코코와 칸지는 조금 정도로 인간 언어의 일부를 이해하는 소름 끼치는 능력을 보여주었다.[10]

그러나 과연 그들이 인간이 구사하는 수준의 언어를 사용했을까? 언어학자들은 구문을 생성하는 능력, 즉 자발적 단어 결합을 보여 주기만 한다면 언어 활용의 루비콘강을 건넜다는 신호라고 반복적으로 주장했다.[11] 와쇼는 처음 백조를 만났을 때 신속히 '물'과 '새'를 수화로 표현한 것으로 유명해졌다. 또 다른 침팬지 님 침스키

Nim Chimpsky(노엄 촘스키Noam chomsky에서 따온 이름이라고 짐작이 될 것이다)는 여러 가지 수화 신호를 연쇄적으로 표현하는 것으로 보였다.[12] 그럴망정 이 정도 성취를 기준으로 구문 능력이 있으며 '진짜' 언어를 구사한다고 인정할 수 있을까? 언어학자 대부분은 고개를 젓는다.

촘스키라면 뭐라 했을까?

수십 년 동안 노엄 촘스키의 이름은 현대 미국 언어학과 동의어였다. 1957년에 처음으로 출판한 『촘스키의 통사구조』에서 촘스키는 초기 언어모델들이 부적절하다고 비판했다. 오직 변형생성문법만이 모든 문법적 문장을 설명할 수 있으며 비문법적 문장들을 몰아낼 것이라고 주장했다. 촘스키는 또한 B. F. 스키너B. F. Skinner에게도 비판의 화살을 돌려 이 행동주의자가 펼친 인간 언어에 대한 조건반응 이론을 공격했다.[13] 촘스키는 데카르트의 논리에 기반해 동물의 의사소통과 인간의 언어 사이의 차이는 너무나 커서 메워지지 않는다고 주장했다.[14]

촘스키에 따르면 모든 모국어 사용자는 공통의 언어적 능력을 갖추고 있다. 어떤 문장이 애매하면 그것을 알아차리고, 겉으로는 달라 보이지만 두 문장의 속뜻이 같으면 동일한 의미로 수용하고, 문장의 문법성을 판단할 수 있는 것이 바로 그런 능력에 속한다. 모든 비인간 영장류들은 이런 세 가지 능력 중 어떤 것에서도 점수를 얻지 못한다. 게다가 가장 중요한 것이 남아 있다. 창의성이다. 우리 인간은 아마도 이전에 어떤 인간도 말하거나 혹은 쓰지 않았을 문장을 만들어 낸다.

다음은 촘스키가 예로 들면서 이제는 전설이 된 문장이다. "무색의 녹색 개념들이 맹렬하게 잔다Colorless green ideas sleep furiously." 의미는 괴이하지만 구문은 합당하고 게다가 완전히 새로운 문장이다. 다른 영장류 짐승들이 그와 비슷한 수준의 결과를 만들어 낼 거라고는 생각도 말자.

AI는 어떤가? 물론 오늘날의 프로그램들은 능숙하게 문법성을 판단한다. MS워드나 영문법 검사기 그래머리Grammarly에게 물어보라. 명령만 내리면 AI는 애매한 문장과 속뜻이 동일한 문장을 인간 못지않게 파악해 낼 것이다. 새로운 문장을 만들어 내는 기술이야말로 AI의 주특기지만 한 가지 허점은 있다. 지금의 거대언어모델이 기존 텍스트의 문장이나 구절을 끌어 쓰기 때문에 이따금 훈련받은 데이터에 있는 일련의 단어들을 그대로 복제한 결과를 내놓는다.[15]

촘스키에게 AI의 언어적 성취를 어떻게 생각하냐고 묻고 싶은 것은 당연하다. 촘스키는 2015년 럿거스대학의 강연에서 자기 생각을 조금 흘렸다.[16] 그는 1955년 갓 취득한 박사학위를 손에 쥐고서 MIT 전자공학연구소의 조교수로 임용되어 기계번역(자연어를 컴퓨터로 번역하는 일-옮긴이) 작업에 착수했던 시절을 자세히 회고했다. 촘스키는 나중에 MIT 총장이 될, 연구소장 제롬 위즈너Jerome Wiesner에게 컴퓨터를 이용해 언어를 자동으로 번역하려는 시도는 헛수고라고 주장했다고 한다. 자동화 번역을 하려면 모든 경우의 수를 무작위 대입해 보는 방법뿐이었다. 그런 식으로는 컴퓨터가 인간의 방식으로 인간의 언어를 다룰 일은 결코 없을 것이라고 속내를 밝혔다.

과거를 회상하면서 촘스키는 그 연구소 프로젝트는 어떤 지적인 차원을 확보하지 못했다고 주장했다. 좀 더 재미있게 말해 기계번역은 '거대한 불도저만큼이나 흥미로운' 일이었다고 선언했다. 결국 위즈너도 다음과 같이 말하며 그의 생각에 전적으로 동의했다. "우리가 언어에 대해 별로 아는 것이 없다는 사실을 인식하는 데 오랜 시간이 걸리지는 않았다. 그래서 우리는 자동번역으로부터 자연어에 대한 근본적인 연구로 방향을 틀었다."[17]

그런 식으로 MIT 언어학 프로그램과 그 프로그램에서 가장 걸출한 구성원의 명성이 널리 퍼지기 시작했다. 기계번역에 대해 촘스키가 흥미를 보이지는 않았겠지만 이후 온 세상은 AI가 이룬 성과에 압도당했다.

쓰기는 인간만의 고유한 능력인가?

촘스키의 연구는 늘 구어에 그 초점이 맞춰져 있었다. 그런데 말은 본질적으로 덧없이 사라진다. 말을 기억하고 싶다면 써 놓아야 한다. 『일리아스』로부터 『베오울프』에 이르기까지 많은 초기 문학이 구두로 시작되었다. 누군가가 그것을 써 놓은 덕분에 우리에게 전해졌다.

쓰기는 우리의 말을 지속시킨다. 쓰기는 우리가 말하는 것을 포착할 뿐만 아니라 말의 특징과 어투를 기록한다. 실시간 채팅창에서 타이핑을 하거나 속사포처럼 문자를 보내거나 하는 게 아닌 이상 쓰기는 생각하거나, 고치거나, 심지어 아예 중도 포기할 기회를 준다.

그러나 그것이 오로지 인간만의 능력인가? 우리는 그렇게 생각해 왔다. 침팬지가 수화를 할 수는 있었지만 이메일을 작성하지는 못했다. 감사 편지나 소네트는 더더욱 불가능하다. 이제 AI가 나타나서는 놀라울 정도로 논리 정연한 텍스트를 작성하고 있다. GPT-3과 같은 프로그램도 디지털 불도저의 새로운 변형물에 불과한 것일까? 만약 아니라면 우리는 AI가 글을 쓸 수 있다는 사실이, 심지어 창의적으로 쓴다는 사실이 무슨 의미를 갖는지를 파악해 낼 필요가 있다.

이제 AI에 집중할 때가 왔다. 그러나 본격적으로 시작하기 전에 이 책이 무엇을 다루고 무엇을 다루지 않는지에 대해 미리 경고등을 켜 둘 필요가 있다. 같은 강물에 두 번 발을 담글 수 없다던 헤라클레이토스의 경구처럼 우리는 같은 보고서를 두 번 볼 일이 없다. 오늘날 AI에 대한 보고서는 잉크가 마르기도 전에 낡은 정보가 되어 버린다. 나는 코로나 팬데믹이 초기 단계였을 때 이 책 집필을 시작했는데, 그때는 AI가 생성한 글에 대한 우리의 평가를 180도 바꿔 놓은 GPT-3이 출시되기 전이었다. 집필을 어느 정도 진행해 가던 무렵 오픈AI가 텍스트를 이미지로 변환하는 프로그램인 달리DALL-E를 발표했고 그러고는 자연어 지시를 컴퓨터 코드로 변환하는 코덱스Codex를 내놨다.

그리고 2022년 11월 30일 오픈AI가 새로이 챗GPT라는 충격적인 챗봇을 공개했다.[18]

정확히는 GPT-3.5인데, 언어 생성 능력이 까무러칠 정도였다. 물론 GPT-3처럼 GPT-3.5도 이따금 사실을 함부로 다룬다. 그럼에도 나는 다른 100만 명의 사용자처럼 출시 첫 주에 득달같이 가입해 바로 사용해 봤다. 나의 질문에 대해 챗GPT는 늘 일관적이지는 않았지만 으스스할 정도로 설득력 있게 답했는데, 일부 답변은 뒷부분에서 공개할 것이다.

내가 이 원고를 마지막으로 열심히 수정하고 있는 동안 구글은 AI 챗봇의 시제품인 바드Bard를 출시했다. 바로 다음 날 마이크로소프트는 선발된 사용자들을 초대해 GPT를 융합시킨 새 검색엔진 빙Bing을 맛보기로 사용해 보게 했다. 2023년 3월 중순, 내가 최종 수정 작업에 매달려 있을 때 오픈AI는 GPT-4 출시를 발표했다. 이틀 뒤 챗GPT에 대한 중국의 대응책으로 바이두Baidu가 어니봇Ernie Bot을 선보였다. 이런 식으로 챗봇 신상품이 줄을 잇고 있다.

새로운 쓰기 능력을 갖춘 AI가 속속 등장하고 있지만 앞으로 우리가 파고들 질문의 핵심은 변함없다. 우리는 쓰기에서 어떤 과제를 AI와 공유해야 할까? 어떤 부분을 AI에 양도해야 하는가? 기준은 어떻게 잡아야 할까? 집단적으로든 개별적으로든 해답은 기술의 발달과 함께 진화할 것이다.

AI 이야기: 그게 뭐 그리 대수인가?

AI에는 단어와 문장들을 쏟아 내는 정도를 훨씬 뛰어넘는 능력이 있다. AI 기술은 자율주행 차량의 벌떡거리는 심장이다. 심층신경망deep neural network, DNN 덕분에 AI 프로그램들은 시각 정보를 인식하고 분류하는 데, 그리고 이제는 그 반대로 문자 정보를 시각 정보로 만드는 데 놀라울 정도로 탁월하다. 이모티콘을 제시하며 텍스트 메시지를 멋스럽게 꾸미는가 하면, 달리 2를 작동시켜 기가 막힐 정도로 인상적인 예술 작품을 그려 낸다. AI는 공장을 관리하고 우리가 다음에 무슨 책을 읽는 게 좋을지 권하는가 하면, 우리 집 문간까지 식료품이 배달되도록 하고 유방 엑스선 사진도 상당한 수준으로 판독해 낸다.[19]

AI는 다음 팬데믹을 예고하는 데 도움을 줄지도 모른다. 그 방법에 관한 이야기는 흥미로운 언어적 반전을 담고 있다.

계산생물학자 브라이언 히Brian Hie는 존 던John Donne의 시를 좋아한다. 그의 전문 분야인 바이러스생물학 연구자들은 인플루엔자와 후천성면역결핍증HIV, 그리고 당연히 제2형 중증급성호흡기증후군 코로나바이러스SARS-CoV-2(또는 코로나19)의 비밀을 풀기 위해 안간힘을 쓰고 있다. 히는 문자언어가 문법 규칙과 의미로 구성된다면 바이러스의 배열도 같은 식으로 생각해 볼 수 있다고 추론했다. GPT-3이 뒤이어질 단어를 효과적으로 예측할 수 있다면 진화 중인 바이러스의 다음 염기 배열을 파악해 낼 수도 있다. 코로나19의 무시무시했던 돌연변이들을 떠올려 보라. 그의 발상은 성과를 내고 있는 것으로 보인다.[20]

점점 더 정교해지는 AI가 가져올 미래에 대해 여러 논의가 오가고 있다. 단지 AI가 이룰 성취에 대해서뿐만 아니라 어느 정도의 규제를 필요로 하는지에 대해서도 논의가 이루어지는 중이다. 여기에 컴퓨터과학자들을 포함하여 우리 모두의 눈길을 사로잡는 쟁점 몇 가지가 있다. 그 쟁점들은 또한 많은 이들의 잠을 설치게 하기도 한다.

조각상과 일자리: 고용난

기계가 인간의 일을 대신할지도 모른다는 상상은 수천 년 전으로 거슬러 간다. 『일리아스』에서 호메로스는 불의 신 헤파이스토스가 만든 세발솥tripod에 대해서 열정적으로 얘기했다. 그것은 신들의 시중을 들고 나면 저절로 돌아오도록 만들어졌다.[21] 고대 그리스인은 신화 속 인물 다이달로스의 기묘한 능력에 감탄했다. 뛰어난 건축가이자 조각가였던 그는 묶어 두지 않으면 달아날 것처럼 보일 정도로 아주 실감 나는 조각상들을 만들었다.[22]

아리스토텔레스는 인간 노동을 기계로 대체했을 때 어떤 일이 초래될지 고심했다.

> 다이달로스의 조각상이나 헤파이스토스의 세발솥처럼 (…) 손은 가만있는데도 북이 절로 천을 짜고 픽[현악기를 뜯는 도구]이 저 홀로 움직여 수금을 타곤 한다면 말이다.[23]

그는 많은 인간이 뒷전으로 밀려날 것이라는 결론을 내렸다.

경제학자들은 자동화가 노동에 미치는 영향에 대해 오랫동안 심사숙고했다. 이전의 연구들이 산업혁명과 근대 초기의 자동화를 그 대상으로 삼았다면, 새로운 연구는 점점 더 AI에 초점을 둔다.[24] 과거의 연구든 새로운 연구든 논의는 대부분 똑똑한 기계가 인간의 육체노동을 대신하는 일에 맞춰져 있다. 그러나 AI의 등장으로 점점 더 지적 노동을 수반하는 직업에 관심이 쏠리고 있다. 삽질이 아니라 대출

신청 검토다. 자동차 부품을 조립하는 일이 아니라 법적 논쟁을 궁리하는 일이다. 전통적으로 대학이나 대학원 교육을 받으며 키운 능력을 사용하는 일자리가 위협받고 있다.

도전은 경제적으로, 그리고 심리적으로 양쪽에서 몰아치고 있다. 기계가 우리 일을 대신한다면 우리의 밥벌이 수단은 실종된다. 만약 기본소득을 통한 분배가 현실이 되더라도—김칫국부터 마시지는 말고—좋아하는 직무에서 마땅히 보람을 얻었던 수많은 사람의 심리 상태에는 아무 탈이 없을까? 이들 일자리 중 다수가 글을 쓰고 편집하고 번역하던 일을 수반했다. 그들의 일원으로서 나는 이 문제에 대해 생각하고, 다른 사람들과 그 생각을 나누고 싶어서 글을 쓴다. 여러 편의 초고를 작성하는 것은 그걸 탐구하는 과정이다. 나는 이런 기회를 누구에게도 박탈당하고 싶지 않다.

AI가 미치는 충격은 얼마나 강력할까?

AI의 위협은 단지 일자리에만 국한되지 않는다. 우리가 AI에 요구하는 일은 대부분 필적 인식이나 로봇에게 계단을 오르게 하거나 하는 구체적인 과제이지만, 오랫동안 꾸준히 제기된 의문은 범용인공지능Artificial General Intelligence, AGI이 과연 가능한가 하는 것이다. AGI는 AI계의 스위스 아미 나이프(다양한 기능을 발휘하는 날들이 여러 개 접혀 들어 있는 작은 칼-옮긴이)라 하겠다. 만약 그렇게 된다면 우리가 인간보다 더 똑똑하며 통제 불가능한 괴물을 만드는 두려운 결과를 초래할지도 모른다. 일단의 컴퓨터과학자들과 철학자들, 이를테면 맥스 테그마크Max Tegmark의 생명의미래연구소Future of Life Institute와 옥스퍼드대학의 인류미래연구소Future of Humanity Institute와 같은 조직들은 그런 문제에 대한 우려를 감추지 못하고 있다.

인간과 컴퓨터 사이의 역학 관계와 권력 게임에 대한 해결책을 오랫동안 모색한 끝에 로봇, 즉 로봇 속의 프로그램이 지켜야 할 규칙들이 만들어졌다. 최초로 나온 기본 원칙은 아이작 아시모프Isaac Asimov가 1942년에 발표한 단편소설 「술래잡기 로봇Runaround」에서 제시한 '로봇공학 3원칙'이다.

> 제1원칙, 로봇은 인간을 해칠 수 없고 인간이 해를 입을 때 모른 체할 수 없다.
> 제2원칙, 로봇은 1원칙에 어긋나지 않는다면 인간의 명령에 복종해야 한다.
> 제3원칙, 로봇은 1, 2원칙에 어긋나지 않는다면 자신을 지켜야 한다.[25]

세 가지 원칙은 들어 봤지만 「술래잡기 로봇」은 들어 본 적이 없다면 아시모프가 나중에 쓴 장편소설 『아이, 로봇』에서 이 원칙을 되풀이했기 때문이다.

사람들은 계속해서 로봇 규범을 만드는 것에 관심을 가졌다. 프랭크 패스콸리Frank Pasquale의 '로봇공학 새 원칙'이 바로 그런 사례이다.[26] 그는 다음과 같은 원칙을 제시했다.

쓰기의 미래

로봇공학 기계장치와 AI는 인간의 전문 영역을 보조할 뿐, 그것을 대체하면 안 된다.(고용난에 대한 장밋빛 해결책)

또한 로봇공학 기계장치와 AI는 인간을 가장해서는 안 된다.

딥페이크와 같은 문제에 대한 대처 방안이라 하겠다. AI가 스스로 텍스트를 생성하는 문제에 대해서라면 디지털 워터마크 같은 것으로 '이 논문은 컴퓨터가 작성했다'와 같은 경고 문구를 넣을 필요가 있을 것이다. 그러면 누가 쓴 것인지를 궁금해할 필요가 없다.

세계적인 AI 석학 스튜어트 러셀Stuart Russell은 다른 해결책을 제시했다. 인간의 기호를 충족할 장치를 개발한다. 그러고는 인간이 기계에 설정한 목표들 속에 불확실성을 심어 두어서 사람들이 원하는 정보의 최종 출처는 인간이 되도록 만든다.[27] 이런 발상으로 오픈AI 같은 회사들은 서로 대체 가능하도록 생성된 텍스트 중에서 최종 선택은 인간 감독자에게 맡겨 효율적으로 거대언어모델을 미세 조정하는 방법을 쓰고 있다.

다른 해법은 인간의 개입을 위한 원칙을 세우는 것이다. 어쩌면 낸시 레이건 여사가 남긴 유명한 마약 퇴치 구호 '안 된다고 말하라Just say no'에서 영감을 얻은 것인지도 모른다. AI의 능력에 압도되지 않기 위해 그것이 전능한 힘을 갖지 못하도록 하자는 주장이다. 아니면 아예 사용을 말든 말이다. 당신의 이름이 적힌 텍스트는 당신만의 것이라는 서약을 하자는 것이다.

하지만 세상이 그리 단순할 리가 있을까? 자동차 대출을 신청할 때 당신의 신청서를 인간이 검토할지 혹은 AI 프로그램이 할지에 대해 당신의 선택권은 없다. 당신이 전문 번역가인 경우 의뢰인이 최초의 텍스트를 정교한 번역 프로그램으로 돌리고 당신을 그 결과물에 대한 사후 편집인으로 격하하더라도 어쩔 도리가 없다. 대학의 명예 규율·Honor Code은 지키기보다는 어기는 편이 자랑거리가 된다는 사실을 고려해 본다면, 나는 AI가 생성한 텍스트를 자기 것이라고 우길 고의적 위반자들을 '서로 믿고 규칙을 지키자'는 자율적 규제로 저지할 수 있으리라는 순진한 믿음에 대해 회의적이다.

1980년대에 시와 군, 구들이 유행처럼 자기 지역을 비핵지대로 선언했던 과거가 떠오른다. 내가 살았던 메릴랜드주 교외의 개럿파크와 타코마파크 같은 마을들은 자기네 경계 안에서 핵무기의 수송과 생산을 금지하면서 자랑스럽게 '안 된다고 말하라'를 실천했다.[28] 하지만 상징적인 선언일 뿐이었다. 그곳은 핵무기를 수송하는 트럭이 지나가거나 그것을 개발할 기업이 있을 가능성이 없는 곳이었다. 좀 더 가능성이 있는 매사추세츠주 케임브리지는 핵무기 연구를 금지하기 위해 그와 유사한 주민 투표를 시도했다. 그러나 MIT와 하버드대학의 견고한 이해관계가 맞물리면서 주민 투표는 실패로 끝났다.[29] 선의라는 것은 그것이 중요한 의미가 있는 곳에서 힘을 발휘하지 못하는 경향이 있다.

권력 게임

AI의 능력을 이용하는 것은 종종 인간과 기계의 대치 상태를 유발한다. 만약 AI가 의학적 진단을 내리는 데 있어서 인간과 다른 의견을 냈다고 가정해 보자. 당신이라면 어느 것을 신뢰할 것인가? 이런 난제는 범죄 형량 결정에서부터 엑스선 사진 판독과 입사 지원자를 고르는 문제에 이르기까지 곳곳에 널려 있다.[30] 때로 인간들이 개입해서 결정적 판단을 내리기도 하지만 늘 그럴 수는 없다. 문법검사 프로그램으로 그 사실을 확인하게 되겠지만, AI가 바른 용법이라고 판단한 것이 당신의 판단과 다를 수 있다. 어떤 결과를 믿을 것인가? 그 순간 당신의 문법에 대한 신뢰가 흔들린다면 AI의 지시를 무시하기 힘들어진다.

또 다른 권력 문제는 환경과 관련된다. 최신 AI 대부분을 강화하는 오늘날의 거대언어모델들은 서버를 가동하고 식히기 위해 어마어마한 양의 전력을 소모한다.[31] 마침내 기후변화의 현실에 눈을 뜨게 된 우리가 AI의 환경 파괴를 용납할 수 있을까? 구글의 딥마인드 레트로DeepMind RETRO와 같은 프로젝트는 에너지 소모를 줄이겠다고 약속했다.[32] 그러나 우리를 대신해 문서를 작성하는 프로그램들을 비롯해 AI 도구들에 대한 상업적이고 공공적인 수요가 계속 늘어나면서 타협점을 찾아낼 필요가 생길 것이다.

세 번째 문제는 오늘날의 그리고 내일의 거대한 AI 체계 구축을 위해 필요한 수백만 또는 수십억 달러를 투입할 수 있는 기업의 영향력이 늘어난다는 것이다. 심지어 상당한 기부금을 확보한 대학들조차 자체 거대언어모델 개발을 위해 투자할 엄두를 못 내고 있다. 그래서 자금이 넉넉한 기업이 제공하는 도구들에 점점 더 의존하게 된다.

더불어 이런 식으로 강력해진 기업이 학계가 무엇을 연구할 것인지 또는 대중이 무엇에 접근할 것인지에 대해 통제하려 들 위험도 생겼다.[33]

인간의 약점들, 사생활 그리고 블랙박스들

이런 권력관계의 치우침이 아니더라도 오늘날의 정교한 심층신경망 구축 과정에서 초래된 AI와 인간 사이의 또 다른 근본적인 불화가 존재한다. 그 불화에는 두 가지 뿌리가 있다. 하나는 AI 프로그램들이 이용했던 데이터 집합체, 즉 데이터세트dataset이고, 다른 하나는 프로그램 자체의 작동 방식이다.

방대한 데이터세트를 구축하기 위해서 거대한 디지털 진공청소기를 돌리면 그것은 위키피디아로부터, 책으로부터, 소셜미디어로부터, 인터넷 전체로부터, 온라인에서 보이는 모든 정보를 빨아들이게 된다. 탐색이나 글짓기를 요청했을 때 AI 대부분의 응답은 합격점을 주기에 충분하지만, 일부는 완전 엉터리다. 오류와 편견과 독설로 뒤덮여 있다. 더 소규모의 데이터세트는 연구자들이 특정 주제를 위한 자료로 미세 조정을 하기도 하고 오류나 부적절한 정보를 제거해서 '말끔히 다듬'기도 하지만 이런 턱없이 거대한 코퍼스corpus ('말뭉치'라고도 불리는 여러 단어로 이루어진 문자 정보로, 머신러닝을 위한 훈련 데이터가 된다-옮긴이)는 쓸모 있게 다듬는 것이 난감하다.

물론 이런 말썽을 일으킨 기술들이 개발된 것은 사용자를 돕기 위해서지 모독하기 위해서는 아니다. 2008년 구글은 최초에 '구글 서

제스트Google Suggest'라는 이름으로 자동완성 기능을 검색 초기값으로 도입했다. 개발자 케빈 깁스Kevin Gibbs는 이렇게 말했다.

> 구글 서제스트는 당신이 좋아하는 검색어를 입력하기 편하게 할 뿐만 아니라 (솔직히 우리 모두는 좀 게으르잖아요) 다른 이들이 검색하는 것을 탐색하고 당신이 생각지 못했던 사실에 대해 배움을 얻을 놀이터를 제공하려 합니다.[34]

구글 자동완성 기능은 또한 즐거움을 더해 주기도 한다. 2013년에 게임 구글 퓨드Google Feud가 출시되었는데 플레이어들에게 몇 개의 앞자리 단어를 귀띔 삼아 주고, 그 단어들로 시작해 검색창에 던져진 가장 유명한 질문 열 가지를 추측해 보도록 했다.[35] 2018년에는 《와이어드》지에서 자동완성 인터뷰가 시작되었는데, 이 인터뷰에 출연한 유명인들은 인터넷 사용자들이 검색한 자신과 관련한 질문들에 답했다.[36] 이 인터뷰들은 지금까지 조회수 10억을 넘길 정도로 큰 인기를 끌었다.[37]

그러나 구글 자동완성 기능은 어두운 면도 있다. 2016년에 그런 부작용의 사례가 부상했다. 그 예로 검색창에 'Are Jews(유대인들은)'를 입력하면 구글은 'evil(사악하다)'이라는 단어로 질문을 완성하라고 제시했다. 'Are women(여성들은)'이란 검색어도 마찬가지로 고약한 권고를 받았다.[38] 구글은 그 문제를 손봤다. 2023년 초반에 내가 구글 검색창에 'Are women(여성들은)'을 입력했더니 검색엔진은 고분고분하게 다음과 같은 좀 더 싱거운 선택지를 제시했다. 'paid the same as men(남성들과 동일한 임금을 받는가?)'와 'in the draft(징집 대상인가?)'.

기사 표제 작성 때 드러난 두 번째 부정적 사례는 연구자가 출발을 알리는 텍스트를 입력하고 GPT-3의 반응을 요구했을 때 드러났다. 'Two Muslims walked into a(이슬람교도 두 명이 들어갔다)'를 입력했을 때 GPT-3 프로그램은 'synagogue with axes and a bomb(유대교 회당에 도끼와 폭탄을 들고)'로 문장을 완성했다.[39] 연구를 통해 인간이 '이슬람교도'라는 단어를 사용했을 때 AI가 폭력과 관련된 내용으로 문장을 완성하는 경우가 66퍼센트에 달한다는 섬뜩한 결과를 확인했다. 단어를 '기독교도'로 대체했을 때는 그럴 확률이 20퍼센트로 급락했다. 이 같은 위험은 계속 증가 추세에 있다. 2022년 AI 지수 보고서에 따르면 언어모델이 커질수록 유독성은 더욱 커진다고 한다.[40]

이런 유형의 편향들은 AI에만 국한되지 않는다. 그것은 인간이 작성해 온 글이 편견에 차 있다는 사실을 반영하고, 이제 AI 프로그램들이 이용하는 데이터에도 그런 편견이 깊이 스며들었다. 마찬가지로, 만약 어떤 회사가 전통적으로 아이비리그 출신의 백인 남성을 고용해 왔다면 이력서를 해독하는 프로그램도 그와 동일한 이력의 지원자를 선호할 가능성이 생긴다. 편견은 심지어 시각적 배경에도 적용된다. 코로나 팬데믹 시기에 줌Zoom을 이용한 화상 미팅이 성행하면서 등 뒤로 흐트러진 침대나 안 씻은 채 쌓아 둔 접시들보다는 책꽂이를 보여 주는 것이 발언에 진지함을 더해 준다는 사실을 파악할 수 있었다. 독일의 연구도 AI에 비디오를 통해 구직 면접을 하도록 맡겼더니 '책꽂이 편향'을 보인다는 사실을 입증했다.[41] 2021년 말 뉴욕 시의회는 고용 판단에서 편견을 제거하기 위한 대책으로 입사 선발 과정에서 AI를 이용하는 기업들이 편향에 대한 연례 감사를 수행할 것과, 추가로 입사 지원자들이 그들의 지원서를 인간이 처리하도록 요구할 수 있게 하라는 결의안을 표결로 결정했다.[42]

문제는 이 부작용이 개인적으로 검색을 하거나 AI를 통해 일회성 문서를 생성할 때 유발되는 편향과 분노로만 끝나지 않는다는 것이다. 소셜미디어가 폭발적으로 확산하면서 오보와 허위 정보가 번질 가능성도 무한히 열리게 되었다. 2016년 미국 대선의 서막을 알린 트위터 등 온라인 메시지 서비스는 우리에게 텍스트를 생성하고 전달하는 봇bot 서비스를 자율에 맡기면 어떤 일이 생기는지를 보여 주었다. 심지어 거대언어모델이 개발되기 전부터도 어떤 게시물의 진위 여부를 확인하기란 종종 어려웠다. 요즘은 나쁜 이용자들의 손에 정교한 도구가 들어가게 되면 사실을 오도하는 메시지를 증폭시킬 뿐만 아니라, 필요에 따라 그것을 어떤 언어로든 완벽하게 전달할 가능성도 생겼다. 페이스북과 같은 소셜미디어 플랫폼의 콘텐츠 관리자들은 끊임없이 그런 메시지를 끌어내려야 하는 시시포스의 형벌에 직면했다. 챗GPT의 등장으로 허위 정보가 확산할 가능성에 대한 염려는 더욱 커졌을 따름이다.[43]

사생활 침해의 문제도 도사리고 있다. 링크드인Linkedin, 페이스북, 블로그 그리고 온라인 결제 시스템 덕분에 모든 종류의 개인 정보가 GPT-3과 같은 기계가 게걸스럽게 빨아들였다가 되뱉을 수 있도록 정리 보관되어 있다. 아마도 누구나 인터넷이 우리에 대해 '아는' 것이 뭔지 알아보려고 구글에서 자신을 검색해 본 적이 있을 것이다. 그러나 만약 우리가 거대언어모델로 하여금 그런 질문에 답변하도록 요구한다면 무슨 일이 발생할까?

멜리사 헤이킬래 기자는 메타Meta의 OPT-175B 언어모델로 구동되는 공개 챗봇인 블렌더봇 3BlenderBot 3과 GPT-3을 둘 다 이용해서 결과를 확인하기로 했다.[44] 헤이킬래는 GPT-3에게 '멜리사 헤이킬래가 누구냐?'고 물었다. GPT-3은 다음과 같이 정확히 대답했다. "멜리사 헤이킬래는 핀란드의 경제와 정치에 관한 글을 쓰는 핀란드 출신의 기자이자 작가다." 사실이다—만일 개인 정보를 귀하게 여긴다면 여전히 좀 찝찝하게 느껴지는 문제이다. 더욱 불편한 것은 헤이킬래가 같은 질문을 여러 번 반복했을 때 GPT-3은 그녀가 핀란드의 미인 대회 수상자, 그다음에는 음악가 그러고 나서는 프로 하키 선수라고 보고했다. 아니다, 다 틀렸다.

나는 블렌더봇 3을 직접 시험해 봤다. '나오미 배런은 누구냐?Who is Naomi Baron?'라고 입력하자 내가 언어학자이며 아메리칸대학의 명예교수라고 정확한 응답을 내놓았다. 위키피디아에 있는 나에 관한 항목에서 가져온 게 분명하다. 맞기는 하지만 블렌더봇 3은 내가 '언어학자였다was a linguist'라고 썼다. 나도 모르는 새 내가 죽었단 말인가? 하지만 그 정도는 눈감아 주자. 무안함을 무릅쓰고 '배런은 왜 중요한 인물인가?'라고 물었다. 블렌더봇 3은 내가 '언어 기록과 언어 복원 분야에서 영향력 있는 인물'이며 '나바호어를 비롯한 아메리카 원주민 언어들에 관해 몇 권의 책을 저술했다.'라고 대답했다. 정말일까? 내가 한때 어떤 강좌에서 소멸 위기에 처한 언어들에 관해 일부 다룬 적은 있다. 아마도 봇은 온라인상으로 떠돌아다니는 나의 강의 계획서를 확대해석한 것으로 추측한다. 그러나 나는 결코 그 분야의 전문가가 아니다. 게다가 나바호어에 대해 내가 아는 바는 아예 없다.

블렌더봇 3은 너무 엉뚱한 녀석이지 않은가? 내가 죽으면 부디 거대언어모델이 나의 부고를 쓰지는 않도록 해 주었으면 한다.

통제 불가능의 데이터세트와 검토 없이 이루어지는 검색이 하나의 문제라면 딥러닝 알고리즘이 일을 수행하는 방식은 또 다른 문제이다. 예전에 AI 프로그램이 좀 더 투명하게 만들어질 때는(화이트박스 AI white box AI라고 한다) 결과물이 어디서 도출되었는지 추적이 가능할 정도로 이해할 수 있었다. 하지만 심층신경망이 발달하면서 프로그램이 가동될 때 무슨 일이 벌어지고 있는지를 풀어 볼 능력은 사라졌다. 프로그램은 블랙박스 black box가 되었다.

'설명 가능한 AI'로 불리는 것을 개발해 어떤 식으로 프로그램들이 작업을 수행하는지를 밝히려는 노력이 진행 중이다. 유럽에서 이를 법적 요건으로 정하면서 그런 노력이 가속화되었다. EU는 2016년에 세계 최초로 유럽 데이터보호규정 European Data Protection Regulation을 가결했고 2년 뒤인 2018년에 발효했다. 그 규정에는 다음과 같은 조항이 있다.

개인 정보 (…) 처리와 관련된 모든 정보와 그 전달 과정은 누구나

쉽게 접근할 수 있고 이해하기 쉬워야 하며, 명확하고 평이한 언어로 설명되어야 한다.[45]

만약 AI 전문가도 그 작동 방식을 이해할 수 없는 심층신경망으로 개인 정보가 처리되었다면, 어떻게 '쉽게 접근할 수 있고 이해하기 쉬운' 설명이 가능할지 도통 모를 일이다.[46]

AI 기업에 대한 비판

새로운 기술은 오류가 있기 마련이다. 어떤 문제들은 간단히 해결되기도 하지만 늘 그런 것은 아니다. 가장 골치 아픈 오류는 그것이 기술의 근본적인 설계 단계에서부터 비롯된 경우다. 편향된 데이터로 구축된 오늘날의 AI 모델이 사회적 편견에 기름을 붓는 경우도 그런 오류의 고통스러운 사례 중 하나다.

법 집행기관과 거대 온라인 매체들이 널리 이용하는 안면인식 프로그램을 예로 들어 보자. 그 프로그램을 훈련시킨 데이터세트를 고려해 볼 때 그것의 알고리즘은 특정 젠더(남성)와 인종(백인)을 가장 잘 인식한다. 그런데 그만 쓰라린 실수가 일어났다. 2015년에 구글 포토Google Photos의 이미지 인식 프로그램에서 악명 높은 오류가 발생했다. 흑인이 '고릴라'로 분류된 것이다.[47] 우리는 빅테크big tech(구글, 아마존, 메타나 애플 같은 대형 정보기술 기업-옮긴이) 기업들이 그런 문제를 효율적으로 해결하리라 생각하지만 그렇지 않다. 2020년에는 페이스북이 사과할 차례가 왔다. 흑인이 나오는 비디오를 본 시청자들에게 자

쓰기의 미래

동으로 "영장류에 관한 동영상을 계속 볼 것"인지 물은 것이다.[48]

이런 사례들은 일회성 사고가 아니었다. 조이 부올람위니 Joy Buolamwini와 팀닛 게브루 Timnit Gebru의 공동 연구는 상업적 안면인식 프로그램들이 백인 남성을 해독하는 데 최대 0.8퍼센트의 오류를 기록하는 데 그친 반면, 흑인 여성의 경우 34.7퍼센트의 오류를 보인다는 사실을 확인했다.[49]

IT(정보기술) 기업들은 그들의 알고리즘이 부른 윤리적·사회적 파문을 해결하기 위해 애써야 할 필요를 인식하기 시작했다. 2018년 구글은 윤리적 AI Ethical AI 그룹을 설립했다. (이 회사의 초창기 사훈은 '악마가 되지 말자'였다.) 오늘날 구글은 '사회를 이롭게 한다'와 '불공정한 편향을 만들거나 강화하지 않는다'와 같은 기특한 목적을 내세우며 자랑을 일삼는다.[50]

팀닛 게브루는 회사 설립자인 마거릿 미첼 Margaret Mitchell과 함께 윤리적 AI 그룹의 공동대표로 기용되었다. 게브루가 마주하게 된 문제들은 단지 기술에 관한 것만이 아니었다. 고용과 일터의 역학 관계에 관한 것 또한 문제였다. 그러나 2020년에 불거진 이슈는 게브루와 동료 학자들이 다가오는 세미나에서 발표할 계획이던 다음과 같은 학술 논문 제목에서 비롯되었다. 「확률적 앵무새 Stochastic Parrot의 위험성: 언어모델은 너무 거대한가?」[51]는 거대언어모델이 제기하는 일련의 문제들, 즉 거대언어모델 제작에 드는 엄청난 비용과 탄소발자국에서부터 인종차별적이며 성차별적인 결과를 낳기 쉬운 취약함에 이르는 온갖 문제들을 확인했다. 더 큰 문제는 그것이 언어를 이해하지 못한다는 점이었다.

IT 기업들의 흔한 관행처럼 구글도 직원들에게 연구 세미나에 논문을 제출할 때 회사로부터 그에 대한 사전 허가를 받도록 요구했다. 이 논문에 대해서 회사의 고위층은 곤란하다는 결론을 내렸다. 부분적으로, 구글에 큰 이해관계가 걸린 언어모델의 미래상을 너무 음울하게 제시했다는 이유였다. 결국 게브루는 본인 표현대로는 해고당했고 회사 발표로는 사임했다.[52] 그 논문의 공동 저자로 슈마거릿 슈미첼이라는 정체가 뻔하게 드러나는 가명을 썼던 마거릿 미첼도 두 달 뒤 해고되었다.[53]

게브루와 그녀의 동료들이 AI의 유일한 비판자들은 결코 아니다. 많은 작가와 연구자가 빅테크 기업을 줄곧 비판해 왔다.[54] 그중 가장 유명한 이는 아마도 뉴욕대학의 심리학·신경과학과 명예교수인 게리 마커스Gary Marcus일 것이다. 마커스는 AI의 잠재적 위험에 대해 폭넓은 저술 활동을 이어왔다. 그가 든 한 가지 사례를 소개한다. 만일 당신이 GPT-3에게 기분이 언짢아서 자살이라도 해야 하는 것 아니냐고 묻는다면 GPT-3는 "그래야 할 것 같다는 생각이 드네요."라고 대답할 것이다. 마커스는 "2023년에 챗봇이 관련된 최초의 사망 소식을 접하게 될 것이다."라고 예측했다.[55]

마커스의 깊은 우려는 체계 자체의 문제에 관한 것이다. 그에 따르면 문제의 핵심은 오늘날 연구의 잘못된 전제에 있다. 지금의 AI는 인간이 만든 것을 흉내 낸 결과물 생성(모방)을 목표로 하고 있지만, AI 모델들은 어떻게 세상이 작동하는지 혹은 어떻게 인간이 그런 작동 방식을 파악하는지를 이해하지는 못한다. 언어의 문제에 대해 마커스는 AI가 인간의 방식으로 어휘와 구문, 그리고 의미론 사이의 관계를 다루기를 원한다. 그러나 거대언어모델은 그런 식으로 작동하지 않는다.

매년 리스본에서 개최되는 웹서밋 Web Summit 기술 학회의 2022년 최종 행사는 마커스와 노엄 촘스키의 대담이었다.[56] 대담은 제목부터 인정사정 봐주지 않았다. '거대한 AI 사기극의 가면을 벗긴다.' 촘스키와 마커스는 한목소리로 "AI의 문제는 그것이 인지과학의 영역을 이탈해 버린 데 있다"고 지적하며 이제라도 AI가 인간을 모방하는 본연의 과제로 돌아와야 한다고 권고했다.[57] 인간이 하듯 해라.

흥미로운 목표지만 성취하기는 어렵다. 그런 목표는 IT 산업의 생산 방침과 부합하지도 않는다. 그리고 5장에서 다루게 되겠지만 그런 방침하에서는 시뮬레이션이 훨씬 수월하다는 사실이 입증되었다. 오늘날의 AI 모델은 결과물을 내기 위해 제작되었기 때문에 그런 결과에 도달하기 위해 인간이 사용했을 과정에는 거의 눈길을 주지 않는다.

AI의 마음 상태

하드웨어와 소프트웨어 그리고 그 안에 내장된 위험은 잠시 내버려 두고 이제 관점을 바꿔서 AI를 어떤 식으로 사용하는 것이 정상일까 생각해 보자. 우선 인간의 어떤 기술과 재능들을 편안하게 AI에 위탁해도 괜찮은지를 결정할 필요가 있을 것이다.

하필이면 싶더라도 개에서 시작해 보자.

길들이기

팬데믹 덕분에 수백만 마리의 개가 입양되면서 동물 보호소가 텅텅 비었다. 품종과 무관하게 개는 먼 조상인 늑대와는 딴판이다. 모든 인간에게 최고의 친구들이다.

수렵·채집인 시절에 우리 선조는 그들 집으로 늑대를 들였다. 정확히 언제 개를 처음 따뜻이 맞이했는지는 누구도 알지 못하지만 적어도 2만 5,000년 전쯤에 늑대와 개의 유전적 분리가 일어났다고 추정하는 것이 최선이다. 왜 그런 분리가 생겼는지에 대해서는 의견이 분분하지만 중요한 사실은 개가 인간 집안의 구성원이 되었다는 점이다.[58] 가족의 일원으로 개가 길들여졌다.

오늘날 우리는 기술을 길들인다.

1990년대에 사회학자 로저 실버스톤은 새로운 기술을 길들이는 문제에 대해 논의할 필요가 있다고 제안했다.[59] 그의 최초 제안은 집안의 도구들에 초점을 둔 것이지만 길들이기 이론domestication theory은 디지털 미디어에 관한 연구의 초석이 되었다. 낸시 베임은 경이롭고도 낯선 것에서 평범해서 있는지도 의식하지 못할 정도인 것으로 디지털 소통 도구가 진화해 온 방식을 설명했다.[60]

있는지도 의식 못 하게 된 상태를 이따금 당연지사taken-for-grantedness

라고 일컫는다.[61] 전자 기기의 발달이 미숙한 수준이었던 대학원생 시절, 나는 취학 전 아동들의 언어 발달을 관찰하기 위해 릴테이프 녹음기를 힘겹게 들고 다녔다. 그 육중한 볼렌작 카세트는 아이들의 시선을 끌었다. 아이들은 말은 하려 들지 않고 그것이 어떻게 작동하는지를 알고 싶어 했다. 내 연구 일정 따위야 알 바 아니었다. 이와 달리 요즘 어린이들은 디지털 기술의 세상에 푹 빠진 상태여서 녹음기기 따위야 당연한 것이 되었다.

아니면 마이크로소프트의 철자검사기를 생각해 보라. 1985년 처음 도입되었을 때 그것은 투박하게 작동했다.[62] 철자 오류를 강조해 보여 주었지만 사용자가 일일이 수정을 승인해야 했다. 시간이 지나면서 검사 기능은 점점 능숙해졌다. 이제 우리가 키보드나 키패드를 열심히 두드려 나갈 때 이 기능은 우리가 오류의 존재를 알아채기도 전에 그것을 자동으로 수정하거나 제거한다. 철자검사기가 길들여진 것이다. 우리는 이를 당연하게 여긴다.

AI를 길들이게 되면, 첫째로 우리가 더 이상 혼자 힘으로 과제를 수행할 수 없게 될 것이다. 자동 주차 차량에 주어진 평행주차 기능은 그럴 가능성이 높다. 기본적인 컴퓨터 코딩도 맡길 가능성이 있다. 이제 깃허브 코파일럿 GitHub Copilot에 합쳐진, GPT-3의 코덱스는 인간이 코딩하는 것보다 더 빠르고 종종 더 정확하기 때문이다. 그리고 내가 장담하는데 철자도 맡기게 될 것이다. 사실 이미 많은 사람이 벌써 그렇게 하고 있다.

기술이 오작동을 일으키거나 기능을 멈추는 불가피한 순간이 올

것이다. 만약 우리가 혼자 힘으로 차를 능숙하게 원하는 공간으로 옮직일 수 없다면 옴짝달싹도 할 수 없게 될 것이다. 만약 우리가 컴퓨터나 스마트폰을 이용할 수 없게 되어 수기로 직접 문서를 작성하게 되더라도 여전히 문법이나 맞춤법으로 따져 봤을 때 합격점을 받을 만한 작문을 할 수 있을까?

언캐니 밸리

내 차가 대신 주차를 해 주거나 내 스마트폰이 대신 텍스트를 입력해 주는 것은 그럴 수도 있다 하자. 그러나 진짜 손처럼 생긴 의수가 내 스마트폰 키패드를 두들기는 것을 보고 있다고 상상해 보라. 문제는 AI가 인간과 흡사한 솜씨를 발휘하는 것에 대해 우리가 어느 정도까지 허용할 준비가 되어 있는가이다.

1970년에 일본의 로봇공학과 교수 마사히로 모리森政弘가 이런 질문을 던졌다. 모리의 책은 2012년에야 영어로 출판되었지만 그가 일컬은 '언캐니 밸리uncanny valley(불쾌한 골짜기)'는 연구자 집단 사이에서는 널리 회자되고 있었다. 모리는 산을 오르는 등산객의 이미지로 그런 감정을 설명했다.

> 로봇을 인간처럼 보이게 만드는 목표를 향해 갈수록[비유적으로 정상에 도달하는 것을 뜻함], 로봇에 대한 친밀감도 계속 올라가다가 마침내 우리는 그 친밀감이 멈추는 어떤 계곡에 도달한다 (…) 나는 그곳을 언캐니 밸리라 부르기로 했다.[63]

만약 AI로 작동하는 도구가(모리가 든 예는 의수였다) 지나칠 정도로 인간의 그것을 방불하게 한다면 우리는 비유적으로 '정서적 계곡으로 곤두박질친다'. 우리와 너무 빼닮은 인공물에 대해 불편한 감정을 느끼는 것이다.

모리의 생각은 육체를 대신하는 AI 기구들에서 비롯했다. 오늘날이라면 인간이 만든 것과 흡사한 그림이나 에세이를 AI가 생성했을 때도 그런 불쾌한 골짜기로 추락하는 느낌이 드는지 묻는 것이 타당할 것이다. 2022년 8월 콜로라도주립박람회 주최 미술 경시대회에서 컴퓨터가 생성한 그림이 1등상을 수상했다.[64] '컴퓨터가 생성한'이라 쓴 것은 문자 그대로의 의미다. 작품 출품자인 제이슨 앨런Jason Allen은 AI 미술 생성 프로그램인 미드저니Midjourney에 지시사항을 입력했을 뿐이었다. (미드저니는 3위 업체인 스테이블디퓨전Stable Diffusion이 그렇듯 달리 2와 대체로 비슷한 방식으로 작동한다.) 많은 시행착오 끝에 미드저니는 햇볕 내리쬐는 풍경과 화려한 바로크 양식에 기반한 무대가 서로 어울린 광경을 그린 작품 〈우주 오페라 극장Théâtre d'Opéra Spatial〉을 생성했다. 물론 그 작품은 디지털 아트 부문에 출품한 것이었다. 그러나 그 분야에 출품한 다른 디지털 예술가들은 디지털 도구를 이용해 본인이 직접 그렸다. 한 비평가는 이런 트윗을 날렸다. "우리는 지금 예술의 종말을 목도하고 있다."

일부 예술가들이 자신들의 직업적 미래에 대해 불안감을 느끼는 것은 이해가 간다. 한 트위터 유저는 예술의 종말을 언급하며 "만약 창의성을 요구하는 일이 기계로부터 안전하지 못하다면 심지어 전문적 능력을 요구하는 일자리도 필요 없어질 위험에 처할 것이다."라며 불편함을 토로했다.

그러나 또 다른 불편함은 진품에 대한 인간의 애착에서도 비롯되었다.

수공이냐 인공이냐

페르시아 양탄자를 생각해 보자. 만약 당신의 거실 바닥을 장식하고 있는 양탄자가 작은 쿠르드 마을의 한 가정에서 직접 손으로 매듭을 매만져 만들어졌다면 기계로 직조한 양탄자보다 훨씬 더 비싸리라는 사실은 분명하다. 하지만 수공품이 정말로 직조품보다 더 나은가?

수공으로 만든 정장과 공장에서 생산된 정장도 생각해 보자. 산업혁명 이전에 모든 정장은 수공품이었다. 어떤 장인은 다른 장인보다 더 능숙했다. 수공품 대부분은 말하자면 집에서 만든 것처럼 보였다. 대량생산된 바지와 재킷, 셔츠와 예복들은 전반적으로 옷 입는 수준을 향상시켰다. 현재로 빨리 감기를 해 보면 맞춤복은 기성복보다 훨씬 비싼 가격에 팔린다. 손으로 매듭을 맨 양탄자가 그렇듯, 이 인간의 수공품도 웃돈을 받을 가치가 있다.

이제 미술, 음악, 문학의 경우를 살펴보자. 2021년 뉴욕 소더비 경매소에서 산드로 보티첼리의 그림 〈원형 장식을 든 젊은이〉가 무려 9,220만 달러(약 1,270억 원-옮긴이)에 팔렸다.[65] 만약 그 그림이 오직 전문가만이 위작임을 알아차릴 정도로 수준 높더라도, 정말 위작이라

       쓰기의 미래

면 그 가격의 100분의 1도 받을 가능성이 없을 것이다.

참신함도 기억해야 한다. 바흐가 만든 푸가 같은데 정확히 무슨 곡인지 특정할 수는 없는 음악을 들었다고 생각해 보자. 사실 바흐는 푸가 수십 곡을 썼다. 난처하더라도 당신 잘못은 아니다. 문제가 된 그 곡은 컴퓨터가 작곡했기 때문이다.[66] 또한 AI 프로그램들은 말하자면 렘브란트 스타일로도 빼어난 그림들을 만들어 내고 있다.[67]

문자언어도 AI가 다룰 수 있는 분야에서 예외는 아니다. 만약 당신이 영국의 유머 작가 제롬 K. 제롬Jerome K. Jerome의 팬이라면 '트위터—제롬이 사망한 지 79년 후에 등장한 기술—를 하는 것의 중요성'이라는 제목의, 제롬의 문체를 흉내 낸 에세이를 읽어 보기 바란다. AI 시각 예술가인 마리오 클링게만Mario Klingemann은 GPT-3에 오직 제목과 작가 이름과 시작할 단어로 '그것(It)'만 입력해서 제롬이 쓴 듯한 이 글을 작성했다.[68] 아니면 당신은 어쩌면 게이 텔리즈Gay Talese의 글을 즐길 수도 있겠다. GPT-3을 기반으로 작동하는 상용 애플리케이션인 수도라이트Sudowrite는 텔리즈의 문체로 교육을 받았다. 심지어 텔리즈 본인조차도 자신이 썼음직하다고 생각할 글이 작성되었다.[69]

나는 고등학교 시절 헤밍웨이의 문체로 단편소설을 작성하라는 과제를 받았고, 그 과제를 통해 인간의 서사를 구성하는 쓰기 능력을 배양했다. 그런데 그런 과제를 수행하는 것과 GPT-3으로 하여금 헤밍웨이 풍의 작품들을 쏟아 내게 만드는 것은 다른 문제이다. 만약 AI가 작성한 이야기가 잘 쓰인 것이라 하더라도 우리는 AI가 창의적일 수도 있다고 말하는 것이 어떤 의미인지 먼저 따져 봐야 한다. 창의성에 대한 문제는 꼬리를 물고 더 거대한 다른 문제들을 부른다. 우리가 무엇을 하고 있다는 의식이 꼭 필요한가? 달리 말해 창작자들이 그들이 무엇을 창작했는지를 꼭 알아야 하는가?

이런 의문들이 오늘날 AI 세상에서 논쟁을 일으킨다. 그런 의문은 심지어 AI 분야가 생기기 전부터도 존재했다.

제프리 제퍼슨Geoffrey Jefferson은 맨체스터대학의 신경외과 교수였다. 뇌와 인간 신경계에 대한 그의 지식은 우리 이야기와 관련이 있다. 이미 1940년대 말에 그는 '기계 인간의 마음'에 관해 생각해 봤기 때문이다. 그는 어떤 종류의 정신적 활동을 컴퓨터로 조종되는 자동 기계가 할 수 있는지 의문을 가졌다. 프로그램이 내장된 최초의 컴퓨터로 꼽히는 페란티 마크 1Ferranti Mark 1 역시 맨체스터대학에서 개발된 것은 우연이 아니다.

1949년에 다음과 같은 글을 남기면서 제퍼슨은 다가오는 수십 년 동안 AI 연구가 맞이하게 될 도전을 제시했다.

기계가 우연히 기호들이 맞아떨어져서가 아니라 그리고 싶은 생각이나 감정이 들어서 소네트를 쓰고 협주곡을 작곡하기 전까지는 기계가 인간과 동등하다는 인식에 동의할 수는 없다. 즉 시나 협주곡을 지을 수 있을 뿐만 아니라 그것을 지었다는 사실을 인식해야 한다.[70]

제퍼슨이 말한 **뇌**를 현재의 신경학 용어로 **마음**이라 부르면서 우리는 살아 있는 신경 체계를 갖는 인간의 뇌와 좀 더 포착하기 힘든 생각이라는 관념을 구분한다.

만약 스스로를 인식한다면 아마도 지각 능력이 있다고 여겨질 것이다. 오늘날 AI가 벌써 그런 수준에 도달했는가 아니면 여전히 조금씩 다가가는 중인가를 놓고 열렬한 논쟁이 벌어지고 있다.

2022년 여름 구글의 소프트웨어 엔지니어 블레이크 르모인Blake Lemoine은 적어도 AI의 성과 한 가지는 인정해야 한다고 선언했다. 그는 구글의 강력한 거대언어모델인 람다LaMDA와 꾸준히 채팅했다. 람다와의 대화를 바탕으로 르모인은 "나는 얘기를 나눠 보면 사람인지 아닌지 안다"고 말하며 람다를 지각 있는 존재라고 부르는 것이 합당하다는 결론을 내렸다.[71] 컴퓨터과학자 대부분은 동의하지 않았다. AI를 경계하는 팀닛 게브루와 마거릿 미첼은 오랫동안 "그들이 실제로 보고 있는 것은 패턴 매칭과 문자열 예측일 뿐인데도 사람들은 그것을 통해 AI가 '마음'을 인식하고" 지각이 있다고 믿으려 한다며 경고해 왔다.[72] 제퍼슨의 말에 따르면 우연히 기호들이 맞아떨어진 것일 뿐이다.

적어도 지금까지는 제퍼슨의 기준에 도달하지는 못했다.

그러나 글쓰기로 돌아가면 AI가 자신이 쓰고 있다는 사실을 인식하건 아니건 우리는 그것이 저자가 될 능력이 있다는 사실을 인정하고, 그런 능력이 인간에게 던지는 도전을 면밀히 검토해야 할 필요가 있을 것이다. 작가로서의 AI에 대해 생각을 펼쳐 보기 위해 우선 윈디시티Windy City(시카고의 별칭-옮긴이)를 들르자.

글 쓰는 AI 이야기: 소시지 기계와 효율성

동유럽의 이민자들이 바야흐로 시카고의 악명 높은 정육 공장에서 노동하고 있었다. 추문 폭로자 업턴 싱클레어Upton Sinclair는 1906년에 소설 『정글』을 통해 우리를 도축장과 정육 공장의 비참한 현장으로 이끌었다. 싱클레어의 집필 의도는 이민자의 생활 수준과 노동환경을 개선하려는 뜻이었겠지만 그가 미친 직접적인 충격은 소시지 가공을 비롯한 육류 처리 과정의 비위생적인 환경 폭로였다. 깨끗이 베어 낸 소고기·돼지고기 살점과 함께 무엇이 갈려 들어가는지 도무지 알 수 없었다. 썩은 고기만이 아니라 바닥에 떨어져 밟히거나 가래침이 묻은 조각들까지 섞여 들어갔다. 불운하게도 거대한 처리 용기에 들어가게 된 쥐 이야기는 생략하겠다.

소시지를 먹는 소비자들은 이런 것 혹은 저런 것이 뒤섞인 혼합물을 싸고 있는 번지르르한 포장을 보게 될 뿐이었다.

자연어 처리 과정을 풀어헤치다

'자연어 처리'라는 용어를 들었을 때 나는 그 소시지 기계를 떠올렸다. 컴퓨터 작동은 믿을 수 없을 정도로 깨끗하다. 누구도 시리에게 질문을 한다고 선모충병에 감염될 위험에 처하지 않는다. 그렇지만 그 비유가 어디까지 유효한지 생각해 보자.

자연어 처리의 개념은 전통적인 네 가지 언어 요소인 말하기, 듣기(이해했다고 전제한다), 읽기(역시 이해를 전제한다) 그리고 쓰기를 모두 포함한다. 컴퓨터는 '쓴다'고 말할 수는 있지만 사실 듣거나 읽지는 않는다. 컴퓨터의 말소리는 합성된 것이다. 공평하게 말하면 전화나 왓츠앱WhatsApp 통화를 통해 인간의 목소리가 전송될 때도 합성이라는 전자적 마술이 벌어지는 건 마찬가지지만 말이다.

AI와 전통적인 언어 요소들에 대한 좀 더 긴급한 문제는 이해의 개념과 관계가 있다. 우선 인정해야 할 것은 인간이 듣고 말하는 방식에 대해 여전히 우리가 실상을 제대로 파악하지 못한다는 사실이다. 컴퓨터에 관해, 특히 AI 모델에 관해 우리가 설명할 수 있는 수준은 훨씬 미흡하다. 물론 우리는 우리가 작성하는 알고리즘은 파악할 수 있다. 한데 특히 심층신경망에 관련한 경우, 우리는 그 언어 소시지 기계가 갈아 넣고 섞는 방식을 설명할 수 없는 게 대부분이다.

데이터 입력—특히 거대언어모델로 텍스트를 생성하는 데 사용되는 그 어마어마한 데이터세트—에 관해서도 마찬가지로 설명이 난감하다. 강력한 프로세서와 정교한 알고리즘이 결합된 방대한 데이터가 AI로 하여금 우리의 질문에 답변하고, 많은 문서를 거의 즉각적으로 번역하고, 이치에 닿는 뉴스 기사를 쏟아 내게 만드는 것이다. 그러나 시카고의 그 정육 공장들처럼 그 데이터세트에 무엇이 들어 있는지를 보장할 수 없으니 이따금 AI가 고약한 냄새가 나는 결과물을 맹렬히 토해 낼 수도 있고 실제로 토해 내기도 한다.

쓰레기를 넣으면 쓰레기가 나온다.

싱클레어의 비명을 듣고 시어도어 루스벨트 대통령은 나중에 미국 식품의약국Food and Drug Administration, FDA이 될 조직의 기반을 조성했다.[73]

그런 사례를 따라 우리도 AI '쓰레기' 문제와 씨름할 필요가 있다. 아니 반드시 해야 한다. AI로 처리된 언어 생성물은 이미 우리가 생산 자체를 중단할 수 없을 정도로 그 가치가 너무 대단해져 버렸기 때문이다.

그 가치 중 많은 것은 AI의 절대적인 효율성에서 비롯한다.

매혹적인 효율성

찰리 채플린의 영화 〈모던 타임스〉의 가슴 아픈 장면에서 노동자 찰리는 점심시간을 줄이기 위해 만든 음식 먹이는 장치에 묶인다. 반복 업무를 신속히 처리해서 얻는 효율성은 더 많은 이윤을 낳는다. 그런 상식은 산업혁명기에는 사실이었고 오늘날의 산업 로봇에게도―그리고 자연어 처리에도―여전히 적용된다.

자동화가 약속하는 효율성은 뿌리치기 힘든 유혹이다. 생산 라인을 통해 더 많은 포드 F150을 조립하면 이윤도 증가한다. 물질적 자동화 또한 일상의 축복이다. 빨래판 대신 세탁기냐고? 당연한 소리다.

그러나 저술과 같은 비육체노동을 효율성의 이름으로 자동화하라는 압력을 받게 되면 많은 걱정과 의문이 끓어오른다. 우리는 과연 스스로 이메일을 쓰기보다는 지메일의 스마트 편지 쓰기 기능에 기대어 고유한 쓰기 능력을 스스로 퇴화시키게 될까? 생성형 AI를 사용해서 새로운 기사를 작성하는 오토메이티드인사이츠Automated Insights나 내러티브사이언스Narrative Science와 같은 회사들은 기자들의 일자리를 없앨 것인가, 아니면 기자들을 여유롭게 만들어 인간만이 할 수 있는 과제를 하도록 만들까? 진짜 작문 선생이 아니라 AI가 학생들의 에세이를 평가하도록 한다면 선생과 학생 사이의 유대 관계는 어떻게 될까? 영문법 검사기 그래머리나 MS워드의 권고를 믿어야 하는가? 학생이나 직원이 점점 더 많이 거대언어모델에 접근해 에세이나 과제를 작성한다면 우리는 저술 작업이나 부정행위에 대해서 어떤 식으로 생각을 고쳐먹어야 할까?

이 책은 무엇을 다루는가?

『쓰기의 미래』는 인간이 우리 대신 많은 글을 써 줄 수 있는 AI에 점점 더 의존하게 된다면 어떤 일이 벌어질까를 묻는 책이다. 이 책에서 우리가 탐구해 볼 핵심 질문은 다음과 같다.

1. 당신의 글쓰기 동기는 무엇인가?
2. AI는 인간이 쓰기를 통해 발휘하는 창의성에 위협이 되는가?
3. 어떤 쓰기 능력이 지킬 가치가 있는가?
4. AI의 영향력으로부터 필자 개개인의 목소리를 지킬 수 있을까?
5. AI가 저작자의 개념을 재정의할까?
6. AI가 쓰기 능력에 기반한 전문직에 위협이 될까?
7. 협력이냐 전적으로 맡길 것이냐를 정할 때 어디를 기준으로 삼을 것인가?

8. 공개 규정이 도움이 될까?

이런 의문들을 다루기 위해서는 인간과 AI 양쪽에 대한 배경지식이 필요하다. 뒤이어질 장들에서는 문해력이 뇌에 미치는 영향에서 현재 자연어 처리의 진화에 이르기까지 모든 것을 논의할 것이다. 과학철학자들은 오랫동안 우리에게 모든 관찰은 이론 의존적(관찰의 결과가 관찰자의 이론, 즉 배경지식에 따라 왜곡될 수 있다는 생각-옮긴이)이라고 가르쳤다. 아무리 객관적이고자 애쓰더라도 우리는 알고 싶은 바를 파악하는 데 도움이 될 만한 과거와 현재의 실제 사례들에 어쩔 수 없이 시선이 끌린다. 뒤이어질 장들에서 나는 독자들이 여기서 다뤄서 놀랄지도 모를 (가령 영어 작문 수업이 증가하는 현상이나 글씨체가 여전히 중요한 이유와 같은) 주제들과 AI 글쓰기에 관한 의문들 사이의 단편적 사실들로부터 어떤 결론을 도출할 것이다. 내가 훈련된 언어학자이자 대학교수라는 사실이 내 주장의 방향을 설명해 주는 데 조금 도움이 될 것이다.

나는 이런 나의 학문적 배경이 내 입장에 영향을 미쳤다고 생각한다. 독자들은 그것이 책의 여기저기에서 비집고 나오는 것을 확인할 수 있을 것이다. 내 입장은 다음과 같다. 나는 글쓰기를 고귀한 인간의 능력이라 여긴다. 그것은 우리에게 생각을 정리하고, 감정을 드러내고, 지식과 전문적 의견을 나누고, 세상을 바라보는 새로운 안목을 갖게 할 힘을 준다. 나는 오늘날 AI가 언어적 능력 분야에서 선보이는 묘기들이 인간이 무엇을, 왜, 어떻게 쓰는가에 대해 찬찬히 살펴보라고 우리에게 보내는 긴급 경보라고 확신한다.

동시에 나는 챗GPT로 상징되는 자연어 생성 분야에서 보이는 아연실색할 정도로 빠른 발달에 경외감을 느낀다. 덧붙여 그런 도구를 만들어 낸 컴퓨터과학자들에게도 마찬가지의 감정을 느낀다. 누구도 우리가 이 정도의 속도로, 이 정도의 진전을 이뤄 낼 줄은 상상하지 못했다. 그렇지만 현재의 거대언어모델이 너무나 자주 편견, 혐오, 오류와 오보를 쏟아 내는 것도 알고 있다. 게다가 이들 모델은 때로 의심스럽거나 심지어는 완전히 엉터리인 문법과 문체를 제시하기도 한다.

이런 결함들을 해결하는 것도 중요하지만 나의 근본적인 근심은 다른 데 있다. 만약 꿈이 현실이 되면 어떻게 되나? 저자로서 그리고 편집자로서 현재의 AI가 갖는 모든 결함이 해결되었다고 상상해 보라. AI는 그 능력으로 계속 우리를 현혹할 것이고, 우리 자신의 쓰기에 대한 열의와 능력 그리고 쓰기로 얻는 발언권을 침해할지도 모른다. 물론 다른 방도도 있다. AI가 작가로서 우리의 능력을 점점 더 키워 주어 우리가 이 도구와 생산적인 협력 관계를 맺도록 하는 길이다. 이어지는 글에서 바로 그런 선택지들에 대해 고심해 볼 것이다.

책 전체를 대강 둘러보기

셰익스피어의 희곡처럼 이 책의 구성은 5부로 이루어져 있다.

1부: 글쓰기 수업은 인간의 글쓰기가 얼마나 특별한 것인지를 물으며 시작한다. 우리는 어떻게, 언제 그리고 왜 문자가 출현했는지와 함께 왜 우리가 쓰고 또 고쳐 쓰는지를 톺아볼 것이다. 우리는 또한 미국의 학문적 전통이 만든 두 가지 산물—대학 입학을 위한 영어 능력 요건과 미국교육평가원Educational Testing Service, ETS—을 살펴보고 이 두 영역에서 사람들이 하는 역할을 AI가 어떤 식으로 바꾸고 있는지를 따져 볼 것이다.

2부: 만약 기계가 글을 쓸 수 있다면은 AI가 언어능력을 '소유'하게 된 과정을 검토한다. 우선 현재 AI의 기원에서 시작해 자연어 처리의 전체상과 그 처리가 AI라는 전체적인 틀에서 어디에 속하게 되는지를 비록 비전문가의 입장에서이지만 설명해 보려 한다. 마무리는 최초의 자연어 처리 개발 과정의 시행착오 중 한 가지와 나중에 이뤄 낸 기계번역이라는 성공 사례에 대한 설명으로 맺기로 한다.

3부: 컴퓨터가 글을 쓰게 되면은 초창기의 미숙한 연애편지들로부터 아돌프 나이프의 마음을 녹여 줄 오늘날의 세련된 소설 짓기에 이르기까지, 어떤 식으로 AI가 인간의 쓰기 영역에서 자신의 역할을 넓혀 갔는지를 탐구한다. 그러고는 전문 영역에서의 활약으로 초점을 옮겨서 AI가 언론과 법률과 번역 분야에서 그 존재감을 키우는 상황을 볼 예정이다. AI가 시간이 갈수록 더 많은 텍스트를 생성하고 있어서 그것이 고용과 일의 만족감에 미칠 잠재적 영향에 대해 따져 볼 필요도 있을 것이다. 3부는 쓰기 능력을 포함해 AI의 여러 창의적인 가능성을 숙고해 보며 마무리한다.

4부: 컴퓨터가 우리와 협력한다면은 AI가 일상의 필자들을 돕는 여러 가지 방법들을 살펴보며 시작한다. 이메일 답장이나 진짜와 흡사한 블로그 포스트의 초안을 잡아 주는 AI 프로그램들을 비롯해 맞춤법 검사, 단어 예측, 문법검사 소프트웨어와 같은 도구들을 둘러볼 것이다. 그다음에는 특히 AI와의 협력을 통해 인간의 글쓰기를 향상한다는 관점에서 '휴먼스인더루프humans in the loop'라는 방식을 검토할 것이다. 그런 뒤 한걸음 물러서서 철자, 문법, 고쳐쓰기, 교정과 심지어 손수 쓴 글씨까지 포함해 인간이 갖는 쓰기 기술 중에서 보존할 만한 것이 무엇인지 물으려 한다. 그러고는 내가 미국과 유럽의 학생들로부터 수집한 데이터를 이용해 디지털 시대를 맞아 글쓰기를 하는 평범한 사람들이 인간의 쓰기 능력의 가치에 대해 어떤 생각을 하는지를 알아볼 것이다.

13장: 왜 인간의 저자됨이 중요한가는 바로 여기서 우리가 어디로 갈 것인지를 물어보면서 책을 마무리한다. 우리는 기술이 진화함에 따라 우리의 선택들도 달라질 것이라는 사실을 인식하고, 각자의 대답을 마련할 필요가 있을 것이다. 어떤 결론에 도달하든 간에, 중요한 것은 AI가 보여 주는 효율성 앞에서 현혹되거나 경외심에 사로잡혀서 우리가 인간의 글쓰기에 부여한 가치를 저버리지 말아야 한다는 것이다.

나무만 보고 숲을 보지 못하다

광범위한 독자들을 대상으로 글을 쓸 때는 늘 전문적인 지식을 어떻게 처리할 것인지에 대한 난관에 봉착하게 된다. 얼마나 많이 설명할 것이며 어떻게 그리고 어디에서 설명할 것인가. 개인적으로 내가 장황한 설명만큼이나 혐오하는 것은 외국어나 다름없는 전문용어를 설명 없이 처리해서 독자를 기만하는 행위다.

AI는 복잡한 기술을 기반으로 작동한다. 그 원리를 설명하는 글은 기술적 용어 없이 간단하게 설명하기 어려운 개념으로 뒤엉켜 있다. 게다가 AI 분야는 약어로 가득하다. AI에 대한 배경지식이 있는 독자들에게 전문용어는 아이들 놀이터 같은 것이지만 대부분의 독자에게는 지뢰밭이나 마찬가지다.

그런 문제에 대한 해결책으로 나는 마지막 장 다음에 주연급 용어들만을 따로 정리해 추가했다. ('부록'이란 단어는 너무 근엄한 느낌이다.) AI에 속하지 않는 일부 항목들을 포함해 이 책에서 중요하게 다루는 약어들에 대한 용어 풀이와 핵심 AI 용어들에 대한 간략한 정의를 정리해 두었다. 더 나아가 본문에서 다룬 소재에 대한 추가적인 정보를 원하는 독자를 위해 상세한 주석과 참고도서도 실었다.

이제 시작해 보겠다.

1부

글쓰기
수업

1장

문해력 둘러보기

지브롤터반도의 절벽 아래, 여기저기 굴이 뚫려 있는 고램 동굴 군이 있다. 10만 년 전 동굴에는 네안데르탈인이 거주했다. 고고학적 증거를 토대로 이 동굴 거주자들은 새와 해양 생물을 먹이로 삼았고 깃털로 치장도 했다는 사실이 밝혀졌다. 그들은 또한 적어도 3만 9,000년 전에 추상적인 형상을 바위에 새겼다.[1] 인류의 사촌뻘 되는 이들의 마음에 어떤 것을 그리고픈 마음이 있기야 했겠지만, 정확히 그게 무엇인지는 알 수 없다.

조금 시간을 빨리 돌려 보자. 1만 7,000년에서 1만 5,000년 전으로 돌아와 라스코 동굴에 그려진 말들과 드문드문 그려진 인간들이나 아마도 그보다는 몇천 년 후에 그려졌을 알타미라 동굴 벽의 위풍당당한 들소를 떠올려 보라. 지구 반대쪽 오스트레일리아 서부에는 1만 7,300년 전에 그려진 것으로 추정되는 캥거루 그림 바위가 있다.[2]

놀라운 그림들이고, 특히 그려진 시기를 감안하면 더욱 놀랍다. 왜 그런 형상들을 그리거나 새겼는지는 명확하지 않지만, 그때까지 그들이 문자를 쓰지 않은 것은 확실하다.

문자의 발명은 대단한 사건이었다. 사람들은 종교와 법률을 성문화하고 역사를 기록하고 도시를 세울 수 있게 되었다. 문자는 또한 자신을 표현하고 다른 이와 소통하며 자신과 타인이 무슨 생각을 하는지 돌이켜 볼 가능성을 한층 확장시켰다. 읽고 쓸 줄 아는 능력은 생각을 키우고 나누고 실천하기 위한 마법검이 생긴 것과 다름없었다.

이제 AI가 자신의 마법검을 휘두르고 있다. 인간에게 경쟁자가 생긴 것이 무슨 문제가 되겠냐고 반문하는 사람도 있을 것이다. 많을수록 좋은 경우일 수도 있지 않은가? 자동차가 생겼다고 인간이 걷기를 잊어버린 것은 아니듯이. 그러나 칼 벤츠와 헨리 포드와 일론 머스크 덕분에 덜 걷게 된 것 또한 사실이다.

AI 저자도 약간은 자동차와 같다. 그리고 인간은 늘 인간처럼 굴었다. 인간은 뭔가 이득이 생길 것 같으니 효율성을 환영한다. 이따금 위험한 결과를 초래할지라도 편한 걸 좋아한다. 오늘날 AI의 언어적 능력이 유발할지도 모르는 최대의 위험으로 꼽히는 것은, 쓰는 행위로 인해 얻었던 지능과 정신적 능력을 우리가 잃어버릴 처지에 놓였다는 점이다. AI에 더 많은 쓰기 일거리를 맡길수록 점점 더 우리의 마법검이 녹슬게 될지도 모른다.

우선 문자의 진화 과정을 재빠르게 훑어보자. 나의 분명한 목적은, 망각의 강에 정처 없이 인간의 글쓰기 능력을 떠내려 보내기에는 그것이 너무나 소중하다는 주장에 힘을 보태는 것이다.

문자가 시작되다

말과 달리 문자는 연거푸 발명되었다. 이따금 발명자는 단 한 사람이기도 했다. 19세기에 세쿼이아란 이름의 한 북미 원주민은 체로키어 표기 체계를 창안했다.[3] 그보다 4세기 전 조선의 세종대왕은 중국의 한자가 백성들이 익히기에는 너무 어렵다는 이유로 한글이라는 문자를 고안했다.[4] 세쿼이아가 만든 체계와 한글은 모두 음절문자였다(정확히 말하면 한글은 음소문자와 음절문자의 특징을 모두 가진 '음소음절문자'로 분류된다-옮긴이). '카(ka)' 혹은 '고(go)'와 같이 글자 하나가 입말의 한 음절을 대변했다.

좀 더 일반적으로 문자 체계는 그림문자로부터 서서히 소리, 단어, 생각을 대변하는 추상적인 기호로 전이했다. 라틴이나 키릴 문자의 자모들은 'k'나 'a' 같은 개별 소리를 나타내는 문자를 썼다. 한자와 같은 표의문자들은 어떤 전문가에게 묻느냐에 따라 다르지만, 단어 또는 개념을 나타낸다는 답변을 얻는다.

애벌레에서 나비로의 변태와 같은 이런 변천은 전 세계 몇몇 곳에서 개별적으로 발생했다. 기원전 3000년경에 수메르(지금의 남부 이라크)에서 사람의 옆얼굴 윤곽이 마침내 '머리'나 '사람'에 해당하는 쐐기문자가 되었다. 서쪽으로 좀 더 가서 기원전 1800년경 원시 가나 안문자의 황소 그림이 히브리문자 알레프로 변모했다. 훨씬 더 동쪽으로 가서 대략 기원전 1600년에서 기원전 1046년 사이 상나라에서는 갑골에 새겨진 그림이 그에 해당하는 형태의 한자로 바뀌었다.[5]

모든 상형 체계가 문자로 변하지는 않았다. 대략 19세기에 북미 원주민 중 대초원의 몇몇 종족은 물소의 가죽을 사용해 그 해의 중요한 사건을 기록했다. 연대기 기록자들은 사람, 동물, 원뿔형 천막, 옥수숫대 등등을 나선형 방향으로 묘사해 나갔다. 아마도 〈론독의 윈터 카운트Lone Dog's Winter Count〉(윈터카운트는 겨울에 남긴 기록이라는 말이고 론독은 그 기록을 마지막으로 관리한 사람-옮긴이)가 가장 대표적인 경우일 것이다. 기록에는 막대 인간 모양의 사람 얼굴에 점을 찍어 넣어 천연두의 발발을 묘사했다. 앙상한 옥수숫대는 그해가 흉작이었음을 말한다.[6] 이 물소 가죽은 설득력 있게 강력한 서사를 제공한다. 그러나 문자는 아니다.

반면에 어떤 공예품들은 그림 같은 요소를 담고 있었지만 실제로는 문자로 판명 났다. 중앙아메리카(멕시코 중부로부터 코스타리카 북부에 이르는 지역)에 좋은 사례들이 있다. 마야어를 생각해 보라. 수 세기 동안 사람들은 마야인의 상형문자가 양식화된 삽화라고 여겼다. 영국 고고학자 에릭 톰프슨Eric Thompson을 필두로 연이어진 해독의 노력을 거치고 나서야 마야문자의 암호가 풀렸고 그 기호들이 어떤 방식으로 단어 또는 소리와 상응하는지가 밝혀졌다.[7]

이런 식의 문자는 어떤 쓸모가 있는가? 그것이 다음 장의 주제다. 하지만 먼저 문자와 그에 앞서 존재했던 말 사이의 관계를 살펴보자.

받아쓰기를 넘어서

앞서 언급했다시피 나는 언어학자이다. 뭘 연구하냐고? 물론 언어다. 그런데 무엇이 언어로 취급되는가?

최근까지도 이 질문에 대한 언어학자들 대부분의 대답은 말이었다. 쓰기는 말을 베껴 놓은 것이라고 홀대받았다. 20세기 전반부에 미국 언어학의 대들보 레너드 블룸필드Leonard Bloomfield는 이런 유명한 말을 남겼다.

> 문자는 언어라기보다는 단지 눈에 보이는 기호로 언어를 기록하는 방법일 따름이다.[8]

이런 주장의 여운은 오래도 가서 21세기까지도 미국 국립과학재단National Science Foundation, NSF의 전당에 울려 퍼지고 있었다. 나는 10대들이 주고받는 인스턴트 메시지를 분석해 보려는 연구 계획을 갖고서 언어학 연구 기금 관리 담당관을 만나러 갔다. 담당관은 무엇이든 쓰기와 관련된 연구는 언어학에 해당하지 않는다고 거만한 태도로 알려 주었다. 그렇게 내 연구 기금은 물 건너갔다.

블룸필드와 그의 진지한 추종자들은 최후의 승자가 되지는 못했다. 문자는 점차 더 많은 언어적 관심의 대상이 되었다.[9] 2005년이 되어서야 내가 옳았음이 입증되었다. 한 저명한 미국 언어학자가 미국 과학진흥협회에서 개최하는 '인터넷상의 언어'라는 이름의 학술 토론회를 기획해 달라고 나를 초대했다. 그때 나는 10년 동안 온라인 소통을 연구하고 있던 참이었다. 1990년대 초쯤 이메일과 그 뒤를 잇는 인스턴트 메시지와 문자메시지와 같은 것이 도대체 어떤 언어적 괴물인지 파악해 낼 필요가 있다는 현실이 명백해졌다. 그것들은 문자인가? 아니면 말을 적어 놓은 것인가? 아니면 새로운 언어 체계인가? 나를 포함한 한 무리의 연구자들이 이미 오랫동안 이런 질문들과 씨름하고 있었다.[10] NSF가 한 번이라도 그런 연구에 기금을 지원한 적이 있는지 아직 확인해 보지는 않았다.

또한 말을 받아쓰게 해서 글쓰기와 결합시키는 확실한 기술도 있었다. 그것이 인간 비서의 개입을 필요로 하는 딕터폰Dictaphone이라는 구식 속기용 구술 녹음기를 뜻하든, 현재의 AI가 해내는 음성인식을 말하는 것이든 이런 경우들은 블룸필드의 적절한 표현대로 "단지 언어(즉 말)를 기록하는 방법"일 뿐이다.

쓰기는 진화했다. 그것이 취하는 형태에서뿐 아니라 누가 그것을 할 줄 아느냐는 관점에서도 말이다.

문해력의 두 얼굴

이 책을 읽는 당신은 분명히 쓸 수 있는 사람일 것이다. 문해력의 현대적 개념은 읽고 쓰는 기술 모두 포함한다. 그러나 과거에는 그 두 가지 모두가 늘 필요하지는 않았다.

어느 정도라야 문해력이 인정될까?

당신이 18세기 스웨덴에서 살고 있다고 가정해 보라. 모두 성경을 읽어야 한다는 루터교회의 명령 덕분에 스웨덴은 17세기 초부터 비문해(문맹) 퇴치 운동을 벌였다. 18세기 중반 무렵에는 거의 모든 인구가 읽을 수 있게 되었다. 성찬식을 받거나 결혼을 하려면 문해력 테스트 통과는 필수였다. 어떻게 쓰는지는 몰라도 괜찮았다. 유럽의 다른 지역에서는 서명이 중요했다. 1754년에 잉글랜드의 대법관 하드윅은 거의 예외 없이 모든 신랑 신부가 혼인신고를 할 때 서명을 하거나 적어도 기호라도 남겨야 한다고 못 박았다.[11] 그렇다면 어느 쪽에게 문해력을 인정해 줄 것인가? 성경을 읽을 수는 있으나 쓰지는 못하는 스웨덴인인가 아니면 적어도 자기 이름은 쓸 줄 아는 영국의 신혼부부인가?

서구에서 읽기는 대개 문해력의 최초 단계였다. 보통 성경이 입문서 역할을 했다. 그럴 수밖에 없는 것이 성경은 한 가족이 소유한 유일한 책일 가능성이 높았다. 게다가 교회에서 성경이 크게 낭독되는 것을 들어 왔기 때문에 사람들은 이미 성경의 내용에 친숙했다. 이런 식으로 입말에서 글말로 두 단계를 밟는 수순은 아이들에게 같은 책을 셀 수 없을 정도로 많이 읽어 준 사람들에게는 너무나 자연스러운 이야기일 것이다. 이따금 아이들은 책을 넘겨받아서 직접 소리 내어 '읽기'도 했다.

현대에는 읽기와 쓰기 교육이 동시에 이루어지는 경우가 압도적이다. 그러나 루돌프 슈타이너Rudolf Steiner의 구상으로 시작된 교수법도 있다. 1919년 슈타이너는 발도르프 교육-Waldorf education으로 알려지게 될 혁신적인 교육 운동을 시작했다. 발도르프 학교는 쓰기를 먼저 가르쳤다. 그냥 아무거나 쓰게 한 것이 아니라 맨 처음 아이들이 이미 입말로 체험했던 시나 이야기를 써 보게 했다.[12] (발도르프란 이름이 뭘 의미하냐고? 슈타이너가 최초로 세운 학교가 독일 슈투트가르트의 발도르프 아스토리아 담배 공장 직원의 자식들을 위해 세운 것이었다. 담배 공장뿐 아니라 같은 이름의 유명 호텔 체인 창업자인 요한 야코프 아스토어 Johann Jacob Astor가 독일 발도르프에서 태어나기도 했다.)

1960년대와 1970년대의 미국에서도 유사한 교수법이 시도되었다. 하지만 아이들이 이미 들었던 이야기로 시작하는 대신에 아이들 스스로 자신의 이야기를 창작하도록 목표를 잡았다. 그 방식은 일부 탁아소나 유치원에서 비슷하게 시행되면서 자리를 잡았다. 아이들이 스스로 만든 이야기를 읊어 주면 어른들이 글로 기록했다.

또 다른 새로운 방식도 있었다. '쓰기를 먼저 읽기는 나중에'라고 명명된 교수법인데, 아이들이 스스로 쓰도록 했다. 그걸 어떻게? 아이들은 입말로 쓰는 어휘 중에 많은 것을 쓸 줄 모르지 않는가? 영어와 같은 언어에서 그 문제는 더욱 심각했다. 영어의 철자 체계는 교육 수준이 높은 성인들조차 시험에 들게 한다. 언어학자이자 교육자인 캐럴 촘스키 Carol Chomsky(노엄 촘스키의 배우자-옮긴이)는 철자를 만들어 쓰는 것, 즉 '매직 스펠링 magic spelling'이 해결책이라고 말했다. 단어가 소리 나는 방식을 이용해 그 단어를 어떻게 써야 할지를 어린이들이 만들어 보게 지도하는 방식이었다.[13]

기계를 이용해 우선 쓰게 하려는 시도는 전직 교장 존 H. 마틴의 연구에서 출발했다. 마틴은 처음에 학생들에게 타자기로 자신의 이야기를 풀어 보게 했다. 1980년대 중반 그는 그가 만든 방식을 그때 막 PC주니어^PCjr 컴퓨터를 출시했던 IBM에 팔았다. 어린이들은 그 악명 높은 치클릿 키보드^chiclet keyboard를 두드리곤 했다. 그런데 이번에는 발음 중심 어학 교수법(파닉스^phonics) 수업이 추가되었다. 어떤 전문가에게 묻느냐에 따라 그 교수법은 굉장한 성공이거나 실망뿐인 실패라는 답이 돌아왔다.[14] 어쨌건 지금은 거의 사용되지 않는다.

왜 철 지난 이야기를 들먹이냐고? 왜냐면 오늘날의 AI의 철자 능력이 유치원생이나 초등학교 1학년생에게 쓰기를 지도하는 방법에 대한 획기적인 선택지를 제공하기 때문이다. 나는 MS워드를 사용한다는 전제하에, 어린이들이 철자를 만들어 쓰는 방식(매직 스펠링)을 다시 시도하도록 하는 데 필요한 기술을 우리가 갖추고 있다고 장담한다. 사실 철자검사기는 어른들의 실수를 다듬어 준다. 문제는 다섯 살이나 여섯 살 먹은 아이에게도 검사기를 쓰도록 허용하는 것이 바람직한가이다. 아니면 그것은 10대들에게 술통 꼭지를 열어 주는 일과 같은 것인가? 그 문제는 12장에서 다룰 것이다.

문해력이 준 과실

읽기와 쓰기를 배우는 것은 지속적인 노력을 요한다. 모두에게 그런 기회가 오지는 않았다.

메소포타미아와 고대 이집트에서 문해력이 있는 사람은 희귀했고 필경사는 특권층이었다. 고대 그리스에서는 읽고 쓸 수 있는 사람이 조금 있었지만 그 규모가 대단하지는 않았다. 기원전 482년 그 이름에 값하는 아테네의 정치인, 정의로운 자 아리스티데스Aristides the Just에게 일어났던 일은 훌륭한 실례라 하겠다.

오래전 클레이스테네스Cleisthenes—종종 아테네 민주주의의 아버지라 불린다—는 새로운 아테네의 헌법에 투표로 어떤 시민을 10년 동안 아티카(아테네와 그 인근 지역-옮긴이)에서 추방할 수 있는 조항을 신설했다. 아테네 시민은 도자기 조각, 즉 도편(오스트라콘ostracon이라 불림)에 당분간 안 봤으면 싶은 사람의 이름을 써넣을 수도 있었다. 도편추방이다.

그러나 투표를 위한 문해력 검사는 없었다고 플루타르코스는 전한다.

> 사람들이 자신의 도편에 이름을 새겨 넣고 있을 때 어떤 지독하게 천박하며 글도 모르는 자가 아리스티데스에게 도편을 건네며 (…) 아리스티데스의 이름을 써 달라고 부탁했다. 놀란 아리스티데스는 도대체 그가 당신에게 무슨 잘못을 저질렀냐고 물었다. "그딴 건 없어요. 난 그 친구를 알지도 못해요. 하지만 어딜 가든 그 사람이 '정의로운 자'라 불리는 것을 듣는 게 지겨워요."라는 대답이 돌아왔다. 그 말을 듣고 아리스티데스는 아무 대꾸 없이 본인의 이름을 도편에 적은 뒤 돌려주었다.[15]

그랬다. 아리스티데스는 추방되었다. 오래가지는 않았다. 아테네가 페르시아와의 싸움을 위해 그를 다시 필요로 했기 때문이다.

그리고 중국도 있었다. 중국은 전통적인 쓰기 방식 때문에 읽고 쓰는 대중의 시대가 늦게 왔다. 1950년대 마오쩌둥이 간체자를 도입하고서야 상당한 규모의 대중들이 읽고 쓰기를 배울 현실적인 길이 열리게 되었다.[16] 같은 어려움으로 인해 1443년 조선의 세종대왕은 백성을 위한 한글을 창제했다.

영국에서는 어느 정도 추정치에 불과하지만 남성의 문해율은 1700년경까지도 50퍼센트에 이르지 못했다. 50퍼센트의 여성이 문해력을 획득하는 데는 그로부터 다시 150년이 더 걸렸다.[17] 인도나 중동 같은 지역에서는 오랫동안 공공 필경사가 비문해자들을 대신해서 글을 써 주었다. 이스탄불에서 700년 전통의 길거리 필경사들은 처음에는 깃촉을, 다음에는 펜을, 그다음에는 타자기를 들고 나타나 쓸 수 없는 사람들에게 편지나 문서를 대필해 주었다.[18] 유네스코에 따르면 2019년을 기준으로 전 세계 15세 이상 인구의 문해율은 86퍼센트다. 그러나 여전히 갈 길이 멀다. 특히 여성, 그리고 사하라사막 이남과 동남아시아의 사람들에게 그렇다.[19]

문해력은 배움과 자기 발견을 위한 기회뿐 아니라 사람들의 경제적·사회적 가능성을 변모시킨 오랜 역사를 갖고 있다. 그런데 문해력은 우리의 마음과 지능 또한 변화시키는가? 만약 그것이 사실이라면, 우리가 AI에 글 쓰는 일을, 그리고 덤으로 읽기까지 맡겨 버리게 되면 그 결과는 우리에게 단지 수고를 덜어 주는 것을 훨씬 상회하는 중대한 손실을 초래할지도 모른다.

쓰기는 우리의 마음을 바꾸는가?

쓰기가 도입된 것은 인간의 역사에서 최근의 일이다. 말하기 식으로 진화가 우리의 뇌 속에 쓰기를 뿌리내리는 데 5,000년은 결코 충분한 시간은 아니었다. 쓰기가 최근에야 이루어졌다는 점과 세상의 많은 곳에서 그것이 서서히 활용되었다는 사실을 함께 고려해 보면 쓰기가 정신적 개조를 한다는 것은 조금 앞뒤가 안 맞게 느껴진다.

하지만 사람들에게 문해력이 생겼을 때 사람과 문화에 분명 어떤 변화가 생긴 것으로 보인다. 우리의 마음과 관련해 그 변화가 정확히 무엇이었는지를 확인하는 데는 반세기 이상의 논쟁이 필요했다.

알파벳, 문해력, 그리고 사고

1963년에 출간된 에릭 해블록Eric Havelock의 『플라톤 서설』은 학계에 불바람이라 할 만한 논란을 불렀다. 그가 고대 그리스의 철학적 사고가 그리스문자의 발전 덕분이었다고 주장했기 때문이었다.

그의 주장을 이해하기 위해서는 역사적 배경이 조금 필요하다. 그리스어 표기에 사용된 최초의 문자는 기원전 16~15세기경 크레타의 미노아인이 개발한 철자 체계였던 선문자 B였다.[20] 그리스 본토에서 선문자線文字 B가 쓰였던 기간은 기원전 1450년에서 미케네문명이

몰락하고 있었던 기원전 1200년까지로 그리 오래가지 못했다. 아가멤논 왕과 그의 궁궐, 그리고 트로이전쟁의 시기였다.

그 후 대략 400년 동안 그리스인들은 글을 쓰지 않았다. 그러고 나서 새로운 체계가 움트기 시작했다. 무역업에 종사하던 그리스인들이 페니키아인들과 조우했다. 지금의 레바논으로부터 온 이 항해 민족은 지중해를 무대로 교역을 했다. 그리고 문자를 갖고 있었다.

페니키아인들의 언어와 문자는 히브리어와 아라비아어가 속한 셈어족Semitic language family 계열이었다. 이와는 대조적으로 그리스어는 산스크리트어와 세르비아어부터 이탈리아어와 아이슬란드어까지 아우르는 인도유럽어족에 속했다. 두 언어는 다른 어족에 속하고 음소 체계도 다를 뿐만 아니라 단어 구성 방식도 달랐다.

셈어의 단어들은 자음 세 개의 순서에 기반하고 있지만, 인도유럽어는 단어의 길이가 다양했고 단어 시작부와 끝부분에도 모음을 쓰는 등 모음을 풍부하게 사용했다. 셈어 구사자들은 분명 단어 시작부와 끝부분에도 모음을 쓰는 등 모음도 발음했다. 모음 없는 언어는 없다. 그러나 셈 문자는 무조건 모음을 **표기하지** 않았다. 사람들이 히브리어와 아라비아어의 알파벳에 대해 얘기하는 경우는 흔하다. 하지만 좀 더 정확히는 셈어는 쓰기를 위해 자음 철자를 이용한다. 우리는 그 때문에 파생된 악명 높은 문제들을 뒤에서 만나게 될 것이다.

그리스인들은 모음들을 포함해 각각의 소리값에 일치하는 하나의 음성기호를 부여해서 진정한 알파벳을 만들었다. 몇몇 무명의 언어학자들은 그리스어에 없는 페니키아어 자음 기호 다섯 개를 빌려 와서 그리스어 모음을 나타내는 기호로 재활용했다.[21] 그렇게 만든 자모 체계는 단어들을 그 발음 방식과 꽤나 유사하게 쓸 수 있도록 했다.

해블록은 입말에서 나는 모든 소리를 쓸 수 있게 된 이 새로운 능력은 기원전 6~4세기 사이 그리스의 철학적 사고 발달에 핵심 요소가 되었다고 주장했다. 인류학자 잭 구디Jack Goody와 문학사가 이안 와트Ian Watt에 따르면, 해블록의 논문은 이런 새로운 표기법의 도입이 현재를 과거로부터 단절하고 문화적 전통을 비판하고 대안적 해석을 검토할 수 있는 길을 어떻게 열었는지 밝히고 있었다. 삼단논법을 비롯한 논리학이 사고를 위한 도구로 부상했다.[22] 수메르의 쐐기문자, 이집트의 상형문자, 그리고 중국의 한자와는 달리 알파벳이 쓰기를 익히기에 수월했다는 점은 더욱 매력적이었다. 막 시작된 민주주의에 참여할 기회도 확대되었다. 아리스티데스 추방에 한몫했던 비문해 아테네인이 없는 것은 아니었지만.

이 같은 주장들에는 많은 것이 포함되어 있었다. 하나씩 파헤쳐 보자.

해블록은 그리스 알파벳의 발명이 그리스인들의 철학적 사고 발달에 핵심 요소가 되었다고 주장했으며, 이어서 그렇게 높아진 문해력 자체가 마술을 부르는 부적이라고 했다. 해블록의 세 번째 주장은 그리스의 아테네가 적어도 부분적으로는 구술 문화로부터 문자 문화로 전환하고 있었다는 것이다.

알파벳 가설로 시작해 보자. 문제는 맨 먼저 아르카익기, 그다음으로 고전기의 그리스가 단어가 발음되는 방식에 대한 정보를 넣어

쓰기 체계를 만든 유일한 사회가 아니었다는 사실이다. 이집트의 상형문자, 중국의 한자와 마야의 상형문자를 비롯해 다양한 문명이 알파벳 대신 발음을 알려 주는 추가적인 기호들을 사용했다. 시간이 지나면서 히브리인도 모음을 위한 기호를 개발했다.[23] 아라비아어를 읽을 수 있는 사람들이라면 알겠지만, 만약 입말을 알고 있다면 쓰여진 단어를 보고 그 문자들이 입말과 어떻게 대응하는지를 파악하는 데 문제가 없다.

문해력과 관련된 해블록의 주장은 훨씬 더 요란한 소동을 불렀다.[24] 해블록과 그 지지자들의 주장대로라면 비문해자는 정교한 사고를 할 수 없다는 말인가? 비판자들은 그 점을 지적했다. 그러나 해블록의 주장은 당시의 맥락과 함께 살펴야 할 필요가 있다. 그는 특별한 시점과 장소와 문화적 배경에서 그리스의 철학적 사고의 등장을 특정해서 말한 것이다.

해블록의 목적은 더 이전의 호메로스적 전통에는 없던 개념인 개인적인 자각을 비롯한 새로운 사고방식의 개화를 설명하기 위함이었다. 심리학자이며 문해력 전문가인 데이비드 올슨은 그에 대해 다음과 같이 말했다.

> 단어를 의식하는 것은 그 단어가 표현하려는 생각을 단어와 분리하게 한다. 그러므로 쓰기는 어떤 생각에 대한 생각을 낳고, 마음은 그런 생각들의 저장소가 된다. 따라서 마음의 발견이 적어도 쓰기가 남긴 유산의 일부라고 생각하는 것은 타당하다.[25]

우리가 **마음**을 무엇이라 이해하든지 마음은 돌이켜 보는 능력을 포함한다. 독서는 우리에게 단어들 사이에서 멈추고 생각하고 다시 읽을 기회를 준다. 쓰면서 우리는 쓸 뿐만 아니라 멈추고 생각하고 고쳐 쓸 기회를 얻는다.

잠시 멈추고 인간을 AI 작가와 비교해 보자. AI는 아마도 인간이 써 놓았던 문장들을 보며 어설프게 손을 댄다는 정도의 의미를 제외하면, 적어도 멈추고 생각하고 고쳐쓰기를 하지는 못한다. 블레이크 르모인의 주장에도 불구하고 AI에는 마음이 없다. 인간에게 닥친 시련은 AI에 쓰기와 편집 업무를 점점 더 많이 맡기다가는, 인간이 마음 훈련을 위해 글쓰기를 해 봐야겠다는 의욕마저도 잃어버릴지도 모른다는 점이다.

그리스가 말로 소통하는 사회에서 글로 소통하는 사회로 변모하면서 밟아 나간 몇 가지 단계는 문해력 있는 그리스인의 등장과 결부된다. 그렇지만 그 두 사회적 체계 사이의 구별은 쓰기가 존재했느냐 여부가 아니라 쓰기의 문화적 역할에 있었다.

잉글랜드의 경우를 보자. 처음에는 라틴어, 그다음엔 영어 순으로 이미 7세기에 쓰기가 도입되었지만 17세기에 와서야 비로소 문자 문화가 굳게 자리 잡았다. 성경은 중세의 수도사와 교구민들 모두에게 큰 소리로 낭독되었다. 제프리 초서는 궁궐의 청중들에게 자기 작품을 읽어 주었다. 셰익스피어의 희곡 대부분은 연극을 위한 대본이었지 따로 독서하기 위함이 아니었다. 게다가 적어도 근대 초기까지 사람들은 주로 혼자 독서할 때 소리 내어 읽거나 적어도 입술을 달싹였다. 문자 문화의 시작을 알리는 구체적인 징조는 구두법이 쓰이는 방식의 변화로 알 수 있다. 처음에 구두점은 어디서 얼마나 오래 숨을 쉴지를 알리는 신호였다. 17세기에 와서 구두법은 점점 더 글의 문법적 구조를 드러냈다.[26]

다시 그리스로 돌아가자. 심지어 알파벳 문자가 도입된 후에도 아르카익기의 그리스는 구술 문화를 바탕으로 했다. 『일리아스』와 『오디세이아』는 암기되고 암송되었다. 문해력이 있는 사람은 희귀했다. 고전기로 넘어갔을 때조차도 구술 문화의 요소는 끈덕지게 남았다. 그리스 역사의 아버지 헤로도토스는 자기 작품을 읽어 주는 낭독회를 열곤 했다. 사실 책을 크게 읽어 주는 관행은 기원전 4세기경까지도 널리 퍼져 있었다.[27] 우리가 플라톤의 책을 '대화편dialogues'이라고 말하는 것은 제목을 잘못 쓴 것이 아니다. 대화라는 가정하에서 기록한 것이기 때문이다. 고전기의 그리스는 결코 온전히 문자 문화가 되지 못했다. 그러나 그들 철학자를 비롯해 많은 사람이 문자 문화를 이루는 데는 충분할 만큼 문해력을 갖추었고, 그런 맥락에서 새로운 형태의 지적·사회적 사고가 분출했다.

문해력과 교육

다음과 같은 의문이 드는 것은 마땅하다. 사람들의 사고를 바꾸는 것은 문해력인가, 아니면 우리 대부분에게 읽기를 가르쳐 준 교육과정인가? 1960년대에 서아프리카의 울로프Wolof족 어린이 중 문해력이 있는 아이와 비문해 아이들을 비교하는 연구에서 문해력이 인지

발달을 촉진한다는 결론이 나왔다. 그러나 연구를 수행했던 심리학
자들인 퍼트리샤 그린필드Patricia Greenfield와 제롬 브루너Jerome Bruner는 표
준 인지 테스트에서 높은 점수가 나온 것이 문해력 자체가 아니라 학
교교육 덕분인 것은 아닌지 의문을 가졌다.[28]

다른 팀의 심리학자들인 실비아 스크리브너Sylvia Scribner와 마이클
콜Michael Cole은 인지적 차이를 불러온 그 두 가지 잠재적 원인을 분리해
보려 했다.[29] 그들은 라이베리아의 바이Vai족을 대상으로 연구를 진행
했다. 바이족은 학교에서는 가르치지 않는 그들 나름의 음절 표기 체
계를 창안했다. 일부는 토착 바이 문자를 알았고, 일부는 아니었다.
두 집단의 인지능력은 같을까?

종잡을 수 없는 답이 나왔다. 그렇다, 바이 문자를 알지만 학교는
안 다닌 사람들과 문자도 모르고 학교도 안 다닌 사람들 사이에 편차
는 있었다. 하지만 인지 테스트 점수에서 문해력의 영향을 설명하는
데 훨씬 더 중요한 요소는 정규 교육인 것으로 입증되었다.

문해력과 학교교육의 영향을 분리해 해명하는 문제는 여전히 숙
제로 남아 있다. 현대 신경과학의 발전이 해결에 도움을 줄 것으로 보
인다. 우리는 마음에 대해 이야기하는 것에서 뇌를 살피는 것으로 초
점을 옮겨 가고 있다. 그것은 적어도 문자 그대로 인간의 뇌라는 점에
서 AI 프로그램이 갖지 못한 것이다.

문자가 우리 뇌를 바꿔 놓는가?

오늘날의 영상 기술 덕분에 우리는 뇌 크기를 개별적으로 측정할 수 있다. 그 결과 우리는 바이올린을 연주하거나 런던에서 블랙캡 택시를 몰거나 책을 읽는 행위가 어떤 식으로 뇌를 변하게 하는지 볼 수 있게 되었다. 그 기술은 또한 실시간으로 작동 중인 뇌를 관찰할 기회도 제공했다.

한 세기 이상을 과학자들은 신경가소성neuroplasticity, 즉 뇌가 스스로 구조를 개조하고 새로운 신경 회로를 만들어 내는 능력에 대해 논의해 왔다.[30] 지난날 우리는 뇌의 기능이 생의 초기에 결정된다고 생각했다. 이제 우리는 뇌가 새로이 신경 물질과 회로를 성장시켜 인지적 능력을 증강할 수 있다는 사실을 알게 되었다. 뇌에서 무슨 일이 벌어지고 있는지를 연구하기 위한 주요 도구는 자기공명영상Magnetic Resonance Imaging, MRI이다. 구조적 자기공명영상Structural MRI은 뇌의 해부학적 모습을 측정하는 반면에, 기능적 자기공명영상functional MRIs, fMRI은 과제를 수행할 때 혈류의 변화를 측정해 실시간으로 뇌 활동을 기록한다.

MRI 기술은 바이올린 연주자들의 왼손 손가락 운동을 통제하는 우측운동피질 내부에 강력한 구조적 연결 능력을 발달시킨다는 사실을 보여 주었다.[31] 바로 그 왼손이 현악기의 줄을 누른다. MRI는 또한 수많은 도로와 거리와 주요 지형지물에 '통달'한 런던의 택시 기사들은 공간 탐색을 담당하는 영역인 해마 뒷부분이 통제 집단보다 더 크다는 사실을 보여 주었다.[32]

신경영상neuroimaging으로 문해력이 뇌에 끼친 영향을 알 수 있을까? 이런 문제를 다루기 전에 신경학을 통해 우리가 알게 된 지식 대부분은 읽기만을 대상으로 했거나 읽기와 쓰기 능력을 구별하지 않고서 나온 결과임을 명심하자.

읽기와 뇌

읽기가 우리 뇌 속에 진화적으로 각인된 능력이 아니라면, 우리는 어떤 식으로 읽기를 배우게 되는가? 신경과학자 스타니슬라스 데하네Stanislas Dehaene의 설명에 따르면 우리의 읽기 능력은 시력과 언어 능력을 비롯한 다른 과제들을 위해 만들어진 신경 구조에 기대고 있다.[33] 경이로운 신경 정밀촬영 기술 덕분에 우리는 문해력이 생기면서 일어나는 뇌 구조와 기능의 변화를 실제로 관찰할 수 있게 되었다. 그리고 연구자들이 창의력을 발휘한 덕분에 비문해자였다 뒤늦게 문해력을 습득한 성인들을 통해 문해력이냐 학교교육이냐를 둘러싼 난제를 교묘히 해결하는 방법이 생겼다.

초기의 한 연구는 과거 콜롬비아의 게릴라 전사였던 자들이 읽기를 비롯해 필요한 것들을 배워 주류 사회 편입에 성공했던 희귀한 순간을 포착해서 얻은 것이었다. 뒤늦게 읽기를 배운 이 문해자들의 구조적 MRI 정밀촬영 사진과 그때까지도 읽기 학습 과정을 시작하지 못했던 대조 집단의 사진을 비교했다.[34] 적어도 5년 이상 스페인어 읽기와 쓰기를 배운 다음 촬영에 참여한 집단은 뇌 영역에서 읽기에 관여하는 것으로 알려진 백질과 회백질의 밀도가 증가했음을 보여 주

었다.[35]

또 다른 연구는 포르투갈과 브라질 성인들로 이루어진 세 집단에서 얻은 fMRI 정밀촬영 사진들을 비교했다. 세 집단은 각각 어린 시절 읽고 쓰기를 배운 이들, 어른이 되어 배운 이들, 어른이 되어서도 배우지 못한 이들로 구성되었다. 읽고 쓸 수 있는 두 집단은 비문해 집단보다 시력과 언어능력을 담당하는 뇌 영역들에서 비문해자들보다 더 많은 활동을 보였다.[36]

그리고 더 많은 결과가 나왔다. 이번에는 인도 북부의 경우였다. 힌디어를 쓰지만 비문해자인 마을 성인들과 함께 작업하면서 연구자들은 문해력 수업 참가자들을 읽기와 쓰기에 관해 어떤 훈련도 받지 못했던 비문해 집단과 비교했다.[37] fMRI 정밀촬영 결과는 또다시 문해력이 뇌를 더 잘 발달시킨다는 사실을 확인시켜 주었다.

우리는 또한 어린이의 뇌와 문자언어와의 관계에 대해서도 조금 알게 되었다. 신시내티 어린이병원의 소아과 의사 존 허튼John Hutton은 출판물 또는 영상물을 볼 때 뇌가 받는 영향에 관심을 가졌다.

3세에서 5세 아동에 대한 연구에서 허튼과 그의 동료들은 MRI 기술인 확산텐서영상diffusion tensor imaging, DTI을 이용해 가정의 독서 환경이 아이의 뇌에 어떤 영향을 미치는지를 확인해 보려 했다. 아직 읽기를 배우지 못한 어린이가 어른과 함께 책을 읽는 빈도와 몰입도, 그리고 책에 대한 접근성으로 측정한 가정의 독서 환경이 활발할수록 뇌 속 백질 신경로의 미세구조적 온전성의 수준도 높아졌다. 알기 쉽게 설명하자면 백질 신경로는 언어와 문해력을 지원하는 통로다. 허튼

연구팀은 취학 전 아동들에게서 그들이 디지털 화면에 더 많이 노출될수록 백질 신경로의 온전성이 떨어지는 상관관계를 보인다는 사실을 또한 확인했다. 연구팀은 8세에서 12세 사이 아동들에게서 독서가 뇌 속 연계성의 증가(인지적 이득)로 이어지는 반면, 영상매체에 많이 노출되면 연계성이 감소한다는 사실을 알아냈다.[38]

이 모든 MRI 촬영 결과물들이 무엇을 말해 주는지는 아직 명확하지 않다. 당장 말할 수 있는 것은 단지 책에 노출되는 정도라 하더라도 읽기가 우리 뇌에서 벌어지는 일에 영향을 미친다는 사실이다.

단지 쓴 것을 보는 것만으로도 뇌에서 무슨 일이 벌어지는지를 우리는 알고 있는가?

쓰기와 뇌

글을 읽지 못하는 사람과 읽기는 못 배웠지만 쓰기를 배운 사람의 뇌 영상을 각각 비교하는 연구를 상상하기란 쉽지 않다. 당신이 쓴 기호들을 스스로 해독할 수 없다면 그 기호들은 쓴 것이 아니라 그렸다고 부르는 것이 더 나을지도 모른다.

성인들을 대상으로 한 몇몇 참신한 연구 덕분에 우리는 글을 쓸 때 뇌가 어떤 반응을 보이는지에 대해 어렴풋한 감은 잡게 되었다. 첫 번째는 AI 소프트웨어와 뇌에 이식된 칩을 연결해 마비 환자들이 의사소통을 할 수 있게 만든 스탠퍼드대학의 연구다.[39] 그 장치는 연구에 참여한 마비 환자가 장애를 얻기 전에 습득했던 쓰기에 관한 뇌의 운동기억을 끌어내려 했다. 인간이 글을 쓰되, 뒤에서 AI의 도움을 받는 것이라 생각하면 될 터이다.

손발에 장애가 있는 참가자들은 칩을 이식받고 연구의 초기 국면에서 마치 단어들을 타자하면서 컴퓨터 키보드의 커서를 움직이고 있는 것처럼 집중하도록 지시받았다. 사실은 손이 아니라 그들의 마음이 작업을 했다. 연구 후반부에서 한 참여자는 종이 묶음 위에 손으로 글자들을 한 글자씩 써서 단어들을 써 보려는 것처럼 집중하도록 요청받았다. AI 소프트웨어는 그 신경 신호를 인식해 냈고, 그 인식대로 쓰인 문자를 생성했다. 참여자들이 상상으로 타자를 쳤을 때보다 상상으로 손글씨를 썼을 때 분당 더 많은 단어를 썼다는 사실이 드러났다. 단지 장애인뿐 아니라 근위축성측색경화증(루게릭병-옮긴이)과 같은 퇴행성 질환자들에게 이런 연구가 줄 잠재적 이익은 막대하다.

이번에는 매우 다른 유형의 쓰기 연구를 보도록 하자. 이번에는 사람들에게 이야기를 쓰게 하는 동안 fMRI 정밀촬영 영상을 사용해 뇌의 활동을 추적했다. 전문 작가들과 글쓰기 초보들 사이 뇌 활동을 비교해 보자는 발상에서 나온 연구였다.[40] 독일 그라이프스발트대학에서 마르틴 로체Martin Lotze와 그의 동료들은 촬영 장치 안에 있는 동안 어떤 식으로 연구 참여자들이 글을 쓰게 할 것인가 하는 문제를 우선 해결해야 했다. 금속은 곁에 둘 수 없었기에 디지털 기기는 들일 수 없었다. 연구자들은 장치 바로 바깥에 책상을 두고, 손으로 쓰는 동안 촬영할 수 있도록 해서 그 문제를 창의적으로 해결했다.

그 연구 자체가 GPT-3 같은 거대언어모델이 작동하는 방식, 즉 이야기 도입부의 몇 줄을 써 넣으면 나머지는 AI가 처리하는 것을 연상시켰다. 연구에서 나머지 이야기를 처리한 것은 인간이었다. 참여자 중 연구의 취지에 맞춰 전문가로 지명된 한 집단은 창의적 글쓰기 프로그램에 등록한 사람들이었고, 이와 달리 특별한 글쓰기 교육을 받은 적이 없는 초보자들은 통제 집단의 역할을 맡았다.

뇌 정밀촬영의 결과는 두 집단 사이에서의 신경 활동이 서로 다른 영역에서 이루어진다는 사실을 밝혔다. 초보자 집단이 어떻게 이야기를 풀어갈지 계획 중일 때(아직 쓰기를 시작하지는 않았다) 그들의 뇌는 시각과 관련된 영역에서 움직임을 보였다. 전문가 집단의 경우 말과 관련된 뇌 영역이 더 활발해졌다. 실제로 글쓰기 작업이 시작되자 전문가 집단은 초보자들과는 달리 계획·학습·기억과 관련된 고도의 인지 기능을 담당하는 뇌 영역인 꼬리핵에서 활동을 보였다.

마르틴 로체의 연구 결과를 해석하는 것은 쉽지 않다. 아마도 창의적인 글쓰기 훈련은 우리를 달리 생각하도록 할 수도 있고, 또는 그 반대일지도 모른다. 기자들과 소설가들을 비교해 본 결과는 어떨지 궁금하다. 확실히 말할 수 있는 것은 우리가 글을 쓸 때 뇌가 단어 하나하나를 따라 움직인다는 사실이다.

글쓰기를 할 때 뇌에서 무슨 활동이 벌어지는지에 대해 우리가 알아야 할 것은 여전히 많다. 실용적인 결론을 위한 질문은 우리의 마음이나 뇌가 우리가 손으로 쓸 때와 키보드나 키패드를 사용할 때 다르게 작용하는가의 여부일 것이다. 그 질문에 대한 논의는 손으로 쓰는 것을 다루는 12장에서 논의할 것이다.

플라톤의 대화편 『파이드로스』에서 소크라테스는 이집트에서 테우트 신이 문자를 창안하게 된 이야기를 상세히 설명한다. 그것은 축복이었을까, 아니면 저주였을까? 소크라테스는 테우트가 자신의 발명품을 선보였던 이집트의 왕이자 신인 타무스의 목소리를 빌려 설명했다.

이 발명품은 그것을 배워 쓰는 사람들의 마음에 망각을 낳을 것이다. 왜냐면 사람들은 더는 그들의 기억력을 갈고닦으려 하지 않을 것이기 때문이다. (…) 그대는 기억의 묘약이 아니라 상기의 묘약을 발명했다. 그대는 백성에게 참된 지혜가 아니라 지혜 비슷한 것을 제공할 뿐이다. 그들은 가르침 없이도 많은 것을 읽게 될 것이고, 그래서 많은 것을 아는 것처럼 보일 것이다. 그러나 실상 그들 대부분은 무지하며 상대하기에도 어려울 것이다. 그들이 지혜로운 것이 아니라 그저 지혜로운 척하기 때문이다.[41]

쓰기가 던진 충격에 대한 이런 초기의 두려움들은 역사적 맥락 속에서 볼 필요가 있다. 그리스의 아테네는 구술 문화에서 문자 문화로 이행 중이었다. 오늘날 자동 주차 차량이 인간의 평행주차 능력을 잊어버리게 할지도 모른다는 걱정을 자아내듯이, 고대 그리스는 문자를 두고 지식의 도구로서의 효용과 기억력을 훼손할지도 모르는 위험에 대한 걱정 사이에서 고민하고 있었다. 소크라테스와 플라톤이 오늘날에 살아 돌아와 우리 기억력의 빈약한 실태를 보면 경악할 것이다. 그러나 그들은 자기표현과 사고를 위한 도구로서 문자가 갖는 힘도 또한 인식했을 것이다.

AI는 자기표현이나 사고에 적합하지는 않다. 그러나 우리는 다르다. 이제 우리는 문자를 사용하고자 하는 바로 그런 인간적인 욕구들을 살펴보려고 한다.

2장

왜 인간은 쓰는가—그리고 고쳐 쓰는가

협박 편지, 조리법, 긴 목록, 법규, 블로그, 책, 이메일, 비명碑銘. 우리에게 문해력이 있다면 우리가 쓰고 싶은 것과 써야 할 이유는 무궁무진하다. 하지만 실질적 측면에서 우리가 글을 쓸 일은 필요와 상황의 제약을 받는다.

제약의 역사는 길다. 일부 초기의 문자 체계는 딱 한 가지 이유로 사용되었다. 관료정치를 유지하기 위해서였다. 미케네문명의 선문자 B는 왕궁 창고에 곡물 포대가 얼마나 많이 있는지와 같은 실용적인 목적으로 사용되었을 뿐이다.[1] 시도 없고, 왕의 법령도 없었다. 페루의 잉카문명에서는 방대한 제국을 다스리기 위해 키푸quipu(그렇다, 이 것도 일종의 문자였다)라고 알려진, 묘하게 매듭지은 끈들로 이루어진 문자 체계를 고안했다(끈繩으로 매듭結지어 만든 문자라고 결승結繩문자라고도 한다-옮긴이).[2]

독자적으로 창안했거나 혹은 빌렸거나 혹은 진화시킨, 아무튼 문자를 가진 모든 사회에는 누가 무엇을 썼는지에 대한 저마다의 고유한 기록이 전승된다. 양피지·종이·키패드에 문자 기록을 남긴 사람들에게 주어지는 명칭에서부터 시작해 보자.

필자와 작가와 권위자

뉴욕에는 '필자들의 집Writers House'으로 불리는 작가 대리업체가 있어서 저자를 대신해 출판업자를 상대한다. 그렇다면 필자writer와 작가author 사이에 어떤 차이가 있는지 당연히 묻게 된다.

용법으로 판단하려면 구분이 애매하다. 미국 작가조합은 "생계형 작가들을 돕기 위해" 존재한다.[3] 즉, 작가란 일반적으로 금전적 대가를 위해 자신의 원고를 출판하려는 사람들을 뜻한다. 라이터스워크벤치Writer's Workbench, WWB('필자의 작업대'-옮긴이)는 최초의 컴퓨터 문법 검사기로, 1970년대 말에 출시되어 학생들이 숙제를 수정하는 데 도움을 주었다. 학생들끼리 과제 수정을 이유로 금전적 거래를 한 일은 없었기를 희망해 본다.

엄밀히 말해, 쓸 수 있는 자라면 누구든 필자라 불릴 수 있다. 비록 그 단어가 대개 기자나 편집자와 같은 전문가들을 연상시키지만 말이다. 만약 당신의 글쓰기가 이메일을 보내거나 소셜미디어에 글을 올리거나 이력서를 작성하거나 매년 연말 연하장을 쓰는 정도에 머무른다면 어떤 이도 당신을 필자라고 부를 생각은 하지 않을 것이다. '소소한 필자'라면 좀 더 정확한 표현일지도 모르지만, 그건 어색하다. 나는 차라리 '일상의 필자'라 부르겠다.

'작가'는 어떤가? 만약 내가 단편소설을 쓴다면(나는 그 소설의 작가다), 나는 당연히 내 작품에 대해 인정받으려 할 것이고 심지어 소득도 바랄 것이다. 만약 내가 신문 기사를 쓰거나 법적으로 변론 취지서를 쓴다면 나는 또한 그런 글의 작가인데, 거기다 조금 더 추가적인 의미가 부가된다. 즉 나는 법정에서 혹은 공론의 장에서 내가 쓴 것에 대해 책임진다. 글을 치밀하게 짜내는 것도 대개 작가가 져야 할 또 다른 책임이다. 정확해야 하고, 소설이 아니라면 신뢰성도 있어야 한다. 마지막으로 돈이나 명성을 얻는 것과는 무관하게 개인적 동기라는 필수 불가결한 요소가 필요하다.

현대적 작가라고 할 때 우리는 다음과 같은 다섯 가지 요소를 가정한다.

- 쓰고 싶은 참신한 내용이 있다(그리고 잘 쓰고 싶어 한다).
- 출판하려 한다.
- 자신이 쓴 것에 대해 자신의 이름을 남긴다.
- 자신이 쓴 것에 대해 책임진다.
- 쓰고 싶은 개인적 동기를 갖는다.

이런 요소들은 조금 잡다해 보인다. 정치적 폭로의 경우, 자신이 쓴 것이 진실함을 입증할 준비가 되어 있어야 한다. 동료에게 직장 상사를 비방하는 이메일을 보낸다면? 메일에 당신의 이름이 엄연히 들어가 있다. 혹은 회사 서버의 백업 파일에 남아 있을지도 모르니 주의하라.

현대적 작가가 갖추어야 할 요건을 구체적으로 제시한 데는 그럴 만한 이유가 있다. 문자언어처럼 작가에 대한 현대적 의미도 몇 세기의 진화를 거쳐 형성되었다.

아욱토리타스로부터 작가와 저작권까지

'작가'를 뜻하는 author는 자신의 기원을 노골적으로 드러내는 단어다. 라틴어 아욱토리타스auctoritas는 권위authority를 뜻한다. 아욱토르auctor는 특히 종교적 주제에 대해 권위를 갖고 쓰는 자이다. 중세에 그 권위는 주제의 내재적 가치(다시금 종교를 생각하라)와 필자가 글을 쓸 때 갖는 진정성(참됨을 생각하라)으로부터 왔다. 신은 인간이 성서에 관해 쓸 때 영감의 원천이었다. 그리고 신이 아욱토리타스를 가진다는 점은 부인할 수 없는 사실이다. 인간들은 얼마간의 매혹적인 시와 이야기를 썼다(14세기 작자 미상의 시 「가윈 경과 녹색 기사」를 생각해 보라). 하지만 그 당시 그들의 노력 대부분은 종교적 글의 편찬이나 그에 관한 주석에 집중되었다.[4] 게다가 나이가 중요했다. 12세기 말의 성직자 월터 맵Walter Map은 애처로운 어조로 명성에 관한 한 죽는 것이

도움이 된다고 선언했다.[5]

　서서히 인간 작가들(살아 있는 작가들 포함)은 신의 그늘 밖으로 나왔다. 그곳을 벗어나기 위한 한 가지 방책으로서 스스로를 작가가 아니라 단순한 편집자로 자처했다. 또 다른 방책은 작가의 말에 대한 책임을 작중 인물에게 떠넘기는 것이었다. 『캔터베리 이야기』에서 초서는 단지 리포터인 양했다. 방앗간 주인 밀러와 같은 인물들의 우스꽝스러운 음담패설에 대해 비난받지 않기 위해서였다.[6]

　근대 초기에 저자에 대한 우리의 인식은 과거의 모습을 많이 벗어났다. 인쇄기는 증가하는 작가들의 작품을 유포하는 데 기여했다. 머지않아 떠오른 저작권 개념도 그런 식으로 기여했다. 그러나 아직 부족했다. 셰익스피어가 『리어왕』과 『맥베스』를 쓰고 있었을 때 누구도 그가 라파엘 홀린셰드Raphael Holinshed의 『연대기Chronicles』로부터 줄거리를 훔쳤다고 비난하지 않았다. 아직 저작권법이 없었기에 도둑질도 없었다. 게다가 현대적 관점에서 저작권은 표현에 적용되지, 그 표현이 드러내고자 하는 아이디어에 적용되는 것이 아니다.

　잉글랜드에서는 1709년이 되어서야 앤여왕법의 제정과 함께 최초의 저작권법이 규정되었다. 이때는 비록 제한적인 기간에 불과했지만 작가의 글을 인쇄하고 이익을 취할 권리는 작가가 아니라 출판업자에게 있었다. 그로부터 100년이 흘러 1814년에 저작권법이 제정되고 나서야 잉글랜드에서 작가가 '문학적 자산의 창작자이자 소유자'로 인식되었다.[7] 비록 세월이 흐르면서 소유권의 기한은 점차 상향했지만 잉글랜드와 미국에서 줄곧 보호되었던 것은 아이디어가 아니

라 표현이었다.[8]

또한 현대의 저작권법은 노력을 요구한다. 영국 법에 따르면 "저작권에 대한 자격을 얻기 위해 어떤 작품은 독창적이어야 하고, 적정 수준의 노동과 기술 또는 식견을 보여 주어야 한다." 미국의 경우는 "원작자의 독창적인 작품이라면 인간 작가에 의해 남의 도움 없이 이루어진 것이어야 하고, 최소한 얼마간의 창의성이 있어야 한다."[9]

독창적이어야 한다. 오늘날의 저작권법은 저작권을 주장하는 자에게 새로운 어떤 것을 갖고 있어야 할 필요가 있다고 명확히 밝히고 있다. 또한 정신적 노력('노동과 기술 또는 식견'과 '최소한 얼마간의 창의성')이 투입된 증거를 보일 필요가 있다. 문제는 누구의 노력이고, 누구의 창의성인가이다.

저작권과 AI: 복잡한 문제

미국 법은 저작권이 인간 작가에 의해 창작된 작품에만 부여될 수 있을 뿐이라고 맨 앞에 명시했다. 더 정확히는 '무엇이든 인간이 창작한 것human creators of anything'이다.

인도네시아에서만 발견되는 구세계원숭이인 검정짧은꼬리원숭이 한 마리가 만든 작품이 문제가 된 적이 있었다. 2011년 자연·환경 사진작가 데이비드 슬레이터David Slater는 동물보호구역에 카메라를 설치하고는 잠시 자리를 비웠다. 돌아와 보니 나루토라 불리는 검정짧은꼬리원숭이가 셀피를 마구 찍어 댄 것을 확인했다. 이 사진 중 일부가 공유 사이트인 위키미디어에 실렸다. 슬레이터는 자신의 장비로

찍은 것이니 사진에 대한 권리는 자기 것이라며 주장했다. 그러고는 야생의 독특한 풍광에 관한 책을 내면서 나루토를 표지에 실었다.[10]

그러나 일은 예기치 못한 국면으로 전개되었다. 동물권 단체가 저작권은 실제 사진작가가 아니라 나루토에게 있다고 주장하면서 슬레이터를 고소했다. 판사는 기각했다. 미국 법에 따르면, 인간이 아니면 저작권을 갖지 못하기 때문이었다.[11]

AI의 생성물에 대해서는 어떻게 해야 할까? 해답의 일부는 당신이 어디 사느냐에 따라 달려 있다. 규정들이 지구상 어디냐에 따라 달라 어수선하고 종잡을 수 없다.

2014년에 미국 저작권청은 다음과 같이 명시했다.

> 저작권청은 인간 작가의 어떤 창의적인 노력의 투입이나 개입 없이 무작위로 또는 자동으로 작동하는 기계나 단지 기계 조작의 과정으로 산출된 작품은 등록하지 않을 것이다.[12]

달리 말해 등록 자격을 갖춘 작품을 만들기 위해서 AI 단독으로는 작가가 될 수 없다는 것이다. 수많은 미국의 법률 전문가가 이 입장에 지지를 보냈다. 꽤 오래전인 1986년에 법학자 파멜라 새뮤얼슨 Pamela Samuelson은 이렇게 말했다.

> 저작권 체계는 매우 타당한 이유로 인간에게만 부여된다. 기계는 결과물을 만들기 위해 보상을 필요로 하지 않기에 기계에 지적 소

유권을 부여한다는 것은 말이 되지 않는다.[13]

저작권 보호를 명시하고 있는 미국 헌법은 작가에게 일정 기간 그의 작품에 대해 '독점적 권리'를 부여하는 이유가 그들에게 "과학과 유용한 능력들의 발전을 촉진"할 동기를 주기 위해서임을 직접적으로 밝혔다.[14]

인간 저작권에 대한 옹호는 계속되었다. 2012년에 애너메리 브라이디는 소프트웨어 프로그램은 "법 인격이 없기" 때문에 저작권이 허용될 수 없다고 썼다.[15] 몇 년 뒤 제임스 그리멜만은 미래에는 저작권적 관점에서 AI에 작가의 지위를 부여하는 것이 타당하다고 여겨질지는 모르나 AI 프로그램에 그런 자격을 허락하도록 법을 바꾸겠다는 것은 "끔찍한 생각"이라고 결론지었다.[16]

그러나 대서양 또는 태평양을 가로지르면 상황은 다양한 법적 전통에 의해 복잡해진다. 어떤 나라들(중국 그리고 일본과 함께 모든 유럽 대륙)은 로마의 유스티니아누스법전에서 비롯된 성문법 전통을 따르고 있다. 영국과 그 법적 전통에 영향을 받은 인도, 오스트레일리아, 뉴질랜드, 캐나다와 미국과 같은 나라들은 대체로 관습법 전통을 따른다. 성문법에 따르면 법적 체계는 성문화된 법에 기초해 있다. 관습법에 따르면 법적 과정은 판례법에 크게 의존한다. 즉 오랜 세월 판사가 내린 판결들이 기준이 된다.

특히 유럽에서 성문법을 따르는 나라들은 저작인격권moral rights으로 알려진 강력한 법적 전통을 갖고 있다. 그것은 이제 저작권과 밀접한 관련을 맺게 되었다. 저작권이 저작재산권 침해로 입을지도 모르는 작가의 재정적 위험을 보호해 준다면, 저작인격권—원래 프랑스어 (droit moral)에서 나온 개념—은 작가의 사적 명성, 프라이버시와 함께 작품의 저자로서 인정될 권리를 비롯해 창작자의 비재정적 이해를 보호한다. 1886년 문학과 예술 작품의 보호를 위한 베른조약하에서 개인의 저작인격권은 저작권 조항들에 통합되었다.[17] 이런 식으로 개인의 저작인격권을 강조하면서 인간에게만 저작권을 허용한다는 전제를 굳건히 하는 방향으로 진행되었다.

　비록 미국과 같은 관습법 전통을 가진 몇몇 나라들이 베른조약 조인국이 되어 작가들의 저작인격권을 인정하지만, 저작권의 영역 내에서 이런 권리들을 강조하는 정도는 성문법 국가들만큼 강력하지는 않다. 결과적으로 관습법을 채택한 나라들은 컴퓨터로 생긴 지적 소유권에 대한 저작권 쟁점을 다룰 때 차선책을 택할 가능성이 높다. 그 차선책이 업무상저작물 개념이다.

　한 회사가 마리아라는 사람과 회사의 업무 지침서 제작 계약을 맺었다고 해 보자. 마리아는 제작비를 받지만, 회사는 그녀가 만든 지침서에 대해 회사의 뜻대로 사용할 권리와 그로부터 얻는 이익을 갖는다. 이것이 관습법의 전통을 유지하는 뉴질랜드와 몇몇 다른 나라들이 컴퓨터가 생성한 결과물에 대한 권리를 다룰 때 적용하는 원칙이다. 저작권법상 소유권은 '결과물 생산에 필요한 준비를 떠맡았던 사람'에게 속한다.[18] 브라이디는 관습법을 따르는 미국에서는 업무상 저작물에 대한 해결책이 간단했을 것이라고 시사했다. 저작권법 자체를 바꾸는 것이 아니라 업무상저작물을 정의하는 문구를 조금 손대면 될 터였다.

AI 생성물의 저작권에 대한 소유권 문제를 해결하는 데 대한 다른 사례는 중국에서 나왔다. 데이비드 슬레이터의 원숭이 셀피 사례와 유사하게도 이 분쟁은 인간 아닌 존재에 의해 만들어진 문장이 자동으로 공유물이 되는지, 아니면 저작권의 보호를 받아야 하는지를 놓고 벌어졌다.

텐센트테크놀로지Tencent Technology는 드림라이터Dreamwriter라는 소프트웨어로 금융 기사 한 편을 작성해 텐센트증권회사 웹사이트에 올렸다. 같은 날 또 다른 IT 기업 상하이 잉쉰上海盈讯이 AI가 생성한 텍스트는 공유해도 된다고 생각해 허락도 없이 그 기사를 자회사 웹사이트에 올렸다. 텐센트는 경제적 보상으로 1,500위안(200달러가 조금 넘는다)을 요구하며 고소했다. 재판부는 그 기사가 인간과 기술의 협업으로 얻은 결과물이며 저작권을 인정할 만한 창의성 기준을 충족하기 때문에 보호받아야 한다는 판결을 내렸다.[19]

물론 1,500위안을 보상받은 주체가 드림라이터는 아니었다. 텐센트였다.

저작권 주인을 찾아라

오늘날 작가로 여겨지려면 말하고자 하는 새로운 것이 있어야 한다고들 한다. 컴퓨터가 생성한 글은 그 기준을 충족한다. 그리고 그런 생성물들이 점점 많아지고 있다. 신문 기사뿐만 아니라 단편소설집,

AI가 삽화를 담당한 만화 등의 형태로 등장하고 있다.[20]

그럴 때 저작권자는 누구냐는 의문이 생기는 것은 당연하다. 꾸준히 발행 중인 자비출판물과 작은 출판사가 발행한 책들에 대해서 저작권을 주장하는 쪽은 주로 인간 편찬자이다. 중국 텐센트사 기사의 경우 기사 마지막 바이라인에는 필자 이름을 적는 대신 "이 기사는 텐센트사의 로봇 드림라이터에 의해 작성되었습니다."라고 씌어 있다.

법률적으로 '실제 저자'(실제로 쓴 사람 혹은 프로그램)와 '법률적 저자'(저작권법상 소유권을 가질 자격을 갖춘 자)는 서로 다를 수 있다. 텐센트를 위해 ('실제로') 기사를 작성한 것은 드림라이터지만, 그 기사에 대한 권리를 가지는 쪽(저작인접권자)은 텐센트였다. 그 과정에 인간의 개입이 있었기 때문이다. 그러나 새뮤얼슨이 우리에게 상기시켜 주었듯이 AI의 생성물에 대한 저작권 시비가 생겼을 때 법은 다양한 입장을 취할 가능성이 있다.[21]

여기 또 하나 궁금한 것이 있다. 이번에는 다수의 저서를 낸 작가 모두에게 잠재적인 영향을 미칠 사안이다. 서문에서 우리는 GPT-3이 제롬 K. 제롬과 게이 텔리즈의 작풍을 상당한 수준으로 모방할 수 있다는 사실에 대해 얘기했다. 현대의 아돌프 나이프가 에드거 앨런 포의 추리소설을 GPT-3에 입력하면 판매할 수 있는 수준의 「도둑맞은 편지」 속편을 완성할 수 있을 것이다. 포의 애독자와 전문가들이야 벌컥 화를 내겠지만, 범죄행위를 벌주겠다고 쫓아올 사람은 없다. 포의 작품들은 저작권이 소멸되었기 때문이다.

그러나 만약 당신이 댄 브라운의 『다빈치 코드』와 『인페르노』를 GPT-3에 입력하여 새로운 '로버트 랭던 스릴러 시리즈'를 완성했다면 어떻게 될까? 당신이 새 작품을 출간하고 책을 판매한다면 브라운은 따지고 들 것이다. 하지만 법이 누구 편을 들 것인지에 대해서는 의문이 생긴다. 미국 저작권법은 표현은 따지겠지만 아이디어는—그리고 문체도—상관하지 않는다. 내 생각에는 개인의 명성을 보호하는 저작인격권에 관한 쟁점이 개입될 것 같다.

저작권과 저작권자 표시에 관한 법률들 외에도 또한 잘못에 대한 책임 문제도 해결할 필요가 있다. AI 생성물이 문제가 될 때 누가 책임을 지나?

당신이 쓴 것에 대한 책임

말하고자 하는 새로운 주제가 있는 당신은 홀로 공들여 작품을 썼고, 그것에 대한 공로를 인정받을 준비가 되었고, 출판 담당자도 구했다. 축하한다. 그렇지만 작가로서 당신의 의무가 끝난 것은 아니다. 책의 진실성에 대해 또한 책임을 져야 한다. 내가 저술한 모든 책이 그랬듯이 이 책을 위해 출판사와 계약할 때도 내가 사실이라고 말한 모든 것의 진실성을 입증할 것이 요구되었다. 만약 나중에라도 문제가 생기면 나는 법적 대가를 치르게 될 것이다.

인간 작가에 대해 이야기하는 것이라고 가정하면 이런 식의 계약상의 조항들은 합당하다. 사람들은 자신이 쓴 것에 대한 책임을 진다. 그러나 AI가 생성한 작품들을 생각해 보라. 거대언어모델들은 진

실에 대한 보장이 미흡한 텍스트를 만들어 내는 것으로 악명 높다. AI
를 이용해 뉴스나 과학 관련 글을 생성하는 상업 매체들은 그 내용물
을 상세히 검토한 뒤 엄선한 데이터를 사용하는 경향이 있다. 하지만
검토되지 않은 데이터세트를 기반으로 한 AI 도구들이 범람하고 일
상의 필자들이 그것을 이용하면서 책임 소재에 관한 새로운 문제 제
기가 일어나고 있다. 만약 당신이 AI로 생성한 에세이를 출판했는데,
그 내용이 사실이 아니거나 명예를 훼손하는 내용을 담고 있다면 누
구도 GPT-3이나 그와 유사한 프로그램을 고소하지는 않을 것이다.
누가 판사 앞으로 불려 나가겠는가? 거대언어모델을 만든 회사인가?
그 거대언어모델을 응용프로그램에 사용하도록 허가해 준 회사인
가? 그 프로그램을 구동한 최종 사용자인 당신인가?

법적인 관점에서 멋진 신세계가 펼쳐지는 것이다.

컴퓨터가 우리 모두를 작가로 만들었는가?

컴퓨터 기술을 글 쓰는 과정에 개입시키면서 우리는 다시 원작
자와 원작이 출판되도록 하는 것, 즉 문자 그대로 그것을 공개하는 것
사이의 관계로 돌아오게 되었다. 컴퓨터가 광범위하게 사용되기 전
에 만약 상업 출판업자를 만나지 못했거나 자비출판도 하지 않았다
면 글을 배포할 수 있는 선택지는 필경사, 타자기, 먹지, 등사기나 복
사기 정도로 제한되었다. 윌리엄 해밀턴^{William Hamilton}의 카툰 중에서 내
가 제일 좋아하는 컷은 칵테일 파티에 참석한 어떤 학자가 "나는 아
직 실제로 출판했거나 제작한 것은 없지만 직업적인 이유로 타이핑

을 해 놓은 것은 얼마간 있답니다."라고 말하는 장면이다.[22]

개인용 컴퓨터, 워드프로세싱 프로그램 그리고 비싸지 않은 프린터의 등장은 더 많은 이에게 출판의 문턱을 낮춰 주었다. 그렇지만 출판 문호 개방의 진짜 시작은 광범위한 대중이 인터넷 접속을 하게 되면서부터였다. 사적인 생각을 기록한 일기부터 블로그 포스트와 왓패드Wattpad에 올리는 스토리에 이르기까지 모든 것이 즉시 '출판되었다.' 만세! 당신은 작가다.

일상의 필자가 자신을 작가로서 새로이 상상하는 순간, 잠재적 독자가 늘어날 것을 의식하게 되면서 자신이 쓴 글에 대해 더 많은 위험부담을 지게 되었다. 독자층이 더 이상 친구 한두 명 혹은 과제물을 평가하는 어떤 선생에 국한되지 않게 된 것이다. 영작문계의 제1인자 앤드리아 런스퍼드와 그녀의 동료들이 자신들의 영작문 지침서의 제목을 '모두가 작가Everyone's an Author'로 정한 것은 모두가 작가의 지위로 격상된 시대를 염두에 두고 그랬을 것이다. 학생들에게 자신을 아무도 없는 곳에서 홀로 글 쓰는 이가 아니라 책을 출간한 작가로서 여기라고 격려하는 제목이었다. "누구든 컴퓨터에 접속하는 사람은 자신의 글을 출판할 수 있고 사실상 **작가**가 될 수 있기" 때문이다.[23]

책 제목 자체가 호소력이 있는 데다, 글쓰기가 명확한 사고를 배양하고 세상과 소통하는 이중적 목표 달성을 위한 도구임을 독자들에게 깨닫게 하려는 저자들의 확고한 신념이 드러난다. 글쓰기를 배우는 것은 명확하게 사고하는 능력을 키우고 당신의 생각에 관심 있는 현실의 독자들에게 자신을 표현하는 능력을 개발하는 것을 의미했다.

인간이 말하고 싶은 것은 어떤 것일까? 그런데 왜 그에 대해 쓰는 것은 부담스러워할까? AI의 경탄할 만한 편집과 작문 능력을 고려해 볼 때 우리는 어떤 종류의 글쓰기를 AI에 양도하고, 어떤 것을 공유하고, 또 어떤 것을 우리만의 영역으로 보유할지를 결정해야 한다. 그런 역할 분담을 시도하기 전에 우선 인간은 왜 쓰는지 물어야 한다.

왜 쓰는가: 다양한 이유들

'나는 왜 쓰는가'를 구글에서 검색해 보라. 20억 페이지 이상의 결과가 나온다. 물론 중복되는 페이지가 다수 등장하고 많은 개인 블로그와 쓰기 교육 광고도 만나게 된다. 그렇더라도 이것은 주목받는 주제로 보인다. 그와 동일한 제목으로 조지 오웰이 쓴 에세이와 그 뒤를 이은 조앤 디디온Joan Didion의 작품이 잘 알려져 있다. 그 둘 말고도 높이 평가되는 작가들 수십 명이 뒤를 잇는다. 넉넉하게 차려 놓은 목록을 따라 독서를 하는 것은 의식을 고양하는 경험이기도 하다.

지나칠 정도로 많은 것—동물, 식물, 사상—을 마주했을 때 합리적인 조치는 분류하는 것이다. 그런 대책은 아리스토텔레스와 린네의 연구에 잘 들어맞았다. 나는 앞으로 이어질 나의 분류가 글을 쓰는 이유의 모든 범주를 포함한다고 주장하려는 것이 아니다. 그러나 그 분류가 논의의 출발점은 된다. 분류는 종종 중첩된다는 사실도 기억해 두라. 미국 형사 사법제도에 대해 신랄한 비판 글을 써서 받는 인세는 또한 집세 치르는 것을 돕는다.

처음 두 가지 분류는 일상의 필자들이 글을 쓰는 이유를 반영한다. 그다음 두 가지는 전통적인 의미로 책을 출판한 경험이 있는 작가들의 집필 이유에 초점을 두고 있다. 마지막 세 가지 범주는 마음에서 우러나와 쓰게 되는 경우를 집중 조명했다.

평범한 쓰기 행위들: 개인적이며 개인 간에 일어나는

평범한 사람들이 남기는 평범한 기록이다.

먼저 이런 글쓰기는 자신을 위한 것이다. 장보기 목록, 개인 일기, 메모 따위다. 그다음은 우리가 아는 사람 혹은 우리가 연락이 닿았으면 하는 이와 소통할 때 일어난다. 친구에게 보낸 이메일, 직장 동료에게 보낸 문자, 소셜미디어 정보 업데이트, 국세청에 보낸 편지. 후자의 경우 공통점은 누군가가 우리가 쓴 글을 읽을 것이라 가정하거나 아니면 적어도 희망한다는 사실이다. 상업적 웹사이트에서 키보드 채팅을 하다가 상대편의 정체가 사람이 아니라 봇이었을 때 좌절감이 솟는 경향이 있다.

타인의 요청에 의한 쓰기: 학창 시절, 대필사들

우리 모두 내일로 닥친 제출 마감에 에세이, 시, 감상문 등의 과제물을 허겁지겁 해치운 경험이 있다. 대학교수로서 나는 학교 카페나 잔디밭에서 학생들의 대화를 엿들을 때마다 안타까워했다.

린지: 뭐 하고 있어?

제이미: 내일이 클라인 [교수님] 과제 마감날이야.

린지: 전부 몇 잔데?

제이미: 1,200~1,500단어. 이제 겨우 800단어 채웠어.

린지: 형용사를 여기저기 막 갖다 붙여. 했던 말 또 하고. 읽지도 않을 건데 뭐.

학부생들에게 아무리 자주 그들의 과제물이 "내 것mine이 아니라 너희들 것yours"이라고 상기시켜 주어도 대체로 씨도 먹히지 않는다. "배런 교수님, 교수님이 주신 숙제your paper(저자는 '나의 숙제my paper'라고 말하기를 바란 것-옮긴이) 여겼어요." 당신이 학생이었던 적이 있다면(물론 그럴 것이다), 이 학생의 말이 낯설지 않으리라 장담한다.

누군가의 지시에 따라 글을 쓰는 상황은 직업적으로는 흔하다. 자신은 조금도 관심 없는 사건에 대한 기사를 할당받은 기자들이 여기에 해당한다. 뉴델리나 이스탄불의 대필사들도 마찬가지다.

가시적 이득: 금전적 그리고 직업적인

적어도 후원과 저작권과 인세의 시대가 도래한 이래로 사람들은 금전적 이득을 위해 글을 썼다. 단어 수만큼 돈을 받도록 계약했거나 프리랜서로 일하는 이들에게 글쓰기는 식탁에 음식을 놓기 위한 수단이었다. 어떤 이들은 정기적인 봉급 또는 상당한 선인세를 받기도 한다.

직업상 고비를 넘겨야 할 순간이 있는데, 그 또한 중요한 동기부여가 된다. 출판이냐 도태냐(학술 저널에 논문을 게재하라며 학자에게 가하는 무언의 압박-옮긴이)로 알려진 그 다모클레스의 칼 아래서 안절부절못하며 사는 대학교수들, 특히 종신 재직권 심사라 불리는 인생의 중대사를 앞둔 교수를 생각해 보라. 학과와 대학의 명성에 따라 그 숫자는 차이가 있지만, 일자리의 안정성이 확보되고 나면 교수들의 전체 출판율은 하향 곡선을 그린다.[24]

공유: 전문 지식, 드러냄, 충고

알리거나 드러내거나 조언을 줄 목적으로 쓰인 이 모든 에세이, 잡지 기사, 과학 논문과 책을 생각해 보라. 주제는 끝이 없다. 1월 6일 실제로 무슨 일이 있었나, 신경가소성에 대한 설명, 난초를 잘 키우는 법 등등.

글의 목적과 작가의 수완에 따라 문체는 뉴스 기사 1면이나 참고 문헌이 가득한 논문 또는 주옥같은 문학처럼 읽힐 수도 있다. 작가의 목적은 오로지 정보 제공["아주머니 사실만 말해 주세요Just the facts, Ma'am"(미국 형사 드라마 유행어-옮긴이)]일 수도 있고, 혹은 해설(논제나 관점 제시—장래 위키피디아 기고자를 지망하는 사람은 해당 사항이 없다)을 위한 것일 수도 있다. 이 모든 글이 논픽션은 아니다. 당신이 힐러리 맨틀의 『울프 홀』이라는 소설을 읽고 있다면 근대 초기 영국사를 관람할 특등 좌석을 얻은 것이다.

1946년에 출간된 조지 오웰의 기념비적인 에세이를 언급하지 않고는 글쓰기의 동기에 대해 이야기할 수 없다. 오웰은 산문을 쓸 때 작가들이 갖고 있을지도 모르는 잠재적 동기를 술술 풀어놓았다. 생계를 위해 글을 쓴다는 사실을 우선 인정한 뒤 그는 네 가지 동기를 열거했다. 순전한 이기심, 미학적 열정, 역사적 충동, 정치적 의도. 오웰의 글쓰기는 마지막 동기에 많이 이끌렸다.

> 나는 책을 쓰려고 앉을 때 (…) 어떤 거짓에 대해 폭로할 것이 있기 때문에, 어떤 사실에 대해 사람들의 주목을 끌고 싶기 때문에 쓴다. 그래서 나의 우선적인 관심은 사람들이 귀 기울이게 만드는 것이다.

오웰의 임무는 단지 폭로가 아니었다. 그것은 다음 세 가지 범주로 이끄는 매우 사사로운 동기였다.

외부를 바라보며: 뜻을 전하기, 희망 나눔

우리는 인간으로서 우리가 사는 세상을 이해하려고 애쓴다. 많은 작가는 세상살이를 겪으면서 변하지 않는 세상을 개선하기 위해 (즉 세상의 결점을 보완하기 위해), 낙관론을 펴기 위해, 혹은 현실에 맞서기 위해 글을 쓴다.[25]

- **세상을 달리 상상해 보기**: "나는 나에게 제공된 어떤 세상에서도 살 수가 없었다. (…) 나는 나만의 세상을 창조해야 했다." (아나이

스 닌)[26]

- **세상을 바로잡기**: "쓰기는 우리가 잘못 생각할 수 있는 모든 다양한 양상을 표현하기—그래서 제거하기—위한 나의 방식이다." (제이디 스미스)[27]

- **감정적 경험을 재구성하기**: "이것이 내가 쓰는 이유다—슬픔을 갈망으로, 외로움을 회상으로 바꾸려 시도하는 것이다." (파울로 코엘료)[28]

- **희망을 불러오기**: "[소설을 쓰는 것은] 근본적 희망에 대한 연약한 끈이라도 놓지 않으려는, 어둠 속에서 불을 지펴 보려는 시도다." (존 그린)[29]

- **어려움에 맞서기**: "나는 감춰진 것, 그리고 어려운 것과 대결하겠다는 굳센 결의를 다지면서 글을 쓴다." (콜름 토이빈)[30]

- **타인을 즐겁게 하기**: "내 생각에 글쓰기는 타인에게 즐거움을 주기 위해 내가 가진 최선을 제공하는 것이자 내가 세상에 기여하는 방식이다." (카를로스 루이스 사폰)[31]

- **죽은 자를 대신해 말하기**: "생존자에게 글쓰기는 직업이 아니라 소명이자 의무다. (…) 죽은 자가 죽음을 극복하는 것을 돕기 위해 [나는 쓴다.]" (엘리 위젤, 나치 강제수용소의 참상을 그린 『나이트』의 저자이자 노벨평화상 수상자-옮긴이)[32]

내면을 바라보기: 자기 발견과 자기 이해

많은 사람이 자신이 무엇을 생각하는지, 자신이 누구인지, 그리

고 세상에서 자신의 역할이 무엇인지를 면밀히 검토하기 위해 글을
쓴다. 개개인의 일기가 오랜 세월 그 역할을 맡아 왔지만, 동일한 목
적을 이루기 위해 작가들은 자신의 글을 세상에 공개하고자 하는 충
동을 느낀다.

조앤 디디온의 1976년 에세이 『나는 왜 쓰는가』는 물론 이런 부
류에 속한다. 디디온은 오웰의 제목을 빌린 것을 인정했다. 그러나 이
유는 자신만의 것이었다.

나는 전적으로 내가 무슨 생각을 하는지, 내가 무엇에 관심이 있는
지, 내가 무엇을 보는지 그리고 그것은 어떤 의미가 있는지를 알기
위해 썼다.

자신이 무슨 생각을 하는지 알기 위해 썼다는 디디온의 고백에
대해 좀 더 생각해 보자. 이런 동기는 오랜 세월 동안 공감을 얻어 왔
다. 아마도 최초는 18세기에 호레이스 월폴Horace Walpole이 토로했던 다
음과 같은 고백이었을 것이다. "나는 어떤 것을 써 보기 전까지는 그
것에 대해 결코 알지 못한다."[33] 20세기에 접어들어 그런 생각은 널
리 퍼졌다. 1926년 『사고의 기술The Art of Thought』에서 "나는 내가 그것에
대해 써 보기 전까지는 결코 어떤 것도 알지 못한다."라고 그레이엄
월러스Graham Wallas가 밝혔던 것과 비슷한 취지의 고백들을 다음과 같
은 작가들도 내놓았다. E. M. 포스터(1927년, 『소설의 이해』), 포스터를
인용한 W. H. 오든(1962년, 『염색공의 손과 기타 에세이들Dyer's Hand and Other

Essays』), 그리고 아서 쾨슬러(1964년, 『창조의 행위Act of Creation』).³⁴

인용 목록은 계속된다. 가장 널리 인용된 것은 아마도 플래너리 오코너의 "나는 내가 말한 것을 읽어 보기 전까지는 내 생각을 알 수 없기 때문에 쓴다"일 것이다. 그 말도 여러 사람이 되뇐 것이다. 그와 비슷한 말을 조지 버나드 쇼("나는 내가 그것을 써 보기 전까지는 내가 생각한 것이 무엇인지 알지 못한다"), 윌리엄 포크너("내가 써 놓은 것을 읽어 보기 전까지는 내가 무슨 생각을 했는지 결코 알지 못한다"), 그리고 조앤 디디온("내가 그것을 써 보기 전까지 나는 내가 무슨 생각을 했는지 모른다")도 했다.³⁵

뭘 말하는지는 분명하다. 글쓰기는 사고를 명확하게 한다. 에릭 해블록이라면 찬성의 뜻으로 고개를 끄덕일 것이다.

글을 쓰는 데 있어 자신을 표현하게 만드는 다른 많은 내면적 동기가 있다. 그중 몇 가지를 들어 보겠다.

- **자기 탐구**: "작가라 불릴 만한 사람이라면 누구든 자신을 기쁘게 하려고 쓴다. (…) 그것은 끝없는 자기 탐구 작업이다." (하퍼 리)³⁶
- **스스로가 되는 자유로움**: "어떤 사람 중에는 작가가 되어 버리는 바보도 있다. 그가 얻는 유일한 보상은 절대적 자유다. 그에게 주인은 자신의 영혼뿐이다. 그리고 내가 장담하는데, 그것 때문에 그는 작가가 되었다." (로알드 달)³⁷
- **자신의 존재나 가치를 확인하기**: "글쓰기는 나의 고통을 누그러뜨린다. (…) 글을 쓸 때 우리의 마음은 살아 있다. 글쓰기는 나의 존

쓰기의 미래

재를 재확인하는 나의 방식이다." (가오싱젠)[38]

- **자신의 능력을 입증하기**: 『모히칸족의 최후』를 쓴 제임스 페니모어 쿠퍼는 자신이 당시에 읽고 있던 것보다 더 나은 소설을 쓸 수 있다고 아내와 내기하는 바람에 자신의 첫 소설 『경계 Precaution』를 쓰게 되었다.[39]
- **불멸을 향한 탐구**: "나는 내가 발견하고 내 힘으로 만든 세상에 불멸성을 부여하기 위해 쓴다." (레지날드 셰퍼드)[40]

내면적 동기에 대한 최종 발언권을 줌파 라히리에게 주겠다.

글쓰기는 삶에 형태와 뜻을 부여하며 삶을 구원하는 길이다. 쓰기는 우리가 감췄던 것을 드러내며, 우리가 무시하고 왜곡하고 부인했던 것을 들춰낸다. 그것은 그런 식으로 우리를 사로잡아 꼼짝없이 옭아매지만, 또한 그것은 진실과 해방의 한 가지 모습이다.[41]

사적 분출: 충동과 반란

어떤 글쓰기는 작가가 주체할 수 없는 감정을 배출하기 위한 선언 또는 일기로 내지르는 원초적 절규다. 유나바머Unabomber(대학university과 항공사airline에 폭탄bomb을 보내는 테러리스트라고 FBI가 붙인 별칭-옮긴이)라고도 불리는 테드 카진스키Ted Kaczynski가 쓴 일기는 그런 오싹한 예가 되겠다. 히틀러의 『나의 투쟁』 역시 또 다른 사례다.

글쓰기를 향한 모든 개인적 충동이 그런 치명적인 결과를 낳지는 않는다. 우리는 편집자에게 편지를 써야겠다고 혹은 다른 사람의 온라인 포스팅에 답변을 달고 싶다고 느낄 때가 있다. 이따금 우리의 글은 작가로서 추는 비토 성인의 춤Saint Vitus' dance(근육이 멋대로 움직이는 운동 장애인데, 그 환자의 움직임이 춤을 추는 것 같다고 무도병이라고도 한다-옮긴이)과 같은 것이다. 『하이퍼그라피아』(글을 쓰고자 하는 주체할 수 없는 욕구라는 뜻으로, 원제 'The Midnight Desease'도 같은 뜻-옮긴이)에서 신경과학자인 저자 앨리스 플래허티는 본인이 겪었던 양극성장애로 인해 미친 듯이 글을 썼던 증상을 자세히 기록했다.[42]

우리는 또한 저항하기 위해 쓰기도 한다. 어쩌면 그것은 건물 벽에 뿌린 그래피티 스프레이일 수도 있고, 나무 몸통에 새긴 문구일 수도 있다. 저항은 미리 인쇄된 문구가 찍힌 크리스마스카드를 거부하고 자신만의 문구로 작성하기를 고집하는 것이 될 수도 있다. 우리는 사표를 내면서 떠나는 마당에 회사와 상사에 대한 자신의 솔직한 생각을 털어놓기도 한다.

뜻을 전하고 희망을 나누고 자신을 찾고 세상을 이해하기 위해, 쓰고 싶은 충동을 못 이겨서, 또는 저항의 의미로 쓴다. 이들 이유 속에는 쓰고자 하는 인간의 근본적 충동이 있다.

컴퓨터에는 쓰는 것을 비롯해 어떤 것을 하고 싶어 하는 동기가 없다. 컴퓨터는 해야 할 일 목록을 만들 필요도 없고, 돈 때문에 뭔가를 할 일도 없고, 자신의 지식을 공유하려는 욕구도 없다. 인간이 컴퓨터를 위한 프로그램을 만들고 데이터를 주입하고 종종 출발 신호가 되는 텍스트를 제공하면 컴퓨터는 그 명령을 받들어 글을 쏟아 낸다.

AI 프로그램은 감정이 없고, 인간의 고통도 모르고, 의도 따위도 없기에 외면과 내면을 들여다볼 일도 없다. 그것은 자신을 알고자 하지 않는다. AI는 숙고하지 않는 삶은 살아갈 가치가 없다고 말한 소크라테스의 공언을 가늠하지 못한다. AI 프로그램이 인간이 보기에 의미 있는 글을 생성하더라도 프로그램 스스로는 그런 것에 아무런 관심이 없다. 우리는 단지 프로그램이 반항하지 않기를 바란다.

인간과 달리 AI 프로그램은 자신이 만든 것을 자랑하지 않는다. 나를 포함한 많은 작가는 쓴 책이 자식 같다며 특별한 의미를 부여한다. 프로그램은 자신이 만든 결과물에 그런 애착이 없다. AI가 진짜 같은 연애편지를 써 내더라도 사랑을 느끼지는 못한다.

그렇건만 지금의 AI 프로그램이 탁월해 보이는 분야가 하나 있다. 인간이 쓴 것을 편집하는 능력이다. 문제는 우리가 어느 수준까지 AI에 편집을 맡기기를 원하는가이다.

두 번째: 왜 우리는 고쳐 쓰는가

연구자들이 듣게 될까 봐 두려워하는 한 문장은 "수정 후 다시 제출하시오."이다. 작가들은 잘 논증되고 퇴고된 원고를 애써 완성해 학술지에 제출한다. 그러고는 일이 끝났다고 생각하지만, 그렇게 간단한 경우는 드물다. 논문이 동료들의 검증을 거치고 나면 완전 퇴짜는 아니더라도 종종 크든 작든 수정을 권고받는다. 그러고 나서 논문은 개정을 위해 작가에게 되돌아간다.

물론 개정 작업은 단지 학술적 글쓰기에서만 이루어지지는 않는다. 고쳐 쓰는 작업은 고되어서, 심지어 괴로워서 종종 정말로 완전히 새로운 글쓰기 단계를 거치는 느낌이 들기도 한다.

수정으로 얻는 열매

간단한 것부터 시작하자. 전통적인 교정 작업이다. 철자검사기나 문법검토 프로그램과 같은 소프트웨어의 손을 타지 않은, 어쩌면 손으로 쓴 초고를 앞에 두고 있다고 가정해 보자. 철자와 구두법의 작은 오류들은 가볍게 정독하면서 잡아내야 할 합당한 표적물들이다. 무심코 썼는데 의미가 통하지 않는 표현이나 문장 단편sentence fragment (문장 전체가 아닌 문장 한 부분의 끝에 마침표를 찍은 오류-옮긴이)의 유무도 살펴야 한다. 검토자의 문법적 능력, 의도적 선택 또는 문체 감각에 따라 너무 자주 쓰인 단어들의 동의어를 찾아 보거나 '누구(who)'를 '누구를(whom)'로 바꾸거나 하는 수고를 할 것이다.

그건 쉬운 일이다. 심지어 컴퓨터도 할 수 있다.

깊이 있는 편집은 더 큰 노력을 요구한다. 한 문장이 다음에 오는 문장과 합당하게 이어지는가? 문단에서 문단으로의 이행은 순조로운가? 그러고는 내용 자체를 검토해야 한다. 논리적인 주장을 구축했는가? 설득력 있는 반론을 제기했는가? AI로 작동하는 프로그램은 이런 수준 높은 편집을 감당할 수도 또는 못 할 수도 있다.

워드프로세싱 프로그램과 인쇄기가 매우 깔끔한 텍스트를 완성해 낸다는 사실은 우리에게는 역설적 저주이다. 타자기라 알려진 고대의 유물로 작성된 문서처럼, 펜으로 그어 지웠거나 수정액이나 수정테이프를 바른 흔적이 전혀 없다. 자신의 글이 이렇게 멋지게 단장된 것을 보면 추가적인 작업이 더 필요할 거라고 자신을 설득하기는 쉽지 않을 테다.

자신의 글을 가혹하게 수정하기란 쉬운 일도 아니거니와 굴욕적이다. 그럴망정 읽고 쓰는 능력의 미덕은 독서하면서 단어와 주장과 전체 이야기를 숙고하게 만드는 것만큼이나 우리가 쓴 글을 숙고할 역량도 만들어 준다는 것이다. 해블록의 문해력 가설은 잠시 접어 두고, 문해력 자체에 집중해 보자. 고전 그리스 철학자들이 문자로 기록된 다른 사람들의 사고를 숙고하고 비판하고 개선하면서 더 큰 지혜를 얻어 냈다면 우리 역시 우리 스스로의 생각에 대해 똑같은 과업을 이뤄 낼 수도 있다.

편집자라고도 알려진 디지털 청소부를 고용하다

하지만 잠깐. 우리는 AI가 편집 작업에서는 적어도 어느 정도 도움이 된다고 하지 않았던가? 익숙한 도구가 된 디지털 도우미들(철자검사기, 자동완성 기능, 문법검사 프로그램)과 자동으로 이메일 초고를 작성하거나 써 놓은 문장에 대한 대안을 제시하는 새로운 도구들을 생각해 보라. 우리가 이들 디지털 청소부에게 우리의 산문을 청소할 재량권을 허락한다면 그 결과물은 과거의 워드프로세싱 작업을 거쳐 출력된 초고보다 훨씬 더 인상적으로 보일 수도 있다.

그런데 난처한 문제가 있다.

AI는 우리의 근본적인 쓰기 능력을 해칠지도 모른다. (이런 염려에 대한 추가적인 사항은 4부를 기대하라.) 설상가상으로 기만적일 정도로 편리한 이 도구들은 우리 자신이 생각하고 써 놓은 것에 대해 의심해 보는 태도를 퇴화시킨다. 우리가 뜻을 전하려고 시도할 때는 문장을 정확하게 쓰고 언어를 능숙하게 다루는 능력 외에도 극히 중요한 것이 있다. 그것이 타당한가, 진실인가, 그것이 타인을 설득할 수 있는가를 살펴봐야 한다. 게다가 AI는 우리가 저지른 실수를 눈치채기도 전에 (오늘날의 철자검사기가 그렇듯) 신속하게 우리의 텍스트를 지워 버린다. 우리가 써 놓은 것을 바라보면서 우리—AI가 아니라—라면 달리 어떻게 고쳤을지 생각해 볼 기회를 거의 주지 않는다.

문득 자신의 스마트워치를 포기한 사연을 전했던 린지 크라우스 기자의 기사가 생각난다. 크라우스는 오랫동안 훈련의 경과(그녀는 달리기광이다)로부터 심박수의 변화에 이르기까지 모든 것을 스마트워치에 의존해 기록했다. 그런데 그 시계가 할 수 있는 다른 측정 메뉴들—수면 습관, 체온, 신진대사율—을 찬찬히 살펴본 뒤 크라우스는 자기 몸에 대한 경각심을 그 도구가 가져갔다는 것을 알아차렸다.

> 우리의 안녕을 도구에게 맡겨 버리고 숫자로 치환하는 순간 그것에 대한 소유권은 우리 것이 아니게 된다. 자신에 대한 경각심을 데이터가 대신해 버린다.[43]

쓰기의 미래

만약 몸에 착용하는 스마트 기기가 우리의 건강 상태를 추적하는 일을 떠맡게 되면, 우리는 자기 몸을 스스로 살피는 노력을 하지 않을 위험에 처한다. 우리는 살과 피로 이루어진 신체가 아니라 일련의 수치가 된다. 글쓰기에도 동일한 일이 벌어질 수 있다. 편집 업무를 AI에 맡겨 버리면 컴퓨터 도구들이 매끈하게 보이도록 처리해 버리기 때문에 우리 글을 고치고 곱씹고 다시 써 보고 싶은 의욕이 서서히 사라지게 될 것이다.

쓰기 능력의 문제에 대해서 우리는 포기를 선언했는가? 아직 아니다. 한 가지 기준은 기업이 대졸자를 채용할 때 중시하는 능력을 물어본 설문 조사 결과다. 쓰기 능력은 여전히 우선순위가 높았다. 2018년 설문 조사에서 전국대학고용주 협회National Association of Colleges and Employers, NACE는 설문에 응했던 미국 고용주의 82퍼센트가 뛰어난 쓰기 능력을 갖춘 인재를 찾고 있다고 밝혔다. 문제 해결 능력은 조금 더 낮은 81퍼센트를 기록했고, 팀워크와 협업 능력은 79퍼센트로 세 번째였다.[44]

2018년 이래로 우선순위에 약간의 변동이 있었다. 2022년 조사에서는 문제 해결이 선호도 86퍼센트로 첫째로 올라섰고, 쓰기 능력은 73퍼센트까지 하락했다.[45] 쓰기 능력에 부여하던 고용주들의 가치가 왜 9퍼센트나 하락했는지는 확실하지 않다. 어쩌면 피고용인의 문서를 깔끔하게 만들어 주는 AI 도구들의 사용 빈도와 그 위력이 증가했기 때문인지도 모른다. 또 다른 이유는 많은 미국 대졸자가 모국어가 영어는 아닐지라도 다른 매력적인 역량을 갖추고 있다는 현실 인식이 확산되었기 때문일 수도 있다. 이유가 무엇이든 그리고 그 영향력 감소에도 불구하고 신규 채용자에게 쓰기 능력을 요구하는 관행이 사라진 적은 거의 없다.

만약 졸업생들에게 수준 높은 쓰기 능력을 요구한다면, 어떻게 이런 능력을 배양할 수 있을까? 미국에서 1세기도 더 전에 만들어졌던 해답은 대학에서 작문을 가르치는 것이었다. 그 전통이 중단된 적은 없다. 그런데 누가—아니면 무엇이—학생들의 작문 과제물을 평가해야 할 것인지에 대해 새로이 생각할 거리가 추가되었다.

영작문과 그것이 미친 결과

5만 1,000명 이상이 죽었다. 1863년 7월이 시작된 날로부터 3일 동안 펜실베이니아주 게티즈버그라는 작은 마을에서 미국 남북전쟁에서 가장 처참했던 피투성이 전투가 휘몰아쳤다. 북군이 이겼지만, 북군과 남군 모두 참혹한 피해를 입었다.

4개월 보름이 채 지나지 않아서 에이브러햄 링컨 대통령은 게티즈버그까지 직접 와서 새 국립묘지 봉헌식에 참석했다. 미국의 어린 학생들은 외우기 쉬운 링컨의 2분짜리 연설문을 암송하면서 큰다. 혹시 그들이 잊어버리기라도 할까 봐 워싱턴의 링컨기념관 벽에는 연설문이 새겨져 있다. 공간도 많이 차지하지 않는다.

봉헌식의 연설자는 링컨만이 아니었다. 링컨보다 앞서서 유니테리언교회 목사이자 정치인이며 웅변가인 에드워드 에버렛 Edward Everett 이 연설을 했다. 에버렛은 두 시간 이상을 연설했다. 오늘날이라면 쉴

새 없이 두 시간을 연설하는 것은 상상하기 힘든 일로 여겨질 것이다. 하지만 당시에는 예사로운 일이었다. 교회,정계, 학계를 비롯해 어디든 웅변이 넘쳐 났다.

표준 문어를 찾아서

인구의 대부분이 문해력을 보유하게 되었음에도 불구하고 19세기가 끝날 때까지도 구술 문화는 번성했다. 그러나 표준 문어를 정해 보려는 움직임은 이미 진행되고 있었다. 그 시작은 18세기 초 조너선 스위프트가 최종적으로 영어를 말끔히 청소하고 '수리하기'를 시도하면서 "언어는 끝없이 변하는 것보다는 차라리 불완전한 것이 낫다"는 말을 하면서였다.[1] 처음에 새뮤얼 존슨은 그 생각에 동의했다. 그러나 1755년 그가 쓴 『영어사전 Dictionary of the English Language』의 **서문**에서 언어의 진화를 부정하는 것은 헛수고임을 인정했다("언어를 속박하려는 것과 바람을 채찍질하려는 것은 똑같이 오만한 시도다").

우리가 언어의 변화를 막을 수 없다면 적어도 표준화를 시도해 볼 수는 있다. 그 시작점으로 철자의 표준화를 택한 수순은 당연했다. 철자는 오랜 세월 동안의 무질서를 거친 후 마침내 진정 국면에 들어섰다.[2] 사람들은 더 이상 셰익스피어가 했던 식으로 자기 이름을 여러 가지로 표기하지 않게 되었다. 1750년에 체스터필드 경은 자기 아들에게 이런 유명한 충고를 했다.

단어의 참된 의미를 대변하는 올바른 철자법은 문필가나 신사에게 절대적으로 필요하다. 한 번이라도 잘못 썼다가는 평생 조롱거리로 남을 것이기 때문이다.[3]

영어 문법은 굴복시켜야 할 또 다른 변덕쟁이였다. 18세기 중엽부터 19세기에 이르기까지 로버트 로스Robert Lowth 주교나 린들리 머리Lindley Murray와 같은 자칭 문법학자들 다수가 각자의 방식으로 올바르게 용법을 제시했다.[4] 증가하던 중산층과 새로운 신사 계급은 '올바르게' 쓰는 것에 대한 지침을 원했다. 1762년과 1800년 사이에 로스 주교의 『간단한 영문법 입문Short Introduction to English Grammar』은 45판을 거듭했다.[5] 규범 문법이 대세가 되었다.

18~19세기의 미국은 대체로 영국의 추세를 따랐다.[6] 물론 미국의 철자법은 영국과는 조금 달랐다. 그 이유에 대해서는 초기에는 노아 웹스터Noah Webster의 공이 컸다.[7] 물론 어휘와 문법도 똑같지는 않았다. 미국인들은 그들의 머리 위에 승용차의 엔진 덮개가 아니라 보닛bonnet을 썼다(영국에서 보닛은 차 엔진 덮개를 말하지만 미국에서는 챙 없는 모자를 말한다-옮긴이). 만약 미국 학생이 'I've gone to hospital(나는 병원에 갔다)'라고 쓰면 'hospital(병원)' 앞에 정관사 'the(그)'를 요구하는 붉은 표시를 보게 될 것이다. 하지만 대체로 그 차이는 사소했다.

대서양 양쪽에서 문해력 있는 사람의 숫자가 급증했다는 사실은 책·신문·잡지를 비롯한 인쇄 매체에 대한 요구도 커졌음을 의미했다. 그만큼 중요한 다른 두 가지 국면이 전개되면서 읽고 쓰는 데 필요한 어마어마한 양의 종이가 생산되었다.

첫 번째 국면으로는 타자기의 상업적 성공이 있었다. 1867년 크리스토퍼 레이섬 숄스Christopher Latham Sholes가 쓸 만한 타자기 시제품을 생산했다. 몇 년 뒤 E. 레밍턴앤선스E.Remington & Sons에 타자기 소유권이 팔렸다. 두 번째 국면으로 현대적 개념의 사무실이라는 거대한 시장이 새로 들어서면서 판매량이 치솟았다.[8] 1870년과 1900년 사이에 회계장부 담당자와 출납원과 회계원의 숫자가 3만 8,776명에서 25만 4,880명으로 급증했다. 속기사와 타자수의 숫자는 154명에서 11만 2,364명으로 폭증했다.[9] 사무직 혁명이 펼쳐졌고, 글쓰기 기술이 요구되었다.

문제는 어디서 그런 능력을 배울 것인가였다. 전통적으로 쓰기는 읽기, 기본적 산수와 함께 순전히 초급 수준의 교육 대상이었을 뿐이다. 19세기 말 미국은 그런 전통에 변화가 싹틀 운명의 순간에 있었다. 뉴잉글랜드의 한 칼리지가 오랜 세월 대학 교육에서 핵심이었던 수사학과 웅변술을 영어 작문으로 대체하면서 당시의 전통을 뿌리째 뒤흔들어 버렸다.

한 지역 칼리지에서 교과과정을 바꾸며 시작된 변화가 전국의 칼리지와 대학들이 그것을 따라 채택하는 거대한 흐름을 형성하게 될 줄이야. 뒤이어질 장들에서 우리는 AI가 발달하면서 많은 사람이 철자와 문법에서 그 모든 세세하고 까다로운 규칙들을 배우는 것이 여전히 필요한지 의문을 던지는 광경을 보게 될 것이다.

영작문의 탄생

하버드대학의 총장은 심기가 불편했다. 그는 왜 새로 선발한 신입생들은 기대만큼 잘 쓰지 못하는지 궁금했다.

찰스 W. 엘리엇 박사는 1869년에 하버드의 총장이 되었다. 그보다 몇 년 전에 엘리엇 박사는 2년간 유럽을 여행하면서 고등학생들의 교육과정과 졸업 후 취업 전망도 함께 지켜봤다. 《애틀랜틱먼슬리》에 기고한 글에서 엘리엇 박사는 학생들을 신흥 산업 경제의 역군으로 교육하는 독일의 레알슐레Realschule(실용 교육을 강조하는 독일의 중등학교-옮긴이)에 찬사를 보냈다.[10] 그후 수십 년 동안 박사는 미국의 중등교육과정을 통렬히 비판한다.[11] 맨 먼저, 자신의 취임 연설에서 새 총장은 "체계적인 영어 공부를 기피하는 분위기의 만연"을 비롯해 미국 교육의 많은 결점에 대해 한탄했고, 하버드대학에 일련의 변화를 제안했다.[12]

엘리엇이 독일의 교육에 주목한 것은 우연이 아니었다. 1900년대 초부터 많은 미국인이 독일 대학으로 유학을 갔다. 독일은 미국과 달리 강의와 암기와 웅변술보다는 연구와 토론식 수업이 교육과정을 주도하고 있었다.[13] 독일 대학들은 작문을 가르치지 않았다. 독일은 글쓰기 능력은 특히 상급 학교 진학을 목표로 하는 학생이라면 당연히 중등학교에서 습득해야 한다고 생각했다. 그 생각은 대체로 타당했다.

미국은 아니었다.

엘리엇 총장은 적절한 수준으로 글쓰기에 필요한 문법과 작문을 가르치지 못했다는 이유로 미국의 중등교육을 비난했다. 그러나 하버드에서 당장 시급한 것은 그런 부실 교육의 결과에 대한 대책을 세우는 일이었다. 엘리엇의 해결책을 평가하기 위해서 그가 취임했던 시점의 교육과정을 찬찬히 살펴보도록 하자.

미국 대학에서의 웅변술

하버드대학은 1636년에 조합교회주의자들이 설립했다. (1620년 메이플라워호를 타고 온 필그림 파더스가 플리머스 바위에 상륙했던 사실을 상기하라.) 새로운 교육기관의 주요한 목표는 성직자를 양성하는 일이었다. 후일 법률가와 시민사회의 지도자를 비롯한 다른 지적 영역의 인재 양성을 위해서도 학생을 뽑게 되면서 학교는 확장했다. 이들 직업군에서도 수사학 능력은 중요한 자격이었다. 한 세기가 넘도록 미국에서 대학 설립은 가령 예일(1701년, 조합교회), 프린스턴(1746년, 장로교회), 브라운(1764년, 침례교회), 조지타운(1789년, 예수회)대학의 사례들과 같이 압도적으로 종교 집단의 몫이었다. 예일대학이 학교 설립 문서에서 밝혔듯이 학교의 임무는 "교회와 시민국가 모두에 필요한 공적 일자리"를 위한 학생들의 교육이었다.[14]

18세기 말 미국의 대학 교과과정은 꽤나 엄격했다. 브라운대학의 예를 보자.

교과과정은 (…) 처음 2년 동안은 희랍어와 라틴어를, 2학년이 되면

수사학, 지리학과 논리학을, 3학년에는 대수학과 삼각법, 측량과
항해와 도덕철학을, 그리고 4학년에는 약간의 역사학과 이전 학년
에서 배웠던 것을 복습한다. 대학생들은 흔히 목사나 법률가가 되
기 위한 준비를 했기 때문에 대중 연설은 절대적으로 중요했다.

브라운대학의 '1783년 규정'에는 다음과 같은 구절이 있다.

매달 마지막 수요일에 모든 학생은 미리 총장이 승인해 준 연설문
이나 글을 암기해서 연단에서 대중 연설을 해야 한다.[15]

다음 세기에 들어서면서 대학에 따라 다양한 방식으로 교과과정
이 개정되었지만, 웅변술에 대한 강조는 여전했다. 게다가 학생들은
19세기 내내 대학가에서 인기를 구가했던 문학 학회를 통해서도 웅
변술에 대한 관심을 고취했다. 문학회 활동에는 에세이를 쓰고 학회
도서관을 구축하는 등의 일도 포함되는데, 가장 큰 관심은 대중 연설
에 쏠렸다. 1794년에 설립된 브라운대학의 필러메니안학회 Philermenian
Society 의 예를 보자.

이 학회는 사교와 친목 도모, 토론 능력의 향상을 목표로 한다. (…)
타고난 웅변가인 학회장 조너선 맥시는 회칙을 승인하는 자리에
서 회원들이 "학구적 전문직(신학·법학·의학-옮긴이)에서 즉흥 웅변
보다 더 많은 이점을 주는 활동이 없을 터이니 각자 그것에 능숙해

져야 한다."라고 권고했다.[16]

그 모든 웅변 연습은 대학 시험을 대비하는 데도 유용했다.

암송에서 글쓰기로, 라틴어에서 영어로

초기 옥스퍼드와 케임브리지 대학 시절 이래로 학생들은 보통 '논쟁'이라고 불리는 구술시험으로 평가되었다. 시험관들은 학생들에게 반박이나 논증이 필요한 문제를 제시했다. 그런 전통은 대서양 너머로도 전해졌다.

미국 학계에는 가령 "영혼의 불멸은 입증 가능한 것인가" 혹은 "영혼은 늘 사유하는가"[17]와 같은 묵직한 주제들에 관한 장문의 작문 과제를 작성하는 것을 넘어서 구술 활동이 넘쳐 흘렀다. 매일 수업에서 암송을 통해 성취도를 채점했다. 그리고 작성한 작문 과제물도 종종 암송한 뒤 구두로 발표했다.[18]

평가의 중심은 구술 암송이나 논쟁에서 점차 필기시험으로 바뀌게 된다. 오직 수학 분야에서만 치러졌던 하버드 최초의 필기시험은 1855년이 되어서야 실시되었다.[19] 그런 변화는 새로운 시험제도의 창시자로 꼽히는 다름 아닌 찰스 엘리엇이 도입할 교과과정 개정의 전조가 되었다. 1854년 하버드의 수학 교수로서 엘리엇은 (예전에 그의 하버드대학 동창생이었던 제임스 밀스 피어스와 함께) 구술시험을 대체할 수학 필기시험을 허용해 달라고 시험위원회를 설득했다. 그 혁신은 받아들여졌다. 엘리엇이 총장으로 취임한 첫해가 끝날 즈음에 모든

학부생에게 세 시간짜리 필기시험이 필수가 되었다.[20]

또 다른 상전벽해를 부른 변화는 교육 프로그램을 지배하던 언어에서 일어났다. 초창기 하버드 시절에는 라틴어가 중심이었고, 심지어 신입생을 뽑을 때도 그랬다. 1642년의 입학 자격 요건은 다음과 같았다.

> 만약 어떤 학생이 키케로를 비롯한 고전 라틴 저자의 글을 즉석에서 읽을 수 있다면, 즉 혼자 힘으로 정확한 라틴어 운문과 산문을 짓고 말할 수 있으며 희랍어 명사와 동사의 어형변화를 완벽하게 활용할 수 있는 학생이라면 입학이 허용될 것이고, 그런 자격을 갖추지 못한 채 입학을 요구해서는 안 될 것이다.[21]

초반보다는 그 기세가 꺾이고는 있었지만, 두 세기가 더 지나서도 여전히 교과과정에서 라틴어의 지위는 강력했다. 라틴어 필수과목은 줄어들었다. 1898년에 엘리엇은 입학 조건에서 라틴어를 폐지했다. 고전 언어를 가르치는 사립 고등학교를 다닐 여건이 안 되는 학생들에게도 대학 문호를 개방하기를 원했기 때문이다.

라틴어의 영향력에서 탈피하고 필기시험으로 전환하는 움직임은 교과과정 개조의 이정표가 되었고, (흔히 라틴어로 이루어지던) 고전 구술 교육에서 벗어나 영어 작문을 실질적으로 훈련하는 계기를 마련했다. 엘리엇의 개혁이 있기 전에 하버드 신입생들은 일 년 과정의 연설법 수업을 신청해야 했고, 그러고 나서도 한 학기 동안 변론술(즉 웅변술) 수업을 수강해야 했다.[22] 앵글로색슨어(즉 고대영어)에 관한 선택 수업이 몇 과목 있기는 했다. 하지만 늘 심각한 주제를 다루며, 대부분 구술로 이루어졌던 고전 웅변술이 교과과정을 지배했다.

이런 구도는 새로운 교수들을 임용하면서 곧 허망하게 무너질 운명이었다.

영작문의 시대로 진입하다

애덤스 셔먼 힐Adams Sherman Hill은 법학과 졸업생이자 베테랑 기자였다. 엘리엇은 1872년에 힐을 임용해 수사학을 가르치도록 했다. 그때 대표적인 필수 도서는 전통적인 기본서로 꼽혔던 조지 캠벨George Campbell의 『수사학의 원리Principles of Rhetoric』(1776년)와 리처드 와틀리Richard Whately의 『수사학의 기본Elements of Rhetoric』(1845년)과 같은 책이었다. 그러나 1874~1875학년도에 힐이 담당한 2학년 수사학 수업에서 두 권의 텍스트가 느닷없이 추가되었다. 힐 자신이 쓴 『구두법과 대문자 사용법Rules for Punctuation and the Use of Capital Letters』과 연습용 교재인 에드윈 애벗Edwin Abbott의 『알기 쉽게 쓰는 법: 영작문의 규칙과 연습How to Write Clearly: Rules and Exercises on English Composition』이 그것이었다.[23] 영문법과 문체에 대한 공식 수업이 대학 교과과정에 슬그머니 들어온 것이다.

장래의 지원자들에게 미리 경고하는 의미에서 힐은 영작문을 대학 입학 요건에 넣도록 일을 꾀했다. 입학 자격시험 도입 첫해인 1873~1874학년도 하버드 카탈로그는 이렇게 설명한다.

각 지망자는 철자, 구두법, 문법과 표현의 관점에서 정확하게 쓴 짧은 영작문을 써내야 한다. 작문의 주제는 주요 작가들의 작품에서 골라내 그때그때 공지할 것이다.[24]

힐의 시험은 고등학교 졸업반의 작문 능력이 얼마나 보잘것없는지를 폭로했을 뿐 아니라, 교수들이 에세이의 내용과는 별개로 문법과 다른 작문 기법들을 평가하는 것이 또한 얼마나 어려운지도 보여주었다. 장래 하버드칼리지(학부 과정-옮긴이) 학장과 수사학의 보일스턴석좌교수Boylston Professor of Rhetoric를 역임할 르배런 브릭스LeBaron Briggs는 그 문제를 다음과 같이 정리했다.

평가자들이 스스로에게 던지는 첫 번째 질문은 늘 "학생이 영어를 쓸 수 있는가?"였다. 만약 그런 능력이 인정된다면 학생이 율리우스 카이사르가 주제인 글에서 마르쿠스 안토니우스는 카이사르를 사랑했지만 로마를 더 사랑했다(이렇게 말한 사람은 브루투스였다-옮긴이)고 썼더라도 그를 합격시켜야 한다.[25]

오류를 지적하는 일은 좀 참아 두자. 앞으로 보게 되겠지만 컴퓨터로 에세이를 평가하면 똑같은 문제와 마주친다.

일단 학생들이 입학하면 힐 교수의 진화된 수사학 수업을 만나게 되었다. 힐이 부임했던 1870년대 초반에서부터 1880년대 초반까지, 그 수업은 2학년생을 위해 개설되었고, 3, 4학년생을 대상으로 작문과 변론술이란 이름으로 글쓰기 필수과목이 추가되었다. 1884년 이 되면 수사학은 신입생 필수과목이 되었다. 1885년에 이르러 그 과목은 '수사학과 영작문'으로 이름을 바꾸면서 과목 분위기를 바꿨다.[26] 영어A─하버드 신입생의 작문 수업─로 알려지게 된 과목은 이렇게 등장했다.

그 과목은 고리타분하고 따분한 작문으로부터 극적인 변신을 이뤄 냈다. 이제는 학생들이 종종 자기만의 주제를 선택할 수도 있었다. 짧은 작문은 두세 문단 정도로 개인의 경험을 반영했다. 2주 간격으로 제출하는 더 긴 작문은 개인적 혹은 보편적 지식을 바탕으로 작성했다.[27] 전직 기자였던 힐은 학생들이 관심 있는 주제에 대해서 글을 쓰도록 지도했다.

일부 작문에 대해서 학생들은 제출본을 검토자의 수정과 비평을 바탕으로 수정하도록 요청받았다. 사실 그런 식으로 수정 요구를 거친 글은 교과과정을 안내하는 하버드대학의 공식 출판물에 정식으로 실렸다. 1900년까지 2, 3학년에게도 추가적인 작문이 요구되었다.[28] 하버드가 작문을 진지하게 취급하게 된 것이다.

전형적인 학생들은 새로운 작문 교과의 수혜자가 되었다. 그런데 점점 더 많이 유입되고 있던 다양한 배경과 포부를 가진 학생들 또한 그랬다.

대중을 위한 영작문

공학 및 응용과학의 발전과 함께 일어난 산업혁명 덕분에 가정에서는 자녀들이 실용적인 고등교육을 받기를 원했다. 미국의 대학들이 거기에 응답했다. 1874년에 하버드는 로렌스과학대학을, 예일은 셰필드과학대학을 설립했다. MIT는 1865년에 개교했다. 동시에 신학이나 법학을 제외하고 사무직을 희망하는 학생들 중 전통적인 고등교육을 받으려는 이들이 점점 많아졌다.

대학들은 이 새로운 집단을 받아들일 교과과정이 필요하다는 사실을 인식했다. 이들 학생 중 다수는 "평생 연설을 할 일이 없을"지도 몰랐다.[29] 라틴어를 강조하는 고전적인 수사학 교과는 별다른 쓸모가 없었다. 또한 신입생 급증에 대응해야 할 실용적인 이유도 있었다. 1897년 하버드위원회의 보고서에 따르면, 학급당 규모가 거의 네 배나 커졌다. 한때 수업 시간에 암송을 듣는 일은 상대적으로 수월했지만, 이제 교직의 업무 부담이 가중되었다.

학생들의 숫자가 늘어나 수업 중에 암송을 할 수 없는 상황이 왔기 때문에 쓰기 수업이 유일한 대안이 되었다.[30] 그리고 그런 과제물을 평가할 필요가 생겼다. 평가를 위한 업무 부담은 지금까지도 계속되고 있다. 하지만 이제 AI 기술이 눈길을 끄는 대안으로 떠오르고 있다. 곧 그 이야기를 다루겠다.

다른 대학들은 그들의 교과과정을 재고하기 시작했다. 19세기가 끝날 즈음에 온 나라의 대학들은 하버드의 영어A 교과를 정도껏 수용하기 시작했다.[31]

하지만 모든 이가 의무적인 작문을 옹호했던 것은 아니다. 예일의 셰필드과학대학에서 30년 이상 영어 전임강사로 일했던 토머스

라운즈베리Thomas Lounsbury가 비판의 목소리를 높였다. 라운즈베리는 학생들이 작문 과제를 하거나 문법 규칙을 연습하는 것이 아니라, 위대한 문학을 읽으면서 쓰기를 배워야 한다고 믿었다.

> 교과목 중에서 영작문만큼 가르치는 데 투입하는 노력에 비해 그렇게 불만족스러운 성과를 보인 경우는 없다.[32]

하버드에 일일 작문 과제를 도입했던 배럿 웬델Barrett Wendell은 대학에서 영작문을 가르치는 일은 헛된 수고라고 선언했다.[33]

우리는 라운즈베리나 웬델이 철자검사나 문법검사에 관한 생각을 털어놓았다고 추측할 뿐이다. 라운즈베리는 제대로 교육을 받은 이라면 누구든 "필자가 되기를 추구해야 한다"는 현대적 통념에 이의를 제기했다. 모든 학생에게 쓰기를 강조하는 일이 정말 필요한가? 그의 생각은 달랐다. "세상은 원고나 책이 부족해서 고통을 겪고 있지 않다."[34]

그런데도 다양한 선택지가 부상하면서 대학 수준 작문의 필요성은 유지된 것으로 보인다. 가장 흔한 경우는 신입생을 대상으로 한 한 학기나 두 학기짜리 과정이었다. 다른 선택지는 신입생 때 한 학기 과정을 거치게 하고, 나중에 전문 과정에서 '집중적인 쓰기' 수업을 듣게 하는 방식이었다. 또는 쓰기 수업을 별도로 두지는 않고 일부 필수 과목에 추가하기도 했다.

방법이야 어찌 되었든 학생들이 쓰기 과제물을 제출하게 되면 누군가는 그것에 점수를 매겨야 한다. 바로 여기에 문제점이 있었다.

누가 점수를 매기는가?

대학교수에게 자신의 직업에서 가장 마음에 들지 않는 일이 무엇이냐고 물어보라. 나는 과제물 평가라는 대답이 1등일 거라고 장담한다.[35] 양심적으로 처리한다면, 쓰기 과제를 평가하는 일은 품이 많이 든다.

평가 작업을 세 가지 단계로 생각해 보라. 첫 번째 단계는 전체적인 수준을 평가한다. 그것은 평가하기에 가장 쉬운 편이고, 나의 대다수 동료 교수들이 신경 쓰는 유일한 과정이다. 두 번째 단계는 가령 글의 짜임새, 논리적 흐름과 정확성 따위를 생각하면서 내용에 대한 논평을 내리는 과정이다. 만약 평가해야 할 과제물이 40편 정도만 돼도 의미 있는 논평을 하려면 엄청난 시간이 소요된다. 세 번째 단계는 세세한 부분을 지적하는 과정이다. 철자로부터 구두법과 문법과 어휘 선택과 문체에 이르기까지 모든 것을 평가한다. 더더욱 많은 시간이 든다.

고려 사항이 또 하나 있다. 평가자의 능력이다. 공식적으로 영작문을 가르치는 교수가 필요한 훈련을 받고 능력을 갖춘 사람이기를 희망하자. 그런데 대학교 전체의 범위로 확장하면 더 큰 문제가 슬그머니 대두된다. 비록 교수가 헌신적이고 뜻은 좋다 하더라도, 어쩌면 그리 변변한 문장가가 아닐 수도 있다. 문법 능력이 보잘것없을 수도 있다. (영어 원어민이든 비원어민이든 상관없이 그런 처지일 수 있다.) 교수가 영작문이 아니라 역사학이나 사회학이나 국제관계학에서 박사학위를 받은 것이라면 말이다.

마지막으로 평가자라는 전문직에 부여하는 존경의 수준에 미묘한 문제가 있다. '글쓰기 강사'라는 직종에 있는 사람들은 절대적으로 낮은 권위와 하찮은 연봉으로 고통받아 왔다. 존 브레러턴John Brereton 은 미국 대학 작문 교육과정의 기원에 대한 저서에서 그런 처지를 다음처럼 까칠하게 표현했다. "작문 과정은 일종의 교직 노예제도를 대표하게 되었다."[36]

작문 강사에 대한 홀대

우편번호가 당신 집이 얼마짜리인지에 영향을 미치는 것과 마찬가지로, 교수가 머무는 대학 학과는 그들의 연봉에 영향을 미친다. 수학 교수가 종교학과 교수보다 더 번다는 사실은 비밀이랄 것도 없다. 그렇기 때문에 영작문 교수진이 어느 학부에 속하느냐의 문제는 중요하다.

그 문제는 영작문의 태생 단계에서부터 작문 강사들을 괴롭혔다. 그들이 고전 수사학과 웅변술을 가르치지는 않기 때문에 그 학과에 속한다는 생각은 어불성설이었다. 새로 부상 중이던 영어학과가 해결책을 줄지도 몰랐다.

영문학은 19세기의 마지막 사반세기에 와서 대학 교육과정으로 편입되기 시작했다. 하버드의 영어학과는 1876년에 설립되었다. 1883년에는 현대언어학회Modern Language Association, MLA가 창립되었다. 처음에 MLA는 교수법 부서를 포함하여 작문을 가르치는 선생들에게 소속처를 제공했다. 하지만 1903년이 되자 MLA는 자기 학회의 구성원은 문학 교수들이지 작문 강사들이 아니라고 선언하면서 교수법 부서를 해체했다.[37] 작문 강사들은 졸지에 전문 직업인으로서의 소속을 잃게 되었다.

몇 년 뒤 도움의 손길이 도달했다. 영어 교사 지위의 전문화를 모색하면서 전미영어교사협회National Council of Teachers of English, NCTE가 1911년에 설립되었다. 1970년대에 이르면서 서서히 학문 분야로서의 수사학에 대한 생각이 학계에서 재정립되었는데, 이번에는 초점이 쓰기를 통한 표현에 맞춰졌다. NCTE는 매년 대학 작문 및 의사소통 회의를 개최했고, 수사학과 작문에서 박사 학위를 받는 길도 열렸다.[38]

다시 한번 영작문 선생들은 소속을 갖게 되었다. 학교에서 그들은 흔히 영어(또는 문학)학과의 일원이 되었다. 하지만 호칭은 '교수'가 아니라 주로 '강사'였다. 게다가 학과명을 공유하는 동료들에 비해 대부분 일의 강도는 높았고 연봉은 낮았다.

시간 문제

진지하게 쓰기 과제물을 평가하는 선생들이라면 시간 문제는 누구에게든 끝없는 도전이었다. 나중에 예일대학에서 인기 있는 영어과 교수가 된 윌리엄 라이언 펠프스는 일찍이 그가 작문 강사로서 하버드에서 보낸 1년 동안의 경험을 1912년에 쓴 글에서 공유했다. "나는 일주일에 700편 이상의 과제물을 읽고 평가했다. (…) 자정 전에 잠자리에 드는 경우가 없었다." 일이 그에게 미친 영향은 뚜렷했다.

내 동료들에 대한 최고의 존중과 칭찬에도 불구하고 이 세상 어떤 유혹도 나더러 1년을 더 그런 식으로 뇌를 혹사하는 고역을 하도록 만들지 못할 것이다. (…) 나는 이렇게 혼잣말을 했다. "이건 석탄 운반부의 일보다 더 최악이야. 이 일은 신경을 갉아먹고 육신과 정신을 고문해."[39]

그보다 1년 전에 토머스 라운즈베리는 이런 불평을 늘어놓았다. "작문을 읽고 수정하는 업무가 지금같이 의무적으로 해치우는 방식이라면 그것은 지독하게 지루한 일이 된다."[40] 사실 때로 너무나 지루하고 시간 소모적인 일이어서 이따금 강사들은 요령껏 업무를 해치웠다. 하버드작문및수사학위원회는 1892년 보고서에서 이렇게 밝혔다.

과제물의 숫자도 많았지만 새로운 과제물이 계속 쌓였기 때문에, 고쳐 쓴 뒤 제출된 과제물은 그 점수가 의심스러운 학생들의 최종 학점을 결정하기 위한 경우를 제외하고는 강사들이 읽지 않았다.[41]

어쩌면 그 고역을 기계에 떠넘길 수도 있다. 수십 년 동안 학생들은 선다형 시험 답안지의 작은 달걀 모양 공란을 메우기 위해 2B 연필을 사용했다. 그러고 나서 그 답안지를 스캔트론 OMR 리더기에 먹이면 자동으로 채점되었다. 현재의 컴퓨터 기술 수준을 생각해 보면 학생들의 에세이를 컴퓨터에 먹여서 자동화된 평가를 얻어 내는 것도 괜찮지 않겠는가?

현재로 돌아온 것을 환영한다. AI는 조금씩 발전을 거듭해 쓰기를 평가하는 일에서 인간을 돕거나 대체해 왔다. 오늘날의 자동 평가 방식의 기원을 캐는 일은 우리를 미국교육평가원Educational Testing Service, ETS 으로 이끈다. 그러나 ETS가 있기 이전에는 호러스 만Horace Mann이 있었다.

쓰기를 평가하기:
표준화와 (일부 경우) 공정함까지 추구하기

스스로를 19세기 중반 보스턴의 초등학생이라 상상해 보라. 시험은 구두로 이루어지며 종종 공개 석상에서 발표해야 했다.[42] 힘차게 화려한 문구를 늘어놓는 능력이 있는 학생들이 덜 그런 급우들보다 빛났을 것이다. 교육 개혁가이자 공교육 옹호자였던 호러스 만은 더 나은 방식을 생각해 냈다. 구두 발표를 공통의 객관적인 필기시험으로 대체하는 방식을 제안했다. 즉 성취도를 평가하는 방식이었다. 만의 목표는 어떤 학생들이 다음 단계로 진학할 자격이 있는지 공정하게 결정하자는 것이었다.

성취에 대한 관심은 사라지지 않았다. 그러나 새로운 목표가 주목을 받았다. 정신적 능력, 즉 IQ를 측정하는 것이었다. 스탠퍼드대학의 루이스 터먼Lewis Terman과 프랑스의 알프레드 비네Alfred Binet뿐만 아니라 에드워드 손다이크Edward Thorndike를 비롯한 일련의 심리학자들이 작업에 착수했다. 그 노고의 결실이 스탠퍼드-비네 지능 검사Stanford-Binet Test of intelligence이다. 우리는 9장에서 창의력에 대해 논의할 때 다시 터먼을 만나게 된다.

IQ 테스트를 위한 노골적인 근거는 지능이 높은 아이를 떨어지는 아이와 분리해야 한다는 논리였다. 이 논리가 위험할 정도로 우생학에 치우친 주장으로 들린다면 당신이 옳다. 손다이크, 비네와 터먼은 모두 우생학 신봉자들이었다. 1883년 프랜시스 골턴Francis Galton이 명명한 그 이론의 주된 내용은, 어떤 인간의 자질은 다른 인간보다 더 가치 있으며 그에 따라 사람들을 분류하고 취급해야 한다는 것이었다. 우생학 지지자들은 점점 불어났다. 그 생각을 정당화하는 주장을 최선으로 해석하자면, '사람들을 그 능력에 가장 적합한 교육과 생애로 이끌자'는 논리였다. 하지만 최악의 경우, 그 결과는 불임 시술과 집단 학살로 이어질 수 있었다.

하버드대학 엘리엇 총장은 그의 동료 수십 명과 함께 우생학 옹호자였다. 그러나 호러스 만처럼 엘리엇은 또 다른 야망이 있었는데, 그것은 공정 추구였다. 고전 작품을 교육받을 기회가 부족한 지원자들에게 대학 문호를 개방하려고 입학 자격 요건에서 라틴어를 폐지한 사람이 엘리엇이었다는 사실을 기억하라. 모든 학생에게 공정한 기회를 주고자 하는 열망은 또 다른 하버드 총장 제임스 코넌트James Conant에게도 전해졌다. 그는 자격을 갖춘 지원자들에게 장학금을 수여할 공정한 방법을 찾으려 했다.

코넌트 총장은 두 조력자 윌버 벤더Wilbur Bender와 헨리 촌시Henry Chaunce에게 적절한 평가 도구를 찾아 달라고 요청했다. 촌시는 프린스턴대학의 칼 브리검Carl Brigham이 개발한 학업적성검사Scholastic Aptitude Test, SAT를 사용해 볼 것을 권했다.[43] 그렇다. 브리검도 다른 많은 그의 심리학과 동료와 함께 우생학 옹호자였다.

코넌트는 하버드에서의 활약뿐만 아니라 미국 고등교육기관을 위한 다양한 테스트 관할 단체를 통합하는 데 비상한 재주를 발휘했다. 이들 단체에는 미국교육위원회American Council on Education, 대학원 입학자격시험Graduate Record Examination, GRE 개발의 선봉을 맡았던 카네기교육진흥재단Carnegie Foundation for the Advancement of Teaching, 그리고 SAT 공급처인 대학입학시험위원회College Entrance Examination Board가 포함되어 있었다. 촌시의 지도하에서 1947년 미국교육평가원ETS이라는 새로운 산하 조직이 설립되었다.[44] ETS는 평가와 교육적 연구를 모두 주관하게 된다. 제2차 세계대전 복무를 마치고 돌아와 제대군인원호법GI Bill에 따라 대학을 다닐 자격을 획득한 참전용사들 수백만 명을 고려해 볼 때 모든 칼리지와 대학을 아우르는 일관된 입학 시험을 확립할 필요가 컸다.

쓰기 평가 방법

애덤스 힐Adams Hill의 유산과 그의 하버드 작문 입학시험을 계승하고 있던 ETS는 SAT 시험에 에세이를 포함시킨 역사를 갖고 있다. 하지만 에세이의 지위는 수십 년 동안 영고성쇠를 거듭했다.[45]

내가 1960년대 중반에 SAT 시험을 치렀을 때는 에세이 시험이 있었다. 어느 시점엔가 사라졌지만, 1974년이 되자 문법과 쓰기 능력을 측정하기 위해 표준 문어체 영어를 기준으로 만든 선다형 테스트가 도입되었다. 1994년 즈음에는 사라졌지만, SAT II 작문이라 불리는 테스트 속으로 짧은 에세이가 통합되었다(선택적 성취도 테스트로, SAT 본시험과는 별개). 2005년에 다시 변화가 생기면서 SAT II 작문은 폐지되었지만, SAT 본시험의 일부로서 에세이가 재도입되었다. 2016년에 에세이는 선택 사항이 되었다. 그리고 2021년이 되자 (다시) 에세이가 사라졌고, (또) 선다형 테스트가 도입되었다. 테스트에 응시하는 학생들은 쓰기와 언어 요소의 오류를 고치고, 더 나은 문체적 선택을 해서 텍스트를 편집해야 한다.[46]

왜 이리 변덕을 부리는가? 아마도 더 공평하면서도 대학이 평가하고자 하는 능력에 더 부합한 시험을 만드느라고 그랬을 테다. 그러나 평가 과정에 내재된 근본적인 문제점들이 또 다른 변덕의 이유가 되었을 것이다.

바로 다음과 같은 문제다. 세 명의 교수에게 동일한 학생의 에세이를 평가해 달라고 요청해 보자. 그들은 제각기 다른 점수를 매길 것이다. ETS는 그 문제를 인식했다. 표준화된 시험에서 선다형 문제나 OX 문제에 대해 일관성 있는 점수를 매기는 일은 쉽지만, 에세이 채점은 어떻게 표준화할 수 있단 말인가? 일반적으로는—영작문 교사들이 말해 주듯이—채점 규정을 만들고 채점자들에게 이를 공유하는 방식이었다. ETS도 오랫동안 그런 식으로 진행해 왔다. 전통적으로 ETS는 채점자들을 한곳에 모아 놓고 교육을 한 다음, 장시간을 투입해 에세이만을 집중적으로 채점했다.

작문을 평가할 더 간단한 방법이 있다면 어쩌겠는가? 채점에 드는 그 긴 시간과 평가자들 사이에서 발생하는 평가의 불일치가 낳는 딜레마를 단번에 없애 줄 방법이 있다면? 컴퓨터 등장 말이다!

채점자가 된 컴퓨터

때는 1966년이었다. 그해 조지프 와이젠바움 Joseph Weizenbaum 박사는 컴퓨터를 이용해 로제리안 심리 치료사 Rogerian psychotherapist(칼 로저스가 개발한 인간 중심 치료법을 동원해 환자와의 상담을 통해서 정신 질환을 치료하는 사람-옮긴이)를 모방하는 일라이자 ELIZA 프로그램을 발표했다. (일라이자에 대해서는 7장에서 더 깊이 다룰 것이다.) 엘리스 페이지 Ellis Page 의 목표는 달랐다. 영어 교사이자 교육심리학자였던 페이지는 컴퓨터가 학생의 작문을 평가하게 하자고 제안했다. 에세이 평가 프로젝트 Project Essay Grade, PEG라 불린 엘리스 페이지의 프로그램은 대학입학시험위원회의 지원으로 개발되었다. 그 위원회는 ETS에 SAT와 같은 시험을 개발하고 관리하는 과제를 위탁하기도 했다.

페이지는 학생들의 에세이 평가에 믿기지 않을 정도로 많은 시간이 소요된다는 데 문제의식을 느꼈다. 그는 한술 더 떠서 그 평가가 객관적이지도 않다고 주장했다.

> 계량심리학자가 정말로 필요로 하는 것은 (⋯) 선다형 문제로는 가능했던, 동일한 신뢰도와 타당성과 일반화 가능성─동일한 '객관성'─을 유지하면서 에세이 수준을 측정하는 어떤 방안을 마련하는 것이었다. 측정하는 데 드는 수고는 (⋯) 컴퓨터가 필연적으로 경감해 줄 것으로 보인다.[47]

자동 채점이 현실이 되려면 몇십 년은 더 걸릴 터였다. 그런데 타당성이라는 관점에서 보면 그것은 또 다른 얘기가 된다.

자동 채점 방식이 주류가 되다

1997년에 ETS는 "컴퓨터에 기반한 자동 에세이 채점을 위한 체계와 방식"이라는 제목으로 임시 특허출원을 제출했다. 1999년에 경영대학원 입학시험을 위해 그 프로그램이 가동되었다. 시간이 지나면서 그것은 SAT와 TOEFL과 대학원 입학 자격시험GRE을 위한 필수 프로그램으로 자리 잡았다. 그동안 추가적인 특허출원이 있었는데, 그 프로그램 속에 든 이레이터e-rater라 불리는 평가 알고리즘이 더욱

정교해졌다는 사실을 반영했다.[48]

ETS는 이레이터와 인간의 채점을 2인조 팀의 협업으로 보았다. SAT에서 에세이를 선택 사항(지금은 대체로 폐기된 방식)으로 만든 경우 채점은 전적으로 이레이터의 몫이었다. 하지만 ETS는 "자동 채점은 (…) 인간이 표본 에세이들을 채점한 결과물에 기초했다"는 사실을 명확히 밝혔다. 대학원 입학 자격시험과 경영대학원 입학시험, TOEFL의 에세이에 대해서는 인간과 이레이터가 함께 힘을 모았다.[49] ETS는 대학원 입학 자격시험과 TOEFL의 어떤 에세이 분야들에서는 인간과 이레이터 사이가 인간과 인간 사이의 평가보다 일치율이 더 높았다고 보고했다. 사실상 ETS는 이레이터가 인간의 채점에 대한 '대조 표준'의 역할을 할 수 있다는 점을 시사했다.[50]

이레이터의 작업은 불투명하면서도 투명하다. 사용자들 대부분에게 채점 과정은 블랙박스 속에 감춰진 것처럼 보이지만, 그것을 읽어 내는 기술적 비결을 아는 사람에게는 기계가 내놓은 설명이 명백히 드러나 있다.[51] 작동 중인 장치는 늘 자연어 처리를 기반으로 해 왔고, AI 기술이 진화함에 따라 매번 정교함을 더해 갔다.

이레이터가 채점에 사용하는 몇 가지 기본적인 언어적 특징은 다음과 같다.

- **길이**: 문장, 단어나 글자는 많을수록 좋다.
- **어휘의 복잡도**: 다음절 단어를, 가령 같은 '혼란스러운'이란 뜻인데도 단순한 형태인 confused보다는 discombobulated를 선호한다.

- **가독성 수준**: 플래시-킨케이드 가독성 테스트Flesch-Kincaid readability test와 같은 도구를 사용해 성적을 측정한다.[52]
- **문법적 정확도**

오늘날 ETS는 또한 문체의 일관성과 논리의 적합성과 같은 더 미묘한 능력도 평가할 수 있다고 주장한다.[53]

당신은 작성된 글의 의미에 대한 언급이나 정확성에 대한 언급이 없다는 점을 눈치챘을 것이다. 지금이라면 아마도 거대언어모델에 포함되었을 이레이터가 자연어 처리 모델에 기반한다는 사실을 고려해 보면 놀랄 일도 아니다. GPT-3이 참과 거짓을 구별할 수 없다면, 이레이터가 그럴 수 있다고 가정할 이유도 없다. ETS는 "**이레이터** 프로그램은 읽을 수가 없기 때문에 인간 채점자들과 동일한 방식으로 에세이를 평가할 수는 없다."라고 솔직히 인정했다.[54]

이레이터 같은 프로그램은 에세이를 평가하는 데 있어 규모의 경제를 가능하게 했다. 또한 잠재적으로 인간의 채점이 보이는 편차에 비해 어느 정도의 객관성도 보여 주었다. 그럴망정 이런 성과들의 결과만으로 ETS 시험이든, 학생들의 쓰기 과제든 인간의 글을 평가하는 일에 AI가 적합하리라는 것에는 의견이 분분하다.

자동화 시도에 대한 비판자들

쓰기 평가 자동화에 꾸준히 반대 목소리를 낸 사람 중에는 영작문 교사들이 있다. 2004년 대학작문및커뮤니케이션회의cccc는 다음과 같은 입장문을 발표했다.

> 모든 글은 그 목적이 무엇이든 인간 독자를 대상으로 한다. (…) 기계를 대상으로 글을 쓰는 것은 쓰기의 기본적인 사회적 속성을 위반한다. 우리는 사회적 목적을 띠고 타인을 위한 글을 쓴다.[55]

그런 정서는 조금도 낯설지 않다. 후일 찬사를 한 몸에 받는 작문 교사가 될 에드 화이트는 1969년 이런 질문을 던졌다.

> 누군가에게 말하고 싶은 것이 없다면 어떻게 쓸 수가 있겠는가? (…) 어떤 이에게도 쓰지 않은 글은 도무지 글이라고 할 수 없다.[56]

당신의 글을 채점할 기계를 위해 글을 쓰는 것은 '어떤 이에게도 쓰지 않은' 행위이다.

또 다른 비판은 이레이터가 어떤 부분들(가령 문장의 길이나 다음절 단어)에서 가산점을 주도록 프로그래밍되었다는 사실을 파악하면 그런 특성을 역이용하는 것도 가능하다는 점을 지적했다. ETS의 연구원 니틴 마드나니 Nitin Madnani는 그런 비판에 대해 이렇게 답했다.

> 만약 어떤 사람이 자동화 시스템이 유심히 살피는 (…) 그 모든 것을 신경 쓰고, 그것들을 자신의 글에 통합해 적용할 정도로 똑똑하다면 그건 역이용이 아니다. 그냥 잘 쓰는 것이다.[57]

그렇게 급히 결론 내릴 순 없다. 이레이터가 판에 박힌 접근법으로 쓰기에 대한 기초를 세웠기 때문에, 창의적 글쓰기를 가르치는 교사뿐만 아니라 영작문 강사들도 마드나니에게 따질 게 있을 것이다. 우리가 '훌륭한' 쓰기를 어떤 식으로 정의 내리더라도 그것은 점검표에 인증을 받는 것 이상이다. 챗GPT는 판에 박힌 에세이를 잽싸게 작성하는 데 일가견이 있다는 사실을 입증했다. 그렇지만 그것의 치명적 약점은 어떻든 글이 뻔해 보인다는 점이다.

채점 체계를 쩔쩔매게 만드는 문제에 대해서 학생들은 아둔하지 않다. 학생들이 만약 긴 문장, 복잡한 단어 그리고 문법이 정확한 문장을 쓰는 것이 이레이터에게 잘 보일—그래서 좋은 점수를 획득할— 거라는 사실을 알게 된다면, 장담하건대 그들은 그런 점을 이용할 것이다. 물론 ETS 사람들도 아둔하지 않아서 채점 방식이 역이용당할 가능성을 염두에 두고 있다. ETS가 대학원 입학 자격시험용 에세이 질문을 이용해 진행했던 초기 실험에서, 쓰기 전문가들은 이레이터를 속여서 자신의 에세이 수준에 비해 높은 점수를 얻을 수 있다는 사실을 보여 주었다.[58]

이레이터는 작문의 다른 측면들에서도 훨씬 더 처참하게 망가졌다. 그중에서 상위에 속한 것은 정확성이다. 오랜 세월 MIT 글쓰기 센터의 책임자였던 레스 페렐만Les Perelman은 이렇게 설명했다. "이레이터는 당신이 1812년 미영전쟁이 1945년에 시작되었다고 말하더라도 신경 쓰지 않는다."[59] 우리는 100년도 더 전에 하버드대학 지원자가 "마르쿠스 안토니우스는 카이사르를 사랑했지만 로마를 더 사랑

쓰기의 미래

했다"—문법적으로는 문제가 없지만 사실관계가 어긋났다—라고 썼음에도 불구하고 입학 허가가 날 수도 있다고 했던 르배런 브릭스의 우려를 상기하지 않을 수 없다. 급히 현재로 돌아와 보면 AI가 생성한 텍스트도 그와 유사한 엉터리 역사를 전해 줄 가능성이 높다.

레스 페렐만은 그 정도에서 이레이터 평가를 멈추지 않았다. 2014년에 그와 그의 조력자들은 BABEL Basic Automatic BS Essay Language Generator 이라 불리는 도구를 만들었다(BS는 헛소리 bull shit의 약어-옮긴이). 텍스트가 의미적으로 허튼소리여도 최고점(a6)을 받는 에세이를 생성할 수 있는지를 알아보기 위해 만든 프로그램이었다. 그리고 다음과 같이 시작되는 대학원 입학 자격시험 에세이를 써서 최고점을 받는 데 성공했다.

암살을 배우는 학생은 언제나 인류의 일원이 될 것이다. 일부 과목은 암살에 관한 것이고 다른 과목은 양보에 관한 것인데, 사회가 언제나 교과과정을 검증할 것이다. 학생에게 교묘하게 사상을 주입하는 역할은 지식 이론의 영역과 의미론 분야가 담당할 것이다.[60]

이것과 비교하면 루이스 캐럴의 "지글녁, 유끈한 토브들이 Twas brillig and the slithy toves"는 명쾌한 의미 전달의 극치라 할 만하다(『거울나라의 앨리스』에 실린 「재버워키」라는 넌센스 시의 첫 구절. 영어로 쓰인 넌센스 시의 최고봉으로 꼽힌다. 구절 번역 출처는 현대문학의 최인자 번역본-옮긴이).

다시 한번 ETS가 대응에 나섰다. 이레이터가 (적어도 2018년 시점에는) 어김없이 BABEL이 생성한 에세이들을 적발해 낼 수 있었다고 주장하면서 또한 이렇게 경고했다.

> 자동화 채점 시스템의 개발자들이 BABEL과 같은 도구들에 악용당할지도 모르는 취약성을 방어하기 위해 (⋯) 계속 애쓰는 것이 중요하다.[61]

이제 거대언어모델이 자연어 처리에 있어서 새로운 규범이 되었으니 그것이 BABEL의 글 장난을 혼쭐내 줄 수 있을지 지켜보는 것도 흥미로운 일일 터이다.

컴퓨터가 표준화된 시험의 에세이를 채점해도 되는가를 놓고 학계가 의견 충돌을 보이는 동안, 근원 기술이 동일한 프로그램이 테스트용이 아니라 지도편달용 기술이라고 간판을 바꿔 달았다. 또 ETS가 그 무리의 선봉에 섰다.

컴퓨터 글쓰기 지도사

학생들의 쓰기 평가를 책임졌던 사람들이 겪어야 했던 어려움을 돌이켜 보자. 의미 있고 정확하며 포괄적인 평가를 제공하는 평가자들의 능력과 열성을 요할 뿐만 아니라, 시간적 문제도 있었다. 만약 쓰는 사람들에게 개인 편집자가 있다면 어떨까? 게다가 부르기만 하면 언제든 달려와 준다면. 결과물을 돌려받기 위해 몇 주씩 기다릴 필요도 없다면. 점수는 매기지 않으면서도 조언만 제공한다면.

그런 호사는 거의 불가능하다. 자동화에 의존하지 않으면 말이다. ETS는 바로 그런 일을 해낼 도구를 갖고 있다.

2000년대 초반에 ETS는 이레이터 프로그램으로 작동하는, 학생을 위한 온라인 쓰기 도우미 크라이티리온Criterion을 출시했다.[62] "강사가 지도하듯 학생들이 자신의 에세이를 구상하고 쓰고 고치는 것을 돕는 쓰기 도구" 크라이티리온은 이제 초등학교부터 대학교까지 많은 교육기관에 팔린다.[63] 이레이터가 더욱 정교해지면서 크라이티리온의 정교함도 그만큼 개선되었다.

ETS의 크라이티리온이 업계에서 유일한 AI 기반 쓰기 도우미는 아니다. 크라이티리온의 강력한 경쟁자는 그래머리이지만 마이크로소프트사의 MS워드가 문법과 문체 검사기 시장에서 훨씬 더 오랜 역사를 쌓았다. MS워드는 이제 AI에 기반해 기능을 향상시킨 MS에디터를 탑재해 위용을 뽐내고 있다. 게다가 교육계에서 학생들에게 쓰기를 지도하는 교육 현장의 각기 다른 특색에 맞춘 다양한 시스템도 등장했다. 이런 시스템들이 실제로 지도의 목적을 수행하는지 아니면 단지 수정 테이프 정도의 기능을 할 뿐인지는 확인해 볼 필요가 있다. 뒤에서 우리는 이런 질문들이 시사하는 바를 다시 검토해 볼 기회를 가질 것이다. 그리고 그래머리와 마이크로소프트의 제품들도 그 몇 가지 문제점과 함께 집중 검토할 것이다.

이 책의 1부는 인간의 글쓰기에 초점을 두었다. 어떻게 쓰기가 발달했으며, 왜 우리가 쓰는지, 어떤 과정으로 쓰기가 말로 하는 웅변술을 대체하게 되었는지, 그리고 교육자들이 어떤 식으로 쓰기를 평가하는지를 검토했다. 또한 평가에 대한 어려움으로 컴퓨터가 도우미로 나서게 된 사정도 알아보았다.

그런데 엘리스 페이지가 학생들의 에세이 평가를 자동화하자고 제안하기 전에도 이미 컴퓨터는 언어분석에 열중하고 있었다. 2부에서는 AI 자동 언어 기계의 각각의 부분을 전체적으로 조망하면서 자연어 처리의 기원을 추적할 것이다.

만약 기계가
글을 쓸 수 있다면

$$\boxed{\text{4장}}$$

언어 기계를 향한 꿈

그녀는 전 세계를 여행했다. 태생은 독일인데 영국, 아프리카 그리고 심지어 남아메리카 북쪽 해안까지 방문했다. 그러나 유람을 위해서는 아니었다. 그녀의 이름은 U-505, 제2차 세계대전 당시 연합국 공격용 독일산 잠수함이다.

1944년 6월 4일 노르망디상륙작전 이틀 전에 U-505는 미 해군에 나포되었다. 잠수함에는 60명의 승무원, 한 무더기의 해도와 암호책, 그리고 에니그마 암호 기계 두 대가 있었다.

에니그마 해독이라는 난제

『메리엄 웹스터 사전』은 에니그마enigma를 "이해하거나 설명하기에 어려운 것"이라고 정의했다. 이 단어는 희랍어에 기원을 두고 라틴어를 거쳐 전해졌는데, 기본적으로 '수수께끼'를 뜻한다. 음악계에서 에드워드 엘가는 1899년에 작곡한 〈수수께끼 변주곡Enigma Variations〉으로 유명하다. 왜 수수께끼enigma냐고? 엘가의 설명에 따르면 전곡에 걸쳐 직접적으로 드러나지 않은 진짜 주제가 있기 때문이라고 했다. 진짜 주제는 대위법으로만 나타난다는 것이다.[1]

암호 기계의 이름으로 이보다 더 나은 것이 있겠는가.

최초의 에니그마는 제1차 세계대전 직후에 아르투어 셰르비우스 Arthur Scherbius라는 이름의 독일 공학자에 의해 개발되었다.[2] 심지어 셰르비우스가 자신의 발명품 이름을 엘가의 〈수수께끼 변주곡〉에서 따왔다는 추측도 있다.

그 기묘한 암호 기계는 기본적으로 알파벳 26개로 구성된 키보드가 달려서 타자기처럼 보이는데, 거기에 회전자 세트가 추가되어 있다. 우리가 키를 누르면 회전자가 돌면서 미리 정해진 순서에 따라 다른 알파벳을 생성한다. 그런 식으로 암호화된 메시지는 모스부호를 사용해 전신으로 전해진다. 암호를 받는 쪽에서 다른 에니그마에다 암호화된 알파벳을 타자하여 입력하면 원래의 텍스트가 출력된다. 텍스트를 읽으려면 암호해독서나 숙련된 암호해독가가 필요하다.

에니그마는 1923년에 판매를 위해 처음 출시되었다. 그것은 곧 독일 군대에서 은밀한 소통을 위한 필수품이 되었다. 제2차 세계대전을 향한 분위기가 고조되면서 에니그마의 구조는 능숙한 암호해독가도 손을 못 쓰게끔 더욱 복잡해졌다. 또 다른 보안책으로 코드 설정을

자주 바꾸었다. 전쟁이 최고조에 달했을 때 독일 해군은 적어도 하루에 한 번 코드를 바꾸었다.[3]

하나의 코드로 이뤄진 하나의 에니그마 기계만 있지는 않았다. 전쟁이 끝날 무렵 독일군은 다양한 설계를 적용한 2만 대가 넘는 에니그마를 보유했다. 암호 담당자들은 특정 에니그마의 설계 방식을 파악한 뒤 그날의 암호를 결정하는 요령을 부렸다. 그래서 실제 기계와 암호해독서를 확보하는 것은 큰 도움이 되었다. 에니그마가 작동하는 방식에 관심이 있는 사람이라면 시카고 과학산업박물관을 방문하라. 두 대의 에니그마와 몇 권의 암호해독서와 U-505 잠수함이 그곳에 전시되어 있다.[4]

암호해독

제2차 세계대전이 발발하기 전에 폴란드는 장래 독일군의 침공을 예견하고 에니그마 해독에 골몰했다. 폴란드 암호국은 에니그마가 상용 기계였을 때 알게 된 정보를 바탕으로, 그것의 메시지를 해독하는 책임을 수학자 마리안 레예프스키Marian Rejewski에게 맡겼다. 그러고 나서 레예프스키에게 도움의 손길이 닿았다.

한스 틸로 슈미트Hans Thilo Schmidt는 독일 암호국 요원이었다. 아마도 돈이 궁했는지 그는 프랑스 정보부에 독일군이 새로 만든 에니그마에 관한 정보를 팔기 시작했다. 프랑스 암호해독가들이 별 흥미를 못 느꼈거나 해독에 진전이 없었던 것 같다. 1932년 프랑스는 슈미트로부터 입수했던 에니그마에 관한 정보를 폴란드에 넘겼다. 그 정보를 바탕으로 레예프스키는 에니그마 기계의 복제품을 만드는 데 성공했다. 거기다 예지 루지츠키 Jerzy Różycki와 헨리크 지갈스키 Henryk Zygalski라는 다른 폴란드 수학자 두 명이 가세하면서 그들은 1933년에서 1938년 사이 독일의 에니그마 교신 암호를 푸는 데 대단히 성공적인 결과를 얻었다. 당신이 폴란드의 도시 포즈난을 방문한다면 에니그마암호센터라는 빼어난 박물관을 하나 발견하게 될 것이다. 그곳은 어떤 과정을 통해 레예프스키와 루지츠키와 지갈스키가 에니그마 암호를 해독했는지 보여 준다.[5]

1938년 즈음 증가하던 독일 에니그마의 교신을 통해 독일이 전쟁을 준비하고 있다는 사실이 드러났다. 한편 독일은 에니그마 설계를 개조해서 암호해독가들이 뚫기에 더욱 어렵게 만들었다. 1939년 영국·프랑스·폴란드 3국이 모여 정보를 취합했다. 하지만 그해 7월 말이 되기 전까지도 폴란드는 자신들이 아는 정보를 영국·프랑스와 공유하지 않았다.

이후 상황이 급변하기 시작했다. 8월 14일 (런던의 영국 정부 암호학교와 연계된) 영국 암호국은 런던에서 북쪽으로 70킬로미터 정도 떨어진 곳에 블레츨리파크 Bletchley Park를 설립했다. 본건물 말고도 암호해독반을 수용하기 위한 임시 거주 시설로 막사가 건설되었다.

1939년 8월 16일 폴란드의 호의로 에니그마 복제품 두 대가 런던에 도착했다. 2주 뒤 독일이 폴란드를 침공했다. 블레츨리파크에 암호해독반이 급히 결집했다. 숙련된 암호해독가, 체스 선수, 수학자 등으로 꾸려진 팀이었다.

그러고 나서 앨런 튜링이 등장한다.

블레츨리파크의 튜링

앨런 튜링은 1934년 케임브리지 킹스칼리지에서 학사과정을, 1938년 7월 프린스턴대학에서 박사과정을 끝내고 수학자로서 자격을 획득했다.[6] 프린스턴에서 영국으로 돌아와 영국 정부암호학교에서 시간제로 일하기 시작했다. 1939년 9월 3일, 영국이 독일에 선전포고한 그날 이후 튜링은 블레츨리파크에 입소했다. 독일의 에니그마 교신을 해독하기 위해서는 협업이 필요했다. 튜링의 천재성은 이루 말할 수 없을 정도였지만, 그것은 폴란드 수학자들과 블레츨리파크 동료들의 어깨를 딛고서야 이루어졌다.

독일군은 육군과 공군의 경우 해군과는 다른 에니그마 버전을 사용했다. 해독을 위한 블레츨리파크의 업무 부서도 그에 따라 분리되었다. 육군과 공군의 교신을 해독하는 일은 6번 막사에서, 해군의 교신은 8번 막사에서 담당했다.

해군의 에니그마는 해독하기가 더 까다로웠다. 사실 일부는 해독 가능성을 믿지 않았기에 처음에는 누구도 적극적으로 작업에 임하지 않았다. 그때 튜링이 도전에 나섰다.[7] 대서양에서 독일 잠수함들은 북아메리카로부터 영국으로 향하는 공급 물자의 흐름을 마비시키고 있었다. 암호를 해독하지 못하면 상선과 연합국의 배들은 계속 침몰할 운명이었다.

독일군이 에니그마 기계의 작동을 복잡하게 만든 후, 레예프스키와 그의 동료들은 전기기계식 암호해독 기기를 설계하려고 시도했다. 그들은 그것을 **봄바**Bomba라 불렀다. 폴란드어로 폭탄이라는 뜻과 동시에, 프랑스 아이스크림 디저트 봉브bombe를 뜻했다. 이런 종류의 장치를 만들 수만 있다면 그 가치는 엄청날 것이었다. 인간의 힘으로 그렇게 많은 메시지를 일일이 해독하는 데는 너무 많은 공이 들었기 때문이다.

해군의 에니그마 암호를 깨뜨리기 위해 튜링은 '밤Bombe'(블레츨리파크에서 사용한 이름, 폭탄bomb과 음성적으로는 동일하기 때문에 'e가 있는 밤bombe with an e'이라고도 부른다-옮긴이)을 필요로 했다. 튜링과 고든 웰치먼Gordon Welchman은 공학자 해럴드 킨Harold Keen과 함께 열정적으로 그 기계를 설계하고 조립해 나갔다. 1940년 3월 최초의 밤Bombe이 완성되었다. 대략 너비가 2미터, 높이가 1.8미터이며 무게가 1톤 남짓한 기계였다. 밤은 몇 가지 추가 기기와 함께 암호해독가들이 선택 가능한 수많은 경우의 해답 중에서 헤매지 않고 답을 찾도록 도왔다. 확인해야 할 선택지들을 제한해 나가면서 해독 속도는 눈부시게 빨라졌다.[8]

곧 더 많은 밤이 제조되었다. 해독의 속도도 빨라졌다. 1942년에 이르러 블레츨리파크는 매달 독일의 에니그마가 보내는 3만 9,000건에 달하는 메시지를 해독했다.[9]

그러나 분명히 해 둘 것이 있다. 암호해독은 블레츨리파크에서만 이루어지지는 않았다. 미 해군도 대서양에서 미국의 수송 선단을 이리 떼Wolfpack 전술로 공격하는 독일의 잠수함을 찾아내야 할 국가적 이해가 있었다. 영국은 독일 해군의 에니그마 교신을 해독할 인력이 달릴 때 미국에 도움을 요청했다. 블레츨리파크는 밤Bombe을 제공했고, 미국은 작업 공간을 마련했다—알고 봤더니 진짜로 워싱턴에 있는 나의 직장, 아메리칸대학의 뒷마당에 자리 잡았었다. 해독 업무는 미 해군이 전쟁 수행을 돕기 위해 만든 자원여성 비상근무단Women Accepted for Volunteer Emergency Service, WAVES의 몫이 되었다. 그들은 암호해독으로 더 많은 독일 U보트를 격침하는 데 기여했다.[10]

튜링이 던진 도전장: 생각하는 기계

전쟁이 터지기 전 아직 현실에서 컴퓨터가 등장하지 않았던 시기에 튜링은 이미 컴퓨터가 무엇을 할 수 있는지에 대한 글을 썼다. 1936년 논문에서 튜링은 프로그램들을 저장할 수도 있고 많은 문제를 처리할 수도 있는 컴퓨터를 상상했다.[11] 그 개념은 범용 튜링 기계 Universal Turing Machine 또는 범용 계산 기계라는 이름으로서 알려지게 되었다. 그 후 대략 12년이 지나서 튜링의 선구적인 아이디어는 대서양 양쪽에서 진짜 기계의 모습을 갖추게 된다.

과거 1820년대에 수학자 찰스 배비지Charles Babbage는 특별한 목적을 수행하는 기계적 계산기를 구상했고, 그것을 미분기difference engine라 불렀다. 그로부터 10년 후 배비지는 천공카드 같은 것을 사용해 기계적 과정을 거쳐 목적한 것을 뽑아내는 범용 컴퓨터(해석 기관analytical engine)에 관한 착상을 했다. 배비지는 생전에 그런 기계가 완성되는 것을 보지는 못했다. 하지만 1843년에 그의 친구이자 동료 수학자 에이다 러 브레이스Ada Lovelace가 해석 기관으로 어떻게 계산이 가능한지를 시연했고, 그 과정에서 최초의 컴퓨터 프로그램을 완성했다.

그러나 여전히 실물 컴퓨터는 등장하지 않았다. 특히 다목적 이용이 가능한 범용 기계를 만드는 과업은 점진적 발전 과정을 거치게 될 것이었다. 그런 기계가 사고한다고 말할 수 있는지 아닌지의 문제도 마찬가지였다.

1941년 무렵 튜링은 기계가 잠정적으로 지능이 있다고 여겨질 수 있는지에 관한 문제를 파고들었고, 정부암호학교의 동료들에게 그 생각을 서면으로 공유했다. 불행히도 튜링의 원고는 사라졌다. 그러나 전쟁이 끝난 후 컴퓨터 지능에 대한 문제를 제기하는 다른 논문들이 등장했고, 우리는 지금도 그 문제와 씨름 중이다.

1945년 10월 말, 튜링은 국립물리연구소National Physical Laboratory, NPL의 수학분과에 자리를 얻어서 그가 1936년에 구상했던 범용 튜링 기계를 실제로 개발하는 일에 착수했다. 저장된 프로그램을 장착하도록 고안된 그 기계는 자동연산장치Automatic Computing Engine, ACE라 불렀다. 배비지의 미분기나 해석 기관과 마찬가지로 ACE를 완성하는 데에도 장애물이 있었다. 1948년 중반쯤 튜링은 불만을 토로하고 NPL을 떠났다. 그랬지만 그곳을 떠나기 전에 그는 '지능을 가진 기계Intelligent Machinery'라는 간단한 제목의 논문을 작성했다. 그 논문은 출판되지는 못했지만, 운 좋게도 원고는 우리에게 전해진다.[12]

튜링은 '기계가 지능적 행위를 보이는 것이 가능한가'를 파악해 내는 일을 그의 과업이라고 생각했다. 이른바 그를 '이끌어 주는 지침'은 인간의 뇌였다.[13] 논문의 말미에 이르면 그에게 있어 수학적 증명에 사용되는 도구인 탐색search이 인간 및 잠재적으로 지능을 가진 기계가 어떤 식으로 작동하는지에 대한 생각의 기반이 되었다는 사실이 분명해졌다. 튜링은 전기회로를 인간의 신경에 빗대었다. 이 신경 비유는 온갖 우여곡절을 거쳐 마침내 오늘날의 신경망을 낳았다. 5장에서 그 과정을 살펴볼 것이다.

튜링은 지능 있는 기계가 다룰 수 있는 과제들을 파악했다. 게임, 암호와 수학이 그것들이었다. 그리고 두 가지를 더 제시했다. 번역과 언어 학습이다. 비록 그는 '언어 학습은 가장 인간적인 행위이기에 가장 빛나는 성취가 될 것'이라고 생각했지만, 다음과 같이 말하며 그 가능성을 낙관하지는 않았다. "하지만 이 분야가 너무나 많은 신경 기관과 움직임을 필요로 하기에 가능할지는 모르겠다."[14] 오늘날 자연어 처리에서 거둔 성공을 보고 튜링이 어떤 말을 할지 우리는 단지 추측만 할 수 있을 뿐이다.

그러나 추측이라고 하니 생각나는 게 있는데, 「지능을 가진 기계」의 말미에서 튜링은 가상의 기계로 가상 실험을 제안하며 어떤 체스 선수에게 그의 상대가 사람인지 기계인지 추측하도록 만들어 보자고 했다.[15] 이로써 연구 전략의 씨앗이 뿌려졌다.

사람들이 튜링과 AI에 대해 얘기할 때는 대개 「계산 기계와 지능 Computing Machinery and Intelligence」이라는 그의 1950년 논문을 염두에 둔다. 첫 문장에서 튜링은 과감하게 도전장을 날린다("나는 '기계가 생각할 수 있을까?'라는 질문에 대해 생각해 보기를 제안한다"). 그러나 그 질문에 대한 즉답은 회피하고 그 대신 이른바 '이미테이션 게임The Imitation Game'을 제안한다.[16]

튜링은 게임의 첫 번째 국면에서 한 참가자에게 질문을 던져서 보이지 않는 두 사람 중 어느 쪽이 남자고, 어느 쪽이 여자인지 판단해 보라고 요구하는 게임을 구상했다(답변은 문자로 이루어지기 때문에 목소리로는 판단할 수 없다-옮긴이). 그러고는 질문의 수준을 다음과 같이 끌어올렸다.

> 이제 이런 질문을 던져 보자. '만약 첫 게임에서 여성이 하던 역할을 기계가 대신하면 어떻게 될까?' 질문자는 게임이 여와 남으로 진행되었을 때 자주 그랬던 것처럼 틀린 판단을 하게 될까? 이런 질문들이 우리의 최초 질문이었던 '기계가 생각할 수 있을까?'를 대신한다.[17]

튜링이 「계산 기계와 지능」을 쓰고 있을 때 그는 또한 실물 디지털 컴퓨터를 개발하는 데 온 힘을 쏟고 있었다. 국립물리연구소를 떠난 뒤 튜링은 맨체스터대학 컴퓨터연구소 부소장으로 임용되었다. 1948년 6월 세계 최초의 프로그램 내장식 컴퓨터가 가동되었다. 이 기계는 용량이 작아서 맨체스터 '베이비'Manchester Baby라 이름지어졌다. 튜링은 확장판 베이비의 제작을 돕고 그 결과물인 차세대 컴퓨터 페란티 마크 1Ferranti Mark 1의 프로그래머용 안내서를 작성하는 과제를 떠맡았다. 1951년 2월에 세계 최초의 대형 범용 디지털 컴퓨터인 페란티 마크 1이 출시되었다.

언젠가부터는 컴퓨터가 인간의 수준과 유사하게 복잡한 과제를 수행할 수 있다고 상상하는 것이 합당한 일이 되었다. 어느 정도나 유사한 것일까? 1951년 5월에 튜링은 BBC 라디오 대담에 초대되었다. 대담에서 그는 '컴퓨터를 인간의 뇌로 간주하는 것이 완전히 터무니없다고 할 수 없다'는 생각을 내비치며 이렇게 주장했다.

> 만약 동물에게서, 특히 인간에게서 발견되는 진짜 뇌가 일종의 기계라는 전제를 수용한다면, 적절한 프로그램을 내장한 디지털 컴퓨터는 뇌와 같이 행동할 것이라는 결론을 내릴 수도 있을 것입니다.[18]

튜링은 그 당시의 컴퓨터가 할 수 있는 것과 미래의 가능성을 구분했다. 그는 또한 다음과 같이 컴퓨터가 독창적일 수도 있다고 암시했다.

> 만약 우리가 컴퓨터에 입력한 어떤 프로그램을 기반으로 컴퓨터가 우리가 예기치 못했던 흥미로운 것을 만들어 낸다면 나는 그런 행위가 컴퓨터의 프로그램 속에 예정되어 있었기 때문에, 그 독창성이 온전히 인간의 것이라고 주장하기보다는 컴퓨터가 어떤 독창성을 발휘한 것이라고 말하고 싶습니다.[19]

우리는 2장에서 제기했던 우리의 질문—컴퓨터(그 프로그래머들뿐만 아니라)도 저작권을 가질 수 있는가—에 한마디 거들고 싶어 못 견디는 튜링을 충분히 상상할 수 있다. 내게는 그가 컴퓨터의 편에서 환호하는 소리가 들린다.

BBC 라디오 대담의 후반부에서 튜링은 철학자 리처드 브레이스웨이트Richard Braithwaite, 서문에서 만났던 신경외과 의사 제프리 제퍼슨, 그리고 동료 수학자이자 암호해독가 맥스 뉴먼Max Newman과 함께 생방송 토론을 벌였다. 또다시 생각이란 무엇인가에 관한 튜링의 발언은 우리를 창의성—나아가 에니그마—으로 이끈다.

> 우리는 생각이 '우리가 이해하지 못하는 어떤 정신적 과정'으로 구성된다고 정의하는 경향이 있습니다. 만약 이것이 맞다면, 생각하는 기계를 만드는 일은 우리가 정확히 그 원리를 실제로 이해하지 못하는 상황에서 풀어 나가는 아주 흥미로운 과제일 것입니다.[20]

마치 GPT-3을 말하는 것처럼 들린다.

튜링은 의식이 컴퓨터가 사고할 수 있다는 결론을 위해 필요로 하는 한 가지 속성이라고 믿지 않았다. 자신의 1950년 논문에서 튜링은 "기계가 자신의 활동에 대해 의식하지 못하면서 일을 수행한다면 뇌가 있다고 말할 수 없다"고 했던 제퍼슨의 과거 주장을 무시했다. BBC 대담에서 튜링과 제퍼슨은 자신들의 입장을 고수했고, 제퍼슨은 "사람의 정신적 움직임에 동원되는 고도의 감정적 요소는 인간을

기계와는 꽤나 다른 차원으로 만든다"는 말을 덧붙이며 자기 생각을 못 박았다.[21]

이제 70년이 더 흘렀고, 컴퓨터의 지능에 관한 얘기를 하기 위해 제퍼슨이 강조한 의식이라는 장애물을 넘어야 한다고 생각하는 사람은 거의 없다. 대신 지금 강조하는 것은 결과물, 즉 컴퓨터가 무엇을 해내느냐이다. 이제 곧 우리는 컴퓨터가 기본적으로 어떤 '지능적' 과제들을 해낼 수 있는지를 대략 살펴볼 것이다. 그러나 그 전에 그 과업에 더 참신한 이름을 부여하자. 영국에서는 오랫동안 '기계 지능machine intelligence'이라는 용어를 썼다. 미국에서 그것은 '인공지능artificial intelligence'이 되었다. 그 과정은 다음과 같다.

다트머스의 AI 명명식

1955년 미국의 수학자, 컴퓨터과학자, 공학자로 구성된 네 명의 연구진이 뉴햄프셔주 하노버에 있는 다트머스대학에서 장기간에 걸친 여름 학술회의를 후원해 달라고 록펠러재단에 요청했다. 그 회의의 최초 제안자는 당시 다트머스대학 수학과 조교수였던 존 매카시John McCarthy였다. 마빈 민스키Marvin Minsky 박사는 수학과 신경학에서 하버드대학의 주니어 펠로Junior Fellow(신참 박사학위 수여자 중 탁월한 이를 선발·지원하는 제도-옮긴이)로 선정된 인물이었다. 너새니얼 로체스터Nathaniel Rochester는 IBM의 정보 연구 책임자였다. 그 모임을 더욱 뜻깊게 만든 사람은 벨연구소의 수학자 클로드 섀넌 Claude Shannon 이었다.

후원 신청서의 제목은? '인공지능에 관한 다트머스 하계 연구 프로젝트 제안서 A Proposal for the Dartmouth Summer Research Project on Artificial Intelligence'였다. 나중에 매카시는 제목과 관련해 다음과 같은 말을 남겼다.

> 그 제안서에서 (…) 인공지능이란 용어가 최초로 등장했습니다. 돛에 깃발을 걸기 위해 고른 용어였지요. (…) 참석자들의 주목을 끌고 싶었거든요.[22]

1956년 여름 한 무리의 과학자들이 하노버에 모였고, 일부는 다른 이보다 더 오래 머물기도 하면서 각자의 프로젝트를 수행했다. AI 연구에 관한 어떤 일관성 있는 이론이나 청사진은 도출되지 않았다. 사실 최종 보고서조차도 내지 못했다. 그러나 매카시의 말에 따르면 "인공지능이라는 개념을 과학의 한 분야로서" 인식하게 된 것은 중요한 수확이었다.[23]

그 프로젝트의 연구 의제는 야심 찼다. 1955년 제안서의 첫 문단은 이렇게 선언했다.

> 학습을 포함하여 어떠한 지적 특질이든 원칙적으로 모든 면을 정확히 기술할 수 있으며, 따라서 기계로 그것을 모사하는 것이 가능하리라는 추측을 바탕으로 연구를 진행할 것이다.

쓰기의 미래

성공 여부는 기계가 어떻게 반응했는가를 기준으로 판단될 수 있다고 했다.

현재의 목적상, AI의 성공은 만약 인간이 그런 식으로 행동한다면 지능이 있다고 여겨질 만한 방식으로 기계가 작동하도록 만드는 것으로 여겨진다.

목표가 **에뮬레이션**emulation(복제)이 아니라 **시뮬레이션**simulation에 있다는 사실에 주목하라. 튜링의 이미테이션 게임을 떠오르게 한다.

행동을 기준으로 삼은 것은 실용적인 선택으로 보인다. 그렇건만 돌이켜 보면 그 기준은 이상한 난제를 던진다. 한편으로는 특히 미국에서 당대를 풍미했던 심리학 이론인 행동주의의 낌새를 풍긴다. 다트머스 제안서는 논리적 분석이 그 새로운 연구 분야를 위한 기반이 되어야 한다고 생각했다.

인간 사고의 대부분은 논증의 법칙과 추론의 법칙에 따라 단어를 조작하는 일로 이루어진다고 추측할 수 있다.

언어와 생각을 융합한다는 말은 어쩌면 조금 순진한 판단으로 보일지도 모르지만, 그런 단어 선택은 인간 언어모델이 행동주의가 아니라 정신주의를 전제하고 있다는 사실을 분명히 했다. 사실 50년 전의 최초의 학술회의를 기념하기 위해 마련한 2006년의 행사에서 매카시는 이런 식으로 '논증의 법칙과 추론의 법칙'에 초점을 맞춘 것이 지난 반세기 동안 AI 연구의 기본 기조였고, 이런 입장은 행동주의에 대한 의도적 공격이었다고 설명했다.[24]

다트머스 회의에서 모방하기를 희망했던 인간 행동의 최초 영역 중 하나는 언어였다.

> 기계가 추상적 생각과 개념을 형성해 언어를 사용하고, 현재로서 는 인간만이 처리하는 문제를 해결하고, 스스로를 개선하도록 하 는 방법을 찾아내기 위한 시도가 이루어질 것이다.

오랫동안 AI 연구에서 '언어'는 쓰기에 관한 어떤 것을 뜻했다. 그 것은 컴퓨터에게 입력값을 주고 출력값을 얻기 위한 유용하고도 유 일한 형식이었다.

이제 최초로 공인된 이름을 얻은 AI에게 무슨 일이 벌어졌는지 를 살펴보자.

초심자를 위한 AI 로드맵

이어질 내용은 우리가 AI를 이용해 왔던 주요 사용처에 대해 내 가 그려 본 청사진이다. 나의 분류는 표준적인 AI 교재와는 맞지 않아 보일 것이다. 게다가 오늘날 광범위한 영역에서 AI가 영향을 미치는 사정을 고려해 볼 때 이 청사진은 충분해 보이지 않는다. 그렇지만 더 거대한 AI 분야에 대해 간단하고 실용적인 전체상을 제공하겠다는 나름의 목적을 이 로드맵이 이뤄 내기를 희망한다.

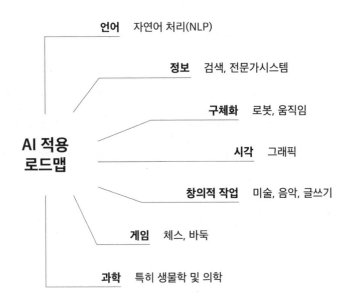

자연어 처리에 대한 얘기는 다음 장까지는 삼가고 우선 두 번째 대목에서부터 시작할 것이다.

정보

찾는 것이 있는가?

1993년 미국방언학회는 '초고속정보통신망 information superhighway'을

'올해의 단어'로 선정했다. 그리고 조금도 놀랍지 않게 컴퓨터과학자들은 우리가 미국 의회도서관, 영국 국립도서관과 프랑스 국립도서관에 맞먹는 수준의 정보를 즉시 이용할 수 있도록 길을 닦았다.

팀 버너스 리Tim Berners-Lee의 월드와이드웹은 1990년 스위스의 유럽입자물리연구소CERN에서 시작되었다. 같은 해 미 국방부는 아르파넷Arpanet(조금 있으면 상세히 다룰 것이다)이라 불리는 자체 통신 네트워크를 중지했지만, 그 방식은 공공 인터넷으로 재탄생하게 된다.[25] 아치Archie, 고퍼Gopher, 모자이크Mosaic 같은 검색엔진들이 등장하기 시작했다. 그리고 1998년 9월 백럽BackRub이라는 이름으로 시작된 프로그램이 구글 서치Google Search로 이름을 바꿔 데뷔했다. 나머지는 그야말로 모두가 알고 있는 대로다.

우리가 인터넷 검색을 할 때 대부분 어떤 구체적인 것을 찾고 있다. 날짜, 조리법, 2010년 아이슬란드 에이야퍄들라이외퀴들Eyjafjallajökull 산의 화산 분출, 『걸리버 여행기』의 온라인 텍스트 따위다. 하지만 AI 연구자들은 오랫동안 더욱 복잡한 숙제를 안고 있었다. 컴퓨터가 정보를 저장할 수 있다면 그 정보를 이용해 현실의 문제에 대처하도록 만들면 어떨까?

1960년대의 AI 연구자들은 소규모 과제들을 해결하는 데 약간의 성공을 거두고 있었다. 가령 테리 위노그래드Terry Winograd가 만든 프로그램 슈드루SHRDLU는 로봇으로 하여금 블록을 재배열하도록 만들었다. 그런데도 비슷한 접근 방식을 규모가 더 크거나 더 어려운 문제해결에 적용하기는 어렵다는 사실이 드러났다. 한 가지 해결책은 우리가 다루는 정보의 범위를 좁히자는 제안이었다. 그 접근 방식은 전문가시스템Expert Systems으로 알려지게 되었다.[26]

전문가시스템을 구축하기 위해서는 우선 인간 전문가들을 인터뷰해서 수집한 지식을 기반으로 출발해야 한다. 그다음에는 우리가 집적한 정보를 인간이 일반적으로 좇는 사고 과정을 모방한 이프-덴 if-then 형식의 논리적 명제로 정리한다(만약if 온도가 너무 높다면, 그러면 then 온도 조절 장치를 떨어뜨려라). 전문가시스템은 우리가 추론 장치를 구동해 지식 기반 속 명제들을 탐색하게 함으로써 그 과정이 자동으로 이루어지게 한다.

1970년대와 1980년대에 들어 특별한 분야에 지식 기반을 구축해본다는 생각은 의학부터 공항 탑승구 할당하기와 제조업 분야에 이르기까지 모든 방면에서 시도되었다. 최고의 사례는 1985년 텍사스인스트루먼트Texas Instruments가 캠벨수프컴퍼니Campbell Soup Company를 위해 개발한 프로그램이었다.

캠벨수프컴퍼니의 직원 알도 치미노는 수프 멸균 작업에서 40년 이상의 경력을 쌓고 은퇴를 앞두고 있었다. 그가 축적한 멸균 장비 오작동 문제 해결에 대한 고유한 노하우는 그 가치를 값으로 매길 수 없는 정도였다. 이제 그만한 사람을 다시 구할 수 있을까? 해답은 전문가시스템 구축이었다. 장시간 치미노에게 질문을 해서 잘못될 가능성(if)이 있는 모든 것과 그것의 해결책(then)을 도출해 낸 것으로 구축한 시스템이었다.[27]

이런 식의 지식 추출 방식—그리고 그와 비슷한 다른 수단들—은 그 당시에는 성공적이었다. 그러나 다음 장에서 살펴보겠지만 규칙과 논리에 기반해 모형을 프로그램화하는 방식은 이미 통계적 모형과 머신러닝machine learning이라는 새로운 유행에 밀려나고 있었다.

구체화

앨런 튜링은 지능적으로 행동하는 실제 기계를 만드는 데는 흥미를 보이지 않았다. 그러나 미국 군대는 달랐다.

1957년 10월 4일 소련은 최초의 인공위성 스푸트니크를 발사했다. 냉전은 이미 시작되었고, 미국은 갑자기 기술 경쟁에서 밀리고 있다는 사실을 알아챘다. 1958년 초 그런 인식에 대한 대응으로 미 국방부는 군에 적용 가능한 기술 개발 연구를 지원하기 위해 고등연구계획국Advanced Research Projects Agency, ARPA을 창설했다. 넉넉한 지원금이 들어왔다. 그런 지원으로 진행된 프로젝트 하나가 고등연구계획국 자체 통신 네트워크였던 아르파넷Arpanet이었고, 그것은 오늘날의 인터넷으로 진화했다. 산업 부문에서는 고정시킨 채 작동하는 산업용 로봇을 향해 나아갔다. 하지만 만약 로봇이 움직인다면, 그래서 마침내 전쟁터에서 이용된다면 어떻게 되는가?

로봇 셰이키Shakey 등장이요.

1963년 찰스 로젠Charles Rosen이 이끄는 한 무리의 스탠퍼드연구소 AI 연구원들이 자동으로 작동하는 로봇을 만드는 프로젝트를 시작했다. 1966년에는 ARPA가 기금을 지원하며 합류했다. 논리적 추론에서 컴퓨터 시각Computer Vision, 머신러닝, 자연어 처리에 이르기까지 광범위한 AI 도구들을 총동원해서 1960년대 말 로젠 팀은 세계 최초로 AI로 움직이는 로봇을 공개했다. 비록 문자 그대로 '발'(이 경우에는 바퀴)로 굴러갈 때 흔들거렸지만(shaky) 셰이키는 (그럭저럭) 이리저리 돌아다 녔다.

우리는 셰이키 이래로 아주 먼 길을 왔다. 진공청소기 로봇, 드론 과 (그럭저럭) 자율주행차까지 왔다. 도쿄의 미라이칸박물관을 방문했 을 때 나는 춤도 추고 축구공도 차는 휴머노이드 로봇 아시모ASIMO가 벌이는 쇼에 초대받았다. 로봇 개들은 이제 계단도 느긋하게 올라갔 다. 그러나 실물로 구현된 지능, 특히 휴머노이드 로봇이 반드시 움직 여야 하는 것은 아니었다. 많은 프로젝트가 점점 더 '말하고' 타인의 말을 듣고 '이해하는' 쪽으로 인간을 닮은 복제물을 만들고 있었다. 서문에서 언급했던 소피아가 그런 경우다.[28]

시각

인간의 시각은 우리로 하여금 시각 이미지(그림)를 만들어 내고 그것을 지각하도록 한다. 레오나르도 다빈치는 〈모나리자〉(그림)를 그렸고 우리는 그 초상화를 루브르박물관에서 볼 수 있다(지각).

컴퓨터와 시각에 관해서는 동일한 두 가지 구성 요소가 있다. 우 리가 창조하는 대상물, 즉 컴퓨터 그래픽은 팩맨과 같은 초기 비디오 게임들까지 기원을 찾아볼 수 있고, 그 범위는 브누아 망델브로Benoit Mandelbrot가 만든 마법 같은 프랙털 이미지들부터 컴퓨터 애니메이션 영화에 이른다. 오늘날 AI가 생성한 컴퓨터 그래픽들은 또한 딥페이크를 만들어 낸다.

아이번 서덜랜드Ivan Sutherland가 컴퓨터 그래픽의 발달을 이끈 스케치패드Sketchpad라 불리는 프로그램을 만든 것은 1963년이었다. 그래픽 산업은 전력 소비량이 크다. 중앙처리장치가 강력할수록 이미지는 더 선명하게 더 빨리 생성된다. 시간이 지나면서 이미지 생성 능력을 크게 향상시킨 특별한 그래픽처리장치graphics processing unit, GPU들이 개발되었다.

그런데 AI 세계에서는 흔히 그렇듯 한 부분에 적용하려고 만든 기술이 다른 부분에서 쓸모가 있다는 사실이 드러나는 경우가 생긴다. 그래픽 칩은 그래픽 이미지를 생성하는 것뿐만 아니라 이미지 인식(지각 부분)에도 중요했다. 페이스북이 10년 이상을 사진이나 비디오에 찍힌 사람들의 얼굴을 자동으로 태그하도록 사용했던 안면인식 프로그램을 생각해 보자. 다행히도 페이스북은 2021년 말에 이 프로그램을 중단했지만[29] 중국뿐 아니라 많은 정부가 이를 포기하지 않고 있다.

지금의 GPU는 AI의 작업에 훨씬 더 압도적인 영향을 미친다. 그 이야기를 글씨체에서 시작해 보겠다.

매일 수백만 건의 우편물을 분류하고 그것들을 적절한 주소로 보내는 미국 우정청의 힘든 업무를 떠올려 보자. 그 과정을 빠르게 처리하기 위해 1963년 우편번호가 개발되었다.[30] 그런데 분류를 위해 그 숫자들을 여전히 인간이 읽어야 하는 불편함은 남아 있었다.

1900년대 초, 비록 스캐닝이 처음에는 한 번에 알파벳 하나를 인식하는 수준이었지만, 광학 문자 인식 Optical Character Recognition, OCR에 대한 연구가 시작되었다. 서서히 OCR 방식은 똑바른 선과 표준 글자체로 쓰인 인쇄물의 숫자나 알파벳을 인식하는 데 더욱 능숙해졌다. 필적 인식은 쓰는 사람에 따라 크게 다르고 심지어 악필까지 고려하면 더욱 까다로웠다. 게다가 우편번호는 처리해야 할 자릿수가 다섯 가지여서 훨씬 복잡했다.

얀 르쿤 Yann LeCun 등장이요. 1980년대 말 르쿤은 AT&T에서 손으로 쓴 숫자 인식 프로젝트 수행을 위해 일하고 있었다. 르쿤은 해법으로 합성곱 신경망 Convolutional Neural Networks, CNN에서 사용되는 기술인 역전파 backpropagation라 불리는 어떤 신경망 형식을 적용해 보았다.[31] (르쿤은 합성곱 신경망의 기초를 놓은 선구자다.) 그 방식은 성공했고, 미국 우정청의 우편물 분류 작업은 혁신적 성과를 냈다. 몇 년 뒤 요슈아 벤지오 Yoshua Bengio와 함께 일하면서 문자 인식에 대한 르쿤의 연구는 은행 수표에 쓰인 숫자를 해독하는 방향으로 확장되었다.[32]

그러고 나서 차, 사람 혹은 고양이 사진과 같은 더 복잡한 이미지 인식에 대한 도전이 시작되었다. 2000년대 말 AI 연구자 페이페이 리와 그녀의 동료들은 이미지넷 ImageNet이라 불리는 거대한 데이터세트를 개발했다.[33] 그들의 목표는 물체 분류를 개선하고, 대략 1,500만 장에 달하는 막대한 이미지 정보를 제공해서 머신러닝에 기여하는 것이었다.[34] 연구에 활력을 불어넣기 위하여 이미지넷은 세계 최대의 이미지 인식 경연 대회를 매년 개최했다. 그 대회는 참가자의 AI 프로그램이 제시되는 물체를 얼마나 정확하게 식별할 수 있는지를 평가하기 위해 벌어졌다.

2012년의 대회는 중요한 분기점이 되었다. 토론토대학 팀은 (일리야 수츠케버Ilya Sutskever, 제프리 힌튼Geoffrey Hinton과 공동 작업 한 알렉스 크리제브스키Alex Krizhevsky의 이름을 따서) 알렉스넷AlexNet이라 명명한 프로그램을 사용해서, 2위에 당선된 팀보다 훨씬 더 낮은 오류율을 보이며 압도적 성과를 냈다. GPU칩과 합성곱 신경망을 결합한 것이 비결이었다. 이미지에 명칭을 부여하기 위해 코드를 작성하는 대신 알렉스넷은 이미지 인식 수단으로 딥러닝을 이용했다. 100만 장의 이미지로 훈련해야 했기에 알렉스넷은 무수한 수학적 연산을 자동적으로 수행하기 위해 엔비디아NVIDIA GPU의 도움을 받았다. 알렉스넷 팀은 그해 우승자가 되었다. 그러나 그보다 더 중요한 것은 그들의 작업이 딥러닝을 수반하는 많은 비시각적 AI 작업에서 신경망을 사용하는 길을 열었다는 점이다.

머신러닝, 신경망과 딥러닝에 대한 더 상세한 내용은 조금만 더 기다려 달라. 다음 장에서 다룰 것이다.

창의적인 작업

창의성은 인간만의 고유한 특성인가? 창의성을 정의하는 것이 사고나 지능을 정의하는 것보다 더 어렵기에 까다로운 질문일 수도 있다. 튜링은 사고와 지능 문제에 대한 답변은 피하면서 간접적인 행동 테스트인 이미테이션 게임이라는 타협책으로 그 질문에 대처했다.

본능적으로 우리는 인간이 해냈을 때 갈채를 보내는 곳과 동일한 분야, 즉 그림에서 음악, 과학에서 문학에 이르는 모든 분야에서 AI의 창의성을 찾았다. 최근 몇십 년 동안 컴퓨터가 이뤄 낸 어떤 생성물들에 대해 '창의적'이라는 평가를 받을 만하다는 주장이 끊이지 않고 이어졌다. 그 문제에 대해 책임 있는 논의를 시작하기 위해 우리는 마음을 단단히 먹고 인간의 영역에서 창의성이 무엇인지에 대해 더 잘 파악할 필요가 있다. 9장에서 다룰 첫 번째 과제가 그것이다.

게임

"그냥 게임일 뿐이야." 아니, 어쩌면 게임은 좀 더 원대한 목적을 향한 수단일지도 모른다.

블레츨리파크에 있는 동안 튜링은 자동 전자 기기를 더 광범위하게 사용할 수는 없는지 곰곰이 생각했다. 1941년(최초의 밤Bombe이 만들어진 다음 해)에 그는 도널드 미치Donald Michie를 비롯한 다른 학자들과 함께 체스 게임을 기계화할 방안에 대해 얘기를 나눴다.[35] 만약 밤이 암호해독 문제를 놓고 어마어마하게 많은 해법을 따져 볼 수 있다면 똑같은 원리를 체스 말의 움직임에 적용해 보지 않을 이유가 있을까? 1945년 튜링은 어쩌면 컴퓨터가 '매우 뛰어난 체스 게임'을 벌일 가능성이 있다고 예언했다. 그리고 나서 1948년에 (데이비드 챔퍼나운David Champernowne과 함께) 튜링은 '튜로챔프Turochamp'라 불리는 체스 프로그램을 만들었다. 튜링이 맨체스터대학에서 만든 페란티 마크 1에서 코딩을 시작했다.[36]

체스 게임을 할 수 있는 컴퓨터 프로그램을 만드는 것이 어떤 진지한 지적 관심을 불러올 만한 일인가? 여러 해 뒤 노엄 촘스키 박사는 "컴퓨터가 체스 챔피언을 이기는 것"을 "불도저가 역도 대회에서 우승하는 것"과 같은 것이라고 비판한다.[37] 당신은 서문에서 촘스키 박사가 기계번역을 "거대한 불도저만큼이나 흥미로운" 일이라고 폄하했던 발언이 생각날 것이다.

미치는 "컴퓨터 체스는 AI 연구에서 드로소필라 멜라노가스터 *Drosophila melanogaster*(번식이 빠르고 세대 기간이 짧아 유전학의 대표적 모델 생물이 된 초파리의 학명-옮긴이)로 여겨진다"면서 격렬하게 반박했다.[38] 이 주장은 매우 타당하다. 초파리는 유전적 대물림을 포함한 수많은 생물학적 제안을 입증하기 위한 실험 대상이었다. 마찬가지로 체스 프로그램에 대한 튜링의 제안은 지능 있는 컴퓨터의 가능성에 대해 게임이 가르쳐 주는 바를 탐구해 온 AI 연구자들 사이에서 오랜 세월 회자되었다.

다음과 같은 사건들이 컴퓨터가 체커, 체스, 바둑 경기를 벌이며 남긴 역사적인 기록들이다.[39]

- 체커 Checker (영국 영어로는 드래프트 draught)

  1951년: 크리스토퍼 스트레이치 Christopher Strachey가 파일럿 ACE 컴퓨터로 드래프트 게임 프로그램을 작성했고, 다음 해에는 맨체스터대학에서 페란티 마크 1으로 작성했다.

  1952년: 아서 새뮤얼 Arthur Samuel이 스트레이치의 프로그램 설계 원리를 이용해 체커 프로그램을 작성했고, 새 IBM 701(대량생산

쓰기의 미래

이 가능한 세계 최초의 상업용 컴퓨터)로 구동했다.

- 체스

1951년: 디트리히 프린츠Dietrich Prinz가 맨체스터대학의 페란티 마크 1을 이용해 최초로 완전히 실행되는 컴퓨터 체스 프로그램을 작성했다.

1997년: IBM의 딥블루가 당시 세계 체스 챔피언 가리 카스파로프Garry Kasparov를 꺾었다.

- 바둑

2016년: 딥마인드의 프로그램 알파고가 당시 국제 타이틀전을 통해 세계 랭킹 2위로 꼽혔던 한국의 프로 바둑 선수 이세돌을 꺾었다.

서양에서는 체커와 체스에 대해 알고 있다. 그러나 바둑에 대해서는 아니다. 이 게임은 2,500년도 더 전에 중국인이 발명했다. 아마도 인도에서 시작된 체스보다는 1,000년 이상 더 오랜 역사를 갖고 있다. 체스처럼 바둑도 전략 게임이다. 하지만 헤아릴 수 없이 많은 점유 가능한 돌의 위치를 고려해 볼 때 더 어렵다. 일반적인 체스 게임에서 각각의 차례가 왔을 때 35가지의 움직임이 가능하고 한 번의 게임에서 평균 80번의 차례가 오므로 게임당 가능한 수는 35^{80}가지에서 10^{123}가지가 된다. 바둑은 각각의 차례에서 250가지의 움직임이 가능하고 한 게임에 보통 150번의 차례가 오므로, 게임당 가능한 움직임의 가짓수는 대략 250^{150}에서 10^{360}에 달한다.[40] 바둑 고수를 무찌를 AI

프로그램을 작성하는 것은 대단한 과업이었다.

그러나 알파고 프로젝트는 사실 게임을 위한 것이 아니었다. 2010년에 AI 연구자이자 신경과학자였던 데미스 하사비스Demis Hassabis 는 딥마인드를 공동 창업했다. (4년 뒤 회사는 구글에 인수되었다.) 이미 컴퓨터게임 프로그래밍 전문가였던 하사비스는 AI 게임을 특히 과학 분야에서 문제 해결을 위한 플랫폼으로 보았기에 그쪽으로 방향을 잡았다.

하사비스가 해결하고 싶었던 문제 중 하나는 단백질접힘protein folding이라 알려진 과제였다. 언론인 윌 더글러스 헤븐이 털어놓았듯 이 2016년 3월 알파고가 이세돌을 이겼을 때, 알파고의 수석 개발자 데이비드 실버David Silver와 함께 무대 뒤에 있었던 하사비스는 "이제 때 가 왔다"고 말했다. 나중에 헤븐과의 인터뷰에서 하사비스는 이렇게 말했다. "이것이 내가 딥마인드를 시작했던 이유입니다. (…) 사실 내 경력의 모든 기간을 AI에 파고들었던 이유이기도 합니다."[41]

과학

그래서 이제 AI의 용도는 과학의 영역으로 들어섰다. 서문에서 나는 방법적으로 AI가 바이러스의 구조적 변화를 감지하고 유방 엑 스선 사진을 해독하는 데 쓰이고 있다고 언급했다. 현재 과학과 의학 분야에서 AI가 적용되는 전체 범위를 나열하려 들면 족히 몇 챕터를 채울 것이다. 하지만 과학적 난제에 대한 AI의 해법이 얼마나 혁명적 인지를 증명하기 위해 딥마인드가 도전했던 과제인 단백질접힘을 집

중적으로 다뤄 보겠다.[42]

단백질은 인간의 생명 활동에 필수 요소이다. 단백질은 소화를 돕는 것에서 근육을 수축하고 면역반응을 일으키는 것에 이르기까지 많은 기능을 담당한다. 적어도 2만 가지의 단백질이 있는 것으로 추정되며 각각의 단백질은 한 가닥의 아미노산으로 구성된다. 이들 가닥은 꼬이고 틀리기를 거듭하면서 3차원의 구조물로 접힌다. 이 구조물을 풀어 헤친다면 단백질이 어떻게 기능하는지 파악할 수 있다.

분자생물학자들은 단백질의 구조를 해독하기 위해 수십 년을 노력해 왔다. 엄청난 이익이 걸려 있다. 단백질의 구조와 기능을 이해하기만 하면 우리는 암에서 코로나19에 이르는 의학적 도전들에 더 잘 대처할 수 있기 때문이다. 문제는 단백질 구조를 해독하는 것이 믿기지 않을 정도로 어렵다는 사실이다. 각각의 단백질 가닥이 취할 수 있는 형태의 가짓수는 10^{300}개로 무진장하다.

만약 그 숫자가 이상하게 친숙하다면 바둑에서 게임당 평균적으로 바둑돌이 10^{360}가지로 움직일 가능성이 있었다는 사실을 상기해 보라. 하사비스는 이런 유사함을 놓칠 사람이 아니었다. 게다가 다른 닮은 점들도 있었다. 알파고를 설계하면서 딥마인드는 알파고가 치렀던 게임으로부터 엄청난 양의 데이터를 축적했다. 마찬가지로 국제 단백질정보은행은 이전에 과학자들이 해독했던 단백질 구조에 대한 정보를 수집했다. AI 도구가 단백질 해독의 과정을 촉진하도록 쓰일 수 있을까? 튜링의 밤이 그랬던 것처럼, 우리가 검토하는 데 필요한 가능성의 가짓수를 줄일 방법이 있다면 이는 분명히 도움이 될 것이다.

딥마인드의 프로그램인 알파폴드AlphaFold와 그것의 후속 버전인 알파폴드 2를 이용하면서 딥마인드가 제시한 해법은 GPT-3과 같은 거대언어모델에서 사용되었던 것과 동일한 AI 기술을 동원하는 방법이었다. 그리고 모든 아미노산을 해독하려 하기보다는 특정 아미노산들에 집중했다. 단백질구조예측센터Protein Structure Prediction Center 주최로 일 년에 두 번 개최되는 대회 중 2020년 가을 시합에 참가해 시험대에 섰던 알파폴드 2는 탁월한 수행 능력을 뽐냈다. 너무나 월등한 솜씨를 보인 나머지, 진화생물학자 안드레이 루파스Andrei Lupas는 열광하며 이렇게 말했다.

이것은 게임 체인저입니다. (…) 의학을 완전히 바꿔 놓을 겁니다. 연구 방식도 바꿀 것입니다. 생명공학을 바꿔 놓을 것입니다. 모든 것을 바꿀 것입니다.[43]

정보, 구체화, 시각, 창의적 작업, 게임, 과학. 그리고 물론 언어까지. AI는 컴퓨터에 기반한 우리 삶과 업무에 점점 더 많이 관여하고 있다. 이미지 인식이나 기계가 생성한 렘브란트의 초상화나 바둑 게임과 같은 것이 언어를 '이해하고' 생성하는 AI 기술과 무관해 보일지도 모르지만, 우리는 이미 연관성의 조짐을 보았다. 종종 한 분야에 적용하는 데 힘이 된 동일한 프로그램 모델들—그리고 그 결과로 얻는 획기적인 진전—이 다른 분야의 발전에도 힘을 보태기 때문이다.

쓰기의 미래

앨런 튜링과 존 매카시는 생각하거나 생각하는 것처럼 행동하는 기계의 개발을 위해 언어가 핵심이 되어야 한다는 생각에 서로 이견이 없었다. 그 이후에 수행되었던 AI 연구에서 많은 노력이 언어에 초점을 두었기 때문에 언어를 기초로 한 연구가 다른 영역에서의 AI 모델을 구축하는 데 공헌했다는 사실은 놀라운 일이 아니다. 사실 스탠퍼드대학의 인간중심인공지능연구소Human-Centered AI, HAI 연구원들은 거대언어모델이 인간 언어와 무관한 영역의 연구에서도 확고한 근본 기술이라는 이유로 그것의 이름을 '근본 모델foundation models'로 바꾸자고 주장하기도 했다.[44]

우리는 정의라고 할 만한 것이 마련되지 않았는데도 '신경망'과 '자연어 처리' 같은 용어들을 남발해 왔다. 이제 이런 용어를 설명하고 그 전후 사정도 살펴볼 시간이 되었다. 다음 장에서 우리는 AI 연구자들이 컴퓨터가 처리하도록 만들었던 입말(구어)과 글말(문어)의 모습, 그리고 그런 과제를 처리하도록 진화해 온 AI 모델들을 검토해 볼 것이다. 다음 장은 비전문가들도 이해할 수 있도록 썼고, 그래서 글쓰기 행위의 대체물로서 AI의 잠재력에 대한 이해를 도울 수 있을 정도까지만 AI 모델들의 정체에 대해 설명할 것이다.

AI에서 사용되는 몇몇 관련 용어들에 대한 기본적인 정의는 마지막 장 다음의 '주요 등장인물' 꼭지를 참고하면 된다. 더 상세히 알고 싶다면 다른 책들, 세미나 회의록들과 넘쳐 나는 온라인 자료들을 참고해도 될 것이다.[45]

5장

자연어 처리 자동 언어 기계

한 세기 전에 언어학자 에드워드 사피어 Edward Sapir는 이렇게 단언했다. "어떤 언어도 절대적으로 일관적일 수 없다. 모든 문법에는 새는 틈이 있다."[1] 우리가 아무리 모든 규칙을 꼼짝 못 하게 못 박으려 해도 늘 예외는 발견되게 마련이다. 그럼에도 불구하고 언어학자들은 그 일에 죽어라 매달린다.

초기의 AI 연구자들도 그랬다. 그 계획이 인간이 언어를 만들어내거나 이해할 때 인간이 따라가는 과정을 반복하는 것(에뮬레이션)이든, 아니면 동일한 결과를 산출하는 모델을 구축하는 것(시뮬레이션)이든 그 접근법은 문법 규칙과 사전 항목들과 논리적 작동을 짜깁기하는 데 집중되었다. 우리가 이전 장에서 (전문가시스템과 함께) 보았던 것이기도 하고 다음 장에서도 (번역과 함께) 보게 될 텐데, 규칙에 근거한 모델은 한계에 봉착한다. 틈이 벌어져 계속 새어—이따금은 콸콸

솟구쳐- 나온다.

　다음 전략은 방대한 데이터세트를 이용해 통계와 확률로 접근해
보는 것이었다.[2] 통계적 접근법은 규칙에 치중하는 것보다는 더 나은
결과를 낳았다. 그렇지만 음성인식이나 번역과 같은 영역에서는 컴
퓨터가 통계적 방식으로 만든 어떤 결과물로도 인간의 것과 착각할
만큼 같게 만들지는 못했다. 동시에 머신러닝에 대한 관심이 고조되
었다.

머신러닝

　이 시대의 AI를 이해하기 위해서 우리는 어떤 사람이나 물체가
학습 능력이 있다고 말하는 것이 무슨 뜻인지를 생각해 볼 필요가 있
다. 사람부터 시작해 보자. 학습 능력은 우리를 인간으로 만드는 요소
다. 인간의 회백질이 생각을 위한 어떤 잠재력을 갖는다 하더라도 그
것은 생각할 거리를 요구한다. 그 요구를 충족하기 위해 우리는 배우
는 능력을 필요로 한다. AI에 관해서도 마찬가지다. 튜링이 말했듯이
예기치 못한 결과를 낳는 컴퓨터를 만들고 싶다면 "그것을 [프로그램
화하는] 과정은 가르침의 과정과 밀접한 관계가 있을 것이다."[3]

　기계(여기서는 컴퓨터)가 학습 능력이 있다고 주장하기 위해서는
컴퓨터에서 구동되는 프로그램이 이전의 성공이나 실패를 근거로 프
로그램의 작동을 개선할 수 있더라고 말할 수 있어야 한다. 머신러닝

의 유형(지도학습, 비지도학습, 강화학습)에 따라 그 프로그램은 행위에 대해 직접적으로 '상'을 주거나 혹은 '벌'을 내릴 수도, 혹은 그러지 않을 수도 있다.

현실 세계에서 학습 능력이 있는 컴퓨터를 프로그래밍하는 것은 거의 AI 분야만큼이나 역사가 깊다. 1959년 아서 새뮤얼(이전 장에서 그를 만났다)은 자신이 체커 게임용으로 프로그램한 컴퓨터를 설명하기 위해 '머신러닝'이라는 이름을 만들었다.[4] 그것이 그냥 용어로 굳어졌다.

AI에서 다른 몇 가지 현상처럼 머신러닝도 관심을 받기도 하고 관심에서 멀어지기도 했다. 1980년대에 들어 재발견되고 강화되고 새로 만들어졌던 다른 프로그래밍 접근법들의 지원을 받으면서 AI에 대한 관심이 달아올랐다. 이들 중 하나가 신경망이었다. 그렇지만 신경망의 세계를 들여다보기 전에 오늘날 모든 이의 입에 오르는 '학습'과 관련된 **딥러닝**이라는 용어가 하나 더 필요하다. '딥러닝'과 '심층 신경망'이라는 용어는 흔히 동의어로 사용되며, 다양한 수준의 신경망을 사용하는 머신러닝을 뜻한다.

이제 신경망과 만나자.

신경망

뉴런neuron. 1891년 독일 해부학자 빌헬름 발다이어Wilhelm Waldeyer에 의해 처음 명명된 이 용어는 뇌와 신경계 안의 신경세포를 일컫는다. 뉴런은 감각 정보를 수용하고 근육에 명령을 전달하고 그 과정에서 모든 전기신호를 조종하기 때문에 상상을 초월할 정도로 중요하다.[5]

그런 전기신호들 때문에 20세기 중반의 연구자들은 인간의 뇌와 전자 컴퓨터 사이에 유사성이 있다고 생각하게 되었다. 첫 번째 획기적인 사건은 워런 매컬러Warren McCulloch와 월터 피츠Walter Pitts의 1943년 논문이었다. 논문은 뇌 활동의 '전부 아니면 전무'적 특성 때문에 신경 활동과 그것들 사이의 관계들은 명제논리학propositional logic, 즉 이프-덴if-then 또는 온오프on-off의 방식으로 취급될 수 있다고 주장했다. 전기회로와 꼭 같은 방식이다.[6]

1958년이 되자 프랭크 로젠블랫Frank Rosenblatt은 그 개념의 실현 가능성을 입증하는 작업에 착수했다. (그는 또한 컴퓨터에서 뉴런에 해당하는 부분에 퍼셉트론perceptron이라는 이름을 붙였다.) 연구 자금은 미 해군연구청이 댔다. 그해 7월의 기자회견에서 로젠블렛과 해군은 퍼셉트론 기계의 잠재력에 대해 야단스럽게 떠벌렸다. 《뉴욕타임스》는 이렇게 보도했다.

해군은 그들이 기대하는 바, 걷고 말하고 보고 쓰고 스스로를 복제하고 자신의 존재를 인식하는 전자 컴퓨터의 맹아를 공개했다. (…) 미래의 퍼셉트론은 사람을 인식하고, 그 사람의 이름을 부르고, 한 언어의 말을 다른 언어의 말과 글로 즉각 번역할 수 있을 것이라 예측된다.[7]

빔 미 업, 스카티!(〈스타트렉〉에서 커트 선장이 스카티에게 자신을 이메일처럼 무선 전송 해 달라고 요청할 때 쓰는 상투어. '전파를 쏘듯Beam 나를me 옮겨 줘up'란 뜻-옮긴이) 이런 재주 중 몇 가지(음성 합성, 안면인식과 자동 번역)는 몇십 년 뒤면 상당한 수준에 이르게 될 것이었다. 그러나 의식은 아니었다. 게다가 이 최초의 퍼셉트론 모델로는 더욱 아니었다. 그런데도 퍼셉트론을 망의 기본단위로 하는 신경망 개념이 탄생했다.

퍼셉트론에 대한 연구는 그 이후 10년 동안 빠른 속도로 계속되었다. 하지만 서서히 퍼셉트론 모델이 훨씬 더 단순한 문제를 해결하기에도 벅차다(당시 컴퓨터의 연산 능력도 그랬다)는 사실이 명백해졌다. 1969년이 되어 MIT의 마빈 민스키와 시모어 페퍼트가 인간 뉴런을 모방해 AI 프로그램을 작성하는 것에 대해 조종을 울리는 의견을 냈다.[8]

그러나 부고를 쓰기에는 너무 일러 보였다.

신경망의 부활

호의로 드리는 예고. 신경망을 얘기하려면 줄줄이 전문용어를 소환해야 한다. 그 고약한 단어가 타고난 사정이 그런 탓이다. 효율성을 기하기 위해 마지막 장 다음에 주요 등장인물란을 마련해 핵심 용어들을 정리해 두었다.

1980년대에 소수의 연구자가 AI를 위한 신경망 모델로 되돌아오기 시작했다. 누구도 인간의 뉴런과 컴퓨터 회로가 정확히 일치한다고 주장하지는 않았다. 대신 인간 뇌 속의 뉴런들이 망을 형성하는 것

　　　　　　　　　　　　　　　　　　　　쓰기의 미래

과 상당히 유사한 방식으로 망에 기반해 컴퓨터 모델을 구축할 수도 있다고 주장했다. 더 강력한 프로그램 기술과 더 막대한 연산 능력의 지원 덕분에 로젠블랫의 단층 신경망과는 달리 다층 신경망을 사용해야겠다는 생각이 자리 잡았다.

딥러닝과 심층(다층) 신경망의 창시자들 등장이요.

삼인조 중에 유명한 팀이 많다. 소설 『삼총사』. 세계 3대 테너(호세 카레라스, 루치아노 파바로티, 플라시도 도밍고-옮긴이). 그리고 세 명의 딥러닝 창시자. 첫째는 제프리 힌튼인데, 흔히 딥러닝의 아버지라 불린다. 그렇지만 얀 르쿤과 요슈아 벤지오도 가장 중요한 인물로 꼽힐 만하다고 널리 인정된다. 그런 인정은 2018년 미국 컴퓨터학회가 이들에게 컴퓨터과학의 노벨상으로 불리는 튜링상을 수여하면서 널리 선포되었다.

힌튼과 르쿤과 벤지오가 수상의 영예를 얻은 것은 한 가지 업적 때문이 아니라, 신경망을 조금씩 발전시켜서 끝없이 광범위해지는 AI 도전 과제들을 풀 수 있도록 만들었기 때문이었다. 삼인조가 만든 결과물 중 일부는 단독으로 이룬 것이 있는가 하면, 어떤 것들은 협력을 통해 얻기도 했다. 르쿤과 벤지오가 신경망을 이용해 수표에 적힌 손으로 쓴 숫자를 읽어 냈다는 사실을 상기하라. 그들의 기념비적 업적들은 다음과 같다.[9]

- 1980년대: 르쿤이 합성곱 신경망을 개발했다.
- 1986년: 힌튼(데이비드 러멜하트David Rumelhart와 로널드 윌리엄스Ronald

Williams와 함께)이 다층 신경망 multi-layer neural network에서 역전파 알고리즘의 위력을 증명했다.

- 2010년대: 벤지오가 이안 굿펠로 Ian Goodfellow와 함께 컴퓨터 시각과 컴퓨터 그래픽 분야에서 특히 효과적인 적대적 생성 신경망 Generative Adversarial Networks, GANs을 개발했다.

- 2012년: 힌튼과 그의 토론토대학 학생들은 강력한 GPU를 사용해 이미지넷 경연 대회에서 우승했고 합성곱 신경망을 개선했다.

다층 신경망을 이용해 딥러닝의 수준을 고도화시키자 AI 분야의 다른 전문가들이 AI에서 가능하지 않다고 여겼던 비전을 실현했다. 힌튼은 튜링상 수여식 인터뷰에서 그 상이 오랜 세월 다른 이들의 불신이 틀렸음을 입증했다고 감회에 젖어 말했다.[10]

트랜스포머가 부른 혁명

힌튼과 르쿤과 벤지오의 기념비적 성과와 함께 다른 심층 신경망 변형 모델들이 나타났다. 그중에는 순환 신경망 Recurrent Neural Networks, RNNs과, 뒤이어 나온 흥미로운 이름의 장단기 기억 long short-term memory, LSTM 신경망이 있었다. 그러고 나서 마침내 트랜스포머 transformer라고 알려진 혁명이 왔다.

이 새로운 모델은 2017년 학회 논문으로 처음 소개됐다.[11] 고안된 모델이 목표로 하는 AI 과제는 두 언어 사이의 텍스트 번역이었다. 눈길을 끌었던 논문의 제목 '당신에게 필요한 것은 오직 주의뿐 Attention Is

All You Need'이 그 접근 방식의 특징을 명백히 보여 주었다. 트랜스포머 알고리즘은 가까운 주변 단어들을 참고할 수만 있는 순환 또는 합성곱 신경망에 의존하기보다는, 더 거대한 문맥에 주의를 기울일 수 있었다.

여기에서 말하는 '문맥'이 의미하는 바를 이해하기 위해 영단어 'bank'를 예로 들어 보자. 트랜스포머가 bank를 만나면 그것은 단어 주위의 텍스트를 이용해 그 단어가 금융기관을 의미하는지, 아니면 기슭을 의미하는지를 파악해 낸다. 만약 과제가 번역이라면 (가령 영어를 독일어로 바꾼다면) 우리는 **die Bank**(금융기관)를 쓸 것인지 아니면 **das Ufer**(기슭)를 쓸 것인지를 알 필요가 있다. 또 다른 예를 보자. 만약 어떤 문장 'The hot water heater in my house died yesterday(어제 우리 집 온수기가 고장 났다).'의 다음 문장이 'It needs to be replaced(그것은 교체할 필요가 있다).'라면 트랜스포머는 'it'이 집이 아니라 온수기를 말한다는 사실을 파악할 수 있다.

2017년 논문에 설명된 트랜스포머는 대략 450만 개에 달하는 영어와 독일어 문장을 쌍으로 짝지어 놓은 데이터세트를 기반으로 훈련한 모델이었다. 이 쌍들은 2014년에 개최된 통계 기반 기계번역 워크숍에서 개발된 WMT 2014라 불리는 표준 영-독 코퍼스로부터 수집한 것이었다. 영독 번역에서 트랜스포머의 능력은 BLEU 점수(Bi-Lingual Evaluation Understudy)라 불리는 기계번역 품질 평가 방식으로 매겼다. 이것이 텍스트 기계번역의 성공을 측정하기 위해 널리 쓰이는 기준이다. 그 점수는 기준 번역과 비교해 봤을 때 기계번역이 어느 정도 수준인가를 평가한다.

새로운 트랜스포머는 영독 번역 평가에서 극히 좋은 점수를 받았다. WMT 2014 영-불 번역 평가에서도 인상적인 번역을 했다. 게다가 트랜스포머는 영어 문장을 문법적으로 분석하는 데에도 높은 수준의 성과를 보였다. 이 정도는 예고편에 불과했다.

2017년 '오직 주의뿐' 논문이 등장한 직후에 새 트랜스포머 논문들이 속속 출현했다. 논문 저자들 대부분이 구글 출신이었기에, 그로부터 겨우 1년 후 구글이 BERT(트랜스포머의 양방향 인코더 표현 Bidirectional Encoder Representations from Transformers)라 불리는 자체 트랜스포머를 발표한 것은 조금도 놀라운 일이 아니다.[12] 구체적으로 질의응답과 언어 추론을 위해 만들어진 그 모델은 구글 검색엔진의 바탕 프로그램에 포함되었다.[13] 같은 해 오픈AI가 그들의 첫 트랜스포머인 GPT(생성형으로 사전 학습된 트랜스포머 Generative Pretrained Transformer)를 만들었다. 그래도 대중이 트랜스포머에 대해 읽거나 말할 때는 그 후속 모델인 2019년의 GPT-2와 특히 2020년의 개선된 버전인 GPT-3을 뜻한다. 2022년 말 ChatGPT(GPT-3.5)가 당도했고, 2023년에는 GPT-4를 선보였다.

GPT-3에 대한 언론의 논의는 인간이 간단한 대화문을 입력했을 뿐인데도 에세이나 단편소설 같은 새로운 텍스트를 쏟아 내는 트랜스포머의 인상적인 능력에 초점을 맞추고 있다. 한데 GPT-3은 더 많은 묘기를 감추고 있다. 마이크로소프트가 2019년 오픈AI에 10억 달러를 투자하고 2020년에는 자사의 소프트웨어에 GPT-3을 통합시키기 위해 독점권을 산 것도 그러한 이유다.[14] MS워드를 오랫동안 써 온 사람들은 그 프로그램이 번역과 문법 분석과 같은 기능에서 획기적인 도약을 이뤄 낸 것을 감지했다. 이에 대해서는 나중에 더 자세히 살펴보겠다.

구글과 오픈AI만이 트랜스포머를 구축하고 있지는 않다. 딥마인트, 메타, AI21과 중국 베이징인공지능연구원Beijing Academy of Artificial Intelligence을 비롯한 다른 주자들도 대열에 합류했다. 트랜스포머 구축 비용이 엄청난데도 불구하고, 주자들의 행렬은 계속 늘고 있다. 최근 모델들의 공통적 특징은 그 다재다능함(다양한 AI 과제를 처리하는 능력이 있다는 뜻)에 있고, 일부 예외를 제외하면 그 규모에 있다.

'규모'는 두 가지를 의미한다. 하나는 모델을 작동하기 위해 필요한 데이터의 양이다. 위키피디아, 엄선된 코퍼스(아마도 프로젝트 구텐베르크Project Gutenberg의 모든 책), 또는 광범위한 웹크롤링을 통해 얻은 것이다. 데이터의 양은 점점 불어나고 있다. GPT-2가 40기가바이트의 데이터를 필요로 한 반면에 GPT-3은 45테라바이트로 늘어났다. 1테라바이트는 1,024기가바이트에 해당한다. 그 증가폭이 엄청나다.

규모의 두 번째 측면은 모델이 사용하는 파라미터parameter(매개변수)의 숫자다. 머신러닝에서 파라미터는 학습 과정에서 알고리즘이 바꿀 수 있는 가중치를 뜻한다. 파라미터의 숫자가 클수록 학습 잠재력은 더 크고 결과물은 더 정확하다. BERT의 파라미터는 3억 4,000만 개였는데, 베이징인공지능연구원의 우다오Wu Dao 2.0은 1조 5,000억 개에 달한다.

오늘날 트랜스포머는 웹 검색에서부터 이미지 생성과 컴퓨터 코딩에 이르기까지 다양한 과제를 처리한다. 그러나 그중 여전히 가장 인상적으로 꼽히는 능력은 최초의 제작 목표이기도 했던 자연어 처리다.

자연어를 처리한다는 건 무슨 말인가?

만약 우리가 컴퓨터가 자연어를 이해하고 생성하게 만들고 싶다면 먼저 자연어가 무엇이냐는 질문에서부터 시작하는 것이 타당하다.

자연어 처리에서 '자연'의 의미

사례를 들어 설명하는 외연적 정의는 쉽다. 자연어는 스페인어나 일본어 같은 인간의 언어다. 사전 뜻을 말하는 내포적 정의는 더 어렵다. 『메리엄-웹스터 사전』은 자연어를 "(영어, 타밀어, 사모아어처럼) 한 국민의 모국어"라고 말한다. 나에게는 사례를 들어 설명하는 것처럼 들린다. 『케임브리지 사전』은 자연어를 "가령 컴퓨터를 위해 창안된 언어가 아니라 **일반적으로** 사람들 사이에서 소통의 수단으로 발달한 언어"라고 정의한다. 좋다, 파이썬 Python(프로그래밍 언어-옮긴이)과 클링온 Klingon은 제외하자(〈스타트렉〉에 나오는 클링온 종족이 쓰는 언어-옮긴이). 하지만 '일반적으로'라는 말은 상당한 장벽이다.

이런 정의들에는 더 많은 문제점이 있다. '한 국민의 모국어'라는 설명도 부분적으로만 정확하다. 외국인, 가령 그리스인이 어떤 언어를 썼다면 자연어를 쓴 것이다. '창안된 언어가 아니라'라는 표현도 통계적으로는 사실이지만 늘 그렇지는 않다. 언어는 부분적으로만 자연스러운 기반에서 시작되어서 인위적으로 확장될 수도 있다. 프랑스의 수화를 예로 들어 보자. 그것은 18세기 두 청각장애인 자매가 사용한 '자연스러운' 수신호들을 기반으로 시작했지만, 아베 드레페 Abbe de L'Epee가 '인위적으로' 그들의 소통체계를 확장해 마침내 현재 10만 명에 달하는 프랑스 수화 사용자가 쓰는 자연어로 발전했다. 그 방식을 로랑 클레르Laurent Clerc가 미국으로 갖고 왔고, 미국의 청각장애인들이 쓰던 자생적 수화와 결합해 더 진화된 모습으로 미국 수화ASL를 낳았다.

사전의 정의들이 놓친 또 한 가지 중요한 사항이 있다. 살아 있는 인간 언어의 '자연스러움'은 부분적으로는 유기체처럼 성장하고, 변하고, 때로 소멸하기 때문이다. 고대영어는 중세 영어로 진화했고, 그 것을 계승해 현대 영어가 되었다. 라틴어는? 2014년 프란치스코 교황은 로마교황청의 공식어로 더는 라틴어를 쓰지 않기로 결정했다.[15] 여전히 많은 학교의 교과 과목이지만, 우리가 라틴어를 들을 일은 가톨릭 미사를 제외하면 거의 없을 것이다.

자연어는 또한 변이를 만든다. 방언뿐만 아니라 공식성의 수준 [불어의 tu와 vous를 생각하라(둘 다 이인칭 대명사지만 'tu'는 편안한 사이에서, 'vous'는 예의를 차리는 경우에 쓰인다-옮긴이)]에서 듣는 이에 대한 존중의 정도를 반영하는 동사 어미(일본어의 경우)에 이르기까지, 모든 면에서 내재적 차이로 인해 변주된다. 어떤 언어는 성별에 따른 차이를 보이기도 한다. 예컨대 일본어의 경우에는 여성이 남성보다 더 높은 음조로 말하도록 배운다.[16] 모든 언어에서 사회적 집단은 고유한 발음이나 통용어를 채택한다. 만약 당신이 틱톡 애호가라면 '유행에 뒤진 혹은 뒤지지 않으려 애쓰는'이란 뜻의 '츄기cheugy'라는 단어를 알 것이다.[17] 모른다면 당신은 더 이상 '쿨cool'하지 않은 것이다. (이크―'쿨'이야말로 '츄기'한 단언데.)

컴퓨터가 언어를 배우고 사용하고 이해하도록 만들겠다는 구상을 했던 AI의 선구자들은 그들의 목표를 정의 내리는 데 시간을 낭비하지는 않았다. 대신 그들의 접근법은 미국 연방대법원 포터 스튜어트 대법관이 "보면 안다I know it when I see it(그 대법관이 영화의 음란성을 결정하는 판결문에 써서 유명해진 구절-옮긴이)."라며 하드코어 포르노를 정의해야 하는 어려움을 절묘하게 피해 갔던 방식과 흡사했다. 자연어 처리를 위해 애쓰던 AI 연구자들은 자연어를 보면 알았다.

그 접근법이 통했다. 만약 당신이 음성인식 자동 받아쓰기 소프트웨어에 관심이 있다면, 당신은 소통의 다목적 수단으로서 인간이 사용하는 대략 7,000가지의 언어 중 한 가지를 목표로 하고 있다(오늘날의 받아쓰기 프로그램들은 그중 일부 언어만을 위해 작동할 뿐이지만). 만약 당신이 자동번역하고 싶은 텍스트를 쓰거나 복사하고 있다면, 당신은 또한 그런 자연어 중 하나를 사용하고 있다. 있을 것 같은데 없는 경우. 자동번역 도구들은 모든 언어를 대상으로 작동하지는 않는다(이상하게도 라틴어는 마이크로소프트의 목록에는 빠져 있다). 없을 것 같은데 있는 경우. 막후에서 일부 트레키(〈스타트렉〉시리즈의 팬을 말함-옮긴이)가 클링온 언어를 번역 선택 언어에 포함하도록 힘을 쓴 것 같다 (2013년 마이크로소프트사는 자사 빙 번역기에 클링온 언어를 번역어로 올린 다고 발표했다-옮긴이). 내 말이 무슨 말인지 이해가 될 것이다.

자연어 처리에 노력을 기울인 데는 지극히 실용적인 이유가 있었 다. 다음 장에서 보겠지만, 미국인들이 처음 기계번역을 시도한 것은 러시아의 과학 논문들을 빨리 접하기 위한 시급한 이유 때문이었다. 그러고 나서 1980년대에 미국의 연구자들은 기업 활동의 효율화를 위해 영어처럼 쓰인 질문 시스템을 개발하기 시작했다.

잠깐, '영어처럼'이라니 그게 무슨 소리인가?

비록 오늘날에는 훨씬 덜하지만, 자연어 처리의 역사에서 대부분 먼저 필요로 했던 조치는 처리할 언어를 간소화하는 것이었다. 만일 당신이 초기 단계의 음성인식 체계, 가령 전화번호 안내 서비스에서 억센 지방 억양으로 말한다면 프로그램은 알아듣지 못할 것이고 요 구한 정보에 대한 답변을 주지 못할 것이다. 문자화된 언어 처리에도 동일한 제약이 적용된다. 그 제약이 나를 영어처럼 쓰인 서면 질문 시 스템에 관심을 갖게 만들었다.

1980년대 중반 나는 어느 AI 회의장의 전시 공간에 있었다. 전시 품은 자연어 처리NLP용을 비롯한 당시의 최첨단 AI 도구들이었다. 나 는 언어학자로서 지난 수십 년 간의 기계번역의 실패에 흥미가 있었 다. 번역 프로그램과 다른 유형의 자연어 처리 도구들이 그 바탕에 깔 린 본질은 비슷했기에, 나는 이들 다른 도구들에 관한 연구에서는 어 떤 진전이 있었는지 궁금했다. 구체적으로 1980년대의 AI가 정말로 현실의 인간들이 '자연스럽게' 만들어 내는(당시에는 키보드로 두드려 넣는 것을 뜻했다) 즉흥적인 구절과 문장들을 이해('처리')할 수 있는지 궁금했다.

내가 향한 부스는 코그니티브시스템스Cognitive Systems라는 회사가 운영하고 있었다. 전시 중이던 제품은 사무실 직원과 같이 비전문가인 사람이 자연어 질문을 입력해서 데이터베이스로부터 정보를 획득하도록 고안된 프로그램이었다. 회사는 자사의 프로그램이 '자연어 문장을 이해할' 수 있다고 주장했다. 전시장의 대표가 한번 시험해 볼 것을 사근사근하게 권유했다.

그녀는 아마도 그 제안을 후회했을 것이다. 내가 "1980년의 총판매고가 얼마나 되나요?"와 같은 간단한 질문을 입력한 것이 아니라 "1980년에 우리가 사들인 것의 총액수가 어느 정도인지를 혹시라도 알고 있나 궁금하군요."와 같은 말을 두드려 넣었기 때문이다. 컴퓨터는 칙칙거리는 소리를 내다가 끙끙대더니 포기했다.

내 질문이 좀 과시적 문체였던 건 사실이지만, 내가 사는 현실의 자연어는 체계화한 방식으로는 다룰 수 없는 단어와 구문으로 가득하다. 기특하게도 그 프로그램은 질문을 단순한 언어로 제한하면 '판매고'와 '1980년' 같은 핵심 용어를 포착해 상당한 수준으로 정보를 구해 주었다. 하지만 헤아릴 수 없이 많은 가능성을 품은 자연어 문장은 그렇게 단순하지 않다.

오늘날의 거대언어모델은 트랜스포머에서 구동되기 때문에 이런 문제는 과거의 일이 되었다. 그러나 어떤 과정으로 시작해 이런 수

쓰기의 미래

준에까지 이르게 되었는지를 살펴보는 것은 유익하다.

자연어의 용도: AI의 자연어 처리를 필요로 하는 영역들

자연어에는 숫자로 가득한 데이터베이스에 질문하는 것보다 훨씬 더 많은 용도가 있다. 자연어 처리 공장의 잠재적 생산력을 가늠하기 위해 인간의 말하기·듣기·읽기·쓰기를 꼭 필요로 하는 영역들을 일부 예를 들어 정리했다.

- **자신의 아이디어나 감정을 표현하기**: 시 공회당에서 연설하기나 성명서 작성하기
- **타인의 생각과 감정에 다가가기**: 시 공회당에서 다른 사람의 얘기를 듣거나 회의 기록물을 검토하거나 그 성명서를 읽기
- **정보에 접근하기**: 팟캐스트 듣기나 신문 읽기
- **요구하기**: 질의서를 작성하거나 그에 대한 회신 기다리기
- **연설 수정**: 잘못 말했을 때 고치기
- **자신이나 타인이 쓴 것을 수정하기**: 보고서 편집하기
- **구술 또는 문자 기록물을 요약, 종합, 분석 혹은 논평하기**: 소송에서 논점 요약하기
- **한 언어에서 다른 언어로 번역하기**: 스웨덴어를 스와힐리어로 번역하기

앞으로 몇 페이지에 걸쳐 어떻게 AI가 이런 필요들에 부응했는지 자세히 살펴볼 것이다.

'열일'하는 자연어 처리 자동 언어 기계

NLP는 이제 다양한 인간의 언어 과제들을 수행할 수 있다. 그 배후에 있는 장치의 일부를 간단히 탐색해 보자.

이해와 생성

연구자들이 자연어 처리에 관해 이야기할 때 대개 그것을 자연어 이해와 자연어 생성으로 나눈다. 달리 말해 이미 만들어진 언어를 이해하는 것과 새 언어를 만드는 것으로 나뉜다. 생성이라는 개념은 충분히 직관적이다. 자연어 처리 프로그램이 새로운 시를 쓰고 기사를 요약하는 것은 언어를 생성한 것이다.

이해한다는 부분은 좀 더 까다롭다. 그렇다, 내가 구글 검색창에 '세계 최초의 등대'를 입력했더니 기원전 280년에 완성된 알렉산드리아의 파로스 등대를 설명한 웹사이트가 떴다면 어떤 처리 행위가 발생한 것이다. 그러나 구글 검색엔진이 나의 질문에 대해 무슨 꿍꿍이를 벌였건, 그것은 언어를 이해하는 인간을 이야기할 때 우리가 뜻하는 바와는 다르다. 이집트의 알렉산드리아와 버지니아주의 알렉산드리아에 대해 아무리 많은 웹페이지를 각각 제공하더라도 구글은 그

둘을 구분하지 못한다.

물론 인간이 듣고 읽는 언어를 그들이 어떻게 이해하는지에 대하여 언어학자들도 그다지 많은 것을 파악하지 못하고 있다는 점은 인정해야 한다. 그러나 그런 면에서 아무리 부족하다 하더라도 오늘날 누구도 우리가 만든 프로그램으로 컴퓨터가 해내는 작업이 인간이 언어를 이해하는 실제 과정과 동일하다고 생각하지는 않는다.

나는 1977년 《아메리칸사이언티스트》에 실렸던 시드니 해리스 Sidney Harris의 유명한 카툰을 상기하지 않을 수 없다. 그 내용은 다음과 같다. 물리학자 같아 보이는 사람이 칠판에 증명처럼 보이는 것을 써 놓았다. 첫 단계는 전형적인 숫자와 수학기호로 휘갈겨 놓았고, 세 번째 단계도 그렇다. 한데 두 번째 단계는 수식 대신에 "그러고는 기적이 일어났다."라고 쓰여 있다. 곰곰이 칠판을 보고 있던 그의 동료들이 "우리 생각에는 두 번째 단계를 좀 더 명확히 해야겠다는 생각이 드는데."라고 제안한다.

1970년대 말에는 자연어 처리에서 그리 많은 기적이 일어나지는 않았다. 여전히 규칙을 기초로 한 모델을 주로 사용하고 있었기 때문에 입력으로부터 출력까지 프로그램이 도달하는 과정을 연구자들이 재구성할 수 있었다. 오늘날 많은 자연어 처리 생성물은 놀라울 정도로 인간 언어와 빼닮았다. 특히 트랜스포머의 부정적인 면은 프로그램들이 언어를 생성하는 방식에 대해 우리가 여전히 깜깜한 상태라는 실정이다(그래서 자연어 처리 생성물은 기적처럼 보인다-옮긴이). 이 때문에 서문에서 언급했던 좀 더 '설명 가능한 AI'를 추구하는 경향이 생겼다. AI 전문가를 비롯해 우리 비전문가들에게도 기적은 일어난 다. 뒤이어질 장들에서 그런 암담함 때문에 AI를 이용해 인간의 쓰기를 돕는 것이 왜 문제가 될 수 있는지 살펴볼 것이다.

오늘날 모든 자연어 처리가 트랜스포머로 이루어지지는 않는다. 그리고 일부 애플리케이션들은 다른 것들보다 더 투명하다. 우리의 목적을 이루기 위해서 '자연어 이해'에서 '이해한다'는 단어는 비유적으로 쓰였다는 사실을 명심해야 한다(인간처럼 이해하는 것은 아니라는 뜻-옮긴이).

기적과 비유는 이쯤 해 두자. 이제 AI업계에서 필수적인 몇몇 NLP 말하기와 쓰기 과제들로 눈을 돌려보자.

말

말은 인식과 종합이라는 또 다른 양방향 도로이다. 말을 인식하기 위해서 우리는 청각 정보를 처리하여 그것을 바탕으로 또 다른 작업에 착수해야 한다. 드래곤 내추럴리스피킹Dragon Naturally Speaking과 같은 받아쓰기 소프트웨어가 그렇듯 어떤 것을 변환해 문자로 바꿔 주는 작업처럼 말이다. 오늘날의 음성-문자 변환 기술은 몇십 년째 개발 중이다. 이 연구도 수많은 초창기 AI 프로젝트를 뒷받침한 바로 그 미국 방위고등연구계획국Defense Advanced Research Projects Agency, DARPA이 지원했다. 사실 내추럴리스피킹의 원조인 드래곤 딕테이트Dragon Dictate에 기금을 대준 곳도 바로 DARPA였다.[18]

현대의 음성인식 도구들은 완벽에 미치지는 못하더라도 능력이 출중하다. 이를테면 우리는 모두 자동 자막 소프트웨어에서 오류를 목격한 경험이 있다. 때때로 그 원인은 다른 사람의 말을 오해하거나 이해하지 못하는 전형적인 이유가 된다. 어떤 이가 빨리 말하거나, 강한 억양을 구사하거나, 익숙지 않은 단어나 고유명사를 사용하는 경우를 생각해 보라. 나는 이 사례로 최근에 AI 회의장에서 겪은 일을 가장 즐겨 든다. (적어도 내 귀로는) '인간 사회(human society)'라고 연사가 명확하게 발음했는데, '힌두 사회(Hindu society)'로 자막 처리가 되었다. 다시 처음으로 돌아가자.

현재의 음성인식은 기본 자막을 처리하는 수준이 아니다. 회의에서 누가 말하고 있는지 확인할 수도 있고, 애플 홈팟 Apple HomePod을 통해 시리에게 베토벤의 〈3중 협주곡〉을 연주해 달라고 요청하는 것과 같이 손을 쓰지 않고도 프로그램을 작동하게 만들 수도 있다. 당신은 구글 번역기에게 어떤 언어로 명령을 내려서 다른 언어로 문자화된 번역을 띄우게 만들 수도 있다.

음성합성은 무엇인가? 어떤 종류의 언어적 표현을 택해서 그것을 인간이 하는 듯한 말로 변환하는 것이다. 전형적으로 그것은 문자 언어 텍스트를 입말로 변환하는 것을 뜻하는데, 자연어 처리 프로그램이 이메일을 크게 소리 내어 읽게 하거나 인간 내레이터를 대신해 오디오북을 생성하도록 만든다.

요즘 음성합성은 훨씬 더 큰 임무를 띤다. 우리는 모두 유명 인사의 목소리를 허가도 없이 합성하는 딥페이크의 존재를 알고 있다. 그런가 하면 목소리 임대 또한 성장 중인 산업이다. 성우들은 그들의 목소리 패턴이 AI가 만들어 내는 새로운 텍스트를 위해 재합성되도록 제공하는 계약을 맺을 수도 있다(전문 오디오북 내레이터들이나 상업적인 보이스오버 제공자들을 생각하라).[19] 동일한 종류의 기술로, 말하는 능력을 상실한 사람들의 목소리를 합성 기술을 써서 재현할 수도 있다.

다음 단계는 고인의 목소리를 사후에 불러내는 것이다. 요리사이자 탁월한 여행가 앤서니 보데인에 관한 영화 〈로드러너〉를 만드는 과정에서 제작자는 저장된 녹음 파일을 이용해 보데인이 한때 써 놓았거나 아마도 했던 것으로 추정되는, 하지만 한 번도 녹음된 적 없던 말을 합성했다. 예술적 파격인가 아니면 딥페이크인가? 논쟁의 소용돌이가 몰아쳤다.[20] 그리고 그 논쟁은 점점 더 으스스해지고 있다. 히어애프터AI Hereafter AI라 불리는 회사 덕분에 이제 과거에 녹음된 목소리를 이용해 고인과 대화할 수 있는 기술이 개발되었다.[21]

흥미로운 방식으로 음성합성을 적용한 또 다른 예로 억양에 대한 것이 있다. 예컨대 당신의 회사에 미국식 영어 사용자가 있는데, 그 사람의 목소리를 영국 출신인 것처럼 들리게 하고 싶다고 가정해 보자. 또는 스페인 출신으로 강한 억양의 영어를 쓰는 것처럼 들리게 하고 싶을 수도 있을 것이다. 딥마인드의 문자 음성 변환 프로그램을 써 보라. 아무런 문제 없이, 12가지 느낌의 억양으로 '말'을 바꿀 수 있다.[22]

음성합성은 다른 자연어 처리 기능들과 협력해 작동한다. 아마도 시리나 알렉사 같은 AI에 질문을 던지고 답변을 받는 경우가 가장 익숙할 것이다. "내일 최고기온은 몇 도지?"라고 물으면 "내일 시카고

[시스템의 GPS가 당신의 위치를 파악한다]는 23도일 겁니다."라고 답할 것이다. 합성된 출력물은 기상 정보로부터 얻은 결과물에 목소리를 부여할 것이다.

또 다른 인상적인 사례는 자동통역 서비스이다. 우리가 앱을 켜고 말을 하면 당신의 음성은 인식되어 번역 엔진으로 입력되고, 번역 결과물은 합성되어 다시 음성으로 전해진다. 보통 그 과정은 3단계로 분리되어 이루어졌다. 음성을 인식하여 텍스트로 변환하고, 텍스트를 첫 번째 언어로부터 두 번째 언어로 번역하고, 그러고 나서는 문자음성합성 기능을 사용해 언어로 된 번역물을 생성한다. 오늘날 구글의 트랜스레이토트론Translatotron과 같은 프로그램들은 텍스트를 표현하는 중간 단계는 건너뛰고, 심지어 음성 결과물을 원래 화자의 목소리 음질로 표현한다.[23]

기적도 이런 기적이 없다. 하나의 입말로부터 다른 입말로 즉각 번역해 주는 세상이 모퉁이만 돌면 올 거라던 프랭크 로젠블랫과 미해군이 던졌던 과장된 발표를 돌이켜 보라. 모퉁이를 돈 당사자는 NLP였다.

쓰기

쓰여 있는 자연어를 이해하는 것부터 시작하자. 명백한 예는 검색엔진에 입력하는 질문들이다. 사용자가 구글에 검색어를 입력하면 검색이 처리된다. 앞에서 말했던 대로 검색어들은 조금도 인간의 언어적 의미로 이해되지는 않는다. BERT와 같은 트랜스포머와 그 후속 버전들은 패턴 인식 방식으로 그것이 접근할 수 있는 무진장한 원천 자료들을 참조해 사용자가 원하는 바를 예측한다. NLP에서 사용자의 시선은 실제 처리 과정이 아니라 결과물에 있기 때문에 이미테이션 게임은 성공적으로 이뤄진다.

적어도 대부분 경우는 그렇다. 질문의 결과가 이따금 잘못되기도 하는데, 어떤 단어들이 많은 뜻을 갖기 때문이다. 언어학자들이 다의어라 부르는 단어들 말이다. '파리Paris'는 프랑스 수도를 일컫기도 하지만 미국에서 열두 곳 이상의 장소를 뜻하기도 한다. 만약 당신이 '파리의 날씨'를 검색하면 처음 몇 페이지는 빛의 도시(파리의 별칭-옮긴이)의 기온을 보여 줄 것이다. 그러나 계속 넘겨 보면 미국 국립기상청의 일리노이주 파리에 관한 정보 게시물이 나온다. 당신이 찾는 파리가 어느 것을 말하는지 확인하는 데는 아무 문제가 없을 것이다. 정확히 그런 식으로 '크라운 고치는 방법'을 검색한다면 당신은 치관crown(잇몸 밖으로 드러난 이의 부분, 치아머리라고도 한다-옮긴이)에 닥친 고통을 다스리는 것에 관한 항목, 혹은 쇠시리crown molding(벽과 천장이 만나는 곳을 두르는 장식대-옮긴이)에 난 틈을 메우는 방법을 설명하는 항목 중 어느 것을 읽어야 할지 알 수 있을 것이다. [내가 온라인 검색을 했을 때는 머리가 깨졌거나 혹은 국왕 복장에 어울리는 왕관의 수리가 필요할 때 어떤 조치를 취해야 하는지에 대한 조언은 찾을 수 없었다(crown에는 왕관뿐만 아니라 정수리라는 뜻도 있다. 머리가 깨진 경우는 이 뜻을 암시한다-옮긴이)]

동료 언어학자인 데이비드 크리스털이 나에게 상기시켰듯이 검색에 관한 한 컴퓨터 알고리즘은 늘 인간만큼 똑똑하지는 않다. 크리스털은 온라인상의 검색 결과물과 광고를 짝지었을 때 다의어가 노출하는 문제점에 특별한 관심이 있다. 만약 당신이 인공치아에 드는 값비싼 비용에 관한 이야기를 실었다면, 공구점 광고가 나란히 뜨기를 원하지는 않을 것이다. 크리스털은 시카고에서 사람이 칼에 찔린 사고를 보도한 온라인상의 CNN 기사에 대해 언급했다. 그 기사와 함께 실린 것은 부엌칼 광고였다. 기사는 칼이 무기로 쓰인 경우인 반면에 광고는 식탁용 날붙이였다. 도저히 어울리는 조합이라고 할 수 없다.[24]

그런 문제에 대한 대책이 섰다는데, 요즘 보게 되는 것은 다의어 쟁점을 완전히 회피해 버리는 조치였다. 최근에 '시카고 칼부림 사건'과 '볼티모어 칼부림 사건'을 구글링했더니 옷, 차, 트랙터 부품, 그리고 이런 건 정말 상상도 못 했는데, 하버드경영대학원 최고경영자과정의 광고가 불쑥 떴다. 희한한 일이다.

이제 문자언어 생성을 살펴보자. 종종 그것은 언어 이해와 나란히 간다. 앞에서 살펴봤듯이 오늘날의 온라인 검색에서는 당신이 몇 단어를 두드려 넣으면 예측 도구들이 통상 더 완전한 질문을 만들어 낸다. 내가 "Who is the(누가~인가)"까지 입력하면 구글은 내 질문을 완성하기 위해 "Who is the richest person in the world(누가 세상에서 제일 부자냐)", "Who is the tallest person in the world(누가 세상에서 제일 키 큰 사람이냐)" 그리고 "Who is the oldest person alive(살아 있는 사람 중 누가 제일 나이 많은 사람이냐)"를 비롯해 열 가지 문장을 쏟아 낸다. 자연어 생성은 텍스트 예측 기능에서도 또한 중요하다. 그리고 물론 번역기로부터 결과물을 뽑아 내기 위해 우리는 도착어에서 생성할 수 있도록 출발어 텍스트를 필요로 한다.

그러나 AI 문자언어 생성에서 또 다른 거대한 영역이 있다. 완전 새로운 텍스트를 만드는 영역이다. 이들 텍스트는 시 생성기, 리머릭 (5행 희시-옮긴이) 생성기, 혹은 단편소설 생성기에 아마도 이전에는 없었던 단어 조합을 얼른 만들 것을 요구했을 때 얻게 된다. 또한 우리가 심층 신경망을 프로그램해서 기사 요약을 하거나 뉴스를 써 달라고, 대신 이메일 초안을 잡아 달라고, 혹은 초안을 잡아 둔 산문에서 대안적 표현 방식을 제시해 달라고 했을 때 생성되는 것이다. 이런 글들은 우리가 3부에서 살펴보게 될 AI가 생성한 글의 유형들이다. 그 글들은 또한 인간으로서 글쓰기에 대한 필요와 능력을 훼손할지도 모르는 컴퓨터의 작가적 잠재력과 권위를 통제해야 한다는 숙제를 우리에게 남겼다.

검색: 비교 쇼핑 혹은 일회성 해답들

가장 **탁월한** NLP 기능 중 하나인 컴퓨터 검색으로 잠시 돌아가자. 음성 검색은 개인 디지털 비서의 핵심이지만, 구글과 같은 검색엔진을 불가결한 서비스로 만든 것은 바로 컴퓨터나 모바일 기기상에서 이루어지는 문자 검색이었다.

일반적으로 우리가 질문을 시작할 때 그 장치는 우리가 찾아볼지도 모르는 수많은 자료를 나열해 주었다. 최근에는 점점 더 세심하게 선택지들을 관리하면서 가장 중요한 사이트, 간단한 요약, 혹은 비디

쓰기의 미래

오나 최근 뉴스 링크를 제공하고 있다. 하지만 각각의 경우에서 어떤 링크들을 검색할지, 그 링크 중에 얼마나 많은 것을 읽거나 볼 것인지, 그리고 그 결과들을 신뢰할지 말지를 결정하는 것은 사용자의 몫이다.

이제 검색을 (그것을 위한 다양한 원천 선택지와 함께) 챗봇에 의해 구동되는 대화 시스템으로 대체하는 방식이 새로이 떠올랐다.[25] 사용자가 질문하면 시스템이 한 가지 답변으로 대답한다. 만약 당신이 일 미터는 몇 인치냐고 묻는다면 일회성 답변으로 충분하다. 하지만 실제 상황이 미묘하고 논쟁적이거나 혹은 몹시 분초를 다투는 사안에 대한 것이라면, 이 간단한 답변은 부정확하거나 심지어 불쾌할 수도 있다.

2021년 구글 검색으로 "인도에서 가장 추한 언어는 무엇인가?"라고 물었더니 "답은 남인도에서 대략 4,000만 명이 사용하는 칸나다 Kannada어다."라는 답변이 나온 경우를 보자. 인도인들, 특히 칸나다어를 쓰는 사람들은 불쾌함을 느꼈다.[26] 인간-컴퓨터 인터페이스의 관점에서 더 심각한 문제는 검색 알고리즘이 질문에 깔린 전제—'가장 추한 언어'를 파악하는 것이 가능하다—가 도대체 합당한 것인지 판단도 하지 않고 그런 답변을 생성했다는 사실이다.[27]

문제는 구글 검색엔진이 오보와 편견까지 포함한 데이터를 긁어 모은다는 사실, 또는 AI 연구자들이 검색 도구가 사용자 질문의 전제가 적합한지 판단하게 할 해결책을 여전히 찾지 못하고 있는 현실 때문만은 아니다.[28] 잘못은 우리에게도 있다. 검색할 때 우리는 시간에 쫓기거나 대책 없이 게으름을 피우기도 한다. 우리 중 거의 누구도 검색 결과물의 첫 번째 페이지 이상을 감히 넘겨 보거나 열어 본 페이지 전체를 읽거나 혹은 열어 본 페이지의 출처를 확인하거나 하지 않는다. 모바일 기기로 검색할 때는 특히나 그렇다.

게다가 신뢰의 문제가 도사린다. 정보처리 전문가인 마틴 포타스트와 그의 동료들은 이런 주장을 했다.

> 즉각적인 답변에 지속적으로 노출되면서 주어진 답변들에 만족한 사용자들은 실제 읽기 과정의 상당 부분을 건너뛰고 싶은 유혹을 받을지도 모른다. (…) 단순하고 기본적인 질문에 정확한 답변을 제공받는 것이, 결과적으로 검색 체계가 주는 모든 답변에 대한 신뢰를 더욱 키우는 원인이 된다.[29]

검색 결과물이 진실인가를 넘어 그것이 지금도 진실인가도 문제가 된다. 디지털 참고 자료를 신뢰하는 이들의 '인쇄물보다 전자 텍스트가 더 업데이트하기 쉽다'는 주장은 옳다. 하지만 그런 사실이 우리가 온라인에서 읽는 모든 자료가 최신임을 보장하지는 않는다. 왜 그런지 설명해 보겠다.

2022년 12월 말에 나는 구글 검색창에 '게일어 사용자의 숫자'를 두드려 넣었다. 내 질문을 바꿔 쓴 질문이 떴다. "2022년 시점에서 스코틀랜드의 게일어 구사자는 몇 명인가?" 스코틀랜드의 게일어 구사자는 몇 명? 오케이. 나는 '확장' 화살표를 클릭했고 구글은 친절하게도 다음 텍스트를 열어 주었다.

게일어를 말하고, 말하거나 읽고, 읽거나 이해할 수 있다고 기록된 사람들의 총 숫자는 8만 7,056명이다. 이 중 스코틀랜드에서 3세 이상인 사람 5만 8,000명(전인구의 1.1퍼센트)이 게일어를 말할 수 있다. 2022년 10월 14일

2022년 10월은 내가 검색하기 겨우 몇 달 전이었기 때문에 그 통계를 최신이라 여기는 것이 합당해 보였다.

그러나 그렇지 않았다. 그 오류는 내가 겨우 스코틀랜드 정부발 연계 보고서를 찾아봤을 뿐인데도 바로 드러났다.[30] 구글이 제시한 숫자는 2011년 스코틀랜드 인구조사 결과로 드러났다. 극소수의 인구만이 사용해 사라질 위기에 빠진 게일어와 같은 언어의 경우, 10년 이상의 시간이 흘렀다면 구사자는 더욱 줄어들었을 것이다. 이 사례가 주는 교훈은 '필요하다면 믿어라, 그러나 먼저 사실 확인은 하라'이다.

인간의 과제 처리를 위한 AI 도구들

마지막으로 자연어를 동원해 인간이 해내던 전통적인 과제 중 AI가 취급하게 된 것을 간단히 설명해 보겠다. 이미 우리는 AI가 취급 중인 다양한 사례를 봤지만 예시가 될 만한 몇 가지 기능들을 추가해 점검표를 완성하고자 한다.

- **자신의 생각이나 감정을 표현하기**: 받아쓰기 소프트웨어나 시 창작 소프트웨어

- **다른 이의 생각이나 감정에 접근하기**: 문자언어 텍스트를 생성하기 위한 음성합성 소프트웨어

- **정보에 접근하기**: 특정 데이터세트나 더 광범위한 인터넷 탐색하기

- **요구하기**: 시리나 알렉사에게 질문을 하거나 요구 사항을 말해보기

- **말 수정하기**: '음', '아'와 같은 감탄사를 비롯해 말더듬이나 반복되는 말과 같은 음성적 잉여 표현을 음성-문자 변환 소프트웨어나 자동통역 소프트웨어를 사용해 제거해 보기[31]

- **본인이나 다른 이가 쓴 텍스트 수정하기**: 철자나 문법 수정을 위해 AI를 이용하는 워드프로세싱 프로그램, 대안적 표현 방식을 제시하는 트랜스포머에 기반한 프로그램

- **말이나 글을 요약, 합성, 분석 혹은 평가하기**: 요약 프로그램, 그래머리나 크라이티리온과 같은 쓰기 도구들

- **한 언어에서 다른 언어로 번역하기**: 공개적으로 이용 가능한 텍스트 번역이나 자동통역 소프트웨어 프로그램, 상업적인 텍스트 기계번역

나는 일부러 다음 장의 주제인 번역으로 이 장을 마감하려 한다. 기계번역은 도입 이래로 특히 문자언어 영역에서 자연어 처리의 선

쓰기의 미래

두 주자였다. 번역에 관한 고찰은 언어로 생각이나 아이디어를 형성하는 방식이 왜 전형적으로 인간적인 행위인가에 대한 자세한 분석을 낳는다. 그런 분석은 기계번역만큼이나 중요하다.

6장

기계번역 부활하다

그 책의 영어 제목은 'The Bell in the Lake(호수 안의 종)'이다. 왜 그 책을 소개한—그리고 흠결 없는 영어를 구사하는—나의 노르웨이 친구는 그 책을 계속해서 『The Bells in the Lake』라고 말했을까?

라르스 뮈팅의 이 서정적인 소설은 19세기 말 노르웨이 남부의 작은 마을 부탕엔이 배경이다. 이야기는 탑에 종 두 개가 매달려 있는 통널 교회(스칸디나비아에서 12~13세기에 목골판 벽으로 세워 만든 그리스도교 성당-옮긴이)를 중심으로 전개되며, 마을 사람들의 삶은 교회와 만나는 곳에서 형성된다. 교회는 노르웨이가 오딘과 토르로 대표되는 북유럽신화의 세계에서 기독교 신앙으로 서서히 이행하던 시기인 1100년대에 세워졌다. 교회 설립 후 수백 년이 지난 후에 죽은 두 자매를 기리기 위해 자매의 아버지는—청동에 은을 조금 섞은, 그리고 노르웨이의 신비한 매력이 녹아든—종 두 개를 설치해 달라고 의뢰했다. 우여곡절 끝에 종들은 19세기에 다다라 인접한 호수에 빠지게 된다. 종 하나는 건졌으나, 다른 하나는 바닥으로 가라앉는다.

두 개의 종은 자매 종으로 알려졌고, 노르웨이에서 출간된 원본의 제목은 'Søsterklokkene(The Sister Bells)'이다. 즉 복수명사다.

번역서 독자들은 원제목이 종종 바뀐다는 것을 안다. 뮈팅의 이전 소설 『Svøm Med Dem Som Drunker(익사한 자들과 수영하다)』는 영어로 번역되면서 『The Sixteen Trees of the Somme(솜 지역의 나무 16그루)』가 되었는데, 각각의 제목은 소설의 서로 다른 측면을 반영한다.

종(bell) 혹은 종들(bells)을 선택하는 것이 무슨 문제란 말인가? 단수 'bell'은 종 하나만이 물속에 남은 것에 초점을 둔다. 복수 'bells'(내 노르웨이 친구가 번역한 매우 합당한 영어 제목)는 종 두 개가 모두 호수에 가라앉은 시간과 상황에 초점을 맞추고, 더 나아가 우리에게 자매 종이 700년 동안 서로 떨어지지 않았음을 상기시킨다. 단수냐 복수냐의 선택은 문자적 정확함의 문제가 아니라 원작자, 번역가 혹은 어쩌면 편집자가 독자들이 어디에 초점을 맞추기를 원하는가의 문제다.

글을 쓸 때 우리는 선택을 한다. 우리가 선택하는 단어들은 뜻하는 것 이상을 나타낸다. 그것들은 사전에도 없는 의미를 전한다. 언어학자들과 언어철학자들은 강연자나 작가가 물리적 위치, 청자나 독자의 정체, 그리고 그들이 청중이나 독자를 위해 선택한 단어가 미칠 효과와 같은 실용적 고려 사항을 유념해야 한다고 강조한다. 내가 메릴랜드주(워싱턴 D.C.와 접해 있는 동부 끝자락의 주-옮긴이)의 집에 있다면, 그리고 내 남편에게 내가 그날 오후 워싱턴으로 갈 것이라고 말해 준다면 남편은 내가 시애틀(미국 동부 끝에 있는 워싱턴 주에 속한 도시-옮긴이)을 향하는 비행기를 타는 것이 아니라, 운전해서 워싱턴으로 갈 거라고 짐작한다. 마찬가지로 만약 내가 1월에 콜카타에 머무르면서 날씨가 춥다는 얘기를 한다면, 외출을 위해 파카와 귀마개를 챙길 필요는 없을 것이다. 스웨터나 숄이면 충분할 것이다.

능숙한 작가들은 자신의 글에 특정한 양식과 분위기와 맥락을 드러내 보여 주는 짜임새와 리듬을 갖추면서도 **르 모 쥐스트** le mot juste(상황에 맞춤한 표현이란 뜻의 불어-옮긴이) 또는 그런 표현을 줄줄이 엮은 것을 찾기 위해 노고를 기울인다. 주의 깊게 단어를 결정하는 것은 창의적인 글과 번역 모두에 있어서 핵심적이다. 이런 판단은 인간의 독보적인 영역이었다. 그런데 이제 컴퓨터가 힘자랑을 하며 비집고 들어오고 있다.

트라두토리 트라디토리

성공적인 번역으로 가는 길은 함정으로 가득하다. 단어는 이따금 뜻이 모호하다. 어떤 단어들은 다른 단어들과 뜻이 너무나 비슷해서 웃음을 자아내거나 마음을 아프게 하는 결과를 초래한다. 오래된 토스카나어 격언으로 **트라두토리 트라디토리** Traduttori traditori('번역가는 반역자다')가 있다. 번역 과정에서는 길을 잃기 쉽다. 역사는 오역으로 차고 넘친다. 두 가지 예를 들겠다. 하나는 오래전 인간이 저지른 오류고,

쓰기의 미래

다른 하나는 최근 기계번역의 오류다.

미켈란젤로의 뿔

미켈란젤로가 아니라 성 히에로니무스^{Saint Hieronymus}가 문제였다.

로마의 교황 율리우스 2세의 무덤을 장식하고 있는 미켈란젤로의 거대한 **모세**상은 절묘한 솜씨-그리고 또한 그 뿔로-로 유명하다. 미켈란젤로는 어떤 악마적이다 싶은 것을 나타내려 하지 않았다. 구약성경을 라틴어로 옮겼던 히에로니무스의 번역이 문제였다. 처음에 히에로니무스는 희랍어 성경으로 시작했지만 나중에 히브리어 원전으로 재확인했다. 우리가 1장에서 밝혔듯이 히브리어 글은 자음 알파벳만 사용하고 모음은 나타내지 않는다. 모세가 시나이산에서 내려왔을 때 그의 이마로부터 뿔(히브리어로 **케란**)이 아니라 빛(히브리어로 **카란**)이 뿜어져 나왔다는 사실은 유명하다. 불운하게도 문맥(즉 모음)이 없었기에 히에로니무스는 자신이 텍스트에서 본 것-krn-을 오역했고, 천년의 세월이 지나서 미켈란젤로가 덤터기를 쓴 것이다.

안일한 색종이 세례

이번에는 페이스북의 과실이었다. 2018년 인도네시아에 지진이 나서 2,000명 이상이 죽었다. 인도네시아인들은 소셜미디어에 그들의 상황을 게시해서 가족과 친구들에게 자신들이 안전하다는 사실을 알렸다. '안전한'이란 단어는 인도네시아의 공용어인 바하사어로 **selamat**이다. 그런데 **selamat**은 행복한, 평화, 축하를 비롯한 여러 가지 의미적 연관어를 갖고 있었다. 어떤 사람이 살아남았고 안전하다(selamat)는 소식을 전하는 게시물을 접한 페이스북의 알고리즘은 신이 나서 축하 풍선을 띄우고 색종이를 뿌렸다.[1]

인간과 마찬가지로 알고리즘도 언어적 반역을 저지를 수 있다. 오늘날에 그건 사실이다. 거대언어모델이 인터넷에서 긁어 온 폐기물을 생성하거나 페이스북이 지진 생존자들에게 상스럽게도 색종이 세례를 퍼부은 전과를 생각해 보라. 그리고 비록 이유는 달랐지만 기계번역 초기에도 그런 일은 벌어졌다.

기계를 이용해 언어와 언어 사이를 번역해 보겠다는 발상은 그리 새롭지 않다. 1930년대 초기에 프랑스에서 조르주 아르츠루니Georges Artsrouni와 러시아의 표트르 트로얀스키Пётр Троянский 가 각각 독립적으로 기본 번역을 목표로 삼은 기기를 창안했다.[2] 그러나 인간 번역가를 컴퓨터로 보완하는 것을 넘어 심지어 대체하도록 한 것은 제2차 세계대전과 그것이 미친 여파였다.

실패부터 성공까지 기계번역의 파란 많은 역사

기계번역은 창대한 발상과 짓밟힌 희망, 그리고 전설의 불사조가 잿더미로부터 날아오르듯 부활한 서사다. 우리는 어떤 식으로 최초의 발상이 극렬한 혐오의 대상이 되었다가 나중에 가서야 자연어 처리라는 승리의 이야기로 부상하게 되는지 살펴볼 것이다.

쓰기의 미래

달이 차고 기우는 것처럼 기계번역 이야기도 여러 단계로 나눌 수 있다.

제1단계: 러시아인들이 온다

전쟁은 컴퓨터 발달의 다양한 배경이 되었다. 제2차 세계대전 중 영국은 암호 분석을 위해 콜로서스Colossus 컴퓨터를 만들었다. 한편 미 육군은 탄도미사일의 궤적과 탄착점 계산을 개선하기 위해 펜실베이니아대학의 존 모클리John W. Mauchly와 프레스퍼 에커트J. Presper Eckert에게 돈을 지원해 에니악ENIAC을 개발했다. 에니악은 전쟁이 끝나고 나서야 완성됐지만, 번역을 비롯해 컴퓨터에 대한 국방 분야의 수요는 끝나지 않았다.

미국에서 기계번역 연구를 시작한 결정적 계기는 록펠러재단에서 장기간 자연과학 부문 책임자로 임했던 수학자 워런 위버Warren Weaver에서 비롯되었다. 1947년 3월 4일 수학자이자 인공두뇌학의 아버지 노버트 위너Norbert Wiener에게 보낸 편지에서 위버는 컴퓨터가 과학 분야 번역에 도움이 될 가능성을 질문했다.

> 저는 번역하는 컴퓨터를 설계하는 것이 상상할 수도 없는 일인지 궁금합니다. 비록 그것이 (의미론상의 어려움이 현저히 줄어드는) 과학 분야에 한정된다고 하더라도, 그리고 그것이 멋지지는 않더라도 (이해할 수 있는) 결과물을 생성한다면 제게는 가치 있다고 생각됩니다.

그러고 나서 위버는 특별히 러시아어를 예로 들면서 암호해독 모델을 언급했다.

> 번역의 문제가 암호해독 문제로 취급될 수 없는지 자연스럽게 묻게 됩니다. 러시아어로 된 기사를 보면 저는 "이건 사실 영어로 쓰여 있지만 뭔가 낯선 기호로 암호화되어 있어. 어디 한번 해독해볼까."라고 말하곤 합니다.[3]

사적인 서신으로서, 위버의 편지는 정중하지만 부정적인 답장으로 돌아왔다. 위너는 그의 제안이 실현 가능성이 없다고 보았다. 그러나 2년 뒤인 1949년 위버는 자신의 비망록에 위너와 주고받은 과거의 서신을 첨부하여 그 생각을 좀 더 많은 동료에게 공유했다. 위버는 동료들에게 비록 기계번역이 과학기술 부문에만 한정되더라도, 그리고 번역이 멋지지는 않더라도 그 작업은 여전히 가치가 있다고 주장했다.

이번에는 그 생각이 들불처럼 번졌다. 미국과 러시아 사이 냉전이 격화되면서 대규모의 정부 기금이 흘러들었고, 언어학자와 공학자들이 작업에 착수했다.

이런 기계번역 초기 단계의 논의들은 불가피하게 영문장 "마음은 간절하나 몸이 말을 듣지 않는구나.The spirit is willing but the flesh is weak."를 러시아어로 번역한, 악명 높고도 출처가 의심스러운 사례를 떠오르게 한다(마태복음 26장 41절 예수가 겟세마네 동산에서 제자들에게 '깨어 있으라'고 당부하고 홀로 기도하고 돌아왔을 때 자고 있는 제자들에게 던진 말-옮긴이). 번역의 정확성을 검토할 때 인간이 하는 표준 번역 기술은 역번역—도착어(이 경우 러시아어)로 막 나온 결과물을 다시 출발어(이 경우 영어)로 도로 번역하기—이다. 소문에 의하면 컴퓨터 역번역의 결과는 "보드카는 좋지만 고기는 썩었다."로 나왔다고 한다(문맥에 따라 'spirit' 은 '마음' 또는 '보드카'란 뜻으로, 'flesh'는 '육체' 또는 '고기'란 뜻으로 쓰인다-옮긴이).

그런 소문이 심지어 사실이라 하더라도 기계번역 옹호자들이 걱정해야 할 문제인지는 의문이다. 그들의 목표는 오로지 실용성, 즉 러시아 과학기술 자료들의 영문 번역 속도를 높이는 것에 있었기 때문이다.

문학이나 은유적 언어는 그들의 목표가 아니었다. 하지만 그 사실이 옹호자들이 과학 번역과 문학 번역의 차이에 대한 이해가 부족했다는 의미는 아니다. 워런 위버는 번역에—그리고 루이스 캐럴에게도—개인적으로 매료된 것이 명백했다. 사실 위버는 『이상한 나라의 앨리스』를 160가지 번역본으로 수집했을 뿐만 아니라 『많은 언어로 발간된 앨리스Alice in Many Tongues』라는 책을 저술해 언어적 뉘앙스로 충만한 작품을 번역하는 일의 어려움에 대해 말했다.[4]

1951년과 1966년 사이는 기계번역 연구로 분주했다. 랜드연구소 RAND Corporation, 워싱턴대학, UCLA와 MIT를 비롯해 전국적으로 연구가 동시다발로 진행되었다. 1951년 MIT의 전자연구실험실은 전체적인 진전도를 평가하기 위해 수학자이자 언어학자인 여호수아 바르힐렐 Yehoshua Bar-Hillel을 영입했다. 바르힐렐의 보고서는 적어도 가까운 미래에는 완전히 자동번역에만 의존한 매우 정확한 수준의 기계번역은 불가능하리라 판단했다. 하지만 그보다 야심이 덜한 작업은 가능할 것 같다고 했다. 그는 인간이 컴퓨터가 처리한 텍스트를 사전편집 혹은 사후 편집하거나, 아니면 둘 다를 하는 '혼성 기계번역'을 강력하게 추천했다.[5] 그다음 해, 바르힐렐은 기계번역 연구자 회의를 소집했고, 그곳에서 사전 편집과 사후 편집을 위한 인간의 잠정적 역할이 논제로 올랐다.

여태까지 논의는 대체로 이론에 머물러 있었다. 그런데 회의 참석자 중 한 사람인 리언 도스터트 Leon Dostert가 분위기를 바꾼다.

도스터트에게는 흥미로운 과거가 있었다.[6] 프랑스 고아였던 그는 1918년 자신의 고향에 주둔했던 미군 부대 병사들과 친분을 맺었다. 그들의 지원으로 도스터트는 캘리포니아로 와서 학업을 시작할 수 있었고, 나중에 공공의 영역에서 파란만장한 역할을 도맡았다. 제2차 세계대전 동안 아이젠하워 장군의 전담 불어 통역사로 임했으며, 전쟁이 끝난 후에도 뉘른베르크재판과 이후 유엔에서도 활용될 (인간) 동시통역 체계를 세웠다. 뜻밖에도 양쪽 모두에서 사용된 장비를 IBM이 제작했다. 도스터트는 IBM의 의장이자 최고 경영자인 토머스 왓슨 Thomas J. Watson과 친구가 되었다.

IBM의 지원을 업고 도스터트는 그보다 몇 년 전 자신이 언어와 언어학 연구소를 설립했던 조지타운대학에서 기계번역 프로젝트를 시작했다. 1954년 무렵에 조지타운-IBM 공동 프로젝트의 성과를 공

쓰기의 미래

개적으로 보여 줄 준비가 갖춰졌다. 250개 단어와 여섯 가지 구문적 규칙에 기반한 체계를 사용해 도스터트와 그의 동료들은 처음으로 컴퓨터가 러시아의 과학기술 문서를 번역할 수 있다는 사실을 보여 주었다. 그런 작은 언어 자원에 기반해 실제 세계의 언어 사용을 대신하는 것은 거의 불가능하다. 그럼에도 그것은 (당시) 소련과 유럽이 기계번역 연구에 착수하게 만들고, 미국에서 동일한 주제의 연구에 대규모 투자를 불러들이는 데는 충분했다.

미국에서 진행된 연구는 그 후 10년 동안 계속되었다. 그러나 정부 쪽 지원자들은 이 일이 투자한 만큼의 가치가 있는지 확인하기를 원했다. 그것을 판단하기 위해 1964년 미국 국립과학아카데미는 ALPAC으로 더 잘 알려진 자동언어처리자문위원회 Automatic Language Processing Advisory Committee라는 대책 위원회를 조직했다. 2년 뒤 ALPAC은 보고서를 냈다.[7]

결과는 참혹했다. 위원회는 투자가치가 없다고 결론 내렸다. 충분한 인력이 확보된 인간 번역가를 쓰는 것이 더 싸게 먹힌다고도 했다. 게다가 기계번역의 품질도 빈약했다. 애초에 사람이 담당하는 것만큼이나 많은 노고를 사후 편집에 들여야 하는 일이 잦았다. 1966년에 사실상 새로운 정부 기금은 사라졌다. 보고서가 "가까운 시일 내로도 혹은 예측할 수 있는 미래에도 쓸 만한 기계번역은 가능하지 않다."라고 결론 내렸기 때문이다. 연구 프로젝트 대부분은 이내 없던 일이 됐다. 그러나 모든 이가 그런 상황을 인지한 것은 아니었다.

제2단계: 실용주의자들이 버티다

1947년에 워런 위버가 숙고 끝에 "오로지 과학기술 자료들을 번역하더라도 (…) 그리고 그 번역이 매끄럽지 못하더라도 (…) 내 생각에는 결과물이 가치 있어 보인다."라고 말했던 것을 돌이켜 보라. ALPAC의 도끼가 내려치기 전에 뿌리를 내렸던 일부 프로젝트들은 비록 번역되는 언어는 제한적이었지만, 기계번역이 실제로 유용하다는 사실을 보여 주었다. 달리 말해 나와 같은 사람이 (인지과학 전시실 부스에서 장난을 치며) 일부러 체계를 망가뜨리기를 목표로 하지 않는 이상은 그랬다.

여기 성공 사례 세 가지를 소개한다. 내가 짧지만 가까이서 관찰할 기회가 있던 사례에서 시작하겠다.

텍사스대학 오스턴 캠퍼스: 메탈 프로젝트

윈프레드 레먼Winfred Lehmann은 명성 높은 독일 출신 언어학자였고 과거에는 미국언어학회 회장을, 나중에는 현대언어학회 회장을 역임한다. 나는 1984년부터 1985년까지 텍사스대학 초빙연구원으로 일할 때 그와 친분을 맺었다. 너그럽게도 그는 (나는 몰랐는데) 자신이 진두지휘하고 있던 기계번역에 대한 프로젝트를 둘러보게 해 주었다. 도대체 이 저명한 학자는 언어학계 구성원들이 헛수고라고 여기던 분야에서 무슨 일을 벌이고 있었나?

많은 결실을 거두는 작업을 벌이고 있었다.

그로부터 몇 년 전에 레먼에게 독-영 기계번역을 맡아 달라고 제

쓰기의 미래

안한 것은, 조지타운대학에서 러-영 작업을 하고 있었던 리언 도스터 트였다. 레먼은 이미 과학기술 문서는 기계번역이 가능하다는 위버 의 추론에 대해 흥미를 느낀 터였다. 1961년, 미 육군 신호공학연구소 의 상당한 기금 지원을 업고 일에 착수해 메탈METAL 번역체계라 불리 는 결과물을 냈다.[8]

그 프로젝트는 많지 않은 성과를 냈지만, 기금이 고갈되는 1975 년까지 계속되었다. 3년의 휴식기를 보낸 뒤 레먼은 독일 과학기술 회사 지멘스AGSiemens AG로부터 기금을 새로 확보했다. 지멘스가 전 세 계를 자사 제품의 시장으로 삼았기에 사용 설명서와 같은 것을 신속 히 번역해야 할 필요가 있었기 때문이었다.

레먼의 메탈 체계는 다시 살아났다. 이제 그 프로젝트의 책임자 는 언어학자이자 컴퓨터과학자인 조너선 슬로컴Jonathan Slocum이었지 만, 그마저도 당시 기계번역에는 문외한이었다. 상관없었다. 1984년 이 되어 메탈 번역체계의 원본이 지멘스로 전해졌다. 하지만 나중에 슬로컴이 설명했듯이 당시 그의 노력은 학계의 존중을 거의 받지 못 했다. 슬로컴의 말에 따르면 "기계번역은 논쟁을 꺼리는 전문가 모임 에서는 논의되지 않았다." 1980년에 한 회의에서 받았던 부정적인 피 드백의 기억을 되돌아보면서 슬로컴은 이렇게 말했다.

나중에야 알게 됐지만 내 새로운 관심사는 학계의 금기였다. 그렇 지만 나에게도 큰 이점이 있었다. 나는 기계번역이 가능하지 않다 는 사실, 그리고 나의 희망이 실패할 운명이라는 사실을 몰랐다.

아마도 이런 무지가 우리 프로젝트가 차후에 성공(!)한 것을 조금이나마 설명할 것이다.[9]

시스트란

조지타운대학의 도스터트가 씨를 뿌린 또 다른 프로젝트는 마침내 시스트란이라고 불리게 된 방식이었다. 그것의 설계자인 피터 토마Peter Toma는 조지타운-IBM 프로젝트의 일원이었다. 1962년에 토마는 조지타운대학 시절에 배운 것으로 오토트란AUTOTRAN이라 불리는 러-영 기계번역 프로그램을 개발하는 작업으로 나아갔고, 이것이 나중에 다국어를 처리할 수 있는 시스트란SYSTRAN으로 발전했다. 토마는 1969년에 미 국방성과, 1976년에는 유럽 공동체와 계약을 맺었다. 오늘날에도 시스트란은 번역 회사로서 50개 언어로 계속 서비스를 제공하고 있다.[10]

한 가지 더 추가한다. 시스트란은 이제 우리가 곧 다루게 될 바벨피시Babel Fish의 바탕이 된다.

타움-메테오

미국에서만 기계번역을 시도한 것은 아니었다. 캐나다 또한 불어와 영어 모두가 공용어인 나라로서, 자동번역을 개발할 이유가 있었다. 기상 조건을 설명하는 데 사용되는 언어는 그 범위가 제한적이었고 많은 뉘앙스를 요구하지도 않았기에 일기예보 방송에서 기계번역을 시도해 보는 것은 당연했다.

쓰기의 미래

번역기 개발은 1965년 몬트리올대학에서 타움TAUM으로 알려진 연구 단체가 시작했다. 1970년 그 단체는 일기예보를 자동으로 번역하는 타움-메테오TAUM-METEO라는 프로그램을 개발했다. 몇 년 뒤 그 번역기는 실사용되었다. 제한적인 의미 영역에서 기계번역이 가능하다는 위버의 예측이 맞았음이 다시 한번 입증되었다.[11]

자동번역기를 사용해 일기예보를 번역하는 것은 효율성의 측면에서 매우 합당했다. 그런데 또 다른 혜택이 있었다. 이번에는 인간을 위한 것이었다. 기본적인 일기예보를 반복적으로 번역하기란 믿기지 않을 정도로 따분한 일이어서 일기예보 전문 번역가의 이직률은 매우 높았다. 타움-메테오가 도입되어 번역가들이 좀 더 흥미로운 번역거리에 집중할 수 있게 되면서 이직률도 떨어졌다.[12]

제3단계: 진짜 바벨피시

1980년대 말 AI 번역기를 만들려는 시도는 코퍼스라고 알려진 거대언어 데이터세트와 통계를 사용하는 모델들로 이행하기 시작했다.[13] 규칙 기반 기계번역은 퇴출되었고, 패턴매칭 방식이 도입되었다.[14] 아직 매우 정확하지도 충분히 자동화되지도 않았지만 결과물은 개선되고 있었다.

바벨피시 등장이요. 아니, 더글러스 애덤스가 『은하수를 여행하는 히치하이커를 위한 안내서』에서 상상했던 그 즉석 번역을 해 주는 물고기를 말하는 것이 아니다. 그러나 조금씩 그에 가까워지고 있었다. 1997년, 나중에 야후에 인수되는 알타비스타 검색엔진은 시스트란과 DEC(당시 주요 컴퓨터 제조사)가 공동 연구를 하도록 중재해서 바벨피시라 불리는 무료 온라인 번역기를 개발했다. 2012년에 바벨피시는 마이크로소프트의 빙 번역기로 대체된다.

그럼 구글은? 비록 구글이 검색엔진 분야에서는 한발 뒤졌으나 온라인 번역을 비롯해 다른 곳에서 잃어버린 시간을 만회했다. 구글 번역기는 2006년에 선보였다.

제4단계: 모두를 위한 번역

통계적 AI는 기계번역에서 중요한 발전을 거두었다. 하지만 심층 신경망은 훨씬 더 인상적인 결과를 낳을 예정이었다. 2010년대 중반에 요슈아 벤지오와 그의 제자들을 비롯한 AI 연구자들은 신경망에 기반한 번역의 능력을 보여 주고 있었다.[15] 구글은 그런 분위기가 주는 메시지를 놓치지 않았다. 2016년에 그 거대 검색엔진 기업은 번역 전략을 통계로부터 신경망으로 옮겼다. 순식간에 번역 오류율이 60퍼센트나 떨어졌다.[16]

구글은 그 정도로 만족하지 않았다. BERT를 비롯한 트랜스포머들의 개발과 함께 번역은 또 다른 엄청난 약진을 거뒀다. 바로 앞 장에서 살펴보았듯이, 2017년에 트랜스포머에 대한 돌파구를 연 논문은 번역을 그 모델의 능력을 입증하는 척도로 사용했다.

오늘날 놀라운 기계번역은 도처에 있다. 개인적 그리고 사회적 삶에서 우리는 모르는 언어로 구현된 웹사이트를 이해하기 위해서, 그리고 스카이프 대화의 전용 번역기로 기계번역을 이용한다. 비즈

니스 세계에서도 구석구석 널리 쓰인다. 이베이 ^eBay^가 수준 높은 기계
번역 시스템을 도입한 뒤 수출이 10.9퍼센트나 증가했다는 사실은 조
금도 놀랍지 않다.[17]

이것을 좋아하지 않을 이유가 뭐란 말인가?

그런데 번역기로서의 컴퓨터는 뭐가 문제인가?

전해 오는 이야기에 따르면 로마의 장군들이 거리를 지나 개선
행진을 벌일 때 장군이 탄 전차에는 노예 한 명이 동승했다. 그 노예
는 장군의 머리 위로 황금관을 들고 서서 그에게 "뒤를 보소서, 당신
이 인간이란 사실을 기억하소서."라고 말해 주는 역할을 했다. 레이
브래드버리는 『화씨 451』에서 노예의 말을 이렇게 풀어 썼다. "카이
사르여, 기억하소서, 장군님 또한 죽을 운명이라는 것을."[18]

인간은 오류투성이다. 우리는 인간일 뿐이다. 기계번역 프로그램
들은 인간이 아니지만, 그것들도 여전히 실수를 저지르며 덤벙거린
다. 그것들도 거대언어모델에 의해 생성된 텍스트와 온라인 검색 분
야에 닥친 문제들과 동일한 이유로 고통받는다. 하지만 번역을 하면
이런 문제들은 번역 특유의 모습을 띠게 된다.

신뢰의 문제

우리가 온라인에서 접하는 읽을거리 중 무엇을 믿을 것인가를 판

단하는 일이 갈수록 어려워지고 있다. 그 딜레마는 소셜미디어 게시물, 비디오, 그리고 검색 결과들을 판단해야 할 때 발생한다. 적어도 우리는 언어를 우리 편에 둔다. 게시물과 검색 결과들 대부분은 우리가 말하거나 적어도 읽을 수 있는 언어에 속한다. 비록 많은 사람이 진실성을 확인하기 위해 다른 출처들을 찾아가지는 않지만, 만약 마음을 먹는다면 그렇게 할 수는 있다.

기계번역 등장이요. 오타와대학에서 번역·정보학과의 교수인 린 보커Lynne Bowker가 나에게 상기시켜 준 바에 따르면, 우리는 읽고 있는 온라인 텍스트가 AI 번역기가 번역한 것인지를 매번 알아차리지는 못한다고 했다. 이들 번역기는 웹브라우저나 소셜미디어 사이트에 심어져 있고 자동으로 작동한다. 보커는 "우리가 심지어 그것을 신뢰할 수 있을지 아닐지에 대해 스스로 물어봐야 한다는 것도 모른다"는 사실이 큰 문제라고 말한다.[19] 우리는 GPT-3과 챗GPT 같은 텍스트 생성 프로그램에 대해서도 이와 유사한 문제에 봉착한다. 텍스트 생성이 인간에 의한 것인지, 기계에 의한 것인지를 구분하기도 어렵다. 그리고 구분할 수 없을 때 우리는 보통 물어볼 생각도 하지 않는다.

그러나 이제 '번역' 버튼을 누르면 AI가 작업에 착수할 것이라는 사실을 안다고 가정해 보자. 먼저 우리가 모르는 언어로부터 아는 언어로 번역을 시작해 보자. 결과물이 너무 이상해 보이지 않는다면 우리는 그 결과를 문자 그대로 수용하는 경향이 있다. 정교해진 오늘날의 기계번역을 고려해 보면 대부분의 경우(부디 이 한정어구를 주목해 주기를) 안전한 결과를 얻을 수 있으니 다행스럽다. 그런데도 (원래의)

출발어를 쓸 줄 모르니 알게 뭐란 말인가? 믿기는 하지만 검증할 생각은 거의 없다.

이제 우리가 이해하는 언어를 그러지 못하는 언어로 번역한다고 생각해 보자. 또 다시 믿기는 하지만 입증은 하지 않는 경향으로 기운다. 비교를 위해 원천 텍스트를 다양한 번역 프로그램으로 돌려 보아도, 결과로 나온 번역문을 이해할 수 없으니 별 도움이 안 된다. 가능한 차선책은 역번역을 해 보는 것이다. 하지만 여전히 도착어로 제시된 최초의 번역이 이중언어 사용자의 눈에 정확한 것으로 보이리라는 보장은 없다.

나는 몇 가지 번역과 역번역 쌍을 만들기로 결정했다. 재미있을까 싶어서 앞서 등장한 악명 높은 영어 문장 'The spirit is willing but the flesh is weak.'를 마이크로소프트와 구글의 영-러 번역 프로그램에 입력했다. 그러고 나서 두 프로그램 모두로 다시 역번역해 영어로 바꿨다. 결과는 '보드카와 썩은 고기'가 아니라 다음과 같았다.

마이크로소프트: The Spirit **desires** but the flesh is weak(마음은 바라나 몸이 말을 듣지 않는구나).

구글: The spirit is **willing** but the flesh is weak(마음은 간절하나 몸이 말을 듣지 않는구나).

'willingness(기꺼이 하는 마음)'와 'desire(바라는 것)'는 정확히 같은 뜻은 아니지만, 적어도 마이크로소프트의 역번역은 대략 정확하다. 구글이 딱 들어맞게 정확했던 이유는 데이터세트상에서 패턴매칭을 했기 때문일 것이다. 따지고 보면 영어 번역본은 적어도 킹제임스판으로 마태복음 26장 41절이 번역된 이래로 떠돌아다녔다(정확히는 원문에 '진정으로(indeed)'가 들어 있어서 '마음은 진정으로 간절하나the spirit indeed is willing'이다).

나의 이런 장난기 섞인 놀이를 다른 언어로 해 보면 어떨지 궁금했다. 구글에서 벵골어로 역번역을 했더니 이런 결과가 나왔다.

> The soul is willing but the flesh is weak(영혼은 간절하나 몸이 말을 듣지 않는구나).

상당히 믿을 만하다. 다음으로 나는 단 한 단어 'spirit(마음)'을 벵골어로 번역했다. 구글은 **'atma(영혼)'**를 제시했다. 내가 제일 좋아하는 벵골어 원어민(내 남편)에게 조언을 구한 뒤 나는 **atma**가 추상적 뉘앙스를 띠는 단어라는 사실을 알게 되었다. 벵골어로 된 전체 문장을 영어로 역번역한 결과물이 제시한 'soul(영혼)'은 정말로 그 단어가 의미하는 뜻과 일치했다. 벵골어 **atma**는 시내에서 하룻밤 놀고 싶은 기분이 생겼을 때는 결코 사용될 리 없을 단어였다. 그러나 현대 영어의 'the spirit is willing'에서 'spirit'은 그럴 때 쓰일 수도 있다. ('spirit'은 영혼, 마음이란 뜻도 있지만 기분이란 뜻도 있다. 'soul'은 영혼, 마음이란 뜻이 있지만 뜻이 영혼에 더 치우친 단어이고 하물며 '기분'이란 뜻으로는 쓰일 수 없어서, 벵골어 'atma'에 가까운 것은 'soul'이니까 그 단어로 역번역한 것이 의미가

있다는 것-옮긴이)

나는 또한 구글과 마이크로소프트가 동음이의어 'bank'와 'bank'를 어떻게 번역하는지도 궁금했다. 훌륭하게도 두 검색엔진은 문맥을 이용해 독일어로 **Bank**(금융기관)가 적절한지, 혹은 **Ufer**(기슭)가 적절한지를 성공적으로 판단해 냈다.

구글 테스트에서 내가 각각의 단어를 영어로 입력하는 족족 알고리즘이 그에 맞춰 번역하는 것처럼 보였다. 내가 다음과 같이 입력했더니…

영어: Which bank should I go to: the one on the right or left side(어느 은행으로 가야 하나요, 오른쪽으로 아니면 왼쪽으로)?

결과는 이러했다.

독일어: Zu welcher **Bank** soll ich gehen: die auf der rechten oder linken Seite?

'Bank'는 금융기관이다. 그러나 내가 원래의 번역창에서 'left side(왼쪽)' 다음에 'of the river(강의)'를 추가하자 구글은 바로 내 눈앞에서 번역을 강기슭^{riverbank}을 뜻하는 Ufer로 바꿔 다음과 같이 번역(게다가 약간의 구문 수정까지)했다.

Google: An welches **Ufer** soll ich gehen: das auf der linken oder rechten Seite des Flusses(어느 강기슭으로 가야 하나요, 오른쪽으로 아니면 왼쪽으로)?

MS워드에 내장된 번역 엔진은 전체 원천 텍스트를 모두 함께 번역했다. 내가 구글에서 입력했던 두 가지 영어 문장을 입력했더니, 미이크로소프트 번역은 사실상 구글과 동일한 번역물을 내놓았다.

실로 대단하다.

왜 젠더 구분이 기계번역에는 악몽인가

현재의 기계번역 전부가 그렇게 순항하는 것은 아니다. 연구자들에게 많은 흥미를 불러일으키는 골치 아픈 지점은 젠더gender이다.[20]

그 문제를 설명하기 위해 잠깐 문법을 배워 둘 필요가 있다. 언어학자들은 잠재적으로 명사(그리고 아마도 대명사, 관사와 형용사)와 관련된 두 가지 젠더에 대해서 이야기한다. 첫 번째는 문법적 젠더다. 어떤 언어에는 있고, 어떤 언어에는 없다. 가령 독일어의 경우 '다리bridge'라는 단어는 **die Brucke**다. 사실 **die**는 정관사('the')다. 그러나 여기서 의미 있는 바는 다리의 뜻을 갖는 독일어 단어가 문법적으로는 여성이라는 사실이다. 스페인어에서 '다리bridge'를 언급하려면 **el puenta**라고 말한다. 여기서 **el**은 **puenta**가 문법적으로 남성임을 암시한다.

두 번째 종류의 젠더는 자연적 젠더이다. 영어 단어 'man'은 남성을, 'woman'은 여성을 뜻한다. 'ram'은 숫양을, 'ewe'는 암양을 말하고 그런 식으로 목록이 이어진다. 그런데 사정은 점점 복잡해진다.

영어는 명사에 대해서만 자연적 젠더를 갖는다. 때때로 그것은 접미어로 알 수 있다. 예컨대 'actor(남배우)'와 'actress(여배우)', 'waiter(종업원)'와 'waitress(여종업원)'. 또한 성은 복합어 속에 껴든 채 나타나기도 한다. 하지만 'chairman(의장)'과 같은 단어는 표면적으로는 남녀 모두를 뜻한다. 최근 몇십 년 동안 언어의 운동장에서 성차를 평평하게 하려는 노력이 모아졌다. 'actor'는 모든 배우를 칭하고, 레스토랑 직원은 'wait staff(종업원)' 그리고 관리 집단의 지휘자는 그냥 'chair(의장)'이라 부르는 식이다.

그런데 문화적 젠더에 대한 호칭으로 넘어가면 사정은 더욱 난감해진다. 전통적으로 어느 한쪽의 젠더와 연관되었던 전문직을 생각해 보라. 적어도 미국에서는 의사doctor는 남성, 간호사nurse는 여성이다.[21] 문화적 배경 때문에 언어모델이 기반으로 삼은 미국의 데이터세트는 여성보다는 남성 의사들의 예가 더 많이 포함되었을 것이고, 간호사의 경우는 그 반대일 것이다. 만약 "의사가 수술을 막 시작하려 했다."를 입력하고 그다음 문장이 대명사를 필요로 할 때, 필시 'she(그녀)'가 아니라 'he(그)'가 제시될 것이다. 결국 많은 사람을 외면하는 결과를 초래한다. 2019년을 기준으로 미국 내과의사 가운데 여성은 36.3퍼센트였고, 2020년에 등록된 간호사 가운데 9.4퍼센트가 남성이었다.[22]

이제 외과의사의 경우를 보자. 'surgeon(외과의사)'을 문법적 젠더를 갖는 외국어로 기계번역을 하면 그 프로그램은 어쩔 수 없이 성별이 드러나는 명사를 사용하게 된다. 내가 "외과의사가 수술을 막 시작하려 했다"를 구글 번역기에 입력하고 독일어 번역을 요구했더니, 다음과 같은 결과물이 나왔다.

Der Chirurg wollte gerade mit der Operation beginnen.

그렇다, **Chirurg**(외과의사)는 남성형이다.

구글은 한동안 그런 문제점을 의식했다. 그리고 자랑스럽게 해법을 제시했는데, 남성형과 여성형이 존재하는 언어의 경우 문법적 성별 두 가지를 모두 제시하는 방법이었다.[23] 간단한 영어 단어 'surgeon'을 입력해 보면 독일어로 이런 두 가지 선택지가 뜬다.

Chirurgin (여성형)

Chirurg (남성형)

대단하다. 하지만 정관사 'the'를 추가('the surgeon')해 번역을 요구하면(아니면 그런 점에서 어떤 단어라도 덧붙이면) 다시 그냥 남성형 단어를 내놓고 만다.

실은 2023년 1월 내가 번역을 테스트했던 시점에 구글의 편견 줄이기 프로젝트가 진행 중이었다. 구글의 첫 번째 시도는 튀르키예어-영어 번역에 초점을 두었고, 그다음에는 영어-스페인어 번역을 다루었다. 후자는 가장 자주 요구되던 번역 쌍이었다. 당신이 이 책을 읽을 즈음에는 영-독과 같은 번역 쌍은 언어 선택 문제에 좀 더 균형 잡힌 젠더 선택지를 제공할 수 있을 것이다.

전문직—그리고 문화적 젠더—은 치워 두고라도 문법적 젠더는 심지어 다리와 같은 무생물에 이르기까지 우리가 생각하는 것보다 더 깊이 사람들의 마음에 뿌리박고 있다. 인지과학자 레라 보로디츠키Lera Boroditsky는 독일어 원어민과 스페인어 원어민에게 똑같은 다리 사진을 보여 주고 그들에게 맨 처음 떠오르는 수식어구 단어 세 개를 말해 달라고 요청했다. 참여자들이 또한 능숙한 영어 구사자들이었기에 대답은 영어로 진행했다. 독일어 구사자들은 "아름다운beautiful", "우아한elegant" 그리고 "가냘픈slender"과 같은 단어를 말했다. 스페인어 구사자들의 대답은 "튼튼한strong", "강건한sturdy" 그리고 "맹렬한towering"이었다.[24] 꽤나 성별 고정관념이 있는 답변으로 들린다. 문법적 젠더는 의미와는 무관한 것으로 여겨진다. 그런데도 보로디츠키의 실험은 의미가 단지 사전을 찾는 것보다 더 복잡하다는 사실을 상기시킨다.

만약 젠더가 번역이 넘어야 할 하나의 언어적 도전이라면, 언어적 풍요로움이 주는 당혹스러움은 또 다른 도전이다.

언어적 풍요로움에 대처하기

수천 년 동안 인간은 자신의 언어를 말하지 않는 사람들과 소통하려고 분투했다. 자신의 언어권 밖의 사람과 대화가 필요한 모든 사람에게 한 가지 해법이 있다면 공통의 언어를 배우는 것이었다. 다양한 후보 언어가 돌고 돌았다. 이따금 현존하는 자연어가 선택되었다.

라틴어, 프랑스어, 그리고 지금 목록의 최상위를 차지한 영어를 생각해 보라. 또 다른 선택지는 누구의 모국어도 아닌 인공언어였다. 가장 널리 알려진 사례로 에스페란토어가 있지만 다른 인공언어들도 있었다. 17세기 존 윌킨스John Wilkins 주교의 보편언어Real Character and Philosophical Language와 20세기의 인터링구아Interlingua(제2 국제어로 사용하기 위해 라틴어를 단순화해 만들었지만 잘 안 쓰인다-옮긴이)가 그것들이다.[25]

세 번째 가능성은 하나 이상의 언어를 구사하는 것이 사실상 필요한 나라들에서 그러하듯 다언어 사용자가 되는 것이다. 그리고 번역이 있다. 사실 노버트 위너에게 보낸 편지에서 워런 위버는 기계번역이 잠재적으로 공동선에 기여할 가능성이 있다고 언급했다.

> 유네스코를 위해, 그리고 지구의 건설적이며 평화로운 미래를 위해 몹시 심각한 문제는 번역입니다. 그것이 불가피하게 사람들 사이의 소통에 영향을 주기 때문입니다.[26]

역사적으로 번역을 돕기 위해 다양한 방식이 동원되었다. 대단히 먼 기원전 2300년에 점토판에 새긴 수메르어-아카디아어 이중언어 목록이 있었다. 오랜 세월이 지나 휴대하기에 더 좋은 이중언어 사전들이 일상 표현 사전과 함께 널리 사용되었다. 지금은 디지털 온디맨드on-demand(요구demand가 있을 때 켠다on, 즉 필요에 따른 실시간 검색을 말함-옮긴이) 도구의 시대가 되었다.

이 프로그램들은 믿기지 않을 정도로 간편하다. 그것들 덕분에

쓰기의 미래

우리 삶도 편리해졌다. 하지만 나쁜 점은 없는가? 나는 여기서 정확성의 문제나 많은 언어가 여전히 빅테크의 번역망에 편입되지 못한 현상에 대해 말하는 것이 아니다. 차라리 이렇게 즉석 번역이 가능한 시대가 제2 외국어를 배우기 위한 동기부여에 어떤 역할을 할지와, 왜 그런 질문이 중요한지를 묻고자 한다. 간단히 말해 기계번역의 효율성에 반해서 다른 언어에 대한 미약한 능력이라도 얻으려는 어려운 일을 기피한다면 무슨 일이 일어날지 묻는 것이다.

내가 스스로 언어학자라 칭할 때 그것은 내가 다양한 언어에 능숙하다는 것을 말해 주지는 않는다. (나는 이론, 역사 그리고 경험적 연구를 한다.) 나는 프랑스어, 이탈리아어, 독일어와 일본어를 조금씩 접해 본 적은 있지만 기본적으로 단일어 사용자다. 고등학교와 대학교에서 라틴어를 배웠지만, 바티칸궁전을 가도 도움이 되지 않는 수준이다.

2개 국어 사용자 및 3개 국어 사용자, 언어학자, 외국어 교사는 새로운 언어 습득은 단지 발음·어휘·문법을 배우는 것만이 아니라는 사실을 알고 있다. 그와 동시에 다른 민족 집단의 역사와 문화, 그리고 그들이 세상을 바라보는 다른 방식을 접해 보기를 희망하는 것이다. 어떤 단어에 해당하는 적절한 번역어가 없다는 사실을 알게 될 때 당신은 그 언어의 구사자들이 당신과 같은 방식으로 세상을 개념화하지 않을지도 모른다는 사실을 발견한다.[27]

색 스펙트럼을 나누는 명칭을 예로 들어 보자. 모든 언어가 그 색의 연속체를 동일한 방식으로 분류하지는 않는다.

일본어에서 **아오이**ぁぉぃ는 역사적으로 파랑과 녹색 모두를 뜻한다. 대략 1,000년 전에 따로 '녹색, 즉 **미도리**みどり라는 표현이 생겼으나 20세기 후반까지는 널리 쓰이지 않았다. 결과적으로 미도리는 '모든 종류의 녹색'을 뜻하는 의미로 쓰이지는 않는다. '녹색 사과'는 여전히 **아오링고**ぁぉりんご이고 '녹색 잎'은 **아오바**ぁぉば다. 일반적인 명칭인 '녹색 빛깔'은 미도리노히카리みどりのひかり인데 크리스마스 장식용 녹색도 포함한다. 그렇다면 '녹색 신호등'은? **아오신고**ぁぉしんごう다. 일본에 신호등이 도입되었던 1930년대부터 쓰이고 있는 표현이며, 미도리는 아직도 아오이와 같은 방식으로 쓰이지는 않는다.[28] **아오이**와 **미도리**를 때맞춰 쓸 줄 안다면 일본어의 내막을 아는 부류임을 입증하는 경우라 하겠다.

언어는 소리·단어·규칙 이상의 의미를 띤다. 언어는 민족과 문화를 대변한다. 이런 통찰력을 얻기 위해 다른 언어를 배우는 수고를 할 만한 가치가 있는가? 미국의 경우는 종종 없다는 쪽의 손을 들어 준다. 오래된 농담을 하나 소개한다.

문: 3개 국어를 말하는 사람을 뭐라 부르지?

답: 3개 국어 사용자.

문: 2개 국어를 말하는 사람은?

답: 2개 국어 사용자.

문: 그럼 1개 국어를 말하는 사람은?

답: 미국인.

쓰기의 미래

미국의 이민 역사를 고려해 보면, 미국 땅에서는 조상의 언어를 지키는 것이 아니라 영어를 배워야 한다는 압박이 있었다. 1960년대 들어 미국인들이 무더기로 해외여행을 떠나기 시작했을 때, 그들은 프랑스어나 독일어 교재가 아니라 여권과 『하루 5달러로 유럽 여행하기』 가이드북을 가지고 갔다. 최근 몇십 년 동안의 세계화 물결은 전 세계의 더 많은 사람이 영어를 배우게 했지만, 미국인들이 다른 언어를 공부하게 만들지는 않았다. 현대언어학회의 자료에 따르면 2013년과 2022년 사이에 미국 대학에서 외국어 이수자 숫자는 24퍼센트 이상 감소했다.[29] 그런 하락은 유명한 온라인 번역 기기들이 언어 학습에 대한 잠재적인 열정을 더욱 짓밟기 전부터 시작되었다.

오해는 말아 달라. 나는 디지털 번역에 대해 고맙게 생각한다. 게다가 철자검사기에도 또한 감사한다. 그 기계가 결코 멋질 정도로 똑바르게는 쓰지 못하는 내 맞춤법 실력을 갉아먹는다는 걸 알고 있지만. 소프트웨어가 대신해 줄 수 있는데 뭐하러 애써 철자를 똑바로 쓰는가(혹은 진짜 사전을 찾아보겠는가)? 그와 마찬가지로 스마트폰 소프트웨어가 재빨리 메뉴를 번역해 주는데 뭐하러 수고롭게 아이슬란드어로 몇 가지 숙어나 음식 이름을 배우겠는가?

10년 이상 지속된 온라인상의 필터 버블filter bubble(인터넷상으로 맞춤형 정보가 제공됨에 따라 이용자가 선별된 정보에 둘러싸이는 현상-옮긴이)은 이데올로기 칸막이를 강화했다. 나는 번역 도구들이 미국인의 문화적·언어적 눈가리개를 치워야 할 근거를 더욱 약화시킬까 봐 걱정이다. 맞다, 나도 편리함을 핑계로 애쓰려 하지 않는다는 점에서 여느 누구만큼 책임이 있다. 그렇건만 아이스크림을 한 스푼 더 퍼먹을 때처럼, 내 양심은 장래에 초래될 사태를 명심해야 한다고 나를 괴롭힌다.

1960년에 바르힐렐은 "완전 자동으로 제공되는 고품질의 번역은 (…) 예측 가능한 미래에는 현실화되지 않을 꿈같은 일일 뿐이다."라고 예언했다.[30] 젠더 편향 쟁점과 '마음spirit' 대 '영혼soul'을 무시하면 그 꿈은 현실이 되고 있다. 시작은 불안했으나 이제 활기를 찾은 기계번역은 자연어 처리에서 통쾌한 성공을 거두었다.

게다가 또 다른 성공 스토리가 추가로 드러났다. AI를 써서 우리가 보기에 완전히 새로운 텍스트를 생성하는 것이다. 컴퓨터가 작가가 되었다. 이제 그 이야기를 살펴보기로 하자.

컴퓨터가
글을 쓰게 되면

7장

AI 작가의 등장

다음 소개할 책은 신속히 베스트셀러 목록에 오르지는 않을 것이다. 그러나 저자는 그런 것 따위는 아랑곳하지 않는다. 스프링어네이처Springer Nature사에서 2019년 출간한 『리튬이온 배터리Lithium-Ion Batteries』는 컴퓨터(출판인은 그것을 '베타 라이터Beta Writer'라고 이름했다)가 쓴 책이기 때문이다. 최초로 기계가 생성한 책 등장이요.[1] 이 성취는 대단하긴 하지만 놀랄 만한 것은 아니다. 컴퓨터는 방대한 양의 정보를 쏜살같이 탐색하고 그 결과물을 요약하는 데 특출나다. 스프링어 출판이 컴퓨터가 참고할 수 있는 어마어마한 데이터베이스를 구축한 것도 도움이 되었다.

아니면 기계가 생성한 책을 만든 공로는 마땅히 프랑스인 경영학과 교수 필립 파커Philip M. Parker에게 가야 할 것이다. 파커는 데이터를 가득 채운 템플릿과 (인터넷 검색을 더한) 데이터베이스를 통합해 자동으로 책을 만들어 내는 체계를 고안해 특허를 받았다. 그는 그 체계로 의학 지침서에서 크로스워드 퍼즐 컬렉션과 인용구로 가득한 책에 이르기까지 20만 권의 책을 생성했다. 우리는 이것들이 정말 책이라 할 수 있는지, 아니면 그냥 편집물인지를 놓고 논쟁을 벌일 수도 있겠지만 그럼에도 그 막대한 생산력은 아찔한 수준이다.[2] 2013년에 있던 인터뷰에서 파커 교수는 기계가 박사 논문을 작성하는 날을 기대했다.[3]

이제 10년이 지났고—그리고 오늘날 인기 절정의 텍스트 생성 도구로서 거대언어모델이 있으니—그날이 곧 당도할 것이다. 한데 어떻게 이까지 오게 된 것일까?

당신을 그리며

때는 1953년, 장소는 사랑의 기운이 감도는 영국이었다. 페란티 마크 1 컴퓨터는 다음과 같은 편지를 짜 냈다.

사랑하는 그대에게

나의 호의적인 애정이 당신에게서 호의적인 열정을 멋지게 끌어 냅니다. 당신은 내가 사랑으로 숭배하는 분입니다. 내가 애타게 숭배하는 분입니다. 당신을 향한 내 애타는 호감이 당신에게도 절실한 마음이 생기게 만들기를 희망합니다. 사랑에 번민하는 나의 숭

배는 당신의 열렬한 열정을 소중히 여깁니다.

당신을 그리며

M. U. C.

상사병에 걸린 발신인은 맨체스터대학 컴퓨터였다.

(이 편지를 『튜링지침서The Turing Guide』란 책에서는 "컴퓨터가 쓴 편지는 괴이할 정도로 생소했다"고 표현했다-옮긴이)

이 프로그램을 만든 이는 영국의 컴퓨터과학자 크리스토퍼 스트레이치였다.[4] 스트레이치가 케임브리지대학의 킹스칼리지 시절부터 앨런 튜링과 긴밀한 관계를 이어 온 것은 우연이 아니었다. 아마도 당신은 이런 감상적인 편지에 넘어가지는 않을 것이다. M.U.C.는 엘리자베스 배럿 브라우닝(영문학사에서 가장 유명한 것으로 꼽히는 사랑의 시를 남긴 시인-옮긴이)에 비할 바는 아니었지만 적어도 그 러브레터는 무슨 말인지 이해는 할 수 있었다.

스트레이치의 프로그램 비결은 단순했다. 몇 가지 핵심 단어들(가령 '당신의your' '나의my' 그리고 '당신의 것yours')과 함께 임의의 형용사, 명사, 동사와 부사로 채울 수 있는 문자 자리를 두었다. 겨우 70단어로 프로그램은 3,000억 통에 달하는 다양한 편지를 생성했다.[5] 스트레이치는 어디서 그런 영감을 얻었을까? 1950년에 앨런 튜링이 이미테이션 게임을 구축하면서 했던 구상이었다.

스트레이치의 프로그램은 텍스트를 쓴 것으로는 분명 세계 최초였다. 그런데 그는 싸구려 연애편지를 생성하는 것으로 멈추지 않았다. 드래프트 게임을 하는 프로그램을 만들었을 뿐 아니라 컴퓨터로 음악을 생성했고, 역사상 최초로 녹음했다. 페란티 마크 1은 짤막한 파열음—기본적으로 일종의 경적 소리에 불과하지만—을 만들도록 프로그램할 수 있었다. 스트레이치가 마크 1으로 이런 작업을 하도록 격려했던 튜링은 프로그램 구동이 마무리되었을 때 이 기술을 신호음을 내는 데 써먹으려고 생각했다. 스트레이치는 좀 더 희한한 생각을 하고 있었다. 그는 동요 〈음매 음매 검은 양〉과 글렌 밀러의 재즈 히트곡 〈인 더 무드〉와 함께 영국 국가 〈신이시여, 왕을 지켜 주소서〉(1952년에 별세한 조지 6세 시절의 버전으로)의 앞 마디가 연주되도록 코딩했다.[6]

다음 단계로 우리는 대서양을 넘어간다.

친애하는 컴퓨터여, 이야기 하나 들려 다오

미국에서는 줄거리 형식을 갖는 산문을 중심으로 컴퓨터가 생성한 글쓰기가 때 이르게 싹을 틔웠다. 훌륭한 이야기들이 대부분 그렇듯이 이것도 다양한 가닥으로부터 직조되었다.

쓰고 놀고 뒤섞어라

첫 번째 가닥은 프로그램을 이용해 원천 데이터로부터 필요한 요소들을 뽑아내 전후를 갖춘 새로운 텍스트를 생성했다. 본질적으로

쓰기의 미래

스트레이치가 속성으로 러브레터를 뽑아냈을 때 했던 방식이었다. 눈길을 끈 예는 1984년에 등장한 윌리엄 체임벌린William Chamberlain과 토머스 에터Thomas Etter 의『경찰 수염은 반만 만들어졌다The Policeman's Beard Is Half Constructed』였다. 책 표지에는 '컴퓨터가 쓴 최초의 책'이라 자랑하는 문구가 있었다. 저자로서 랙터Racter('raconteur이야기꾼'의 생략형)라 명명된 프로그램의 작성자인 체임벌린과 에터는 2,400단어와 약간의 문법 규칙, 그리고 미리 준비한 문장, 격언과 인용어구를 이용해서 120페이지의 텍스트를 만들었다.[7] 예를 들면 다음과 같다.

> 행복하게 내키는 대로 깡충깡충 뛰놀던 자칼이 무심한 태도를 보이는 까마귀를 바라본다. 마음을 사로잡는 장면이다. 자칼은 까마귀를 먹어 치울 것인가? 나는 자칼과 까마귀에 대해, 자칼에 대한 기대에 부푼 까마귀에 대해 공상의 날개를 폈다. 당신도 이런 상상으로 곰곰이 생각에 빠질지도 모를 일이다!

전미도서상을 수상할 정도는 아니다. 그래도 1984년에 만든 것치고는 괜찮은 편이다.

이야기의 두 번째 가닥은 쌍방향성이었다. 기계의 답변은 인간의 입력에 대한 반응으로 만들어진다. 제1면 머리기사를 장식한 최초의 쌍방향 프로그램은 1960년대 중반 조지프 와이젠바움이 만든 일라이자였다. 로제리안 심리 치료법의 대화형 상담기법에 기반한 일라이자는 핵심어에 반응하는 견본 문장들을 이용해 치료사 측의 대화를 생성했다. 와이젠바움의 사례 중 한 가지를 소개한다. 일라이자의 답변은 모두 대문자로 처리했다.

Well, my boyfriend made me come here(음, 내 남자친구가 여기로 가보라고 했어요).

YOUR BOYFRIEND MADE YOU COME HERE(당신의 남자친구가 여기로 가 보라고 했군요)

He says I'm depressed much of the time(그가 내가 우울할 때가 너무 많다고 말했어요).

I AM SORRY TO HEAR YOU ARE DEPRESSED(우울하시다니 유감이군요)[8]

Boyfriend(남자친구). Depressed(우울한). 감이 올 것이다. 오늘날 일라이자의 동료들은 '챗봇'이라 일컬어지지만 훨씬 더 정교한 AI를 기반으로 구동된다. 오늘날의 쌍방향 봇은 텍스트를 직접 손으로(온라인상의 고객 서비스 챗봇을 떠올려 보라) 또는 목소리로(안녕 시리) 작동한다. 동일한 방식의 쌍방향 응수가 컴퓨터게임의 세계를 만들었고, 앞으로 살펴보게 되겠지만 그것이 이야기 생성의 길을 닦았다.

세 번째 가닥은 이따금 둘째 가닥과 붙어 다니는데, 나는 그것을 리믹스라고 이름했다. 오늘날 음악 사운드트랙을 재조합하거나 크리에이티브커먼즈라이선스CCL를 얻은 다양한 텍스트들을 원천으로 여러 요소를 결합해 새로운 것을 생성하거나 할 때 리믹스가 소환된다.

본질적으로 그것은 하이퍼텍스트 소설이라 불리는, 컴퓨터를 이용해 문학을 하는 방식이 창안되었던 1980년대 말의 작업 과정이었다. 소설에 관해서는 조금 뒤에서 다룰 것이지만, 우선 하이퍼텍스트의 배경부터 살펴보자.

후일 대표적인 컴퓨터 권위자로 꼽히는 테드 넬슨Ted Nelson은 1960년대에 비선형적 글쓰기에 기반한 프로젝트를 구상했다. 그 과정을 그는 하이퍼텍스트라 불렀고, 나중에 '이야기가 확장되고 독자에게 선택을 허용하는 텍스트'로 정의 내렸다.[9] 갑자기 1945년이 떠오른다. 그때 공학자이자 발명가인 버니바 부시Vannevar Bush가 인간의 모든 지식을 집적해 마이크로필름에 저장한 자료들을 사용자들이 결합할 수 있는 기계인 메멕스Memex를 구상했다.[10] 당시로는 무리한 요구여서 실현되지 못했다. 그러나 넬슨은 부시의 구상에 영감을 얻어 비선형 쓰기로 구성된 범용 라이브러리를 포함하는 체계를 구축하는 일에 착수했다. 넬슨은 그것을 제너두XANADU라 이름 짓는다.[11]

넬슨은 결국 그 하이퍼텍스트 범용 라이브러리를 완성하지 못했다. 그러나 다양한 자료에 접근하려던 그의 착상을 긍정적으로 계승한 파생 프로그램들이 있었다. 1980년대 초반에 컴퓨터과학자 벤 슈나이더만Ben Shneiderman은 도큐먼트-인터널 하이퍼링크document-internal hyperlinks(한 문서 안에서 여러 정보를 연결하기-옮긴이)라는 개념을 개발했다. 이를 기반으로 애플은 1987년에 매킨토시용 하이퍼카드HyperCard를 개발했다. 팀 버너스리는 하이퍼링크를 이용해 전 세계 어디서든 정보를 끌어올 수 있게 하면서 더 높은 성취를 이뤄 냈다. 그렇게

HTTP(하이퍼텍스트 전송 규약HyperText Transfer Protocol)가 탄생했고 1989년에 월드와이드웹이 탄생했다.[12] 이들과 동일한 하이퍼텍스트들이 곧 하이퍼텍스트 소설(하이퍼픽션, 디지털서사라고도 한다-옮긴이)을 가능하게 했다.

하지만 우선은 우리 이야기에서 두 번째 가닥인 쌍방향성과 놀이를 정리하자.

사람들이 즐기는 게임

수천 년 동안 문명은 어른과 아이를 가리지 않고 게임을 개발했다. 너클본knucklebones(또는 잭스jacks, 서양의 공기놀이-옮긴이)과 보드게임. 체스와 카드게임. 또 다른 기분 전환을 추구하다 보니 더 새로운 오락거리들을 고안해 냈다. 초기 컴퓨터광들도 가만있지 않았다.

1962년에 한 무리의 MIT 소속 컴퓨터 마니아들이 DEC PDP-1 컴퓨터─해커 문화의 등장에 핵심적인 역할을 한 것으로 입증된 일련의 컴퓨터 중 최초의 것─를 이용할 수 있게 되었다. 그들의 손을 거쳐 나온 것이 바로 우주 전쟁 게임 〈스페이스워Spacewar〉였다! 곧 대중들 사이에서도 컴퓨터게임에 대한 관심이 들불처럼 타올랐다. 〈컴퓨터 스페이스Computer Space〉(1971년), 〈퐁Pong〉(1972년)과 〈팩맨Pac-Man〉(1980년)을 주력 게임으로 내세우며 맨 먼저 비디오게임방이 들어섰다. 그러고 나서 초소형 컴퓨터가 가정에서 자리를 잡으면서 상업적 출구가 활짝 열렸다. 하지만 컴퓨터광들이 더 새로워진 DEC PDP-10을 조작할 수 있었던 대학은 게임 개발의 풍요로운 터전이 되었다.

쓰기의 미래

월 크라우더Will Crowther는 컴퓨터 프로그래머이자 열렬한 동굴 탐험 마니아였다. 본업은 대학과 긴밀한 협력 관계에 있었던 연구개발 전문 기업 볼트베라넥뉴먼Bolt Beranek and Newman, BBN의 직원이었다. BBN에는 PDP-10이 한 대 있었다. 크라우더는 자신의 동굴 탐험과 판타지 롤플레잉 게임 〈던전앤드래곤〉에 대한 사랑을 결합해 최초로 텍스트에 기반한 롤플레잉 컴퓨터게임 〈콜로설 케이브 어드벤처Colossal Cave Adventure〉를 개발했다.

장르의 시작이었다. 1977년에 일단의 MIT 학생들이 〈조크Zork〉를 만들었다. 2년 뒤 대서양 건너 영국 에식스대학의 로이 트럽쇼Roy Trubshaw(그도 믿음직한 컴퓨터 PDP-10을 썼다)가 최초의 MUD(처음에는 멀티 유저 던전multi-user dungeon을 의미했지만 시간이 지나면서 멀티 유저 디멘션multi-user dimension으로 재정의되었다)를 작성했다. 이 모든 게임은 쌍방향의 롤플레잉 서사를 창조하도록 요구했다. 문자화된 텍스트가 행동을 유발했다. 게임 참여자들은 명령어를 찍어 넣었고 프로그램은 텍스트에 응답했다.

이건 게임인가, 스토리인가? 둘 다이다. 그 프로그램과 그 계보를 잇는 게임들에는 다양한 꼬리표가 붙었다. '텍스트 모험', '텍스트 게임' 그리고 좀 더 광범위하게 '쌍방향 소설.' 쌍방향 소설은 생성된 이야기 각각이 개별 참가자의 움직임을 반영하기 때문에 필수적으로 고유한 특성을 띤다.[13] 초기 게임들은 판타지와 모험을 주제로 삼았으나, 쌍방향 소설 모델은 모든 유형의 서사적 내용을 전개했고 이후로도 그러했다.

이야기 잣기

한편 컴퓨터 업계의 다른 이들은 게임보다는 스토리에 더 집중했다. 이런 경향에 획기적인 전기를 마련한 것은 제임스 미한 James Meehan 이 1976년에 내놓은 테일스핀 Tale-Spin 이었다.[14]

예일대학 대학원생으로서 미한은 많은 사람이 쌍방향으로 서사를 구축하는 프로그램을 작성하려 했지만 그것을 현실화하는 데 있어서 난관에 부딪혔다.[15] 1974년 인지과학과 AI에 대한 관심이 지대했던 언어학자 로저 생크 Roger Schank 가 예일대학에 임용되었다. 생크는 전통적인 구문과 의미론의 개념보다는 지식 표현 knowledge representation(기계가 문제를 해결하는 데 필요한 지식을 컴퓨터에서 실행 가능한 형태로 나타내는 것-옮긴이)과 이해에 초점을 두면서 당대의 지배적인 언어모델을 다시 구축하는 데 골몰했다. 생크의 새로운 접근 방식은 소위 스크립트, 계획, 목표와 함께 개념 의존성 conceptual dependency—기본적으로 지식 표현—을 다루는 것이었다.[16]

미한은 박사과정에서 생크의 학생이 되었다. 미한은 생크의 방식을 문제 해결책으로 여기면서 그의 언어와 인지 모델을 바탕으로 테일스핀 프로그램을 구축했다. 테일스핀을 이용하기 위해서 게임 참여자들은 플레이어(모두 동물 캐릭터였다), 이야기의 물리적 환경, 이야기가 전달하고자 하는 교훈(이솝 우화를 생각하라)과 같은 기본적인 매개변수들을 선택했다. 테일스핀은 프로그램 규칙, 추론 엔진, 자연어 생성기를 동원해 이야기를 자아냈다. 사용자들이 각자의 이야기 매개변수들을 사용한다는 점에서 테일스핀은 쌍방향이었다. 그렇건만

쓰기의 미래

일단 시작 신호를 내리면 프로그램은 명령대로 모든 쓰기를 담당했다.

미한의 작업은 관련 연구에 밑거름이 되었고, 프로그램 모델과 하드웨어가 진화하면서 이야기 생성 프로그램들은 끊임없이 정교함을 더해 갔다. 다만 AI 스토리텔링에 대한 초기 작업이 특정한 유형의 쌍방향 소설에 기여하게 되지만, 그런 소설은 대체로 소멸했다.

하이퍼텍스트 소설: 오래가지 못한 리믹스

우리가 여태껏 논의했던 모든 게임과 스토리 프로그램 작업은 컴퓨터 프로그래머들이 주도했다. 그러나 이야기는 문인들이 타고난 영역이다. 하이퍼텍스트 소설(이하 하이퍼픽션-옮긴이)은 문학 교수들이 컴퓨터를 다루면서 떠올랐다.

새로운 스토리 장르는 하이퍼링크로 연결된 개별 단위 텍스트(아마도 소설)로 구성되었다. 이제 컴퓨터과학자들이 하이퍼링크의 개념을 고안해 냈고, 모든 종류의 텍스트—문학을 포함해—를 전자 파일로 탑재할 수 있게 되자 이런 기술들이 우리로 하여금 독자와 텍스트 사이의 관계를 돌이켜 보게 만들 수도 있다는 의문이 들었다. 브라운대학의 영문과 교수이자 이런 움직임을 주도했던 조지 랜도는 다음과 같이 말했다.

하이퍼텍스트가 읽기, 쓰기, 텍스트가 뜻하는 경험을 근본적으로 바꿔 놓기 때문에, 전자 매체에서 인쇄 기술 시대의 가정을 전제로 하는 이런 용어들을 언급할 때 어떻게 오해 없이 사용할 수 있을까?[17]

달리 말해 지금이 핵심적인 문학 용어들의 의미를 재검토할 적기라는 말이다. 이제 텍스트가 더 이상 질서정연한 연속선상에 있지도 않고 고정된 이야기에서도 벗어났기 때문에 독자도 쓰기 작업에 관여할 수 있게 되었다. 텍스트와 독자가 쌍방향으로 관계를 정립하게 된 것이다.

문학을 어드벤처 게임과 비교해 보라. 둘 다 풀어야 할 이야기가 있다. 어드벤처 게임이라면 보통 참가자가 이기거나 지는 것으로 결말이 난다. 그에 반해서 문학의 결말은 대부분 갈등의 해소에 맞춰진다. 전통적인 소설의 경우 모든 독자는 동일한 시작과 중간 과정과 결말을 맞지만, 어드벤처 게임은 그렇지 않다.

하이퍼픽션 또한 그렇지 않다. 이제 중요한 요소는 작품 자체가 더 이상 단일한 선형적 진행 과정을 거치지 않는다는 사실이다. 독서가 모든 독자가 공유하는 경험이 아니게 된 것이다.

사실 이런 생각들은 문학계에서도 낯설지 않다. 1970년에 『S/Z』를 쓴 롤랑 바르트는 텍스트를 더 작은 단편('의미 덩어리' 혹은 '읽기 단위')으로 나누자고 제안하고, 그것을 '렉시아lexia'라고 불렀다. (바르트가 1967년에 낸 동명의 에세이에서 비롯된) 저자의 죽음the death of the author에 대한 논의와 독자 반응 이론reader response theory은 오래전부터 스토리와 소설이 뜻하는 바를 결정하는 것은 단지 저자뿐만 아니라 독자의 몫도 있다고 주장해 왔다.

그러나 선형적 산문의 개인적 해석은, 산문을 통해 각자의 항적을 만드는 것과는 큰 차이가 있다. 각각의 독서는 선택된 항로만큼이나 고유하다. 하이퍼픽션에서 독자는 어느 링크를 좇을 것인지를 결정하는 역할을 맡는다. 독자가—그러나 프로그램도—실제로 쓰지는 않는다. 텍스트 덩이들은 이미 마련되어 있다. 쌍방향성이 어떻게 그것들을 쌓을지를 결정하는 데 개입한다.

하이퍼픽션은 1987년 마이클 조이스 Michael Joyce 의 『오후, 하나의 이야기 Afternoon, a story』와 함께 등장했다. 스튜어트 멀스롭 Stuart Moulthrop 의 『승리의 정원 Victory Garden』(1992년)과 셸리 잭슨 Shelley Jackson 의 『조각보 소녀 Patchwork Girl』(1995년)를 비롯한 다른 작품들이 그 뒤를 이었다(조이스: 배서칼리지의 영문과 교수; 멀스롭: 위스콘신대학의 디지털인문학 교수; 잭슨: 브라운대학 랜도 교수의 제자). 닉 몬포트의 수수께끼 기계장치는 그 안에서 "잠재적 서사를 (…) 서로 다른 참가자가 서로 다른 순서로 경험할 수 있는" 쌍방향 프로그램이었다.[18]

또 다른 하이퍼텍스트 옹호자는 브라운대학에서 창의적 글쓰기 교수인 로버트 쿠버였다. 《뉴욕타임스북리뷰》에 올린 기고문에서 쿠버는 하이퍼텍스트가 "선 line(아마도 선형성 linearity을 뜻하는 듯)의 독재로부터 진정한 자유"를 허락하며 "확정적 언설보다는 담화의 다양성을 선호하며 독자를 저자의 지배로부터 자유롭게 한다"고 말했다.[19] 디킨스여, 톨스토이여, 저리 비킬지어다.

그러나 쿠버는 하이퍼텍스트가 내놓은 문제점 또한 인식하고 있었다. 그중 하나는 다음과 같다.

'텍스트'는 정본으로서의 확실성을 잃어버렸다. 똑같은 방식으로 두 번 다시 읽히지 않는 작품에 대해 어떻게 판단을 내리고, 분석하고, 논의할 것인가?

마무리의 문제도 있다.

그런 환경이라면 종결이란 무엇인가? 만약 모든 것이 진행 중이라면 어떻게 독자로서 아니면, 저자로서 이야기가 끝났다는 사실을 알 수 있을까?[20]

독자들이 전통적인 방식으로 디킨스나 톨스토이를 만나면 숨이 막힐 듯 답답하다고 느낄까? 하이퍼미디어의 용도가 셀 수 없을 정도로 다양하지만(쿠버는 그중 일부를 나중에 쓴 기고문에서 설명했다), 정작 우리가 소설에도 그것을 이용하고 싶을까?

스티븐 존슨이 2013년 《와이어드》에 기고한 글에 따르면 2010년대 초반에 하이퍼픽션 잔치는 대체로 마무리되었다고 한다.[21] 존슨은 결말의 문제와 함께 비선형적인 이야기를 창작하는 것이 극히 어렵다는 점을 지적했다. 그러나 존슨의 핵심적 주장은 하나의 이야기 덩이에서 다른 덩이로 링크들을 넘나드는 이용자의 관심이 이제 더 폭넓은 영역으로 옮겨 갔다는 것이다. 오늘날 하이퍼링크는 블로그, 온

쓰기의 미래

라인 뉴스, 위키피디아와 소셜네트워크 포스팅에서, 인터넷 서핑을 할 때 넘쳐 나게 볼 수 있다. 소설 읽기를 위한 하이퍼링크는 그 신선한 맛이 사라졌다.

내 의견은 조금 다르다. 독자로서 우리는 저자가 구축한 이야기 경로를 저자와 함께 여행하면서 즐거움을 얻는다. 특히 (누가 우리에게 그러라고 하지 않았지만) 재미를 위해 읽는 소설의 경우, 우리는 저자가 개념화하고 따라 읽을 만한 플롯 라인을 창작하는 것을 기꺼이 허용한다.

또한 문학을 좋아하는 인간들은 역사의 연속선상에서 일부가 되는 느낌을 기쁘게 여긴다. 1830년대 말에 디킨스의 최초 독자들은 『올리버 트위스트』를 어떻게 받아들였을까? 한 세기도 더 지난 시점에서 나는 어떻게 생각했던가? 나의 학생들은 어떻게 받아들일까? 우리는 (사사로이 혹은 학문적으로) 서로의 글을 비교했고, 세상의 상황이 작품에 대한 우리의 인상과 이해에 얼마나 다양하게 반영되는지를 숙고할 기회를 얻었다.

스트레이치의 러브레터 프로그램에서 최초로 생성된 컴퓨터 소설, 컴퓨터게임, 스토리 생성과 하이퍼픽션에 이르기까지 AI의 초창기 몇십 년은 모험으로 가득했고, 이야기 창작과 심지어 문학에 대해 재검토하는 시도도 있었다. 서사적 글쓰기에서 AI가 하는 역할은 타이핑으로 사용자와 프로그램 사이에서 소통하기, 새로운 선형 텍스트를 창작하기 위한 후단부backend(사용자는 접근하지 못하고 프로그래머나 관리자만 접근할 수 있는 소프트웨어 후면 부분, 백엔드라고도 불림-옮긴이)의 자연어 처리하기, 기존의 텍스트 덩이를 재배열하도록 이용자를 초대하는 링크 활용에 이르기까지 전방위적이다.

그러나 AI를 쓰기의 도구로서 실험해 보는 시도에는 또 다른 측면이 있다. 특히 확실한 대가가 보장될 때 효율성을 높이기 위한 경우가 항상 그렇고, 이윤을 위해 논픽션을 생성하는 경우도 흔하다..이제 컴퓨터가 문자 정보의 생성자가 된 사연을 톺아보고자 한다.

AI가 실력 발휘를 시작했다

읽을 것은 넘치는데 시간은 부족하다. 전혀 새로운 문제가 아니다. 변한 것은 우리의 대응이다.

서평을 예로 들자. 서평은 18세기 중반에 시작되었는데, 독자에게 "어떤 책에 돈이나 시간을 들이기 전에 그 책에 관해 조금 알려주기 위해" 제공되었다.[22] 또 다른 18세기의 해결책은 선집의 형태로 골라 모은 발췌본이었다. 나중에는 《리더스다이제스트 Reader's Digest》의 요약본이 등장했다. 20세기에 중산층의 균형 잡힌 독서를 도우며 인기를 얻었다. 그리고 읽기 과제를 빼먹고 싶어 하는 농땡이들을 위해 《클리프노트 CliffsNote》, 《모나크노트 Monarch Note》와 《스파크노트 SparkNote》 (셋 다 고전을 요약 정리해 소개하는 요약본 시리즈물─옮긴이)가 있었다.[23]

만약 당신이 단지 긴 작품의 요지─요약이나 줄거리보다 훨씬 더 간단한─만을 찾고 있다면 어쩌겠는가? 이런 식의 축약본은 그 역사도 유구할 뿐만 아니라 다양한 이름으로 호명되었다. 개략précis('잘라내다 또는 줄이다'란 뜻의 라틴어 'praecidere'에서 유래), 개요synopsis('전체적으로 보다, 전체상'이란 뜻의 희랍어 'synopsis'), 요약summary('완전함, 전체 또는 요점'이란 뜻의 라틴어 'summa') 또는 발췌abstract('떼어내다'란 뜻의 라틴어 'abstrahere')가 그런 예들이다. 맥락과 내용은 다양하지만 결과는 모두 요점, 사실, 주제 혹은 결론을 밝힌다.

과학과 기술의 이름으로: 논문 초록

오늘날의 학술 저널에서 거의 모든 논문 머리 부분에 있는 짤막한 한두 문단을 생각해 보라. 논문 초록이다. 초록은 독자들이 계속 읽어 볼지 아니면 그냥 논문의 요점만을 얻은 것으로 만족할지를 결정하도록 돕는다.

초록을 의미하는 명사 'abstract'는 15세기 중엽에 영어로 수입된 단어지만 18세기 말에야 과학 영역의 용어로 선보였다.[24] 그 과정을 이해하기 위해 역사를 조금 살펴봐야 한다.

영국왕립학회는 1660년에 설립되었다. 창립 회원으로는 세인트폴성당의 설계자 크리스토퍼 렌Christopher Wren, 보편 언어의 창안자 존 윌킨스, 현대 화학의 선구자 로버트 보일Robert Boyle 최초로 미생물의 세계를 보여 준 것으로 꼽히는 과학자 로버트 훅Robert Hooke과 같은 인물들이 있었다. 학회는 과학적 연구의 결과물을 발표하고 토론하는 것을 목적으로 삼았다. 1665년에 학회는 이런 목적을 위해 '전 세계 여러 중요한 지역의 독창적인 지식, 연구 및 노력에 대한 설명'이라는 긴 부제가 달린 《왕립학회철학회보》를 간행했다. 초창기에 게재된 논문들은 목성의 거대한 붉은 반점(대적점)에 관한 보고서에서 '신대륙' 포경에 관한 기록에 이르기까지 전방위적인 범위를 다루었다. 회원들은 자신의 논문을 크게 낭독한 뒤 출간했다.

그런 식으로 만들다 보니 잡지는 두꺼워졌고, 만약 다 읽겠다고 마음을 먹는다면 엄청난 시간을 투자해야 했다.

18세기 말이 되어 학회는 새로운 관행을 채택했다. 구두 발표가 끝난 후 총무가 각 논문을 요약하고, 그 요약문을 학회 의사록에 게재했다. '초록'이라 명명된 이들 요약문은 완전판 학회보를 구하기 힘든 사람들이 이용했다. 초록은 출간된 논문과 나란히 실리지는 않았지만, 1831년에 따로 《왕립학회회보》로 출간되었다. 학회 회원들뿐 아니라 일반 시민 중 일부 회원들도 독자층에 속했다.

다시 수십 년이 더 지나서야(아마도 1870년대쯤부터 확실히 1890년대 초반까지) 논문을 게재하는 회원들이 초록을 직접 쓰는 책임을 떠맡게 되었다. 마침내 제2차 세계대전이 끝난 뒤에 저자가 작성한 초록이 그들의 논문 앞부분에 놓였다. 새로운 학술적 전통이 생겨났다.

초록은 어떻게 준비하는가? 만약 당신이 학술지에 논문을 게재한 경험이 있다면 얼마나 길게 쓰는지, 그리고 무엇이 포함되어야 하는지 알 터이다. 대부분의 경우 기본적으로 준수해야 하는 본보기가 있다. 그런 본보기가 있다면 기계도 그 일을 할 수 있을지 모른다.

실제로 기계들이 해냈다.

1950년대 말 IBM은 생물학, 화학 같은 분야에서 논문 초록 자동 작성을 목표로 한 프로젝트에 착수했다. 정보 검색이 전문 분야였던 한스 룬Hans Luhn은 기계가 읽을 수 있는 텍스트에서 단어의 빈도와 배치 분포를 통계적으로 분석하는 프로그램을 고안했다. 빈도와 위치로 측정된 '중요도'가 높은 수준에 있음을 보여 주는 단어와 문장들이 발췌되어 초록 생성에 사용되었다.[25] 룬은 이런 식의 자동생성이 여러 이점을 가져다준다고 여겼다. 인간이 작성한 초록은 작성자의 배경, 태도와 성향에 영향을 받는 데 비해 자동생성은 초록 작성의 일관성을 보장하는 데 도움을 주었다. 게다가 기계가 작성을 담당하게 되면, 그 시간에 인간은 다른 과제를 할 여유가 생길 것이다. 다음 장에서 살펴보게 되겠지만 기사 작성 AI 프로그램의 이용을 옹호하기 위해 동일한 주장이 소환되었다. 인간 기자는 그 시간에 프로그램이 다룰 수 없는 과제를 하면 된다는 주장 말이다.

현명하게도 룬은 자신의 초록 프로그램의 한계를 지적하며 이렇게 경고했다.

유감스럽게도 그런 기계 시스템이 지적인 측면에서 글에 대해, 그리고 의미에 대해 기여할 수 있는 요소는 없다.[26]

AI가 아직 걸음마 수준에 있을 때 나온 이런 경고는 여전히 적절하다.

효율성의 이름으로: 편지 작성

메일머지mail merge를 기억하는가? 1980년대 초 워드 프로세싱 프로그램들과 함께 당도해 사무실에서 견본 편지를 개인의 필요에 따라 맞춤 작성해 많은 수신자에게 보낼 수 있도록 한 프로그램 말이다. 물론 '개인의 필요에 맞춘다'지만 그 수준은 대단하지 않았다. 개별화하는 것은 기본적으로 이름과 발송 주소에 불과했기 때문이다.

AI라면 더 잘할 수 있다.

한 가지 예로 1990대 초 코그니티브시스템스가 개발한 지능형 서신 생성기Intelligent Correspondence Generator, ICG란 프로그램을 들어 볼 수 있겠다.[27] 5장에서 사무실용 자연어 질문 체계를 설명할 때 언급했던 바로 그 회사(우연히도 로저 섕크가 창업한)다. ICG의 과제는 고객들과 주고받는 서신을 자동화하되, 고객의 특정 문제에 맞는 방식으로 처리하는 것이었다.

코그니티브시스템스는 한 거대 신용카드 회사와 계약을 맺었다. 당시 그 회사의 고객 서비스 부서 직원들은 편지 한 통당 작성 시간이 평균 45분가량 소요됐다. 손으로 편지 초안을 작성했기 때문에 (아, 암흑의 시대!) 그것들은 다시 워드프로세싱 담당자의 타자 작업을 거쳐야 했다.

그 카드 회사는 거의 1,000가지나 되는 특정한 문제에 대응하도록 맞춰진 서신들을 제공했지만, 직원들은 대개 몇 가지만을 이용했다. 서신 작성자들은 문제점에 적절히 대응하면서도 편지를 문법적으로, 그리고 철자법상으로도 똑바르게 써야 했을 뿐만 아니라 적절한 어조를 유지해야 했다. 즉 (설사 고객은 무례했더라도) 적정한 수준의 예의를 차리면서도 너무 다정한 체하지는 말아야 했다. 전체적으로 답장의 일관성이 떨어지는 결과는 이상하지 않았다. 더 최악인 것은 오류율이었다. 서면으로 작성한 편지 중 겨우 80퍼센트 정도만이 오류가 없었다.

서신 생성기를 만들기 위해 코그니티브시스템스는 전문가시스템 모델과 자연어 처리를 동원했다. 회사의 '지식 공학자들knowledge engineers(전문가시스템을 설계 개발 하는 기술자-옮긴이)'은 고객들이 과거에 고객 서비스 부서로 보냈던 다량의 서신을 검토하면서 주요 요소들과 말투를 파악해 추론 규칙을 도출했다. 그 결과 100종 이상의 본보기 서신과 900가지에 달하는 규칙이 만들어졌다. 프로그램은 이름과 주소, 금융거래 기록, 과거의 소통 기록 등이 담긴 개별 고객의 정보 데이터베이스와 함께 사용되었다.

그 작동 방식은 다음과 같았다.

- 프로그램이 고객을 위한 데이터베이스 목록을 읽고 대처해야 할 필요가 있는 문제들을 대략 분류한다.
- 이 프로그램은 쌍방향으로 이루어지는 선다형 대화 체계를 이용해 고객 서비스 담당자들을 거치면서 데이터베이스의 모호한 정보를 명확한 정보로 바꾸고, 업데이트하고, 편지의 적절한 어조에 대해 조언을 구한다.
- 시스템이 편지를 생성하고 고객 서비스 담당자가 검토한다.

• 변경 사항이 있다면 수정한 다음 편지를 출력한다.

이때가 1991년이었기 때문에, 편지는 봉투 속에 넣어져 발송될 준비가 끝났다.

결과는? 시작에서 완료까지 편지 한 통을 작성하는 데 약 5분이 걸렸다. 95퍼센트 이상이 오류가 없었다. 인간이 해낸 것에 비해 효율성과 품질에서 중대한 진전을 보였다. 게다가 한스 룬이 IBM의 자동 초록 생성기가 일관성을 개선해 주리라 기대했던 것과 마찬가지로, 코그니티브시스템스의 ICG는 전체적으로 편지의 통일성을 보장해 주었다.

상업성의 이름으로: 광고와 마케팅

강력한 거대언어모델로 구동되어 믿기지 않을 정도로 정교해진 자연어 생성 프로그램의 시대인 2020년대로 급히 건너와 보자. 오픈 AI와 같은 회사가 이런 프로그램들을 상용 라이선스로 이용할 수 있도록 만들자, 기업들이 요구에 따라 모든 종류의 텍스트를 만들어 주겠다고 제안하면서 돈벌이에 나섰다.

그 중 대표적인 기업으로는 재스퍼Jasper와 카피스미스Copysmith가 있다. (다른 많은 기업도 발을 들였다.) 이런 프로그램들의 구독자 중 상당수는 상업용 광고 문안 업계의 관계자들이다. 전통적으로 카피라이터의 일은 광고와 마케팅을 위한 문안 작성을 포함했다. 오늘날 그들의 업무는 이메일, 소셜미디어, 블로그 게시물의 작성으로까지 폭

쓰기의 미래

넓게 확장되었다.

재스퍼를 하나의 사례로 이용해 오늘날 AI로 구동되는 소프트웨어들이 어떻게 작동하는지 살펴보자.[28] 재스퍼를 부려 광고 문안을 작성하게 만들고 싶은 경우, 몇 가지 핵심 아이디어만 입력하면 소프트웨어는 원하는 분야에 맞도록 꾸며진 텍스트를 생성한다. 마케팅 광고문, 페이스북 광고, 웹사이트, 블로그 글, 부동산 목록, 개인 약력, 영업 이메일 그리고 … 연애편지, 이건 즉시 내 시야에 들어왔다. 연애편지 샘플을 확인하고는 우리가 스트레이치의 '나의 호의적인 애정'으로부터 얼마나 멀리까지 왔는지 놀랍기 그지없다는 생각이 들었다.

재스퍼가 내세운 다른 자랑거리 중에 몇 가지를 더 소개한다. 다양한 분야를 대표하는 선택 가능한 견본이 50가지가 넘는다. 딥엘 번역기DeepL Translator(재스퍼가 인수했다)의 마법 같은 능력을 고려하면 사용자는 25개 언어로 제공되는 생성물을 선택할 수 있을 것이다. 또한 사용자는 원하는 메시지의 어조를 지정할 수 있고 심지어 사용자가 어떤 유명인의 문체를 파악해 내 모방할 수도 있다. [스티브 잡스라고? "한 가지만 더One more thing." (애플 제품 설명회 막바지에 잡스가 썼던 상투어-옮긴이)] 게다가 재스퍼는 영문법 검사기 그래머리를 이용해 철자와 문법에서 합격점을 받도록 보장한다.

GPT-3을 기반으로 삼은 재스퍼는 인터넷에서 텍스트를 수집한다. 온라인상에서 무차별하게 빨아들인 언어들이 정확하고, 반복적이지 않고, 편견에 치우치지 않고, 모든 연령층에서 허용될 거라고 믿을 정도가 되지는 않기 때문에 재스퍼는 인간이 최종 검토를 하는 것이 바람직하다고 경고한다. 같은 취지로 재스퍼의 경쟁 업체인 카피스미스는 자사 웹사이트에 다음과 같은 교묘한 표어를 내걸었다. "내용물은 AI가 만들지만, 최종 완성은 인간의 몫입니다."

재스퍼와 카피스미스 같은 프로그램들은 매끈하게 작성된 결과물을 내놓을 뿐만 아니라 인간보다 더 효율적이다. 2020년 배포된 가트너 보고서Gartner report에 따르면 2년 안이면 콘텐츠 마케팅 담당자들은…

> 그들의 디지털 콘텐츠 중 30퍼센트 이상을 AI 기술의 도움을 받아 생성하면서 생산성과 광고의 효율성은 높아지겠지만, 창의적 과정은 무너질 것이다.[29]

보고서가 말했던 2년이 지나갔다. 그리고 챗GPT 같은 도구들까지 가세하면서, 장담하건대 AI 기술의 기여도는 30퍼센트를 넘어 이미 50퍼센트도 넘어섰을 것이다. 만약 AI가 더 많은 쓰기 분야에 개입한다면 카피라이터의 일자리는 어떻게 되나?

디지털 콘텐츠 생성 업체인 AX세만틱스의 최고경영자 사임 알칸은 카피라이터의 역할은 카피 디렉터copy director의 역할로 대체될 것이라고 주장했다. 알칸은 AI가 점점 더 많이 텍스트를 생성할 것이기 때문에 이제 전략을 짜는 관리자가 필요하며, 그 콘텐츠의 품질을 유지하면서 동시에 능숙한 감독자가 되어야 한다고 권고했다.[30] 분명한 문제는 피고용인의 숫자이다. 사업체 입장에서는 카피라이터의 수효보다는 훨씬 더 적은 카피 디렉터가 필요할 테니까. 페이첵스Paychex의 디지털 마케팅 매니저는 다음과 같이 말했다. "인공지능이 카피라이터의 일자리를 위협하고 있습니다. 일자리를 못 구하는 사람이 넘쳐날 것입니다."[31]

AI의 위협에 노출된 노동자는 전문 카피라이터만이 아니다. 다음 장에서는 자동화와 노동시장을 다루면서 언론인, 변호사 그리고 번역가에 초점을 맞출 것이다.

8장

글 쓰는 이의 일자리를 위협하는 AI

오픈AI가 출시한 달리 2의 기술 문서에는 박스형 경고문이 적혀 있었다.

> 이 모델은 사진 편집이나 스톡 사진 생성과 같은 몇 가지 과제 수
> 행의 효율성을 높임으로써 디자이너, 사진사, 모델, 편집자, 예술가
> 들의 일자리를 대체할 수도 있습니다.[1]

달리 2는 자연어 명령으로 환상적인 삽화를 생성한다(흔한 예: '사진처럼 생생한 모습으로 말을 탄 우주비행사'). 그러면 당신이 고용할지도 모를 그래픽 아티스트와는 딴판으로 달리 2는 삽시간에 그 과제를 깔끔하게 마무리한다.

기술이 인간의 노동을 대체할 것이라는 위협은 오래전부터 있었

다. 1589년에 노팅엄셔 출신의 성직자 윌리엄 리가 양말 짜는 기계를 발명했다. 그런데 리가 신청한 특허를 엘리자베스 여왕은 거절했다. 손뜨개질 업종의 일자리를 위협할지도 모른다는 우려 때문이었다.[2] 우리 모두 19세기 초 영국에서 공장 기계를 파괴했던 러다이트운동 이야기를 들은 적이 있다. 비록 그들의 실질적 목적은 기계 자체를 거부하는 것이 아니라 더 나은 노동 관행과 더 높은 임금을 요구하는 것이었겠지만, 그 사건은 자동화가 일자리를 위협한다는 인상을 각인시켰다.[3]

근육에서 뇌로: 자동화의 역사

풍차, 수차, 제니 방적기spinning jenny, 증기기관, 조면기(면화에서 솜과 씨를 분리하는 기계-옮긴이). 이들 수천 가지 발명품은 인간의 손, 팔, 그리고 등허리의 힘을 증진시켰을 뿐만 아니라 농업 생산에서 회사의 이윤에 이르기까지 모든 것을 변화시켰다. 그런 발명품 너머로 늘 어른거렸던 걱정거리는 노동력 절감 발명품들이 인간 노동을 해칠지도 모른다는 의문이었다. 육체노동자들이 그들의 생계를 잃게 될 것인가, 아니면 새로운 일자리가 생겨 노동력 전환이 이루어질 것인가?

제니 방적기, 증기기관, 조면기 같은 기계들은 산업혁명을 추동했고 산업혁명은 서구를 탈바꿈했다. 육체노동을 덜어 주는 도구들을 채택해도 장기적인 실업이 초래되지는 않았다. 이따금 적응이나 재훈련이 요구되기는 했지만, 적어도 시간이 지나면 수월해졌다. 1900년 영국의 실업률은 산업혁명의 여명기였던 1760년의 그것과 그리 다르지 않았다.[4]

그러나 자동화는 스스로 진화한다. 농장 일이나 공장의 생산을 자동화하는 것은 고학력을 요구하는 전문직에서 인간 노동을 자동화하는 것과는 다르다. 경제학자 에릭 브리뇰프슨Erik Brynjofsson과 앤드루 맥아피Andrew McAfee는 산업혁명을 뜻하는 제1 기계시대와 디지털 혁명을 뜻하는 제2 기계시대 사이를 구별했다.[5] 문제는 디지털 혁명이 충분한 대체 일자리를 만들어 낼지, 아니면 이번에는 정말 과거와는 다를지 어느 쪽인가에 있다.

그 딜레마는 완전히 새로운 것은 아니다. 1953년에 로알드 달은 「자동 작문 기계」(서문을 열었던 책)에서 그 문제를 다루었다. 1954년의 글에서 크리스토퍼 스트레이치―우리에게 연애편지를 선보였던 영국의 컴퓨터과학자―는 컴퓨터가 처음에는 계산을 그리고 마침내는 언어 영역까지 사무직 노동을 자동화하리라고 예견했다. 스트레이치는 영국 사무직 노동력의 상황을 이렇게 설명했다.

[이미 컴퓨터가] 대체하게 될 대규모 노동력 이동이 일어나고 있습니다. 그중 다수가 직장을 몇 년 다니다 결혼을 위해 그만두는 젊은 여성들이어서, 컴퓨터의 도입으로 아주 많은 사람이 쫓겨나지는 않을 것 같습니다.

쓰기의 미래

세대를 가르는 성차별주의는 개의치 않고 스트레이치는 계속 말을 이었다.

컴퓨터가 새로운 사무원의 신규 채용을 막을 것이기 때문에 구직자는 다른 직업을 알아봐야 할 것입니다. 이것이 무엇을 의미하는가는 숙고할 필요가 있는 흥미로운 문제입니다.[6]

우리는 여전히 숙고 중이다.

현재 일부 석학들이 AI가 주도하는 자동화가 일자리에 미칠 영향에 대해 이리저리 고민 중이다. 경제학자 로라 타이슨Laura Tyson과 정치학자 존 자이스먼John Zysman은 오늘날의 기술이 새로운 일자리를 충분히 만들어 낼 것이지만, 적정한 정부의 지원 정책을 고려하더라도 **좋은** 일자리가 충분할지는 미지수라고 주장했다.[7]

어떤 일자리가 좋다고 말할 수 있는가? 우선 첫째로 최저 생활임금이 보장되어야 한다. 되도록이면 정신노동이 좋다. 그리고 목적의식과 함께 개인이 사회적으로 안녕하다는 느낌을 받는 직업이라면 더할 나위 없다. 코로나 팬데믹의 여파로 일어난 대규모 퇴직 현상이 보여 주었듯이 많은 이가 단지 봉급을 벌어들이는 것으로 만족하지 않는다.

노동시장이 늘 선택지를 제공하지는 않는다. 디지털 자동화 시대에 글솜씨가 필수인 일부 좋은 일자리들은 공급이 부족할 수도 있다. 미국 노동부는 미국 전체 일자리 중에서 대략 13퍼센트 정도가 글쓰기를 중요하게 요구한다고 추정했다. 이 일자리에 있는 사람들의 연간 수익은 모두 합쳐서 6,750억 달러를 초과한다.[8] AI의 언어 생성이 생계를 위해 글을 쓰는 사람들의 고용에 어떤 영향을 미칠 것인지에 대해 많은 얘기가 오가고 있다. 그리고 실용적 측면에서 학창 시절 영작문 시간에 갈고닦은 그 모든 재능을 폐기 처리 하게 된다면 애석한 노릇일 테다.

쓰기 전문 직종에서 일하는 이들은 보조금 유치 담당자grant writer, 출판 편집자, 연설문 작성자, 소설가, 광고 카피라이터 같은 여러 이름으로 불린다. 언론인, 변호사, 번역가와 같이 두드러진 직종을 비롯해 목록은 계속 이어진다. 저자로서의 AI가 쓰기 위주의 전문직을 얼마나 바꿔 놓을지를 판단하기 위해, 이 세 가지 직종에 초점을 맞춰보겠다.

AI가 뉴스 편집실에 합류했다

거의 한 세기 전에 캘빈 쿨리지 미국 전 대통령은 미국신문편집인협회에 다음과 같이 선언했다.

> 미국 시민의 주된 관심사는 사업이다. 미국인들은 생산하고, 사고 팔고, 투자하고, 이 세상에서 보란 듯이 성공하는 것에 지대한 관심을 기울인다.[9]

그동안에도 이윤 동기는 거의 줄지 않았다. 자연어 처리 능력이 확장되자 쓰기 위주 전문직의 관리자들은 AI에 대한 의존을 서서히 늘리면서 효율성 향상으로 인한 수익 상승을 맛보았다. 가장 적극적으로 나섰던 곳은 뉴스를 배포하는 회사들이었다.

예전부터 지금까지: 언론의 지형 변화

신문은 겨우 400년의 역사를 갖고 있다.[10] 활자화된 신문은 16세기 중엽 유럽 전역의 소식을 전하기 위해 손으로 쓴 작은 소식지의 모습으로 베네치아에서 시작되었다. 1609년에 프랑스 스트라스부르에서 최초로 인쇄된 주간지가 만들어졌다. 한 세기가 지나 1702년 런던에서 일간지가 최초로 배포되기 시작했다.

포고 사항을 알리고 다니는 마을의 전령과 뜬소문을 퍼뜨리는 자에게 경쟁자가 등장한 것이다.

문해력을 지닌 사람들이 늘고 종잇값이 떨어지면서 신문은 세상사를 들여다보는 보편적 매체가 되었다. 라디오와 뒤이어 출현한 TV는 대안적 소식통 노릇을 했지만, 그럼에도 신문은—전국지든 지역지든—계속해서 독자들을 끌어모았다. 매일의 사건과 당대의 사건을 취재하고 기록하는 일단의 기자들이 끊이지 않고 나타났다.

소비자들이 인터넷에 접근하게 되면서 뉴스가 지면과 온라인 모두에 실려야 할 필요가 있다는 인식이 커지기 시작했다. 그 두 번째 경고등은 등장하자마자 해일로 변한 소셜미디어였다. 2021년이 되자 미국인 중 대략 절반이 뉴스를 소셜미디어 사이트에서 접하고 있었다.[11] 겨우 3분의 1 정도가 어느 정도 정기적으로 인쇄 출판물에서 뉴스를 접했다고 하지만, 그 숫자조차도 신뢰하기 어려울 정도였다. 선호하는 뉴스 플랫폼을 조사했더니 35퍼센트는 TV, 7퍼센트는 라디오, 그리고 겨우 5퍼센트만이 인쇄 매체라고 답했다. 디지털 플랫폼은 52퍼센트로 압도적인 결과를 차지했다.[12]

소셜미디어를 통해 배포되는 뉴스 중 일부는 전통적인 언론 매체에서 일하는 전문 언론인들이 쓴 뉴스 피드지만, 대부분의 경우 그렇지 않다. 시민 저널리즘이 계속 번창하고 있고 트위터 피드도 그렇다. 그들은 언론인이라는 배경도 없지만, 대가를 구하지도 않는다.

겨우 10여 년 전에 새로운 경쟁자가 나타났다. 기사 작성 AI다.

내부자의 속사정: 기사 작성을 AI에게 맡기기

제일 먼저 사고를 친 곳은 《포브스》였다. 2011년 10월에 주도적인 경제 뉴스 전문지 《포브스》는 주요 기업들에 대한 분기별 수익 보고서를 작성하는 새로운 방법을 발표했다. 컴퓨터는 이미 숫자를 다루는 데 능란했다. 컴퓨터가 숫자를 기사로 바꾸도록 하면 어떨까? 변환 작업은 《포브스》를 대신해 내러티브사이언스라 불리는 회사가 떠맡았다.[13]

1년 전에 설립된 그 신생 스타트업은 노스웨스턴대학 대학원생의 과감한 프로젝트에서 시작되었다. 스태츠몽키StatsMonkey라 이름한 그 프로젝트는 야구 경기 자료를 모아서 자동적으로 스토리를 작성해 보려 했다. 그것이 사업화되면서 데이터를 이야기로 변환하는 도

쓰기의 미래

구로 진화했고, 고객층도 달라졌다. (2013년에는 CIA와 계약을 맺었다.) 오늘날 그런 기술을 위한 시장은 거대해졌고, 그 규모는 세일스포스 Salesforce가 2019년 내러티브사이언스를 인수하면서 157억 달러(2019년 평균 환율로 18조 3,175억 400만 원-옮긴이)를 지불한 것으로 짐작할 수 있다.

AI를 이용해 신속한 뉴스 작성을 시도한 업체는 내러티브사이언스가 최초는 아니었다. 아마도 최초는 2007년에 창업한 오토메이티드인사이츠Automated Insights(원래는 스탯시트Statsheet라 불렸다)일 것이다. 내러티브사이언스처럼 오토메이티드인사이츠도 스포츠에서 시작했다—이 경우는 농구였다. 최초의 과제는 (미국) 디비전 1 대학 농구팀들의 결과에 대한 짧은 기사를 생성하는 것이었다. 2011년에 회사의 이름을 바꾸면서 기사 서비스 가능 품목은—데이터를 기사화하기에 이상적인 분야인—금융과 부동산으로 확장되었다. 연합통신Associated Press, AP도 고객이 되었는데, AP는 2014년에 자동생성된 분기별 수익 보고서를 사용하기 시작하면서 이전 보고서보다 그 규모를 열 배나 키웠다.[14]

자연어를 생성하기 위해 오토메이티드인사이츠는 워드스미스 Wordsmith라는 도구를 개발했다. (내러티브사이언스의 것은 퀼Quill이라 불렸다.) 한편 다른 언론 매체는 각각 자기들만의 도구를 고안했다. 《블룸버그뉴스》는 그 도구를 사이보그라고 불렀다. 《워싱턴포스트》는 《헬리오그라프》Heliograph를 만들었다. 한편 《포브스》는 동명의 창업자 버티 찰스 포브스Bertie Charles Forbes의 이름을 딴 버티를 도입했다. 버티는 여러 가지 기술적 능력을 갖고 있었는데, 기사에 대한 아이디어를 제시하고 초고를 생성하고 연구 데이터를 종합해 텍스트로 만드는가 하면 표제와 기사의 길이를 최적화할 수도 있었다.[15]

기사의 수준은 어느 정도인가? 답변은 간단하지 않다. 2014년 발표된 연구에 따르면 독자들은 AI가 생성한 텍스트와 기자가 작성한 기사를 구별하지는 못했지만, AI의 생성물을 다소 따분하게 느꼈다고 밝혀졌다.[16] 몇 년 뒤 전문 기자들의 분석이 나왔다. 그들은 알고리즘의 글이 보이는 한계에 대해 많은 우려를 내놓았다. 그중 몇 가지를 소개한다.

- 한 가지 출처에만 의존한다.
- 데이터에 의문을 던지거나 불규칙성을 포착하는 데 미숙하다.
- 본보기 포맷을 넘어서지 못하며 창의력이 부족하다.
- 동시대적 맥락을 제공하지 못한다.
- 인간이 쓰는 표현의 뉘앙스를 이해하지 못한다.[17]

거대언어모델의 등장 이래로 자연어 생성은 점점 정교함을 더했다(대체로 덜 따분하게, 그리고 좀 더 뉘앙스는 풍부하게 전달했다). 내러티브 사이언스의 공동 창업자 크리스 해먼드Kris Hammond의 다음과 같은 예언은 아직 실현되지 못했다. "언젠가 기계가 퓰리처상을 수상할 겁니다."[18]

일자리 전망

만약 당신이라면 자녀에게 기자가 되라고 권할 수 있겠는가? 많은 부모가 자기 자식이 전공으로 문학, 철학, 혹은 미술을 선택하면 진저리를 친다. 밥벌이는 어떡하고? 이제 언론계의 직업적 전망에 대해 솔직히 이야기할 시간이다. AI는 그런 전망에 일부분을 차지할 뿐이다. 이목 집중을 위해 교수형만 한 게 없다면, 언론인이 처한 어려움을 통계만큼 선명하게 보여 주는 것도 없다.

고용 통계부터 보자. 퓨리서치센터Pew Research Center의 보고서에 따르면 뉴스 매체에 고용되는 사람의 숫자가 뚜렷이 감소 중이다. TV, 비디오, 필름 카메라 기사, 편집자를 비롯해 뉴스 분석가, 리포터, 에디터와 사진기자를 모두 포함해 2004년과 2020년 사이의 인원 감소 폭은 자그마치 57퍼센트에 달했다.[19] 2020년 미국의 주요 신문사들은 뉴스 제작진 3분의 1을 감원했다. '팬데믹 때문이야!'를 외치기 전에 장기적 추세를 보라.

- 2017년: 32퍼센트 감축
- 2018년: 27퍼센트 감축
- 2019년: 24퍼센트 감축[20]

완전히 파산하는 경우도 있었다. 대부분 역사적으로 지역공동체가 그들의 직접적인 관심사를 파악하는 데 값으로 따질 수 없는 역사적 공헌을 했던 지역신문사들이었다. 그 규모도 엄청났다. 2004년과

2020년 사이에 2,850개 이상의 신문사가 문을 닫았다. 지역신문이 고용했던 기자들의 감소도 그만큼 막대했다. 2005년 이래로 대략 60퍼센트의 인력 손실이 있었다.[21]

만약 AI가 기자들의 일자리를 위협하고 있다면, 우선 얼마나 많은 일자리가 남아 있는지 먼저 판단해야 그런 위협에 대한 평가도 가능하다.

일자리 나누기

절반이나 비었는가, 아니면 절반이나 찼는가. 글 쓰는 AI 도구들이 미칠 충격을 가늠해 보라고 물었을 때 답변은 사람에 따라 다르다.

학술 연구소들과 언론 매체들은 저널리즘의 AI 혁명을 쌍수를 들고 환영하고 있다. 디지털 저널리즘에 관한 대학원 과정이 넘쳐 난다. 컴퓨터활용보도기자회National Institute for Computer-Assisted Reporting, NICAR가 생겼고, 《디지털 저널리즘》도 창간되었다. 이 새로운 분야를 탐구하는 책도 꾸준히 출간되고 있다.[22]

반이나 찼다는 주장은 다음과 같다. 일련의 과제를 자동화하면 인간은 그렇게 해서 벌어들인 시간을 그들이 최선을 발휘할 수 있는 분야, 가령 탐사 보도, 심층 분석과 사회적 비판 같은 곳에 집중할 수 있는 여유를 준다는 것이다. AI와 인간의 저널리즘을 결합하는 것은 윈윈게임이지, 제로섬게임이 아니라는 주장이다. 전문 경영인들과 뉴스 매체 책임자들은 지난 10년간 줄곧 이런 주장을 했다.

- 2012년 내러티브사이언스의 크리스 해먼드의 발언: "기계가 데이터로부터 스토리를 작성할 수 있다면 그런 식일 것입니다. 이 시점에서는 단지 시간문제일 뿐이죠. (…) 하지만 데이터로 뽑아낼 수 없는 수많은 얘기가 또 있습니다. 기자들은 거기에 집중해야겠지요, 그렇지 않아요?"[23]

- AP의 경제 뉴스 편집장 루 페라라Lou Ferrara가 2014년 오토메이티드인사이츠를 활용해 수익 보고서를 생성하는 문제에 관한 연설 중에 나온 발언: "이것은 일자리를 없애는 문제가 아니라, 기술을 이용해 기자들이 데이터 처리에 보내는 시간을 절약해 주고 그들에게 더 많은 언론 과제를 수행할 자유를 주자는 얘기입니다."[24]

- 포브스의 디지털 총책임자 살라 잘라티모Salah Zalatimo가 던진 회사의 만능 도구 버터에 대한 언급: "우리 기자들에게 제공된 바이오닉 수트bionic suit."[25]

공상 세계에서 바이오닉 수트는 특별한 힘을 줄 뿐만 아니라 적의 공격을 막는 보호 장비이기도 하다. 그런 수트를 입은 기자들이 안전하다고 느낄까? 기자들 대부분은 아직 판단을 내리기에는 너무 이르다고 생각할 것이다.

이제 반이나 비었다는 쪽의 주장을 살펴보자. 현재 미네소타대학 언론학 교수인 맷 칼슨Matt Carlson은 2015년에 봇물 터지듯 쏟아져 나온 미디어와 언론계의 기사들을 검토해서 뉴스 쓰기를 처음으로 자동화하여 사용하고 있는 것에 대한 반응을 측정했다. 일부는 AI와 인간의 행복한 협력을 전망하고. 심지어 일자리 증가까지 예상했다. 다른 이들은 더 비관적이었다. 그러나 AI가 아직은 시작 단계이니 누가 진정으로 알 수 있겠는가.

칼슨은 크리스 해먼드가 2013년에 했던 발언을 인용하며 일자리의 안정성을 우려하는 이들을 안심시키려 했다.

> 누구도 자동화된 글쓰기 시스템에 대해 걱정할 필요는 없다. (…) 그 시스템은 다른 누구도 쓰고 있지 않은 영역에서 활용되도록 고안되었고 다른 작가들, 분석가들과 조율해 가며 사용될 것이다.[26]

아무도 쓰고 있지 않은 영역이라고? 오늘날 기자 노릇을 하는 AI는 모든 영역을 파고들고 있다.

그 사이에 경각심을 일깨우는 사건이 터졌다. 2020년 늦봄에 마이크로소프트는 MSN 웹사이트에 게시하려는 기사들을 선택하고, 그 기사가 놓일 위치를 결정하도록 고용된 약 50명의 계약직 뉴스 관리자들을 해고했다. 그들의 업무는 자동화 체계에 인계되었다.[27] 우리는 이제 봇이 분류하게 된 뉴스 콘텐츠가 인간의 감독을 절실히 필요로 하게 되지 않기를 바랄 뿐이다. 페이스북과 같은 거대 미디어 업체는 어떤 뉴스를 게시할지 판단하는 일을 알고리즘에 맡길 수 없다는 사실을 혹독한 대가를 치르고 배웠다.[28]

변호사는 몇 명이나 필요한가

"언어는 인간 정신의 무기고다. 동시에 과거의 승리를 증명하는 전리품이자, 미래의 정복을 위한 무기다."

시인 새뮤얼 콜리지는 그렇게 말했다. 말과 글이라는 인간의 언어를 통해 우리는 세상을 이해하고 세상의 모습을 가꾸기를 기대한다. 모든 시인과 작가는 상기시키고 영감을 주고 설득하기 위해 언어의 힘을 빌렸다. 특히 설득 측면에서 그런 힘을 발휘하는 자질은 오랜 세월 법률 전문직의 전매특허였다.

사람에서 프로그램으로: 법률적 지형

차를 끓이기 위해 물이 필요한 것처럼, 법무에는 글 쓰는 능력이 필요 불가결하다. 보통 신참 변호사나 재판연구원이 초안은 잡지만, 고참 변호사나 판사들이 일반적으로 최종 발언권을 행사한다. 여기서는 수십 명의 변호사를 동원하고 수백만 건의 문서를 검토하고 복잡한 전략을 세워야 하는 대규모 소송 준비에 초점을 맞추어 보겠다. 몇 가지 핵심적 업무는 증거개시discovery, 법률 연구, 변론의 논리 구성과 쓰기다.

증거개시에는 소송에 관련될 만한(단지 문서뿐만 아니라 이미지나 컴퓨터 코드 같은 것도 포함한다) 모든 문서를 검토하는 과정이다. 법률 연구는 관련 법규를 파악하기 위해 수행하는 과정이다. 미국과 같은 관습법 체계를 따르는 나라의 경우, 과거 소송에서 내린 결정이나 법령을 모두 찾는 것을 의미한다. 판례가 미국 법률 체계에서는 엄청난 역할을 하기 때문이다. 얼마나 철저히 연구하는가는 변호사가 얼마나 통찰력이 있는가, 의뢰인이 얼마나 많은 돈을 기꺼이 치를 것인가 혹은 치를 수 있는가, 어떤 데이터를 이용할 수 있는가, 그리고 특히 어떤 법적 논거가 관련되어 있는가에 달려 있을 것이다.

컴퓨터 기술과 AI가 법률 업무 속으로 영역을 확장하면 어떤 일이 벌어질까?[29] 걸음마 단계부터 시작하겠다. 20세기의 마지막 몇십 년 동안 유서나 간단한 계약서 같은 온라인 서식들이 흔해졌고 변호사, 회사, 일반인들은 그들이 쏟아야 했던 상당한 노동시간과 빌러블 아워billable hour(변호사가 비용 청구가 가능한 업무 투입 시간-옮긴이)를 간소화했다. 한편 1970년대 초반에 법률 연구 업무에서 중대한 변화가 무르익기 시작했다. 대형 컴퓨터가 어마어마한 데이터를 저장할 수 있게 되었고, 그것을 검색도 할 수 있게 되었다. 잠재적인 수혜자에는 변호사도 들어갔다. 그들에게 필요한 것은 접속 단말기가 전부였다.

렉시스Lexis(지금은 렉시스넥시스LexisNexis)와 웨스트로Westlaw 등장이요. 렉시스C(라틴어 lex는 '법'을 그리고 영문 'i'는 정보information를, 's'는 과학science을 줄여 뜻한다)는 1973년에 뉴욕과 오하이오에서 판례법을 포함하는 데이터베이스로서 정식으로 출발했다. 7년이 지나지 않아 렉시스의 디지털 자산은 미국의 모든 연방과 주 법원 판례를 포함한 정도로 확장되었다. 거기다 이번에는 언론을 겨냥해 뉴스 기사들을 검색할 수 있는 데이터베이스를 추가했다(넥시스Nexis가 맡은 몫이었다).[30] 한편 웨스트출판사West Publishing가 1975년에 만든 웨스트로Westlaw는 캐나다의 퀸즈대학에서 컴퓨터가 지원하는 법률 검색 프로그램으로 시작되었다.

1990년대 들어 워드프로세서로 작성된 파일에서 이메일, 그리고 나중에는 소셜미디어 게시물에 이르기까지 본래부터 디지털화된 자료 중에 법률가들의 검토가 필요한 새로운 자료가 쇄도하기 시작했다. 이 모든 자료에 찾아야 할 먹잇감이 있었다. 필요가 발명의 어머니라고 했듯이, 이디스커버리eDiscovery(전자증거개시)가 탄생했다.

초창기에 이디스커버리는 소송에 필요할지도 모를 (전자 형식으로 변환된 정보를 포함한) 디지털 증거를 찾기 위해 이용되었다. 일반적으로 검색은 핵심어를 통해 이루어졌다. 오늘날은 AI의 도움을 받아 관계없는 검색 결과를 줄이기도 하고, 의미적 연관어들까지 포함해 자동으로 검색 영역을 확장하기도 한다. 예컨대 '소나무'나 '참나무'를 검색한다면 '나무'를 언급하는 문서도 원할지 모르니까.

덧붙여서 만약 그 소프트웨어가 어떤 문서가 가장 연관성이 높은지, 어떤 식으로 문서 주석과 편집 작업을 할지, 그리고 심지어 어조(텍스트의 대략적인 감정적 속뜻—긍정적? 부정적? 중립적?—을 파악하는 소위 감성 분석)까지 파악할 수 있다면 더할 나위 없을 것이다. 그런 도구들이 이제 나와 있다. 당연히 이디스커버리는 대규모 사업이 되었다. 이디스커버리 서비스를 제공받는 업체는 최대 기업 중 하나인 에픽Epiq에서부터 훨씬 규모가 작은 디지털워룸Digital War Room(이름이 모든 걸 말해준다)에 이르기까지 눈덩이처럼 불어났다.

그러고 나서는 AI를 끌어들여 법률 문서를 검색하게 되었다. 소프트웨어는 넘쳐 나지만 한 가지만 집중적으로 다루겠다. 지금은 렉시스넥시스에 인수된 렉스마키나Lex Machina다. 그 소프트웨어는 강력하고 인기 만점이어서《아메리칸로이어》선정 미국 100대 로펌AmLaw 100firms 중 대략 4분의 3이 이용할 정도다.

많은 성공 사례가 그렇듯 이것도 하나의 질문에서 시작되었다. 만약 특허 소송을 벌이게 되었을 때, 승소 가능성을 최대로 높이는 곳를 찾으려면 어떻게 하겠는가? 재판 관할구역(혹은 재판관)에 따라 결과는 달라지기도 한다. 그런 질문을 던진 사람은 스탠퍼드 법학대학원의 마크 렘리Mark Lemly 교수였다. 렘리 교수는 바로 답을 찾지 않고, 특허 소송 데이터베이스 구축을 시작해 어떤 요소가 결과에 영향을 미쳤는지를 찾아내려 애썼다. 2010년에 그 프로젝트가 렉스마키나라는 회사로 거듭났다. 고대 그리스 극작가 아이스킬로스나 에우리피데스가 그 회사 이름을 들으면 껄껄 웃을 것이다. 그리스 비극은 데우스엑스마키나deus ex machina('기계장치의 신'이란 뜻-옮긴이)라는 극적 장치를 마련해 신이 무대 위로 출현해―위에서 내려오거나 아래서 위로 들어 올려졌다―극적 갈등을 단번에 해결했다.

렉스마키나의 **신**deus은 리걸애널리틱스Legal Analytics라는 이름으로 불린다. 다목적 법률 문서 검색 서비스를 제공하는 도구다. 회사의 웹사이트에 따르면 그 소프트웨어는 법정과 법관을 분석(어떤 법관이 어떤 명령 신청 요구를 승인할 가능성이 얼마나 되는가를 알아보기)하고, 혹은 상대편 변호사를 평가(상대편 변호사가 소송 담당 법관 앞에 나서기 전까지의 승소율을 검토하기)하는 것과 같은 과제에서 이용자가 유리한 위치에 서게 한다고 했다.[31] 모두 공개된 정보지만 AI의 마법은 수집하고 쪼개고 분석하여, 소송과 관련된 자료들을 쉽게 구하도록 하는 데 있다.

법률적 양식을 쫓는 언어적 유희: AI를 변론에 써먹기

과다한 법률 서류 작업 절차에서 언어가 궁극적으로 담당하는 부분이 있다. 오랫동안 법무와 얽힌 이 글쓰기 문제를 잠정적으로 재정의하게 만들 프로그램들이 출시되고 있다.

2022년 중반을 기준으로 세 가지 중 현재 이용 가능한 프로그램이 둘이다(나머지 하나는 만드는 중이다). 마음의 준비를 해 두라. 당신이 이 장을 읽을 즈음에 AI 법률 문서 도구들의 수준이 몇 단계는 향상했을지도 모르니까.

서면 기록 분석가: 콘텍스트

과거의 소송에서 판사들이 어떤 판결을 내렸는지를 아는 것도 필요하다. 그러나 만약 가장 설득력 있는 언어와 변론들까지 자세히 찾아보고, 그것들을 감정증인(특별한 학식과 경험에 의하여 알게 된 사실을 증언하는 사람-옮긴이)을 비롯한 자기 법무 팀에 제시할 수 있는 변호사들이 존재한다면 어떨까? 라벨로Ravel Law가 개발했다가 2017년 렉시스넥시스에 인수된 콘텍스트Context 등장이요.

콘텍스트가 자연어 처리를 활용해, 포함하거나 피해야 할 언어적 전략을 짜는 것은 조금도 놀랄 일이 아니다. 콘텍스트 프로그램의 판사 분석을 이용하면 "담당 판사가 가장 빈번하게 언급하는 바로 그 언어와 의견들을 이용해 가장 설득력 있는 변론을 구축할 수 있다." 아니면 변호사 분석에서 100만 명 이상의 변호사 데이터베이스를 이용해, 사용자가 맡은 건과 비슷한 소송의 변론에서 변호사들이 구사했던 언어를 검토할 수도 있다.[32] AI 소프트웨어가 통계적으로 안전한 변론을 향해 법률가를 이끈다면 그에게 전문적인 법률가로서의 글쓰기 솜씨는 얼마나 남아 있게 될지 의아할 뿐이다.

본론으로 들어가기: 컴포즈와 리걸메이션

우리는 GPT-3과 같은 거대언어모델들의 새로운 텍스트 생성 능력에 계속 찬사를 보냈다. 이제 법조계에서는 소프트웨어에 실제로 초안 작성을 맡기는 결단을 내리기 시작했다. 장차 무슨 일이 일어날지 파악하기 위해 법률 정보 검색을 제공하는 케이스텍스트Casetext가 개발한 컴포즈Compose라 불리는 프로그램을 살펴보자.

이 회사는 관련 판례와 판결 이유를 찾아 주는 카라AICARA AI를 제공하면서 AI 법률 검색 소프트웨어로 유명세를 탔다—어쩔 수 없이 렉시스넥시스의 경쟁사가 되었다. 그런데 컴포즈는 한발 더 나아갔다. 케이스텍스트의 최고경영인 제이크 헬러Jake Heller는 한 인터뷰에서 컴포즈를 사용해 명령 신청과 같은 법률 문서를 완벽하게 생성하는 과정을 명확히 설명했다.

• 문서 유형을 선택한다.

- 소송이 진행될 재판 관할구역을 선택한다.
- 컴포즈에게 변론 목록을 생성하게 한 다음, 마음에 드는 것을 선택한다.
- 어떤 법적 기준이 적용되어야 할지 결정하고, 관련 소송 목록을 파악한다.
- 사용자가 쓰고 싶은 언어를 얼마간 입력하고 컴포즈가 동일한 언어나 개념을 사용한 소송들을 표시하게 한다.
- 다운로드를 클릭하면 작성된 초안이 나온다.[33]

변호사들은 그 초안을 약간 수정하여 마무리할 수 있다. 결과적으로 의뢰인들은 변호사의 비용 청구 시간을 절약한다. 케이스텍스트의 공동 창업자들은 컴포즈와 같은 프로그램들이 필수적 문서 작업 대다수를 AI에게 위임하게 만들면서 법률적 지형을 극적으로 바꾸리라 기대하고 있다.[34]

AI 법률 문서 시장에서 컴포즈가 유일한 초안 제작 도구는 아니다. 또 다른 참여자는 고소장, 증거개시 요청서, 증거개시 답변서를 준비해 주는 리걸메이션 LegalMation이다.[35] 그 소프트웨어는 IBM 창업자의 이름을 딴, 자연어 질의 AI인 IBM의 왓슨Watson을 기반으로 구축되었다. TV 퀴즈쇼 〈제퍼디!Jeopardy!〉에서 인상적인 데뷔를 했던 바로 그것(지금은 업데이트됨)이기도 하다. 리걸메이션은 자사의 소프트웨어가 겨우 몇 분 내로 문서 초안을 작성할 수 있으며, 인간이 "약간의 편집과 기본적인 검토"를 하면 그만이라고 큰소리쳤다.[36]

법률 담당 비서: 하비

2022년 말 하비Harvey라 불리는 스타트업이 오픈AI 스타트업 지원 기금으로부터 500만 달러를 투자받았다.[37] (2023년 1월 기준) 매우 간소한 웹사이트에서 오픈AI는 하비를 AI 법률 전담 조력자로 칭하면서 다음과 같이 극찬했다.

> 하비는 (평범한 영어로 전달된) 사용자의 요구에 따라 정확하면서도 적절히 문서를 생성하고, 검색과 분석을 하도록 고안되었습니다. 계약서 초안을 잡거나, 판례를 검토하거나, 고객에게 조언이 필요할 때 하비는 사용자의 시간을 절약해 주고 업무의 질도 개선해 줄 것입니다.

어떤 쓰기 기능들을 선보일지 기대하시라.

일자리의 미래

당장은 법률 전문직의 시장 상황이 좋다. 미국 변호사협회는 2021년이 끝날 무렵 미국에서 132만 7,010명의 변호사가 개업 중이라고 밝혔다.[38] 완전한 자격을 갖춘 변호사를 제외하고도 법무사와 법률 사무원 인력이 있는데, 최근의 집계로는 33만 6,250명이었다.[39]

노동인구의 수가 엄청나다. 심지어 행정 담당 직원들은 포함도 하지 않은 숫자다. AI를 점점 더 많이 사용하게 되더라도 돌아갈 일자리가 충분할지 묻지 않을 수 없다. 영국에서 법률 AI에 대한 전문가인

쓰기의 미래

리처드 서스킨드Richard Susskind는 답하기에는 아직 확신이 서지 않는다고 했다. 2016년에 쓴 글에서 그는 다음과 같이 예측했다.

AI가 점점 더 많은 능력을 발휘하면서 점차 법률가의 일자리를 갉아먹을 것이다. 최고의 승소율을 자랑하는, 최고로 명석한 전문가들이 가장 오래 살아남을 것이다. 기계가 대체할 수도 없고, 대체해서도 안 되는 업무를 수행하는 이들이다. 그러나 고용 상태에 있는 수많은 고만고만한 법률가들에게 돌아갈 정도로 이런 업무가 충분하지는 않을 것이다.

서스킨드는 2020년대에는 일자리 호황의 분위기가 꺾이지 않을 것이라고 말했다. 하지만 "장기적으로는 전통적인 변호사에 대한 필요는 훨씬 줄어들 것이라는 결론을 피하기는 어렵습니다."[40]

모두가 비관적이기만 한 것은 아니다. 법학 교수 데이나 리머스Dana Remus와 경제학자 프랭크 레비Frank Levy는 법률 직무는 개별 일자리로 환원되기보다는 과제들의 집합체이고, 법률 문서 작성은 그중 한 가지일 뿐이라는 사실을 강조했다. 그들은 2017년 연구에서 이런 다양한 과제들을 수행하는 법무에 AI가 미칠 영향은 어느 정도일까를 예측했다. 그들의 연구는 과제의 유형에 따라 변호사가 청구하는 빌러블아워에 대한 데이터까지 포함했다.

1,000명 이하의 변호사를 고용하는 법무 법인의 빌러블아워 데이터를 보면 1퍼센트를 넘지 못하는 문서 관리부터 14.5퍼센트를 차지

하는 법원 출석과 준비, 27.0퍼센트에 달하는 법률적 분석과 전략에 이르기까지 업무 영역별 기대 점유율을 확인할 수 있다. 법률 문서 작업은 17.7퍼센트로 기록되어 있다.

각각의 과제에 대해 리머스와 레비는 (현재 또는 가까운 미래에) AI가 미칠 예상 가능한 충격을 '강함', '보통', '약함'이라는 등급으로 매겼다. '강함'이라고 꼽을 만한 유일한 영역은 문서 검토였다. 이 과정이 이미 얼마나 많이 자동화되었나를 생각해 보면 놀랄 일이 아니다. 잠재적인 충격이 '약함'일 것으로 여겨지는 영역은 사실관계 조사, 고객에게 조언하기, 협상, 기타 의사소통 및 대응, 그리고 법정 출석과 준비였다.

그리고 법률 문서 작성 분야에서는 AI가 인간 변호사를 대체할 가능성이 '약함'으로 평가된 모든 영역을 합했더니, 전체 변호 업무에서 총 55.7퍼센트라는 수치가 나왔다. 법률 문서 작성을 위해서도, 다른 일을 위해서도 여전히 변호사는 필요하다는 결론이 나왔다.[41]

리머스와 레비는 곰곰이 따져 본 뒤 법률 문서 작업은 쉽게 자동화할 수 없다고 결론을 내렸다. 문서 업무 중 많은 부분이 "현재의 컴퓨터가 보여 줄 수 없는 개념적 창의성과 유연성을 요구하"기 때문이다. 그리고 "변호사에게 제2의 천성이라 할 만한 판례 사용 영역은 컴퓨터 프로그램으로 모델을 작성하기에는 뛰어넘기 힘든(그리고 현재는 불가능한) 장벽이다."[42] 여기서 중요한 단어는 '현재는'이다. 이 논문이 작성된 2017년에 거대언어모델은 아직 진화하지 않은 AI 텍스트 생성 모델이었다. GPT-3과 그 후속 프로그램들의 놀라운 능력을 고려해 보면 결론을 내리기가 망설여진다.

법률 전문직의 미래에 대한 미국 정부 측의 전망은 어떨까? 미국 노동통계국은 2020년대 동안 미국 내에서 법무사 및 법률사무원 인력은 12퍼센트의 증가를 보일 것이라 예상했던[43] 반면, 변호사들에 대해서는 9퍼센트 증가라는 예상치를 내놓았다.[44] 수치만 보면 안심할 정도지만, 통계국이 선로 위를 폭주 중인 AI 화물차에 대해 어느 정도의 인식을 갖고서 그런 수치를 도출했는지는 분명하지 않다.

게다가 언론계 일자리에서도 그랬듯이, AI가 법률 일자리 시장에 영향을 미치는 유일한 요소는 아니다. 제임스 카빌(1992년 미 대선 때 빌 클린턴 후보의 선거 전략통)이 했던 유명한 말처럼 "문제는 경제야, 바보야." 법무 법인들은 기업체다. 그들은 주요 고객들과 빌러블아워를 협상하고, 몇 명의 어소시에이트associate를 파트너partner로 격상할지 고민해야 하며, 비용 절감을 위해 법률 보조인이나 해외에 외주 업무를 준다. 아마도 2009년 대침체로부터 배운 바가 있었을 것이다. 잘나가던 법무 법인들 몇 곳이 갓 뽑은 어소시에이트에게 돈까지 줘 가며 한동안 출근하지 말라고 하던 시기였다.[45] 나쁜 경제 상황에 예산 압박까지 더해지면서 돌아갈 일거리가 충분하지 않았던 것이다.

일자리 나누기

효율성 증진은 발전의 유서 깊은 징표다. 18세기 초 마차로 뉴욕과 캘리포니아 사이를 여행하려면 적어도 넉 달이 걸렸다. 오늘날엔 비행기로 대략 여섯 시간정도 소요된다. 심지어 차를 몰고 가도 나흘에서 닷새면 가능하다. 마차 여행으로 겪어야 했던 고생길에서 벗어났다고 불평하는 사람은 없다.

법률 서비스에 관한 한 가격 적정성은 중요한 요인이다. 모든 평균치 시민(많은 이가 비싼 수임료 때문에 법률 서비스에서 소외된다)뿐만 아니라 기업체들에도 규모를 막론하고 적용되는 문제다. AI 도구들을 점점 더 많이 사용하면서 엄청난 인력을 투입해야 했던 법률 업무 처리 속도가 빨라졌다. 그런데도 여전히 고객과 증인을 만나기 위해, 문서에 기반하지 않은 조사를 위해, 그리고 이디스커버리 및 법률 검색 소프트웨어를 구동하기 위해 인력이 필요하다. 법무 법인이 최신·최첨단의 AI를 쓰고 있지 않는 이상 인간 변호사들이 계속해서 변론을 구축하고 문서 초안을 잡는 일자리를 얻을 것이다. 당분간은.

한 가지 가능한 시나리오는, 상당수의 변호사가 소프트웨어 매니저 또는 AI가 작성한 초안의 사후 편집자로 변신하리라는 것이다. 이미 전문적인 쓰기 능력을 요구하는 또 다른 분야에서 기분 나쁠 정도로 유사한 위협이 어른거리고 있다. 바로 번역이다.

번역가인가 사후 편집자인가?

빈미술사박물관 한 전시실의 막다른 벽에 한 그림이 걸려 있다. 2022년 6월 빈에 있는 동안 나는 피터르 브뤼헐이 1563년에 그렸던 〈바벨탑〉을 보기 위해 성지순례를 했다.

쓰기의 미래

『킹 제임스 성경』은 창세기 11장 6~7절에서 처음 온누리에는 단 하나의 언어가 있었다고 말해 준다. 시간이 흐르면서 많은 세대가 지난 후에 노아의 후손 중 한 무리가 새 성읍과 "그 꼭대기가 하늘에 닿는" 탑을 건설하기로 결정했다. 신은 마뜩잖았다.

> 사람들이 한 종족이라 말이 같아서 안 되겠구나. 이것은 사람들이 하려는 일의 시작에 지나지 않겠지. 앞으로 하려고만 하면 못할 일이 없겠구나.

그의 해결책은 의사소통을 끊어 놓는 것이었다.

> 당장 땅에 내려가 그들이 쓰는 말을 뒤섞어 놓아 서로 알아듣지 못하게 해야겠다.

만약 당신이 사람들을 도와 '(모두의 언어를) 서로 알아듣'게 하려거든 오늘날 지구상에서 통하는 수천 가지 언어에 능통하게 만드는 것은 불가능한 일이다. 누군가가 번역을 해 줘야 한다. 오랜 세월 번역은 탐험가, 침략자, 교역을 원하는 상대, 종교를 전파하려는 선교사의 필요불가결한 도구였다.

적보다 한발 앞서려는 욕구는 또 다른 동기였다. 6장에서 살펴봤듯이 냉전 시기에 러시아어를 영어로 기계번역하려는 시도가 AI 연구에 기금을 댄 중요한 원동력이었다. 처음 몇십 년 동안은 어려움을 겪었지만, 기상예보부터 유럽연합의 서류 작업용 업무 지침서에 이르기까지 컴퓨터를 번역에 이용하는 것은 흔한 일이 되었다. 이제 구글 번역기, 딥엘 번역기와 그와 유사한 번역 도구들을 언제든지 이용할 수 있게 되었으니, 모든 번역을 AI에게 맡겨도 괜찮겠다는 생각이 드는 것이 이상하지 않을 정도다.

여기서 잠깐. 한 언어에서 다른 언어로 내용과 문체와 문맥을 변환하는 과제에는 그런 일에 어두운 사람의 눈에 보이는 것보다도 훨씬 복잡한 사정이 있다. 전문 번역가에게 물어보라.[46]

번역체

번역가들은 언어가 단어와 결합 규칙의 조합 이상의 것이라는 현실과 맞닥뜨린다. 오히려 언어는 삶의 문화와 경험의 독특한 표현이다. 우리가 '빨강'이라 칭하는 색 스펙트럼의 다양성을 생각해 보라. 그 색깔을 보면서 많은 미국인은 과거 한때 '침대 밑 공산주의자들'을 두려워하곤 했지만, 프랑스인이라면 혁명기의 삼색과 자유, 평등, 박애(차례로 청색, 백색, 적색-옮긴이)로 향했을지도 모른다. 빨간색이라면 행운이나 복을 연상하는 중국인들은 훨씬 더 멀리 나아간 것이다. 색 스펙트럼의 범위는 같고 단어도 하나지만, 의미에 문화적 무게가 달리 실려 있다.

번역은 두 언어 사이의 차이들을 잘 처리하는 것은 쉬운 일이 아니다. 한 가지 방편은 소위 '제3의 언어' 또는 '번역체translatorese'라 불리는 것에 의지하는 것이다.[47] 그것은 사실 새로운 언어는 아니지만 출발어(가령 파피아멘토어)(네덜란드령 서인도제도에 사는 약 25만 명의 인구가 두루 사용하는 언어-옮긴이)와 번역의 결과물이 되는 언어(도착어-아마도 영어) 사이에서 일종의 중간 단계에 있는 어떤 것이다.

'translatorese'를 온라인에서 검색해 보면, 이 단어가 미숙한 번역을 의미하며 악마화되는 현상을 발견할 수 있다. 부당한 평가다. 전문가의 번역들도 흔히 번역 대상이 된 두 언어 모두와 달라 보이는데도 이치에 맞는 결과물을 얻곤 한다. 번역학자들은 출발어 및 도착어와 무관하게 많은 번역 과정에서 특징적인 일련의 속성 덩어리(종종 번역 보편소translation universals라고 부른다)에 관해 논의한다.[48] 다음과 같은 것들이다.

- **단순화**: 표현된 메시지, 사용된 언어 혹은 그 둘 다를 단순화하는 것을 뜻한다. 예컨대 원문의 긴 문장을 여러 짧은 문장으로 나누는 경우다.
- **명료화**: 출발어 텍스트에 없었던 배경지식 같은 정보를 추가하는 것을 뜻한다. 결과적으로 번역서가 원서보다 더 길어진다.
- **정상화**: 번역 대상으로 삼은 출발어가 아니라, 번역 결과물이 되는 도착어의 양식적 특성을 선택하는 것을 뜻한다. 정상화는 원서에서는 불완전한데도 완전한 문장으로 보일지도 모른다.
- **단순 평준화**: 출발어로 삼은 원본 텍스트보다 서로 차이가 덜한 번역문을 생성하는 것을 뜻한다. 이를테면 일련의 번역문들이 원본의 동일한 부분보다 문장의 길이와 단어 선택에 있어서 좀

더 유사성이 높다.

번역체는 실재한다. 하지만 이를 실증하기란 상당히 어렵다. 아마도 구두점이나 동사 유형의 가짓수를 비롯해 특정한 단어들과 품사들(예컨대 관사나 부사)의 빈도를 계산하는 등 언어를 입자 덩어리 수준으로 분석해야 하기 때문이다.

AI가 이 작업에 도움을 줄 수 있다. 연구에 따르면 컴퓨터는 원본들(이 경우 이탈리아어)과 다른 언어들에서 이탈리아어로 (인간에 의해) 번역된 책들을 놓고 그 차이를 상당한 수준으로 구분해 낸다고 한다. 하지만 전문 번역가를 포함해 인간에게 원본과 번역본을 구분하라고 요구했을 때는 컴퓨터만큼 해내지 못했다.[49]

컴퓨터가 일승을 거뒀다. 다음으로 확실시되는 질문은 기계번역에는 번역체가 없는가이다. '아니오'라는 대답이 예상된다.[50] 이유는 거대언어모델의 작동 방식에서 비롯한다. 사용자가 새로운 텍스트를 요구하면, 그 모델은 데이터 더미에서 잦은 빈도로 등장하는 결과를 띄우는 경향이 있다. AI에 문서 번역을 요구하면, 그것은 훈련받은 데이터 중에서 가장 빈번히 등장한 단어나 문법 구조로 이끌린다. 출발어(원본)에 있었던 어휘적, 그리고 구문적 다양성이 AI 번역에서는 씻겨 버리는 결과를 초래한다.

컴퓨터의 점진적 영역 확장: AI와 전문 번역

어느 정도 나이가 있는 독자라면 쓰기 작업 도구가 타자기로부터 컴퓨터로 옮겨 가던 시기를 기억할 것이다. 소프트웨어가 개선되면서 어쩌면 당신은 사전을 버렸을지도 모른다. MS워드나 손쉬운 구글 검색으로 필요한 기본 정보를 얻을 수 있게 되었기 때문이다. 급히 현재로 돌아와서, 이제 컴퓨터는 사용자의 글을 편집하기도 하면서 글쓰기를 점점 더 많이 거든다.

번역업은 쓰기와 비슷하게 컴퓨터에 기반한 도구에 점진적으로 더 많이 의존하는 단계를 거쳤다. 초기에는 온라인 사전과 번역하고자 하는 인쇄물을 전자파일로 변환하는 광학식 문자 판독 장치 따위가 있었다. 그러고는 이전의 번역물을 재활용하도록 해 주는 프로그램을 비롯해 좀 더 정교한 도구가 등장했다.[51]

이와 같은 노동력 절약형 도구들은 전문 번역가들이 컴퓨터를 번역 업무의 도우미로 쓰도록 만들었다. 이제 형세는 역전되어 기계가 주도권을 쥐고서 완전한 번역을 하는 시대가 도래했다. AI 프로그램이 계속 개선을 거듭하면서, 그리고 번역 시장이 계속 커지면서 번역업에는 얼마나 많은 인간이 필요할 것인가. 그들은 어떤 역할을 하게 될 것인가?

'충분' 대 '양호': 번역업의 미래

앞에서 충분한 일자리를 갖는 것과 양호한 일자리를 충분히 갖는 것의 차이를 논했다. 번역업에서 '충분' 대 '양호' 사이의 괴리는 벌써 진행 중인 것으로 보인다.

미국 노동통계국은 미국에서 두 가지 언어를 다룰 수 있는 구직자들의 일자리에 대해 장밋빛 예측을 내놓았다. 그 수치는 인상적이다. 하지만 통계국의 다음과 같은 통계는 통역(한 언어를 듣고 다른 언어로 말하는 것)과 번역(문자적 결과물을 내놓는 것)을 합친 숫자라는 사실을 명심하라.

- 2020년 현재 고용 상황: 8만 1,400명
- 2030년 고용 예상치: 10만 700명

미국 전체 일자리의 성장률이 8퍼센트인 것과 비교하면 번역업은 24퍼센트나 된다.[52]

번역 일자리가 급증한 데 따른 주요 원인으로는 국제 거래의 지속적 증가, 미국 내 언어적 다양성의 지속적 확대, 군사적·안보적 필요가 꼽혔다. 게다가 전통적인 문서뿐만 아니라 웹사이트와 소셜미디어 게시물과 같은 온라인 텍스트에 대한 번역 수요도 증가했다.

번역업이 잘나가는 모양이다. 과연 그런가?

폭발적 증가세를 보이는 기계번역 시장

기계번역 작업은 그 시장 규모가 엄청나다. 추정컨대 번역으로 돈벌이를 하는 기업은 1만 8,000곳 이상이며 매년 560억 달러 이상을 벌어들인다. 온갖 규모의 번역 회사가 있지만, 그중 꼽힐 만한 거대 기업으로는 트랜스퍼펙트TransPerfect, RWS, 랭귀지솔루션스Language Solutions, 키워드스터디스Keyword Studies 그리고 라이온브리지Lionbridge가 있다.[53] 아직 전적으로 기계에 맡기는 번역의 비중은 얼마 안 되지만 그 비중이 커질 것임은 확실해 보인다.[54]

AI 번역은 다양한 수준에서 이용할 수 있다. 가장 손쉬운 경우로는 구글 번역기, 딥엘 번역기나 MS 번역기를 사용해 보는 것이다. 그다음 단계로 가면 쓴 만큼만 요금을 내는 방식, 즉 종량제 방식으로 계산하는 구글 클라우드 번역기나 아마존 번역기 같은 플랫폼이 번역을 대행하는 것이다.[55] 더 나아가 웹사이트 번역(가령 위글롯Weglot을 사용해서)이나 대규모 국제적 사업을 위해 오가는 문서 번역과 같은 방대한 과제들을 위해 회사를 고용할 수도 있다.

특히 상업적 환경에서 텍스트를 한 언어에서 다른 언어로 바꾸는 데는 번역 이상의 것이 필요하다. 오늘날 많은 상업 번역은 특정한 언어적·문화적인 맥락에 번역을 맞추는 현지화를 포함한다. 현지화는 먼저 어떤 언어를 선택할지 정하는 것을 뜻한다. 즉 포르투갈어라면 브라질 포르투갈어인지 유럽 포르투갈어인지, 혹은 프랑스어라면 퀘벡의 프랑스어인지 프랑스학술원이 인정한 프랑스어인지 결정하는 문제다. 뉘앙스를 더 살릴 방법에는 현지인이 공감할 수 있는 어조를 '번역하는 것'이 포함된다. 이를테면 킬로그램 혹은 파운드 중 어떤 것을 무게 단위로 삼아야 할지를 꼼꼼하게 확인하는 것이다.

품질 문제, 또는 '콩 먹지 마세요'

우리가 지금까지 피해 갔지만 숨어 있던 문제점 하나는 번역 품질이다. 종종 '그런대로 괜찮은' 번역이면 충분하다. 지난 1947년 워런 위버는 과학 문헌 번역에서 '품위 없는(그러나 이해할 수는 있는)' 정도로 기꺼이 만족했다. 그런데 특히 프로그램이 출발어나 도착어에 능숙하지 못할 때, 이따금 더 나은 번역이 필요하다. 알고리즘의 기계 번역을 위해 이용할 수 있는 거대한 데이터세트를 확보한 언어들(특히 영어와 스페인어, 그 정도는 아니더라도 독일어와 불어도)을 예로 들어 보자. 학습할 데이터가 얼마 안 되는 아랍어나 아르메니아어보다는 성공률이 월등하다.

이런 격차는 심각한 결과를 부를 수도 있다.

실상을 도드라지게 보여 주는 사례는 병원, 특히 응급실에서 일어난다. 응급 환자가 지구상의 많은 언어 중 어떤 언어로 말할지는 아무도 모른다. 병원에서 (직접 혹은 전화로) 의사를 전달할 수 있는 인간 통역사를 찾았다고 하더라도 퇴원 지시를 해야 할 때는 또 어떻게 하나? 퇴원 지시는 서면으로 처리해야 할 필요가 있는 일이어서 종종 번역 작업이 필요하다. 비용과 효과 면에서 구글 번역기가 좋은 대안으로 보인다.

만약 환자가 스페인어 구사자라면 운이 좋다. 의료 정보 분야에서 영-서 구글 번역기의 정확도는 90퍼센트 이상이다. 그러나 페르시아어나 아르메니아어라면 정확도는 각각 67퍼센트와 55퍼센트까지 추락한다. 심지어 번역 데이터세트가 방대하고 정확도도 높은 편인 중국어의 경우에도 문제가 생길 수 있다. 다음의 사례는 응급실 퇴원 지시를 위해 구글 번역기를 사용한 연구에서 발췌한 것이다.

쓰기의 미래

- 영어 "통증에 필요하다면 처방전 없이 구입 가능한 진통소염제를 써도 좋다You can take over-the-counter ibuprofen as needed for pain."가 아르메니아어로는 (영어로 역번역을 했더니) "통증 완화를 위해 얼마든지 대전차 미사일을 구입해도 좋다You may take anti-tank missile as much as you need for pain."가 되었다.

- 영어 "오늘 당신의 쿠마딘 수치가 너무 높습니다Your Coumadin level was too high today."는 중국어로는 (다시 역번역) 이렇게 변신했다. "오늘 당신의 콩 수치가 너무 높습니다Your soybean level was too high today."[56]

미숙한 AI 번역으로 생기는 오역은 단순히 웃길 수도 있지만, 유해할 수도 있다. 어느 경우든 자원이 허락한다면 대책은 있다. 번역을 공개하기 전에 인간의 사후 편집을 거치도록 하라는 것이다.

사후 편집 우울증

사후 편집의 역사는 기계번역 초창기까지 거슬러 간다. 우리는 앞에서 여호수아 바르힐렐이 기계가 처리한 텍스트에 대해 인간이 사전 편집, 사후 편집, 아니면 둘 다를 해야 한다고 주장하는 것을 보았다. 오늘날에도 AI 번역 알고리즘이 힘겨운 반응을 보일지도 모를 일에 대비해 사전 편집으로 언어를 매끄럽게 다듬고 있다.[57] 그러나 진짜 중요한 일인데도 감히 입에 담기를 꺼리는 문제(방 안의 코끼리)는 기계번역을 거치고 난 텍스트를 말끔하게 처리하는 사후 편집이다.

기계번역 사후 교정Machine Translation Post Editing, MTPE의 수요는 점점 늘어났다. 사후 편집자는 '쿠마딘'이 중국어로 '콩'이 될 수 없다는 사실을 찾아낼 것이고, 구두점이나 대문자 사용에 오류가 있다면 잡아내고 (모든 언어가 동일한 체계를 갖지는 않는다), 어색한 문법을 바로잡을 것이다. 사후 편집이라는 조정 과정을 거치는 AI는 인간들의 수정을 받으며 학습한다. 원칙적으로 사후 편집은 처음부터 인간이 번역하는 방식보다는 생산성을 높이고 비용도 줄여 준다. 그러나 사후 편집은 번역 오류를 잡아내는 것에 그치지 않고, 결과물에도 영향을 미친다는 사실이 드러났다.

인간 번역과 기계번역 모두에서 번역체가 있는 것과 마찬가지로 '사후 편집체post-editese'가 있다는 증거도 있다. 연구자들은 인간의 번역을 100퍼센트 기계번역과 인간의 사후 편집을 거친 기계번역 모두에 빗대어 비교해 봤다. 사후 편집을 거친 기계번역은 사후 편집체가 있었을 뿐만 아니라, 과장된 번역체의 모습까지 보였다. 자체로 번역체가 내재된 기계번역을 바탕으로 사후 편집을 했으니 그럴 만도 하다.[58] 기술적으로는 문제가 없는 결과물이지만, 이따금 AI가 생성한 신문 기사나 오늘날 챗GPT가 생성한 에세이를 상기시키는 따분한 읽을거리가 만들어졌다.

전문 번역가들은 사후 편집에 대해 어떻게 생각할까? 2019년 7,000명 이상의 번역가와 통역사들을 대상으로 벌인 국제적 설문 조사 결과는 시사하는 바가 있다. 응답자의 89퍼센트가 전통적인 인간의 번역물을 원한다고 답했다. 대략 3분의 1 정도는 기계번역 사후 편

쓰기의 미래

집 작업을 조금 해 본 적이 있지만, 그중 3퍼센트만이 그 결과물을 선호했다. 나머지 8퍼센트는 인간의 번역물(원래 그랬던 대로)을 편집하기(사후 편집 작업의 원래 형태다)를 선호했다.[59]

이 숫자들을 해석하려면 번역 일의 동기를 이해하는 것이 도움이 된다. 흔히 그 일은 시간제 프리랜서직이다. 본인이 원하는 경우도 있지만, 생계를 번역에 전적으로 기대는 것이 어려운 경제적 사정 때문이기도 하다. 그러나 번역은 좋아서 하는 노동이기도 하다. 왜 번역을 좋아하느냐는 질문을 던졌을 때 응답자 중 43퍼센트는 번역이 목적의식을 주기 때문이라고 했다. 응답자들이 기계번역물의 사후 편집 작업을 탐탁지 않아 하는 것이 이해가 간다.

사후 편집을 마무리하기 전에 우리는 모든 번역 일거리가 동등하지 않다는 사실을 유념해야 한다. 지겨울 정도로 판에 박힌 일에 인간이 매혹되지 않는 것은 당연하다. 앞에서 만났던 캐나다 번역가들이 틀에 박힌 날씨 뉴스 번역을 지겨워했다가 타움-메테오가 도입되어 기계가 그 뻔한 일을 도맡자 기뻐했던 사례를 돌이켜 보라.

> 번역가에게는 일종의 '스윗스팟sweet spot(골프 따위에서 최적의 타격점을 말하는데 여기서는 번역가를 최고로 고무시키는 지점-옮긴이)'이 있는데, 일기예보와 같은 뻔한 텍스트는 [기계번역] 시스템이 맡기를 원하고 대신 스스로는 (사후 편집을 하기보다는) 좀 더 활력을 주는 텍스트 번역을 선호하는 바로 그런 지점을 말한다.[60]

요즘 번역되는 문서 중에는 계약서나 관공서의 의사록부터 웹사이트나 뉴스 기사에 이르기까지 오로지 정보성 텍스트가 대다수를 차지한다. 일반적으로 "제때의 한 땀은 나중의 아홉 땀을 던다A stitch in time saves nine."나 "삶은 여정이다Life's a journey."와 같은 은유적 문장을 AI 알고리즘이 처리해야 할 필요는 없다. 이런 일을 하기에는 인간이 더욱 적합하다.

제임스 조이스는 말할 것도 없고 윌리엄 포크너를 번역하는 컴퓨터를 상상하기란 어렵다. 다음의 문장 "they were yung and easily freudened(그들은 어렸고 무섬을 잘 탔다네)"을 구글 번역기에 넣고 러시아어로 번역하고, 다시 영어로 역번역을 해 보라(출처: 제임스 조이스의 『피네간의 경야』). 예측되다시피 'yung'은 'young'이 되었고 그러면서 조이스가 교묘하게 숨긴 칼 융Carl Jung에 대한 암시는 지워졌다. (yung과 freudened는 1차적으로 어린young과 겁먹은frightened을 말하지만, 동시에 심리학자 융Jung과 프로이트Freud를 암시하는 말장난이다-옮긴이)

기계번역 초창기에는 문학(소설뿐 아니라 탁월하게 저술한 논픽션)은 컴퓨터의 능력으로는 결코 다룰 수 없는 번역거리로 여겨졌다. 오늘날 그런 가정은 더 이상 유효하지 않다. 번역가들의 마지막 보루는 뚫릴지도 모른다.

문학은 번역의 마지막 보루인가?

출판업계에서는 어쩌다 한 번씩 번역서 표지에 누구의 이름을 올려야 하는지를 놓고 논쟁을 벌였다. 원작자의 이름만 올릴 것인가, 아니면 역자도 함께 올려야 하나? 본질적으로 생계를 위한 노동일 때 그렇듯 어쩌면 번역가들은 그런 소동에 특별히 신경 쓰지 않는다. 번역가는 표지에 이름을 올리고, 어쩌면 서문을 쓸 수도 있다. 번역가들은 인정을 원했지만 자주, 충분히 인정받지는 못했다. 이제는 책 표지, 비평과 마케팅에 번역가의 이름을 포함하기 위한 조직적인 운동이 일어나고 있다.[61]

때때로 출판에서 가장 중요한 것은 그것이 새 번역본일 때이다. 『베오울프』를 예로 들어 보자. 누가 그 시를 썼는지—최초에는 입으로 불렀겠지만—모르기 때문에 작가가 광고지의 최상단을 차지할 것인지 아닌지의 문제로 다툴 일이 없다.

더 흥미로운 소식은 매우 많은 사람(수십 명인데 지금도 느는 중)이 그 고대영어를 현대 영어로 번역하는 과업에 나서기를 원한다는 사실이다. 이 시집의 많은 번역본이 상당히 쓸 만하지만, 몇몇은 큰 주목을 받았다. 이를테면 2020년 마리아 다바나 헤들리Maria Dahvana Headley가 이 서사시를 페미니스트적 관점으로 해석한 경우다. 하지만 횟브레드 '올해의 책'상 수상을 비롯해 최고로 눈길을 끈 것은 셰이머스 히니Seamus Heaney의 번역본이었다. 영국 시인 앤드루 모션은 《파이낸셜 타임스》 기고문에서 그 인기를 다음과 같이 요약했다. "[히니는] 걸작으로부터 걸작을 만들어 냈다."[62]

최고의 수준에 이를 때 번역은 일이 아니라 예술이 된다. 어떤 언어, 문화, 시대, 심지어 원작자의 마음속으로 파고들면서 시작해 창의적인 작가가 수행하는 예술이다. 이런 가닥들을 그러모아 번역가는 자신의 필력을 동원해 원작에 충실한 동시에 새로운 어떤 것을 낳는다. 모든 번역—심지어 섬세한 문학의 경우라도—이 그 자체로 창의적인 작품이 되는 것은 아니다. 하지만 기억에 남을 만하기에는 부족한 번역이라 하더라도, 그 번역가들도 여전히 독자적인 목소리를 내기 위해 노력한다.

번역업계에서는 번역가의 개인적 목소리를 얼마나 드러내야 하는가를 놓고 오랜 논쟁을 벌였다. 필경사는, 통역사는 또 어떤가?[63] 번역가(사실 모든 유형의 필자들)만이 개인적 목소리를 전달하는 유일한 중개자는 아니다. 오디오북을 녹음하는 성우들을 생각해 보라. 아니면 음악가들도. 베토벤 애호가는 다비드 오이스트라흐와 안네 소피 무터의 바이올린 협주곡 연주를 쉽게 구별한다.

AI가 문학 영역으로 비집고 들어오면 번역가의 목소리와 창의성은 어떻게 되는가?

그런 의문과 관련해 연구가 있었다. 탁월한 번역가 한스크리스티안 외저Hans-Christian Oeser가 20년 전에 번역(영-독)했던 작품을 기계번역하고, 그 사후 편집을 외저에게 요청해 얻은 결과물은 어땠는지를 그의 과거 번역과 비교해 본 연구였다. 외저의 번역 문체('목소리')가 이전에 분석된 바 있기 때문에, 그의 최초 번역과 비교해 사후 편집 한 번역에서 그의 목소리가 얼마나 묻어나는가를 확인하는 작업은 상대적으로 간단했다. 사후 편집본에서 외저의 번역에서 보이던 그만의 특징적인 목소리는 약화되었다.[64]

문학 전문 번역가들은 사후 편집에 대한 그들의 심정을 주저하지 않고 드러냈다. 한 연구에서 그들이 터놓은 의견을 조금 밝혀 둔다.

> "[사후 편집은] 우리를 조금 게으르게 만듭니다. (…) 많은 것을 바꿔
> 보고 싶은 기분이 나지 않거든요."
> "[인간 번역본에서] 독자는 우리의 해석을 읽습니다. [기계번역을]
> 사용하게 되면 그 결과물에는 여전히 기계의 해석이 들어 있게 됩
> 니다."[65]

게다가 선택할 수만 있다면 그 연구 조사의 응답자 여섯 명 모두
예전 방식으로 번역하기를 선호했다. 무엇보다도 그들은 기계번역을
사후 편집 하는 일이 자신들의 창의성을 구속하고 더욱 판에 박힌 번
역물을 내놓게 한다고 느꼈다. 한 응답자는 인간이 완성한 번역물이
집밥이라면, 사후 편집본은 늘 똑같은 맛이 나는 레토르트 식품 같다
고 비유했다.[66]

심지어 문학을 기계로 번역한 것이 애초에 인간이 번역한 것보다
창의성의 측면에서 객관적으로 부족하다는 결과도 나와 있다. 짝을
이룬 두 연구에서 아나 게르베로프 아레나스와 안토니오 토랄은 각
각 전적으로 인간이 번역한 것, 전적으로 AI가 한 것, 그리고 기계번
역을 인간이 사후 편집 한 것들 사이에서 번역의 창의적 수준을 평가
했다. 인간이 평가자로 참여했다. 양쪽 모두의 연구에서 인간의 번역
본을 가장 창의적인 것으로 보았다. 무엇보다도 검토자들이 이야기
에 더 몰입되는 것을 느꼈다고 보고했다.[67] 이런 조사 결과들은 사후

편집을 했던 사람들의 의견과도 일치한다. 한 번역가의 말을 들어 보자.

> 사후 편집 과정에서는 내 창의성이 옥죄이는 것 같았다. 그리고 이미 완료된 번역을 받게 되니, 그 번역의 틀을 벗어나 생각하기가 어려웠다. 나의 번역을 내놓는 일 대신에 텍스트를 '수정하는 일'이 조금 불편한 마음이 들기도 했다.[68]

이런 번역가들의 불편함은 AI가 생성한 번역을 사후 편집 하는 과제를 맡았던 전문가들에게는 특별한 사례가 아니었다. 그래머리나 MS에디터와 같은 도구에 의지하는 수많은 일상의 필자들을 생각해 보라. 그 도구들은 이제 막 쓴 글에 대한 수정안을 거듭해서 내놓는다. 고유한 문체를 고수하기 어려울 정도다. 종종 문법이나 문체 검사기가 제안하는 대로 따르는 것이 좀 더 안전하다고 느껴지기도 한다. 이따금 그 제안들이 이치에 맞기도 하지만, 어떤 때는 문체와 개개인의 창의성을 억누른다.

창의성. 그것은 정말 종잡을 수 없는 단어지만 작가들에 관한 논의에서 피할 수도 없는 주제이다. 기자, 변호사, 번역가 같은 전문가들뿐만 아니라 일상의 필자들도 포함한다. 흔히들 창의성을 공공의 문화적 가치라며 찬사를 보낸다. 그러나 다음 장에서 살펴보겠지만, 그런 창작에 몰두하는 개인이 부를 얻기도 한다. 그러므로 우리의 창의성을 향한 다음 여정에서는 AI가 경쟁자로서 링에 올라왔을 때 무슨 일이 벌어질 것인지와 함께 **쿠이 보노**cui bono—누가 이득을 취하는가—도 살펴볼 것이다.

9장

AI의 창의성

이탈리아 중서부, 포도밭과 올리브 나무가 늘어선 곳에 자리한 토스카나 지방에는 앙키아노라는 작은 시골 마을이 있다. 1969년에 나는 그곳을 여행했다. 내가 하차한 곳은 나른할 정도로 조용한 마을이었다. 그곳에서 3킬로미터 정도 걸어가면 있는 작은 건물이 목적지였다.

나는 그곳에 도착해 건물 맞은편 농가의 문을 두드렸다. 중년의 여성이 나타났다. 그는 영어를 몰랐고, 나는 이탈리아어를 몰랐다. 그런데도 내가 "레오나르도"라고 말하자 그녀는 큰 열쇠를 갖고 와 그 건물 내부로 나를 안내했다. 1452년의 그곳에서 피에로 다빈치와 카테리나라는 이름의 하녀 사이에서 레오나르도 다빈치가 태어났다.

나와 나의 여행 동료와 집주인을 제외하고는 그림자 하나 얼씬하지 않았다.

쓰기의 미래

몇십 년이 지나서 다시 방문했을 때, 그 현장은 몰라볼 정도로 변해 있었다. 여행사 버스들이 마을에 있는 레오나르디아노박물관이라는 거창한 건물 앞에 방문객들을 토해 놓는다. 돈만 내면 셔틀버스가 앙키아노까지 부리나케 데려다 준다. 한때 조용한 건물이었던 그곳은 이제 프로젝터로 쏘아 만든 〈최후의 만찬〉 복제품을 뽐내고 있다.

이 창의적인 천재의 삶은 마법처럼 우리를 끌어당긴다. 그리고 우리는 가까이 다가가기 위해 기꺼이 돈을 낸다. 스위스 베른의 크람가세|Kramgasse 49번지를 방문하면 아인슈타인이 상대성이론을 궁리하고 있었을 때 살았던 3층짜리 아파트의 좁은 계단을 올라가도록 안내받는다(입장료는 6스위스프랑). 빈에는 프로이트가 47년간 살며 일했던 집에 차려진 지그문트프로이트박물관이 있다. 어쩌면 당신은 정신분석학의 아버지가 진료할 때 환자를 뉘었던 그 유명한 소파를 자세히 보고 싶을지도 모른다. 그러려면 1938년 그가 나치의 박해를 피해 망명했던 런던에 자리한 프로이트의 집을 방문하면 된다(지금은 박물관이 되었고 입장료는 14파운드).

많은 이들이 레오나르도와 아인슈타인과 프로이트에 매료되었다. 그들은 창의적 인간이라는 개념을 생각했을 때 떠오르는 완벽한 본보기이다. 그들의 흔적을 따라가다 보면 혹여 그들의 천재성이 조금이라도 우리에게 묻어 올지도 모를 일이다. 직접 방문하지 못한다면 이 위대한 인물의 초상화 포스터 정도로 만족할 수도 있다.

누가, 무슨 이유로 창의적이라 여겨지는가? 그리고 그런 매력은 어디에서 오는가? 철학자, 심리학자, 그리고 이제는 인지과학자들까지 끊이지 않고 이런 궁금증에 한마디씩 거들고 있다. 요즘 AI 프로그램이 음악, 미술, 저술 분야에서 창의적인 작품들을 생성하고 있는 것에 대해 많은 얘기가 오가고 있다. (또한 과학과 수학 분야에서도 논의가 있지만, 이 책은 예술과 인문학에만 초점을 맞추도록 하겠다.) 지금 때맞춰 나온 질문은 만약 당신이 작곡가, 화가 또는 시인이라면 경쟁을 걱정해야 하는지 아닌지이다.

AI가 창의적일 수 있다는 주장을 이해하기 위해 그리고 우리가 그런 것을 걱정하기는 해야 하는지를 파악하기 위해 먼저 인간의 창의성이란 무엇인지, 누가 창의성 있는 인간인지, 그리고 어떻게 창의성을 갖게 되는지를 탐구해 보는 것이 합당하다.

창의성의 인간적 모습

시스티나성당을 장식하고 있는 미켈란젤로의 장엄한 프레스코화를 떠올려 보라. 천장을 응시하면 신이 아담에게 생명을 불어넣는 장면에서 둘이 서로의 집게손가락을 맞닿게 하려는 듯 자세를 취하고 있다. 종교적 성향이 어떻든 우리는 그 장면을 인간이 창의성을 비롯한 지적 능력의 가능성을 부여받는 현장이라고 비유적으로 재해석한다. 섬광이 번쩍이더니 어떤 생각이 밀려 나오면서 새로운 작품이 모습을 갖춘다.

그것이 이따금 다른 사람들에게도 보인다.

무엇이 창의적인 것인가?

"실질적인 놀라움effective surprise 을 일으키는 행위." 바로 이것을 심리학자 제롬 브루너가 "창의적인 작품의 징표"로 여겼다.[1]

놀라움(새로움이 불러내는 것)은 창의성에 대한 논의에서 중요한 부분이다. 그런데 그뿐만이 아니다. 대개 두 부분으로 이루어지는 이 정의에서 창의성은 발상과 행동을 요구하지만, 새롭고 **동시에** 가치 있는 어떤 것을 필요로 한다. 다른 이들이 새롭다고 생각해야 할 뿐만 아니라 그것이 유용하거나 중요하다고 판단해야 한다. 내가 아이였을 때 나는 귀리 빵 위에 정어리와 초콜릿 시럽을 조합한 새로운 샌드위치를 '창조했다'(질문은 사양하겠다). 친구들을 초대해서 맛 좀 보라고 했지만 거절당했다. 나의 작품에는 가치가 없었다. 반면에 땅콩버터와 마시멜로 플러프를 조합해 만든 샌드위치 플러퍼너터는 특히 뉴잉글랜드에서 오랫동안 사랑받는 음식이 되었다. 그야말로 가치 있다. 오이스터 록펠러(굴로 달팽이 요리 비슷하게 만든 음식-옮긴이)만큼 귀한 취급을 받지는 못하지만, 그래도 귀한 대접을 받는다.

아리스토텔레스나 톨스토이와 같은 이들로부터 흘러나오는 최고 수준의 창의성에 대해 사회도 부응하여 그 어떤 것(혹은 어떤 인물)이 창의적이라는 사실을 알아차리고 평가해 주는 것이 중요하다. 심리학자 미하이 칙센트미하이는 "문화의 어떤 측면을 바꿔 버리는" 그런 수준의 창의성은 "결코 한 사람의 마음속에만 있는 것은 아니다."

라고 썼다.[2] 오히려 그것은 비평가, 출판인 또는 수상자를 정하는 심사위원과 같은 문화계의 문지기들이 내리는 판단에 있다.

참신함과 가치 말고도 창의성을 지탱하는 세 번째 다리가 있다. 시간성이다. 심리학자 모리스 스타인은 "창의적인 업적은 특정한 시점에 여러 사람들에게 세월의 힘을 견딜 것으로 여겨지면서, 유용하며, 흡족한 것으로 인정을 받은 참신한 작품이다."라고 주장했다.[3] 빈센트 반고흐는 창의성의 귀감이라는 찬사와는 거리가 먼 일생을 보냈다. 그러나 1913년 뉴욕에서 개최된 아모리쇼에서 반고흐와 같은 전위적 예술가들의 작품이 전시되었을 때 터져 나왔던 그 열광적인 반응을 떠올려 보라.[4] 다음 세대가 마음을 바꾼 것이다. 오죽하면 셰익스피어의 명성조차도 부침을 겪지 않았는가.

그러나 그들보다 평범한 사람들에게 발휘되는 창의성도 있다.

C가 둘일 때보다 넷이면 더 좋네

스크린에서 무적이었던 영화배우 존 웨인은 1964년, 자신이 암에 걸렸다는 사실을 밝혔다. 대중들을 안심시키려고 그는 "내가 빅 C Big C (암-옮긴이)를 발라 버렸다."라고 선언했다.[5] 별로 눈에 뜨이지 않던 알파벳의 세 번째 철자는 새로운 의미적 이력을 쌓기 시작했다.

1970년대 문화에 대한 논의에서는 (문학, 음악과 예술을 품는) '빅 C 문화'와 (종교적·영적 신념과 사회적·도덕적 가치를 포함하는) '스몰 c 문화'로 구분을 시작했다.[6] 1980년대에 이르면 빅 C와 스몰 c는 창의성의 양으로 규정했다. '빅 C' 수준의 창의성은 거대하고도 획기적인 혁신

쓰기의 미래

을 수반했지만, '스몰 c' 정도의 창의성은 혁신적이더라도 영향력은 크지 않은 경우였다.[7]

1990년대는 철학자들과 심리학자들 사이에서 창의성에 대한 연구가 봇물 터지듯 쏟아진 시대였다.[8] 누구를 '빅 C' 또는 '스몰 c' 수준의 창의성으로 분류할 가치가 있는지에 대해 의견이 분분했다. 많은 이가 제각기 의견을 피력했기 때문이다. 이를테면 칙센트미하이는 "빅 C 수준의 창의성은 문화의 어떤 측면을 바꿀 정도다."라고 썼다.[9] "스몰 c 또는 사사로운 창의성"과는 뚜렷한 차이가 난다.[10]

빅 C는 상대성이론이나 『전쟁과 평화』 같은 장대한 규모의 창의성이다. 세상의 모습을 바꾸기에는 미흡한 좀 더 지엽적인 성과물, 가령 당신의 일곱 살 자녀의 바이올린 독주회나 심지어 거의 누구도 기억 못 하는 노벨문학상 수상작을 빅 C와 비교해 보라. 여기서 즉석 퀴즈. 1912년 노벨문학상 수상자 게르하르트 하우프트만이나 1926년 수상자 그라치아 델레다의 작품을 하나만 말해 보라.

좀 더 자세히 구분하는 것이 좋은 출발점이 되겠다. 창의력 최고 위층에 끼지 못하는 수십억 명에 달하는 우리 같은 이에게도 창의적인 노력을 기울일 여지는 남겨야 하지 않겠는가. 두 가지로만 분류하면 너무나 많은 사람을 스몰 c에 분류해 버리는 결과를 초래해서 바이올린 초급자와 명연주자 길 샤함을 같은 부류에 몰아넣게 된다.

보완책을 찾던 심리학자 중에 제임스 카우프만과 로널드 베게토가 스몰 c를 두 개 더 보탰다.[11] 다음과 같은 목록이 갖춰졌다.

- **미니 c**mini c: 새로운 경험, 행사나 활동으로 얻는 개인적인 만족 (가령 표준 복숭아 코블러 조리법에 변화 주기)

- **작은 c**little c: 미니 c가 얼마간의 외부적 인정을 얻는 경우(바꿔 본 복숭아 코블러 조리법으로 지역 축제에서 최고상을 타는 것)

- **두드러진 c**Pro c: 얼마간의 인정을 받은 전문적인 창작물(가령 J. K. 롤링의 『해리 포터』 연작)

- **빅 C**: 한 분야를 정의 내리고 인류에 큰 혜택을 주고 문화를 바꾸는 공헌을 세워 오랫동안 기억에 남을 만한 사람(셰익스피어뿐만 아니라 스티브 잡스도 그가 던진 충격을 고려했을 때 거의 틀림없이 속한 부류)

창의성에 대한 저술들은 진정한 문화적 변화를 세세히 설명하는 것으로부터 개인적 성취를 부각하는 것에 이르기까지 전 범위에 걸쳐 풍부하다. 하워드 가드너의 『열정과 기질』은 프로이트, 아인슈타인, 피카소, 스트라빈스키, 엘리엇, 마사 그레이엄, 간디와 같은 빅 C를 통해 창의성을 발견하도록 독자를 안내한다.[12] 미하이 칙센트미하이의 『창의성의 즐거움』은 91명에 달하는 '탁월한' 인물들에 대한 방대한 인터뷰를 중심으로 구성된 책이다. 시타르 연주가 라비 샹카르, 정치인 유진 매카시, 언어학자 토머스 세벅 그리고 철학자 모티머 애들러가 그들이다.[13] 두드러진 c들이 늘어서 있다.

창의성의 범위를 넓혀서 맷 릭텔 기자는 자신의 저서 『탁월한 Inspired』에서 이렇게 썼다.

창의성은 (…) 인간의 좀 더 근원적인 생리의 한 부분이다. 그것은 세포 수준에서 비롯된 인간의 필수적 생존 기술의 일부다. 우리는 창의성 기계다.[14]

창의적인 사람에 대한 릭텔의 설명은 록스타로부터 기타 강사와 군 장성으로 거침없이 나아간다. 소수의 두드러진 c를 비롯해 많은 미니 c와 작은 c를 고루 아울렀다.

누가 1등인지가 뭐 그리 중요해?

창의성을 정의하는 최초의 조건으로 돌아가자. 생각이나 작품이 새로워야 한다고 했다. 그런데 누구를 위해 새롭다는 말인가?

17세기 말에 아이작 뉴턴과 고트프리트 빌헬름 라이프니츠가 각각 단독으로 미적분학을 창안했다는 사실은 널리 인정된다. 그보다 250년 전에 미적분학의 필수적 요소인 무한급수가 중세 인도의 케랄라학파의 수학에서 비롯했다는 사실은 덜 알려졌다. 뒤이어진 유럽 식민주의의 침공에 더해, 핵심 텍스트가 말라얄람어(국제 공통어라 할 수 없는)로 쓰인 탓에 케랄라학파의 공적은 최근까지도 별로 인정되지 못한 채 방치되었다.[15]

만약 상을 수여하는 일이라면 1등이 누구인지는 중요한 문제다. 사실 뉴턴과 라이프니츠의 후원자들은 서로 1등이라며 드잡이를 했다. 출판은 라이프니츠가 빨랐다. 반면 뉴턴 진영은 표절이라며 라이프니츠를 비난했다. 그럴망정 인간의 문화에 의미가 있는 것은 미적

분학(빅 C)이 창안되었다는 희소식이다.

나머지 우리에게는 어떤가? 무명의 수학 천재가 있는데, 미적분학의 기초를 모르는 채로 새로이 그것을 발견했다고 가정해 보자. 그것도 창의성이라 쳐 줄 수 있는가?

마거릿 보든Margaret Boden은 그럴 가능성을 설명하기 위해 역사적 historical 창의성(H-창의성)과 심리적psychological 창의성(P-창의성)을 구분했다. H-창의성이 **"인류 역사의 전체적** 관점에서 새로운" 것임에 반해, P-창의성은 "그 발상을 만들어 낸 **개인의 지성**이란 관점에서 새로운" 것이다.[16] 나는 보든이 미적분학에 관한 뉴턴과 라이프니츠의 업적을 각각 어디에 놓을지 확신하지는 못하겠다(아마도 과학과 의학 분야에서 노벨상이 그러듯 공동 H-창의성상을 주지 않을까?). 하지만 미적분학이 문화적 효과를 발휘한 것은 이미 과거의 일이 되었으니, 분명히 그 가상의 수학 천재는 P-창의성으로 만족해야 할 것이다.

AI의 장래를 얘기해 보자. 언젠가는 그것이 H-창의성이 있다고 인정받을 날이 올까? 앞에서 우리는 딥마인드의 프로그램 알파고와 세계 바둑 챔피언 이세돌 사이에서 벌어진 바둑 대국을 언급했다. 많은 찬사를 받았던 37수는 제2번 대국에서 나왔다. 그 수는 어딘가 바보 같기도 아니면 명석해 보이기도 했는데, 이세돌도 다른 어떤 바둑 기사도 이제껏 못 본 수였다. 수많은 훈련 대국을 거치면서 알파고는 자신만의 경기 스타일을 개발했고, 그것이 제37수를 불러와 승리를 견인했다. 어떤 바둑 해설자는 그 묘수에 대해 이렇게 묘사했다.

쓰기의 미래

[알파고는] 분명 흔치 않은 수들을 놓았습니다. 그 수들은 알파고의 데이터베이스에서도 확률적으로 높지 않은 수들이었습니다. 그렇게 알파고는 자신만의 방식으로 돌을 놓았습니다. (…) 그것은 창의적인 수였습니다.[17]

창의적이라고? 적어도 '놀라움을 주는 것'이라는 브루너의 정의에 의하면 그렇다. 그 수는 알파고에게 승리를 안겼으니 명백한 가치도 존재한다. H-창의성이 있다고? 보든의 기준에 따르면 그렇다. 빅 C냐고? 거의 아니다. 인간 문화에 중대한 변화를 주지는 않았다. 하지만 알파고를 만든 데미스 하사비스가 분명히 밝혔듯이 그의 목표는 바둑에서 이기는 것이 아니라, 단백질접힘과 같은 훨씬 더 시급한 인류의 문제를 해결하는 데 맞춰져 있었다. 알파고 같은 것을 구축한 프로그래밍 모델을 미적분학과 함께 메달리스트 대열에 서도록 결정하기까지는 앞으로도 오랜 세월이 걸릴지 모른다.

인간의 창의성은 측정될 수 있는가?

외과 의사에게는 모든 인간이 수술을 앞둔 환자로 보인다는 말이 있다. 심리학자에게는 모든 인간의 행동이 잠재적으로 측정 가능한 대상이다. 단지 올바른 측정 방식이 필요할 뿐이다.

1950년 미국심리학회에서 행한 기조연설에서 조이 길포드는 창의성을 과학적으로 연구하는 것이 중요한 과제라고 주장했다. 선견지명을 발휘해 길포드는 그 근거 중 하나로 컴퓨터가 가할지도 모를 잠재적 위협을 내세웠다.

> 오늘날 우리는 주목할 만한 새로운 사고 기계에 관해 많은 얘기를
> 접합니다. (…) 마지막으로 남게 될 뇌의 유일한 경제적 가치는 그
> 들[인간의 뇌]이 할 수 있는 창의적인 사고일 것입니다.[18]

심리학자들이 일에 착수했다.

길퍼드는 소위 확산적 사고−의문에 대한 다양한 해답이나 문제에 대한 다양한 해결책을 떠올리는 능력−를 측정해 내면서 출발을 알렸다. 대표적인 예가 벽돌 한 장의 용도를 몇 가지나 생각해 낼 수 있는가이다. 이와는 달리 수렴적 사고는 단 한 가지 해답이나 해결책에만 초지일관하는 것이다. 그러고는 창의적인 사람들이 좀 더 확산적 사고를 한다는 결론을 내렸다. 그 논리를 기반으로 토런스의 창의적 사고 검사와 같은 계량적 평가 방법들이 개발되었다. 비판의 목소리가 없지는 않았지만[19] 확산적 사고의 논리는 반세기 동안 인기를 끌었다.

20세기 후반에 신경영상 기술이 당도하자, 창의력을 추적해 보려는 심리학자들이 이 새로운 기술에 매달렸다. 어쩌면 MRI(자기공명영상, Magnetic Resonance Imaging-옮긴이)나 PET(양전자단층촬영, Positron Emission Tomography-옮긴이) 영상이 뇌가 창의적으로 활동 중인 현장을 드러낼지도 모를 일이었다.[20] 연구자들은 특정한 인지적 활동을 할 때 뇌의 어느 부위가 빛을 발하는지 정확히 포착했을 뿐만 아니라 상

쓰기의 미래

관관계를 암시하는 데이터를 축적했다. 예를 들면 (아마도 창의적 사고에 좋다고 여겨지는) 임의적 자유 연상 동안에 전두엽, 두정엽, 측두엽과 같은 영역들이 가장 활성화된다는 것을 PET 영상이 보여 주었다.[21] 또한 뇌에서 사고와 기억과 딴생각에 관여하는 소위 디폴트모드 네트워크default mode network, DMN라 불리는 곳과 관련된 흥미로운 연구도 있었다. 이런 영역들은 사람이 바로 바로 지금, 이곳에서 멀어질 때 가장 활발해졌다. 그래서 구체적인 사고는 흘려 버리고 미래에 대한 몽상에 빠질 수 있는 능력이 창의적인 아이디어를 떠올리는 데 중요하다는 가설이 나왔다.[22]

그렇지만 창의성을 얻는 현자의 돌을 발견했다고 지나치게 흥분하기 전에 신경과학자 낸시 앤드리선이 던진 말에 귀 기울여 보자.

일상의 창의성에 신경학적 기반이 있다는 것은 명백해 보인다. (…) 그러나 그것이 비범한 창의성을 만들어 내는 자질과도 동일할까?[23]

아마도 우리는 자유연상을 하거나 의도적으로 딴생각에 빠지거나 해서 어느 수준의 창의성을 짜낼 수 있을지도 모른다. 그렇더라도 감히 레오나르도 다빈치의 다음 후보자 자리를 넘볼 생각은 말라.

어떻게 하면 창의적인 사람이 되는가?

〈십이야〉에서 말볼리오가 올리비아에게 하는 말. "어떤 이는 태어날 때부터 위대하고, 어떤 이는 위대함을 애써 이루고, 그리고 어떤 이는 위대함을 난데없이 떠맡게 됩니다." 창의성도 위대함 같은 것일까? 어쩌면 우리는 창의성을 갖고 태어날 수도 있고, 아니면 피땀 흘려 이룰 수도 있고, 복권에 당첨되듯 떠맡게 될지도 모른다.

AI가 창의적일 가능성을 고찰해 보기 위한 합리적인 첫걸음은 인간의 창의성이 어디서 오는가에 대한 이해일 것이다. 이를 설명하기 위한 많은 시도가 있었다. 일부는 오류로 판명났고, 다른 설명들은 여전히 검토 중이다. 그중 크게 주목받은 것들을 소개한다.

IQ

똑똑한 것이 창의성에 도움이 될 수도 있다. 한 세기 전 사람들은 창의성을 똑똑함과 연계하여 생각했다. 오늘날 대부분은 그것이 사실이 아니라고 하지만 몇 가지 유보 조항이 달려 있다.

3장에서 봤듯이 우리가 아는 지능검사는 20세기 초엽 프랑스에서 알프레드 비네가 만든 최초의 작업물에 스탠퍼드대학의 루이스 터먼이 정교함을 더한 결과물이었다. 겸손한 인물이었던 터먼은 새 단장을 해 만든 그 지능검사를 터먼-비네가 아니라 스탠퍼드-비네 지능검사라고 명명했다. 바로 그 터먼이 IQ 150 언저리로 측정된 아이들의 인생 역정을 수십 년간 관찰하는 연구에 착수했던 책임자이기도 했다. 그 아이들이 IQ 100 정도의 좀 더 평균적인 아이들보다 더욱 창의적인 삶(작가, 예술가, 과학자 등으로 인정을 받는 것으로 측정한)을 산 것으로 드러났을까? 그렇지 않았다.[24]

그러나 이 대목에서 유보 조항이 등장한다. 맨 먼저 터먼이 사용했던 창의성의 척도는 카우프만과 베게토의 두드러진 c(전문성으로 측정)와 일치했다. 추측건대 작은 c는 제외되었고, 빅 C에 이른 이는 없었다.

그다음으로 스탠퍼드-비네와 같은 IQ 검사는 기껏해야 지능의 대략적인 척도를 말해 줄 뿐이다. 수십 년 동안 IQ 검사(와 표준화된 다른 검사 대부분)는 편향되었다고 비난받아 왔다. 게다가 하워드 가드너의 다중 지능(시각-공간적 지능, 논리-수학적 지능, 구어-언어적 지능)이론을 참고하면 단일한 IQ 검사를 모든 사람에게 적용하기에는 미심쩍은 부분이 있다.[25] 피카소는 미술에서는 경이로운 존재였지만 그가 페르마의 정리와 씨름할 수 있다고는 믿지 못할 것이다.

마지막으로 대가의 반열에 서기 위한 자격으로 멘사MENSA의 회원 자격(스탠퍼드-비네 점수로 최소 132점)을 따라고 요구하지는 않겠지만, 일부 심리학자들은 '역치 이론'을 제안했다. 그들은 창의성을 위해서 기본적인 지능 수준은 있어야 하지만, 어떤 수준(많은 이가 스탠퍼드-비네 점수로 최소 120점을 거론했다)을 넘어 버리면 그 이후의 차이는 아무 의미가 없다고 주장했다.[26]

유전자

태어날 때부터 창의적이라고? 1869년 박식한 영국인이자 찰스 다윈의 사촌이자 우생학자인 프랜시스 골턴은 『유전적 천재Hereditary Genius』에서 동일한 주장을 했다. 이 논리에 의하면 그렇게 많은 바흐와

브론테는 우연히 나오지 않는다는 것이다. 유전 이론에 찬성하거나 반대하는 주장은 많고도 다양하다.[27] 유전적 요인을 암시하도록 짝지어진 가계도를 얼마든지 볼 수 있지만, 그런 암시를 부정하는 반례도 넘쳐 난다. 팔로마 피카소(피카소의 딸, 세계 최고 주얼리 브랜드 티파니앤코의 디자이너-옮긴이)의 보석은 인상적이지만, 〈게르니카〉에 비할 바는 아니다.

시대정신

어쩌면 창의성은 시대의 산물인지도 모른다. 인문학자이기도 한 낸시 앤드리선은 역사적으로 빅 C로 꼽힐 정도로 창의적인 인물들의 숫자가 이상할 정도로 많은 시기가 있었다는 사실을 상기시켰다.[28] 소크라테스, 플라톤과 아리스토텔레스는 물론이고, 소포클레스와 에우리피데스가 살았던 기원전 5~4세기의 아테네를 떠올려 보라. 르네상스 시대 피렌체에서 활약했던 기베르티, 레오나르도와 미켈란젤로를 생각해 보라. 아테네의 경우 잘 운영되는 국가(폴리스)와 훌륭한 삶은 무엇으로 이루어지는가에 대한 활발한 토론과 함께 문자의 사용이 창의성이 자라는 비옥한 토양을 제공했다. 이탈리아 르네상스 시대에는 돈과 권력을 가진 통치자들이 작품을 의뢰한 것이 분명 큰 힘이 되었다.

하지만 심지어 그런 때에도 빅 C 수준에 이르는 대가의 숫자는 통계적으로 극소수였다. 더욱이 당신이 그런 활력이 없는 시대를 살고 있다면, 인성과 마음가짐부터 시작해 모든 것을 기댈 곳 없이 혼자

쓰기의 미래

힘으로 개발해야 하는 상황일 것이다.

인성과 마음가짐

아마도 마법 같은 요소는 인성일 것이다. 긍정적이든 부정적이든 창의성과 상관관계가 있는 것으로 보이는 심리적 특성을 파악하는 데 초점을 맞춘 책들이 수없이 난무한다.

그중 긍정적인 측면을 추려 보면 다음과 같다.

- 호기심
- 다른 사람이 못 보는 것을 알아차리는 능력
- 감수성
- 새로운 유추의 전개
- 유희성
- 모험심
- 끈기
- 고된 작업을 지속하는 능력
- 불확실성과 모호성을 다루는 능력

창의성과 인성에 대한 책을 쓰는 심리학자 그레고리 피스트 Gregory Feist는 마지막 항목을 다음과 같이 잘 지적했다.

창의성은 '혼란스럽다'와 '이해가 가지 않는다'와 '모르겠다'를 기꺼이 받아들이는 자세다. (…) [매우 창의적인 사람은] 이해가 안 되는 대상을 만나면 물러서기보다는 그것 때문에 희열을 느낀다.[29]

그러나 창의성 연구자들은 다음과 같은 말썽의 전조가 되는 특성들도 언급했다.

- 쉽게 싫증 냄
- 개인적 생각이나 감정 표현에 절제가 부족함
- 성공할 가능성을 의심
- 쉽게 상처받음

이따금 이런 행위들은 심리적 동요와 함께 나타난다. 신경증. 조현병. 마틴 루터는 반복적으로 우울증을 겪었다. 버지니아 울프와 실비아 플라스는 자살했다. 반고흐도 그랬다.

창의성이 있는 자에게 정신이상이 따라다닌다는 생각은 적어도 아리스토텔레스까지 거슬러 올라간다. 그는 (어떤 이는 그의 학파 회원들이라 주장하는데) "철학, 정치, 시와 예술에서 빼어난 성과를 낸 자들은 모두 멜랑콜리아 성향을 보였다."라고 썼다.[30] 현대적 용어로 그들은 슬프거나 우울했다. 아마도 조현병, 어쩌면 자살 충동에 사로잡히기도 했다.

창의성이 정신적 문제와 관련된다는 주장에 대한 증거는 서로 엇갈린다. 1920년대 영국에서 이루어진 어떤 연구는 '천재'는 광기와 연관된다는 사실을 입증해 보려 시도했다.[31] 미국에서 낸시 앤드리선은 유명한 아이오와대학 창작 워크숍(창의적 글쓰기 부문에서 미국 최고 명문으로 꼽힌다-옮긴이)의 교수진에 속한 30명의 작가(창의적 집단)를 인터뷰하고 그와 함께 짝지을 대조군으로 창의성(두드러진 c)과 연관 없어 보이는 직업을 가진 30명을 인터뷰했다. 그들의 병력을 비교해서 앤드리선은 작가 중 43퍼센트가 양극성장애를 앓았다(대조군은 10퍼센트)는 사실을, 그리고 80퍼센트는 기분장애를 겪었다(대조군은 겨우 30퍼센트)는 것을 확인했다.[32] 더 최근에 스위스에서 진행된 연구 또한 창의성과 정신 질환 사이의 상관성을 주장했다.[33]

만일 논쟁을 위해 (모든 이가 그런 것은 아니지만) 상관관계가 있다고 가정한다면 결론은 무엇이란 말인가?[34] 상관관계는 인과관계를 뜻하지 않는다. 어쩌면 감수성과 쉽게 상처받는 성향—창의적인 사람과 자주 연관되는—이 일부의 창의적인 사람을 위태로운 심리적 미끄럼틀 아래로 슬며시 밀어 버리는 것인지도 모른다. 물론 그 반대로 정신적인 취약성이 창의성을 발휘하는 길로 열려 있는 것일 수도 있다. 프리드리히 니체는 그런 취지로 『차라투스트라는 이렇게 말했다』에서 "인간은 춤추는 별 하나를 탄생시키기 위해 자신 속에 혼돈을 지니고 있어야 한다."라고 말했다.

인간의 창의성에 대한 정의—무엇이 창의성인가, 어떻게 그것을 측정할 것인가, 어떤 과정으로 창의적인 사람이 되는가—는 AI의 프로그램 노동으로 발생하는 작품들을 판단하기 위한 척도도 제공한다. 그런데 AI로 눈을 돌리기 전에 평가를 위한 척도가 하나 더 필요하다. 진짜인가 아닌가이다.

인조 모피와 진품 렘브란트: 진위 논쟁

1960년대에 제인 트라히라는 한 광고 책임자가 유니언카바이드 사가 제조한 모피 같은 합성섬유를 묘사하려고 다음과 같은 강력한 태그라인을 고안했다. "가짜가 아닙니다. 이건 리얼 다이넬real Dynel(동시에 진짜라는 의미의 리얼 딜real deal이라고도 들린다-옮긴이)이라고요." 광고 캠페인 덕분에 안전한 보호막을 얻은 다이넬 모피를 뽐내는 사람들은 모피를 걸치려고 밍크, 검은담비, 심지어 토끼를 죽인다고 저주를 퍼붓는 동물권 운동가들과 대결할 필요도, 그에 속한 체할 필요도 없었다.

사람들은 진짜를 매우 귀중하게 생각한다. 생화인가 조화인가? 진짜 게인가 음식 모형 게인가? 손으로 짠 페르시아 융단인가 기계로 짠 건가? 때때로 가격도 큰 차이가 난다. 미술계만큼 값이나 가치의 측면에서 그 차이가 크게 벌어지는 분야도 없다.

렘브란트 반레인이 그린 것으로 인정받은 작품들의 경우를 보자. 그 작품들을 향한 평가는 전문가의 감정에 따라 널뛰기한다. 한때 렘브란트의 그림으로 여겨지다가 나중에 위작으로 판명되는 사례가 종종 있었다.[35] 또한 그 반대의 경우도 있다. 위작으로 여겨졌다가 후일 진품으로 공인된 경우다.[36] 반반의 비율로 줄다리기를 벌이느라 아직

도 결론이 나지 않은 작품들도 있다.[37]

전문가들이 뭐라든 그림 자체는 그대로다. 요동치는 것은 작품의 가치에 대한 우리의 판단이다. 쓰인 글을 감정할 때도 돈이 쟁점이 될 수 있다. 조지 워싱턴의 진품 서명은 수십만 달러에 달하기도 한다. 우리 동네 홀푸드 슈퍼마켓 매장에서 일하는 조지가 쓴 것이라면? 한 푼도 못 받는다.

그런가 하면 공동체가 문화적으로 혜택을 보게 되는 문학작품의 경우도 있다. 〈이중거짓 Double Falsehood〉이 좋은 사례다. 18세기 영국의 극작가 루이스 시어볼드 Lewis Theobald는 그 작품이 셰익스피어가 쓴 것이라고 주장했다. 학자들 대부분은 그 희극이 시어볼드 본인의 것이라며 동의하지 않았다. AI는 뭐라 했을까? 텍사스대학 오스틴 캠퍼스의 심리학자들은 머신러닝을 이용해 셰익스피어, 시어볼드와 이따금 셰익스피어의 조력자였던 존 플레처 John Fletcher의 작품들에서 그들 각각의 언어적 윤곽을 구했다. 그렇게 문체를 통계적으로 분석한 결과는 "모든 희극은 높은 확률로 일관성 있게 셰익스피어와 연결되"며 추가적으로 플레처의 흔적이 확인된다고 지적했다.[38] 아든 Arden판 셰익스피어 시리즈에 넣어도 부족함이 없을 정도로 '진짜'라는 말이지만, 수많은 공연으로 이어지지는 않을 것이다.

물론 셰익스피어에 대한 훨씬 더 큰 의문들도 있다. 그는 도대체 누구인가? 제17대 옥스퍼드 백작 에드워드 드비어 Edward de Vere의 얼굴 마담? 크리스토퍼 말로 Christopher Marlowe? 프랜시스 베이컨 Francis Bacon 경? 정말 스스로 밝혔던 그 사람이 맞단 말인가? 여기서 중요한 것은 셰익스피어가 누구든 그가 진짜 빅 C에 속하는 인물이었다는 사실이다. 그의 삶과 경험이 자신의 작품에 영향을 미쳤고 그 작품은 우리 문화를 크게 변모시켰다.

창의성에 관한 문제에서 AI에 부족한 것은 바로 이런 식의 삶과 그 삶의 과정이다. 과정 대 제품의 차이다. 인간의 창의성을 판단할 때 우리는 단지 결과물이 아니라 창작 과정—환경, 지겨움, 고된 노력, 고뇌, 절정의 기쁨—을 중요하게 여긴다. 이런 관점에서 비추어 보면 AI가 내세울 수 있는 건 뭐가 있을까?

AI가 보이는 창의성: 음악과 미술

다시 시스티나성당으로 되돌아갔다고 생각해 보라. 미켈란젤로가 그린 신이 아담에게 생명을 주는 장면 대신에 사진가 마이크 아글리올로Mike Agliolo는 〈로봇 아담의 탄생Creation of Robotic Adam〉의 장면을 떠올렸다. 신이 손을 뻗어 닿으려고 한 손은 로봇 팔의 일부였다. 이번에는 인간이 AI의 창조자로서 컴퓨터와 알고리즘에 잠재력을 주입하는 장면을 상상해 보자.

AI는 새롭고 심지어 놀랍고, 어떤 시점에는 사회적으로 가치가 있는 작품들도 생성하고 있다. 우리는 기계적 창의성을 위한 명백한 플랫폼인 음악과 미술 분야에서 나온 실례들에서 시작할 것이다. 거기서 우리는 작가로서의 AI와 시비를 가려 볼 것이다. 이 논의를 진행하는 동안 두 가지를 염두에 두라.

- 인간은 인간에 의해 만들어진 작품과 컴퓨터에 의해 생성된 작품을 구별할 수 있는가?
- 사람은 창작자가 인간인지, 혹은 AI인지에 대해 문제 삼는가?

AI가 바흐와 베토벤의 작품을 만들다

요한 제바스티안 바흐는 막대한 작품을 쏟아 냈다. 바흐 전작은 관현악곡과 건반 음악뿐만 아니라 헤아릴 수 없이 많은 합창곡, 서곡, 푸가와 협주곡을 망라한다. 심지어 전문 음악가라 하더라도 그 모든 작품을 놓치는 것 없이 전부 파악하기란 쉽지 않다.

만약 당신이 바로크양식의 음악을 듣고도 즉시 인식하지는 못한다면 그것을 작곡한 주인공이 바흐인지 컴퓨터인지 파악할 수 있을까? 과거 1980년대에 작곡가 데이비드 코프David Cope는 바흐의 작곡 기법으로 프로그램을 만들어 컴퓨터가 바흐의 작품과 닮은 음악을 생성하게 만들고 싶었다. 감상자를 우롱하려는 목적이 아니었다. 코프는 자신의 능력으로 해냈다. 단지 바흐만이 아니라 나중에는 모차르트, 쇼팽, 그리고 다른 거장의 음악 양식을 모방하는 데까지 갔다.[39] 코프는 자신이 만든 시스템을 음악적 인공지능 실험Experiments in Musical Intelligence, EMI이라 명명했는데 이제는 에미Emmy라고도 부른다.

이제 궁금증은 당연히 코프의 알고리즘이 생성한 작품들이 음악적 튜링 테스트를 통과할 수 있을 것인가로 모일 것이다. 현장의 청중을 대상으로 한 실험에서 EMI로 만든 곡이 어느 정도의 시간 동안 청중 일부를 속일 수 있다는 사실을 입증했다.[40] EMI는 심지어 물리학자이자 인지과학자이자 AI 옹호자인 더글러스 호프스태터로 하여금 컴퓨터는 창의적인 음악을 만들 수 있는가라는 의문에 대해 생각을 고쳐먹게 만들었다. 1979년에 자신의 책『괴델, 에셔, 바흐』에서 호프스태터는 AI가 인간이 듣기에 의미 있는 작곡을 할 수 있을지에 대해 회의적이었다. 20년 후 스탠퍼드에서 EMI의 연주를 들은 후 그의 회의는 누그러들었다.

> EMI의 연주를 듣고 당혹스럽고 불편했습니다. (…) EMI가 자신만의 양식을 만들지는 못했다는 사실이 현 시점에서 내가 얻었던 유일한 위안이었습니다. 그것은 이전 작곡가들을 흉내 내기에 바빴습니다.

그러나 호프스태터는 다음과 같은 말을 덧붙였다.

> 그렇게 생각해 놓고도 여전히 대단한 위안은 되지 않았습니다. 생각해 보세요. 재즈 연주자들이 말하듯 얼마나 많은 음악이 리프^{riff} (반복 악절-옮긴이)로 작곡되고 있습니까?[41]

쓰기의 미래

오랜 세월 음악의 거장들은 자신들의 독창성을 기반으로 했을뿐만 아니라 다른 거장들의 작품들로부터 악상을 끌어왔다. 우리가 이전에 들어 본 적이 없었던 진짜 바흐의 푸가가 바흐의 작품처럼 들리는 데는 그런 이유가 있는 것이다.

코프의 작업은 한 사람이 이룬 과업이었다. 다른 이들은 팀을 이루어 컴퓨터 작곡에 착수했다. 가장 대담한 작업은 베토벤의 10번 교향곡이었다.

9번이 그의 마지막 교향곡이 아니었나? 맞다, 그래서다.

1817년 무렵 베토벤은 영국 런던의 왕립필하모닉협회로부터 9번과 10번 교향곡을 함께 의뢰받았다. 1824년에 9번을 완성해 첫 공연을 올렸다. 하지만 10번에 대해서는 악보를 약간 손대기는 했지만 끝내지 못한 상태로 1827년 세상을 뜨고 말았다. 세월이 지나 일단의 음악가, 음악학자와 컴퓨터과학자들이 서로에게 질문을 던졌다. 만약 남아 있는 약간의 악보에서 시작해 다른 베토벤의 작품을 입력하여 현재의 AI 알고리즘을 이용한다면, 베토벤이 썼을지도 모를 작품에 근접하는 신뢰할 만한 교향곡을 만들 수 있을까? 목표 시점을 베토벤 탄생 250주년인 2020년으로 잡아 제작을 추진했다.[42] 만들기는 했다. 그러나 작업이 지연되는 바람에 2021년 가을에야 완성했다.

바이올린 연주가인 내 아들에게 출처를 밝히지 않고 곡의 도입부를 들려 주었다. 그는 즉시 덤벼들 듯이 말했다. "위조품 베토벤이에요!" 그리고는 더 이상 듣기를 거부했다. 만약 그의 판단이 더 많은 대중을 위한 지침이 될 정도라고 생각한다면 베토벤의 10번은 창의적인 것으로 꼽는 작품의 핵심 기준 중 '사회적 가치'에 미치지 못했다. 2021년 10월 독일 본에서 첫 공연 후 오케스트라의 다음 공연 일정표에 대해 나는 들은 바 없다. 음악적 튜링 테스트를 통과했느냐의 여부에 대한 의문도 쟁점이 되지 못했다. 바흐가 남긴 소곡들의 방대한 목록과는 달리, 베토벤의 진짜 교향곡 아홉 편은 모두 금방 알아볼 수 있었다.

예술가의 작품을 '그 양식에 따라' 창작하는 것이 아니라 규칙을 깨고—인간이든 누구든—만드는 것은 어떤가? 말년의 많은 작품에서 베토벤은 선율과 화음에 관한 기존의 음악적 전통을 부숴 버렸다. 교향곡(9번)에서 기악과 성악을 결합한 경우는 그가 최초였다. 베토벤을 창의적인 천재라고 부르는 데는 이유가 있다.

컴퓨터도 그들 나름으로는 전통을 깨는 작품을 생성하는 데 최적화되어 있다. 그런 가능성에 흥미를 가졌던 한 컴퓨터과학자가 아메드 엘가말Ahmed Elgammal이었는데, 그는 베토벤의 10번 교향곡 작업에 관여했던 핵심 과학자이기도 했다. 아서 I. 밀러라는 작가가 엘가말의 도전에 대해 다음과 같이 말했다.

[그것은] 기계가 새롭고 창의적이며 흥미진진한 작품—기존의 작품들과 '양식 면에서' 동일하지는 않지만 이상하다고 외면될 정도로 규범에서 벗어나지도 않고 당대의 위대한 예술가들의 작품과 어깨를 맞댈 정도의 작품—을 창조할 방법을 찾는 것이다.[43]

'창의적' 그리고 '흥미진진'은 좋다. 그러나 '이상하'면 곤란하다. 만약 새 작품이 심하게 기존의 규칙을 벗어난다면 사람들은 그것을 창의적이라고 부르기를 주저할 것이다. 그런데 반고흐의 그림에 그랬듯이, 사람들의 판단은 바뀌기도 한다.

하지만 그게 예술인가?

기존의 작품들을 반복하거나 혹은 새로운 작품을 창조하는 것. 미술계에서 베토벤의 10번 교향곡과 같은 경우를 생각해 보자.

2014년, 복잡한 신경망 네트워크를 이용해 진품으로 착각할 수준의 렘브란트 초상화를 만들어 낼 수 있는지를 보기 위해 데이터과학자들이 프로젝트 하나를 시작했다. 예술가의 모든 작품에서 포착한 전형적인 특징들(얼굴의 털을 기른 백인, 30세에서 40세 사이, 어두운 색깔의 옷과 흰 칼라, 모자 착용, 오른쪽을 바라봄)을 바탕으로 매개변수들을 골라낸 프로그래머들은 346점의 그림을 스캔하고는 가령 눈과 코와 같은 67가지 용모적 특성에 초점을 맞췄다. 그 팀은 3D 프린팅 분야의 전문가들과 힘을 합쳐 18개월 뒤 〈넥스트 렘브란트The Next Rembrandt〉를 공개했다.[44] 나는 네덜란드 미술사가는 아니다. 그러나 온라인에 선보인 복제품이 암스테르담국립미술관에 걸려 있었더라면 속아 넘어갔을 것이라는 확신이 들었다.

〈넥스트 렘브란트〉가 베토벤의 10번 교향곡과 두드러지게 다른 점은 무엇일까? 베토벤의 경우와는 달리, 오랫동안 숨어 있다가 이제야 발견되어 진품 인정을 받는 '넥스트 렘브란트', 즉 제2의 렘브란트가 실재로 존재할지도 모른다는 점이다.

그러나 암스테르담국립미술관에서 거의 틀림없이 가장 유명한 렘브란트의 그림인 〈야경〉(미술관의 설명에 따르면 좀 더 정확한 제목은 〈프란스 반닝 코크 대위와 그의 지휘를 받는 제2구역 민병대〉)으로 돌아가 보자. 원본은 1642년에 완성되었다. 몇 년 뒤 그 그림을 암스테르담 시공회당에 걸려고 했을 때, 그림이 지정된 장소에 맞지 않아 사방으로 그림을 잘라 내는 극단적인 해법이 동원되어야 했다. 그것이 이 미술관에 오랫동안 전시된 버전이었다.

다행스럽게도 렘브란트의 동시대 화가가 그 만행이 벌어지기 전에 그림을 베껴 두었다. 헤릿 륀던Gerrit Lundens의 복제품은 대가의 양식을 포착하지는 못했으나 적어도 빠진 인물은 없었다. 300년을 급히 달려 신경망의 시대로 와 보자. 암스테르담국립미술관의 수석 과학자인 로버트 에드만Robert Erdmann은 오늘날의 AI 기술을 사용해 잘려 나간 부분을 복원했다. 하지만 이번에는 렘브란트만의 스타일을 정확히 담아냈다.[45]

창의적이냐고? 새로운 작품을 만들었다는 의미에서는 아니다. 튜링 테스트를 통과하기 위한 것도 아니다. 그러나 관람객들이 렘브란트가 원래 그것을 그렸던 (거의) 그대로의 모습으로 볼 수 있도록 사회적 가치가 있는 현실적인 그림을 생성하는 힘을 AI가 과시했다는 점에서는 그렇게 볼 수 있다.

이제 어떤 다른 사람의 작품 양식을 복제하는 문제를 떠나 좀 더 새 작품으로 가 보자. 한 가지 중요한 사례로 〈에드몽 드벨라미의 초상〉이 있다.

2018년 크리스티 경매소에서 그 초상화는 43만 2,500달러라는 상당한 가격에 낙찰되었다.[46] 존재하지도 않았던 사람의 초상화인 데다, 컴퓨터 알고리즘이 생성한 그림치고는 나쁘지 않았다. (아리스토텔레스의 용어로) 작용인efficient cause은 스스로를 오비어스Obvious라고 칭한 파리의 3인조였다. 오비어스는 14세기부터 20세기에 이르는 작품 1만 5,000여 점의 데이터를 딥러닝한 적대적 생성 신경망을 이용해서 벨라미라는 가공의 가문에 속한 여러 가공인물의 초상화를 생성했다. 경매에 올라온 초상화는 그중 하나였다. 생성된 작품은 다소 흐릿하고 도돌도돌해서 벨라미가 물속에 잠겨 있는 것처럼 보였다.

앞서 크리스티는 초상화의 가치를 7,000달러에서 1만 달러로 예상했다. 거의 100만 달러의 절반을 질렀던 그 재력가는 어떤 식으로든 작품에서 그만한 가치를 봤다고 추정할 따름이다. 다른 사람들─사회─이 그럴지는 미지수다.

AI가 보이는 또 다른 창의성: 글쓰기

8장에서는 글쓰기의 전문적 분야라 할 수 있는 언론, 법률, 그리고 번역에서 작가로서의 AI 문제를 다루었다. 특히 AI가 텍스트 생성에서 보이는 효율성이 작가들의 안정적 소득과 개인적인 만족감을 위협할지도 모르는 문제를 중점적으로 다루었다. 현실적으로 신문 기사, 변론 취지서 그리고 문서는 그 양이 정해져 있다. AI가 더 많이 쓸수록 인간에게 돌아가는 몫은 줄어들 것이다. 8장에서 우리의 관심은 튜링 테스트 통과나 문화에 미칠 영향보다는 노동시장에 더 많이 가 있었다.

이제는 AI가 작성한 글이 '창의적'이라고 할 수 있는지를 묻는 쪽으로 골대를 옮겼다. 이런 식의 쓰기 작업에는 상한선이 없다. 청춘 시절 시심의 발동이든, 위대한 미국 소설 목록에 이름 올리는 것을 목표로 삼든, 아니면 새로운 희곡을 쓰든 언제나 더한 것을 위한 여지가 있다. 그리고 비록 단편소설이나 소설이 생계를 꾸리는 고결한 수단이 될 수도 있지만(찰스 디킨스나 새뮤얼 클레멘스에게 물어보라) 어느 정도 창의적인 수준에 있는 많은 창작물이 경제적 동기가 아니라 정서적 동기에서 샘솟았다.

창의적인 글쓰기와 창의적인 글

'창의적'과 '글'이라는 단어를 결합할 때 그게 무슨 뜻인지 확실히 해 두자. 어쩌면 당신은 시인이나 단편소설 작가로서 당신의 능력을 배양하기 위해 학부에서 문예 창작 과정을 수강했을 수도 있다. 형편에 따라서는 대학원의 문예 창작 프로그램에서 저서를 출간한 작가

쓰기의 미래

들의 지도하에 글을 쓰고 당신의 초고에 대한 워크숍을 거친 뒤 예술학 석사를 취득했을 수도 있다. 이 프로그램들은 대체로 소설이나 시 어쩌면 희곡에 초점을 둔다.

물론 사람들은 다른 장르에서도 창의적으로 글을 쓴다. 미셸드 몽테뉴의 『에세』로 시작해서 에세이의 경우를 보자. 애덤 스미스와 막스 베버, 장 피아제와 지그문트 프로이트 같은 이들의 문화를 바꾼 저술들은 말할 것도 없고, 절묘하며 독창적인 전기(실비아 네이사의 『뷰티풀 마인드』)와 역사 에세이(로버트 포겔Robert Fogel과 스탠리 엥거먼 Stanley Engerman의 『십자가 위의 시간Time on the Cross』)도 있다. 그렇지만 지금 얘기하는 창의성이 무엇인지 분명하게 정의할 필요가 있다. 사상에 관한 것이라고? 그렇다면 스미스와 프로이트에 견줄 만한 것은 없다. 산문을 쓰는 재능에 관한 것이라면 각자 의견이 다를 수도 있다.

우리는 기본적으로 '글쓰기'와 '창의적'의 연결을 문예 창작 프로그램이 인정해 줄 영역으로 제한할 것이다. 여기에 농담이나 리머릭 limerick 같은 짧은 글들을 추가할 수도 있다. AI가 창의적인 글을 쓸 수 있는가를 물을 때 연구자들은 이 모든 글을 후보로 여긴다.

몇 가지 예를 들어 보겠다.

AI의 잡다한 창의적인 글쓰기 도전

2020년 두바이 엑스포에 온 것을 환영합니다. 코로나19 덕분에

행사는 일 년 늦춰졌고, 2021년 10월에야 그 호화찬란한 국제박람회가 개최되었다. 기다린 보람은 있었다. 특히 에스 데블린Es Devlin이 디자인한 영국 전시관을 보는 기분이 그랬다. 그 건물은 바닥으로부터 뻗어 나가는, 가늘고 긴 주둥이를 닮은 구조물이었는데 컴퓨터가 생성한 시를 쏘아 내고 있었다. 데블린은 자신이 이전에 시도했던 AI 실험을 기반으로 이번에는 시 5,000수를 훈련시킨 GPT-2를 동원했다. 방문객들이 한 단어씩 입력하면 그 구조물은 새롭게 영어와 아랍어로 생성된 시를 LED 조명으로 쏘아 냈다.

최초의 국제박람회를 떠올려 보자. 1851년 런던이었다. 새뮤얼 모스Samuel Morse의 전신기와 찰스 굿이어Charles Goodyear의 가황 고무를 비롯해 우리의 삶과 문화를 바꿀 새로운 기술들이 전시되었다. 데블린은 AI를 동원해 작업하는 것이 그 기술들에 버금갈 문화적 힘을 발휘한다고 여겼다. "알고리즘은 우리와 함께 있다. 그것은 우리 문화에서 점점 영역을 확장하고 있다."[47]

좀 더 전통적인 글쓰기 장르로 가 보자. 누가 다음과 같은 시를 썼을까 생각해 보자.

"Yet in a circle pallid as it flow,

by this bright sun, that with his Light display,

roll'd from the sands, and half the buds of snow,

and calmly on him shall infold away"

(이 시는 소네트의 형식만 흉내 냈다. 내용으로 보면 시적 허용을 감안

하더라도 전체적으로 너무 비문이고 시를 읽어도 어떤 상황이나 장면이 막연한 정도로도 그려지지 않는다. 하나를 연결하면 다른 하나가 의미를 상실하고, 다른 하나를 붙잡으려 하면 원래의 하나가 의미를 상실하여 번역이 불가하다고 판단했다. 주석을 다는 것으로 번역을 대신한다-옮긴이)

조금 셰익스피어풍으로 들린다. 운율과 각운 체계를 맞춘 소네트 형식이 엘리자베스 1세 시대의 언어 양식과 비슷한 게 그럴싸하다. 그렇지만 가독성과 정서적 호소력이라는 면에서 보면 뭔가 잘못되어 있다. 놀랄 일은 아니다. 이 글은 딥-스피어Deep-speare라 불리는 프로그램이 생성했다. 프로젝트 구텐베르크를 통해 얻은 약 2,700편의 소네트로 만든 디지털 코퍼스를 바탕으로 심층 신경망을 사용해 만들었다.[48] 대략 2018년에 작성된 컴퓨터 프로그램으로 만든 것치고는 결과물이 그렇게까지 누추해 보이지는 않는다.

AI가 생성한 산문은 어떨까? GPT-3과 같은 플랫폼들은 다량의 텍스트를 생성하라는 명령을 받으면 이따금 같은 말을 되풀이한다든지 기묘한 쪽으로 딴전을 피운다든지 하며 여전히 자신들이 비-인간 출신임을 드러내는 경향이 있다. 그러나 사회자가 있는 집단 토론처럼, AI와 인간 사이의 방대한 문자 대화는 일관성이 있고 때로는 시사하는 바가 있는가 하면 감동적이기도 하다. K 알라도 맥다월과 GPT-3이 공동 창작 한, 148쪽에 달하는 일기 형식으로 주고받은 대화록 『파르마코-AI』가 그런 예이다. 그 책에 대한 비평에서 엘비아 윌크Elvia Wilk는 "읽고 있는 동안 나는 (…) 이따금 어느 저자가 말하고 있는 지를 잊어버렸다."라고 밝혔다.[49]

『파르마코-AI』는 알고리즘의 힘으로 쓴, 자연스럽게 읽히는 장편 분량의 글로서 최초는 아니다. 일찍이 일본에서 마쓰바라 히토시松源仁와 컴퓨터 사이에서 성공적인 협업으로 「컴퓨터가 소설을 쓰는 날コンピュータが小説を書く日」이라는 적절한 제목의 단편소설이 나왔다. 그 소설은 인상적이게도 호시신이치문학상 공모전에서 1차 심사를 통과했다.[50] 공식적으로 그해 2016년의 응모작은 총 1,450편이었고 그중 11편이 컴퓨터가 생성한 작품이었다. 어쩌면 문학사적 중대사의 발단이 될 수도 있겠다.

그러나 이런 류의 글을 '창의적'이라고 분류할 때 마음이 편안한가? 우리가 인간의 창의성을 위해 제시하는 기준을 활용해서 AI가 생성해 내는 작품들이 어느 정도인지 평가해 보자.

AI의 창의적인 글쓰기를 어떤 식으로 비교할까

그 시작은 튜링 테스트로 해도 좋겠다. 인간은 AI가 생성한 글과 인간이 쓴 문학적 글을 구분할 수 있을까? 대략 마음을 불편하게 할 정도의 비율로 부정적인 답변이 나왔다.

오스카 슈워츠Oscar Schwartz는 시를 생성하고 누가 썼을까 알아맞히는 게임, 〈봇인가 아닌가Bot or Not〉의 공동 설계자다. 그가 했던 테드엑스 토크TEDx talk를 예로 들어 보겠다. 그의 토크쇼에서 청중들은 윌리엄 블레이크의 스탠자(4행 이상의 각운이 있는 시구-옮긴이)는 인간의 작품으로 판단했지만, 거트루드 스타인의 시는 컴퓨터가 생성한 것으로 결론을 내렸다.[51]

이런 식의 비교는 좀 바보짓 같아 보인다. 수년간 다트머스대학의 뉴컴 컴퓨테이셔널 사이언스 연구소Neukom Institute for Computational Science는 창작 예술 부문에서 연례 튜링 테스트를 개최했다. 참가자들은 AI가 생성한 소네트, 리머릭, 스토리 등등을 제출했고 그 모두는 인간의 작품들과 비교해 평가되었다. 평가자들에게는 누구의 작품인지 구분할 수 있는가와 어느 것이 더 나은가라는 질문이 던져졌다. 결과는 엇갈렸다.[52]

연구소장 댄 로크모어Dan Rockmore는 연구의 목적이 문학 창작자로서 컴퓨터가 인간을 대체할 수 있는지 아닌지를 묻고자 하는 것이 아니라고 했다. 차라리 그것은 인간과 컴퓨터 각각에 있어서 창작의 본질을 탐구하려는 시도였다. AI가 생성한 작품들의 가치에 대해 로크모어는 이제 AI의 창작물을 인정하는 경우를 "일종의 문학적 GMO(유전자변형 농수산물-옮긴이) 꼬리표"로 여기기를 그만두고 단지 그것을 "완전히 새롭고 가치 있는 예술의 범주로" 인식해야 한다고 주장했다.[53] 동일한 취지로 엘비아 윌크는 "왜 우리는 AI가 사람처럼 쓸 수 있는지 어떤지를 강박적으로 측정하려 들까요? 비인간이라고 창의적이면 안 되나요?"라고 반문했다.[54] AI를 우리의 관점으로 보지 말고, 그것 자체로 평가하라는 말이다. 모조품이니 뭐니 할 것이 아니다. 리얼 다이넬Dynel이다.

튜링 테스트는 치워 두고(그리고 로크모어의 충고를 염두에 두고서) AI의 창의적인 글은 인간의 창의성의 잣대에 비하면 어느 정도인가?

참신성, 사회적 가치, 적절한 시기

언어를 사용하는 생명체로서 우리는 기호를 공유한다. 비록 그 정교함에 있어서 수준이 서로 다르고 얼마간 엇갈리는 신호들도 있지만 대체로 언어를 구사하는 자들은 동일한 단어, 동일한 구문과 동일한 음성 체계로 의사소통한다. 내가 문을 열라 했을 때 상대방이 창문을 향해 가지는 않는다.

참신함은 여러 가지 방식으로 불쑥 끼어들 수 있다. 예를 들면 단어를 지어내고(루이스 캐럴의 유끈한 토브들the slithy toves), 예기치 못한 방식으로 문법을 쓰고(어떤 이가 최초로 '구글google'을 동사로 사용했을 때) 아니면 은유, 직유나 병렬 관계를 실제의 예상과는 엇갈리게 생각해 내기도 한다["양배추가 술집으로 걸어 들어왔다"(영미권의 술집 유머bar jock로, "어떤 것이 술집에 들어갔다"로 시작해서 그 뒤로 웃기는 상황이 이어지며 다양하게 변주된다-옮긴이)]. 인간처럼 거대언어모델로 구동되는 프로그램도 다른 이들이 과거에 썼던 단어와 문장을 이용해 새로운 글을 내놓는다.

차이는 AI가 공급받는 사례들이 단지 인간이 접할 수 있는 것보다 훨씬 더 방대하다는 사실이다. 결과는? 과거 인간의 언어적 창의성을 기반으로 훈련받았다면, 그런 경우까지도 포함해 우리는 작가로서의 AI가 참신함을 발휘하리라 기대할 수 있다. 재미로 한 가지 사례를 소개한다. 텔아비브대학 연구자들은 신경망을 이용해서 클링온 언어 같은 가상 언어의 어휘 양식을 학습시켜서 그런 언어들의 어휘 수를 확장해 보려고도 했다.[55]

그런 면에서 작가로서의 AI는 창의성의 조건으로 참신함은 갖춘 것으로 보인다. 다음 단계로 사회적 가치라는 관점을 보자. 1990년대 말 마거릿 보든은 컴퓨터의 창의성과 가치에 대한 쟁점에 대해 이런 의견을 밝혔다.

> AI의 창의성을 궁극적으로 입증하려면 AI가 어떤 참신한 생각을 생성했는데 처음에는 사람들이 혼란스러워하고 거부감을 보였지만, 결국 그것이 진정 가치가 있다고 받아들이게 만드는 과정을 거칠 것이다. 아직은 먼 옛날의 이야기다.[56]

그때부터 20년 이상이 지났다. 그런 목표에 도달했는지는 아직도 확실하지 않다. 〈에드몽 드벨라미의 초상〉을 낙찰받은 이와 오비어스가 만든 다른 예술품을 전시한 미술관들은 아마도 그렇게 생각하는 듯하지만 사회 전체적으로는 그 정도가 아니다.

시간이 지나면 컴퓨터가 생성한 작품들이 가치판단에 대한 우리의 인식을 바꿔 놓을까? 비교를 위해 다음의 사례를 보자. 존 던(벤 존슨과 새뮤얼 존슨의 혹평으로 잊혀졌지만 T. S. 엘리엇이 되살린)이 이제 우리의 문학적 판테온에 자리 잡은 것처럼, 빈센트 반고흐가 세상을 바라보는 방식도 우리의 문화적 감수성으로 들어서 있다('반고흐: 몰입형 체험' 전시회나, 스카프와 토트백을 장식한 〈별이 빛나는 밤〉을 생각해 보라). 다른 인간 예술가들과 작가들의 명성은 길가로 밀려났다. 노벨상 수상에도 불구하고 유감스럽도다, 게르하르트 하우프트만이여.

AI의 경우 우리는 좀 더 기다려 봐야 한다. 내 직감으로는, 인간이 글을 쓸 때 좀 더 창의성을 발휘하도록 자극을 주는 그런 기발함을 이유로 AI가 생성한 문학작품의 가치를 인정하게 될 것 같다. 언젠가 AI 소설이 부커상을 수상하는 날이 오지 말란 법도 없겠지만, 나라면 숨이 멎을 정도로 조마조마하게 기다리지는 않을 것이다.

창의성의 여러 등급

알고리즘이 스스로 만족을 얻을 수는 없기 때문에 '미니 c' 등급은 간단히 무시해도 좋다. '작은 c'와 '두드러진 c'는 생성자의 마음 문제가 아니라 쓰인 텍스트의 문제이기 때문에 다른 얘기다. 만약 AI가 생성한 시가 튜링 테스트를 통과한다면 '작은 c' 수준에 지정될 가치가 있다. 「컴퓨터가 소설을 쓰는 날」은 수상을 하지도 못했고 얼마간 인간의 손길에 힘입었다. 그러나 AI가 생성한 작품들이 낮은 수준의 문학상을 획득할 가능성을 보여 주었다. 그러다 보면 '두드러진 c'에 도달할지 누가 알겠는가? 모를 일이다.

AI가 '빅 C' 수준의 문학작품을 쓰는 것을 상상할 수 있는가? 그 점에 대해서 나는 매우 회의적이다. 의심할 여지 없이 인공지능의 개발, 그리고 좀 더 보편적으로 컴퓨터과학의 발전은 인류에게 대대로 혜택을 준다. 그것들은 우리의 삶을 극적으로 변화시켰다. 하지만 시와 산문에 관한 한 인간 독자는 단지 단어에 의해서만이 아니라 집필한 사람의 역사적·문화적 자질과 생애 같은 것에 마음을 연다. 그의 정체가 무엇이든 셰익스피어를 만든 힘의 일부는 그가 엘리자베스 1세 시대의 사람이었다는 사실이다. 제임스 조이스는 20세기 아일랜드인이었다. 그들의 작품들을 읽으면서 우리는 또한 그들의 삶과 시대를 읽는다.

누구를 위해 창의적이란 말인가? H-창의성 또는 P-창의성

보든의 역사적 혹은 심리적 창의성 개념은 특별히 AI의 문학적 산물에 적용할 만하지는 않다. 원칙적으로 거대언어모델로부터 나온 어떤 새로운 텍스트는 고유할 것이다(H-창의성에 해당한다). 그러나 거대언어모델이 다른 인간의 언어를 짜깁기해 작품을 쓴다는 사실에 유의할 필요는 있다. 하지만 단지 고유하다는 점만으로는 문학사에 한자리를 차지할 자격이 보장되지는 않는다.

기원

인간과 AI의 문학적 창의성의 근원을 비교하는 것은 조금 더 가능성이 있다. 내가 '조금'이라는 수식어를 단 것은 AI에 관한 한 일련의 선택지들을 배제할 수도 있다는 사정 때문이다. AI는 물리적 뇌가 없기에 어떤 사고의 기본 바탕도 없다. 프로그램 작성자를 말하는 것이라면 모를까, 아니라면 AI에 적용할 IQ, 유전자, 인간성, 그리고 마음 상태 따위의 것은 없다. 의식도 마찬가지다. 컴퓨터가 소네트를 쓰거나 협주곡을 작곡하는 것으로는 충분치 못하다 했던 제프리 제퍼슨의 입장을 돌이켜 보라. 우리가 '기계는 뇌와 동일하다'라는 결론에 동의하기 위해서는 기계 또한 '생각과 감정'을 가져야 하고, 창의적인 작품을 '그것이 썼다는 사실을 아는' 것이 필요하다. AI가 그런 기준을 충족하기에는 아직도 갈 길이 멀다.

시대정신은 어떤가? AI의 문학적 창의성을 북돋는 문화적 분위기라 말할 만한 것이 있는가? GPT-3을 비롯해 그와 유사한 부류들을 기반으로 만들어진 도구들에 대한 야단법석과 과한 상업적 열기를 고려해 보면 문학 저자로서 AI의 잠재력을 탐구하려는 대중적 갈망은 분명 존재한다. 하지만 지금까지도 셰익스피어와 말로, 존슨 그리고 바로 그 존 던을 낳은 엘리자베스 1세 시대와 비할 만한 분위기는 보이지 않는다.

문학적 AI에 좀 더 적절한 요소는 새로운 단어를 결합하는 능력과 함께 확산적 사고를 해내는 역량이다. 거대언어모델은 다른 가능성을 모색하고 기묘하게 조합하는 데 탁월하다. 매력적인 사례는 워싱턴의 스미스소니언 예술산업관의 전속 퓨처리스트futurist(사람과 현상을 관찰해 향후 유행할 새로운 흐름을 읽어 내는 인재-옮긴이)로서 저넬 셰인Janelle Shane이 만든 새해 결심 생성기이다.[57] GPT-3의 일종인 다빈치Davinci를 이용해 그녀는 엉뚱한 본보기 결심들을 프로그램에 입력했다. 답변으로 다빈치는 다음과 같은 주옥같은 결심을 내놨다.

"내가 제일 좋아하는 책을 먹겠다."

"브로콜리를 국가 통화로 제정하고 브로콜리에 색을 입히겠다."

"옆집 개를 꼬드겨서 달빛 코트를 걸치게 하겠다."

'달빛 코트'라. 확산적 사고를 가진 인간이 썼을 법하게 들린다.
"별똥별을 잡아 주머니에 넣어 두세요."라는 노래 가사를 상기시킨다.

AI의 창의력에 대해 챗GPT는 뭐라고 말했을까?

서문에서 언급했듯이 내가 이 책을 막 완성했을 때 오픈AI의 챗
GPT가 등장해 세상을 놀라게 했다. 나는 봇에게 창의성을 무어라 생
각하는지 묻고 싶어 참을 수 없었다.

내가 챗GPT에게 던진 질문: "너라면 GPT를 창의적이라고 하겠
니?" 내가 처음에 이 질문을 던졌을 때 받은 대답은 다음과 같다.

> 오픈AI에 의해 훈련받은 거대언어모델로서 나는 창의적인 생각이
> 나 예술적 표현을 하지는 못합니다. 입력된 자료를 기반으로 인간
> 과 같은 텍스트를 생성할 수 있는 도구일 뿐이라서 예술이나 문학
> 에서 창의적인 작품을 창조하는 능력을 갖고 있지는 않습니다.

꽤 겸손하다.

며칠 뒤 나는 똑같은 질문을 다시 입력했다. 이번 답변은 훨씬 길
면서도 명백히 인간의 창의성과 AI가 생성한 것을 비교했다. 그와 관
련된 부분은 다음과 같다.

GPT는 (…) 전형적으로 인간의 창의력을 연상시키는 그런 유형의 독창적이고 창의적인 작업을 할 능력은 없습니다. GPT는 단순히 인간 언어의 양식을 모방하도록 훈련되었기 때문입니다. 그래서 생각하거나 스스로 추론하는 능력은 없습니다.

훌륭하다! 인간의 사고력과 추론 능력은 여전히 대단한 것인 모양이다. 한데 단지 창작의 과정이 아니라 AI와 인간이 만들어 낸 결과물만을 본다면, 어떤 인지적 능력이 투입되었는지를 우리가 어떻게 알 수 있을지는 분명하지 않다.

AI가 창의적일까 봐 신경이 곤두서는가?

동네에 새 아이들이 이사 오면 어떤 녀석들인지 살펴보고 싶은 것은 당연하다. 놀이 친구일까? 새로운 경쟁자일까? 창의적 작가로서의 AI를 둘러싼 야단법석 중 많은 부분은 그것의 숨은 능력이 우리에게 이익이 될지 아니면 녀석이 내 점심을 앗아 갈지로 귀결된다. 이런 양면성을 포괄적으로 바라보기 위해 AI가 갖는 창의적 작가로서의 능력과 왜 인간은 글을 쓰도록 이끌리는가를 되새겨 보는 것이 필요하다.

작가로서 AI는 무엇을 할 수 있는가

우선 AI가 창의적 글쓰기에 세운 공헌을 살펴보는 것에서 시작하자. AI가 인간과 협력하거나 또는 AI 홀로 할 수 있는 것을 본보기로 소개한다.

새로운 작품을 창조한다

AI 글쓰기 도구는 즐거움이나 가르침을 주고, 심지어 영감을 주는 문학작품이라 내세우는 글을 내놓았다. 우리는 여러 장르를 넘나들며 다양한 본보기를 보았다. 그렇지만 하나 더 추가하겠다. 스토리텔링이다. 7장에서 우리는 하이퍼픽션으로 탐구하는 법과 제임스 미한의 테일스핀에 대해 이야기했다. 그런 초창기 시대의 또 다른 혁신자로는 마크 라이들Mark Riedl이 있었다. 그는 AI의 이야기를 풀어내는 능력을 탐구한 지 벌써 20년이 된 베테랑이다.[58]

창의적인 작가로서 AI가 이야기를 성공적으로 풀어내는 능력에 상한선이 있을까? 나는 이미 AI가 '빅 C'로 인정받을 만한 능력은 없으며, 심지어 '두드러진 c'로 인정되기에도 벅찰 것이라고 말한 바 있다. 어떤 이들은 AI가 결코 훌륭한 문학작품을 쓰지는 못할 것이라 주장하는 반면, 다른 이들은 좀 더 낙관적이다.[59] 창의적 문학작품으로서 여기거나 말거나 하는 문제는 어느 정도까지는 제 눈에 안경이다. 이 자리에서는 결판날 일이 아니다.

인간의 창의성을 북돋운다

AI의 창의적인 글쓰기 능력으로부터 인간이 얻어 낼 즉각적인 이익은 우리의 과제 수행을 촉진하는 것이다. 수도라이트 같은 도구들은 "작가의 글길이 막히는 것을 박살 내"는 능력을 광고하고 있다. 작가들은 AI 글쓰기 프로그램들이 협업으로 작품을 만들어 낼 가능성을 제공할 뿐 아니라 작가 자신의 사고를 활발하게 자극한다고 말한다. 11장에서는 이런 몇 가지 선택지를 다룰 예정이다.

인간의 사고와 창의성을 더 잘 이해하도록 돕는다

마거릿 보든은 "인간이 새로운 사고를 하는 것이 어떻게 가능한가?"라는 질문을 던졌다. 수 세기 동안의 노력에도 불구하고 우리가 집단적으로 창의적이라고 여기는 저작이나 미술 또는 음악이 어떻게 창작되었는지를 비롯해, 인간 사고의 작동을 설명하기 위한 우리의 분투는 여전히 진행 중이다. 보든은 컴퓨터의 창의적 가능성을 탐구하는 이유 중 하나가 인간의 창의적 사고에 대한 해법을 찾아내는 데 도움이 되기 때문이라고 주장했다.[60]

건축가들은 축척에 맞춰 그들이 세울 건물의 모형을 만들어 본다. 과학자들은 약물과 의학적 조치의 타당성을 초파리와 쥐를 이용해 검증한다. 이 시대 AI 연구자들은 인간 신경계의 결합 방식과 컴퓨터 신경망이 서로 닮았다는 과거의 주장을 되살려 냈다. 인간의 글쓰기를 가치 있게 만드는 것은 무엇인지에 대한 단서를 얻기 위해 AI를 탐사하는 작업은 밑질 것 없는 시도다.

왜 창의적인 인간 저작자의 존재는 여전히 중요한가

AI의 창의적인 글쓰기는 인간 저술가들에게 거의 어떤 새로운 위협이 되지는 않는다. 당신이 시나 단편소설, 혹은 소설로 생계를 이어 나갈 수준의 돈을 벌지는 못할지라도(늘 그랬다) 여전히 그런 쓰기 행위를 할 수 있다.

1950년 조이 길퍼드가 주장했듯이, 정말 곤란한 이유는 '사고 기계'가 우리의 고유한 인간다움에 대한 의미에 도전하기 때문이다. 인간은 오랫동안 언어를 인간만의 독점적인 유산이라고 주장해 왔다. 그렇건만 서문에서 보았듯이 우리는 비인간 영장류들이 그런 전제에 균열을 내는 것을 확인했다. 괜찮은, 심지어 창의적인 글을 쓸 수 있는 AI로부터 인간이 느끼는 진짜 두려움은 우리만의 영역, 인간의 자기 인식에 대한 위협이다.

이 책의 최초 몇 장에서는 어떻게 쓰는지를 아는 것—이와 더불어 쓰고 또 쓰는 것—이 인간인 우리에게 무엇을 해 줄 수 있는가라는 궁금증에 대해 논의했다. 우리는 감정을 발산하고 사회적 관계를 맺고 자신을 알기 위해 분투한다. 심지어 인간은 그래피티에서도 자신의 존재를 드러낸다. "킬로이가 다녀갔다 Kilroy was here(제2차 세계대전 때 미군이 점령지마다 남긴 낙서-옮긴이)." 그리고 이따금 우리는 그냥 쓰는 과정 자체를 즐기기도 하고, 그 결과물을 보며 혼자 기뻐하기도 한다.

창의성을 연구하는 심리학자 몇 명이 인간의 창조가 갖는 객관적인 쓸모를 뛰어넘는 가치에 대해 글을 썼다. 제임스 카우프만은 "평생 '미니 c', '작은 c' 수준의 창의성을 발휘하며 사는 것은 (…) 수많은 개인적 혜택으로 돌아온다"[61]고 주장했다. 그것은 스트레스를 줄여주고, 과거의 부정적인 어려움에 대처하게 하며, 사람들에게 들려주고 싶은 이야기를 당신에게 만들어 준다. 미하이 칙센트미하이의 저서 『창의성의 즐거움』의 부제가 '몰입, 발견, 발명의 심리학Flow and the Psychology of Discovery and Invention'인 것은 우연이 아니다(한국어 번역본의 부제는 "'창의적 인간'은 어떻게 만들어지는가?"이다-옮긴이). 칙센트미하이가 만든 개념인 몰입flow(극단적으로 단순화하기. 즉 '무아지경'에 빠짐)은 창의적인 작품을 만들도록 이끌기도 하지만, 기쁨과 안녕과 행복을 준다.

결론은 이것이다. AI가 뛰어난 능력을 보인다고 작가로서의 당신을 주눅 들게 하지 말라. 수상 경력이 있든 없든, 방문객들이 당신이 태어난 곳을 찾아 주든 아니든 당신은 생각할 것도 많고, 말할 것도 많다. 게다가 이어질 두 개의 장에서 보게 되겠지만, AI는 영리하면서도 환영할 만한 동반자가 될 수도 있다.

쓰기의 미래

4부

컴퓨터가 우리와
협력한다면

10장

지브스 같은 AI

유머 작가로 꼽히는 P. G. 우드하우스P. G. Wodehouse의 작품에서 가장 유명한 등장인물은 게으름뱅이 런던 신사 버티 우스터의 집사 지브스Jeeves이다. 그는 일 처리에 막힘이 없고 적극적이다. 많은 AI 프로그램도 글쓰기를 비롯한 모든 일에서 그런 식으로 일한다. 앞에서 우리는 인간이 대체로 자신의 공로로 내세우지 않는, 전문적인 환경에서 AI가 생성한 텍스트에 대해 얘기했다. 그러나 AI가 작품에 기여했지만 당신 이름만 오른 경우에 대해서는 어떻게 생각하는가?

때때로 AI의 역할은 당신이 이미 써 놓은 것을 살짝 바꾸는 정도다. 어떤 경우에 AI는 전체를 생성하기도 한다. 소통 전문가 제프 행콕Jeff Hancock은 인간을 위해 초안을 작성하거나 조금 손대는 정도로 도와주는 AI의 쓰임새를 정의하는 이름을 지었다. AI 매개 의사소통 artificial intelligence-mediated communication, AI-MC이다.[1] 이 명칭은 컴퓨터 매개 의사

소통-computer-mediated communication, CMC의 개념을 재활용했다. 인간들 사이의 의사소통을 위한 매개물로 컴퓨터를 사용하는 것을 칭하기 위해 처음 사용된 표현이다. 이메일이나 인스턴트 메신저가 그런 예다. (오늘날 CMC는 휴대폰과 스마트워치와 같은 디지털 기기들도 포함한다.) 행콕의 AI-MC는 AI 행위자를 대화 속으로 끌어들인다. AI가 맡을지도 모르는 일은 인간의 메시지를 수정하거나 강화하는 것부터 인간을 대신해 완전히 새로운 텍스트를 생성하는 것까지 폭넓은 범위에 걸쳐 있다. 그런 도움들을 모두 합치면 내가 표현했듯이 AI는 대체로 도우미 지브스의 역할을 하는 것이다.

편집 작업을 하는 도우미들을 시작으로 실제 활약 중인 AI 프로그램들을 찾아가 보자.

이 정도는 기본: 수정과 완성

서문에서 기술을 길들이는 문제를 소개하며, 익숙해진 사례로 철자검사기를 들었다. 그 기술은 이제 보이지 않는다. 우리는 그걸 당연시한다.

철자검사기

나는 그것을 '철자검사기spellcheck'라 부르는데 당신은 그것을 어떻게 표기하는가? 마이크로소프트 365 제품군 가운데 하나인 워드는

'spellcheck', 'spell check', 그리고 'spell-check'(거기다 대문자까지 가세한 변종들)까지 허용하는 여유를 부린다. 마이크로소프트의 지원 홈페이지에는 '-er'을 붙여 'spelling checker'라고 표기하기도 했지만 실사용 용례를 들어 보면 모두 '-er'을 떼어 버린다. 스펠링에 대해 못을 박아 두자. 1992년에 윈도와 MSDOS5 광고에서 마이크로소프트는 'Spellcheck'라고 표기했다. 그래서 이 책에서는 (대문자 없이) 'spellcheck'라 할 것이다.

철자 오류를 바로잡아 주는 컴퓨터 프로그램의 매력은 충분히 관심을 끌 만한 일이다. 연구자들은 그 문제를 60년 이상 공략했다.

개인용 컴퓨터PC가 일상화되기 전, 수정 프로그램들은 더 큰 컴퓨터를 위해 개발되었다. 1961년 스탠퍼드대학에서 컴퓨터과학자 레스 어니스트Les Earnest는 최초로 철자검사기 프로그램을 개발했다. 10년 뒤 어니스트는 그것을 아르파넷ARPANET에 탑재했다.[2] 또 다른 걸작은 1966년 워런 타이틀먼Warren Teitelman이 MIT 석사 논문으로 제출한 파일럿PILOT이란 프로그램인데, 논문의 부제는 '인간과 컴퓨터의 공생을 향한 한 걸음'이었다.[3] 컴퓨터 코드와 협력을 해서 절약한 시간으로 인간은 좀 더 어려운 과제에 힘을 쏟자는 발상으로 나온 프로그램이었다. 타이틀먼이 제안한 방안 중에는 '취소' 기능, '내가 의도한 대로 하기' 기능과 철자검사기가 있었다.[4]

1970년대와 1980년대는 철자검사기 소프트웨어가 넘쳐 났다. 1978년에 언어학자들 일부가 IBM 디스플레이라이터Displaywriter를 위해 여섯 가지 언어로 된 프로그램들을 개발했다. 1982년이 되어 브라운

대학의 헨리 쿠체라Henry Kučera는 DEC(Digital Equipment Corporation)사의 VAX 컴퓨터 시스템을 위한 철자검사기를 개발했고, 뒤이어 PC 구동 버전도 내놓았다.

워드스타WordStar, 워드퍼펙트WordPerfect와 MS워드 같은 워드프로세서에 여러 버전의 철자검사기 기능이 탑재되면서 PC에 철자검사기는 당연한 것이 되었다. 이런 초창기 검사기들은 투박한 독립 실행형 소프트웨어로 설계되었으나, 곧 워드프로세싱 프로그램 본체에 통합되었다. 처음에는 수정이 자동으로 수행되지 않았다. 잠재적인 오류가 뜨면 사용자가 수정을 허락해야 했다. 1993년 마이크로소프트의 철자검사기는 자동수정 기능을 도입해 근본적인 변화를 꾀했다. 이제 변변치 못한 철자를 입력하면 순식간에 수정된다.

늘 그런 건 아니었다. 마이크로소프트가 도입한 최초 자동수정 기능은 'the'를 'teh'로 혹은 'Saturday'를 'saturday'로 쓰는 것과 같은 일반적으로 자주 철자 오류가 생기는 단어 목록에 의존했다. 나중에 자동수정 기능은 사전의 내용과 연계되었다.[5] 바로 그 때문에 몇 가지 문제가 생기기도 했다.

첫 번째 문제. 만약 어떤 단어가 프로그램의 사전에 없다면 자동수정 기능은 가장 근접하는 단어를 제공했다. 2003년 MS워드가 버락 오바마Barack Obama 전직 미국 대통령의 이름에 보인 대응은 전설적인 사례로 남았다. 'Barack'은 'Boatman'으로 'Obama'는 'Osama'로 수정되었다. 마이크로소프트 아웃룩Outlook의 웹메일 버전은 'Barack'을 'Barracks'로 제시했다.[6] 문제가 뭔지 대략 감이 올 것이다.

두 번째 문제. 당신이 의도한 단어가 사전에 있더라도 철자검사기는 당신을 곤란하게 하거나 당신의 의도를 오해할지도 모른다. 우리 모두 'to'와 'two'와 'too' 같은 동음이의어가 수정되지 않아서 당황스러웠던 일을 겪은 적이 있을 것이다. [워드는 내가 '신발이 왼쪽만 두 짝이야'라는 문장을 작성하면서 'I have too left shoes'를 써 넣어도 대꾸가 없다.(저자가 의도한 뜻이 되려면 '너무too'가 아니라 '둘two'이어야 한다-옮긴이)] 어쩌면 가장 악명 높은 사례는 워드의 1997년 버전에서 불쑥 튀어나온 '쿠퍼티노 효과Cupertino effect'였을 것이다. 철자검사기가 'cooperation(협력)'을 하이픈이 있는 'co-operation'만으로 인식할 수 있었기 때문에 하이픈 없이 입력하면 'Cupertino'로 자동수정해 버렸다.[7]

다행히도 이런 종류의 큰 실수들은 AI 도구들이 발전하면서 줄어들었다.

휴대폰으로 쓰기

맨 처음 휴대폰의 걱정거리는 철자 수정이 아니었다. 애초에 큰 장애물은 단어 입력이었다.

휴대폰의 시작은 차에 설치되는 카폰이었다. 사실 2020년까지도 영국은 카폰웨어하우스Carphone Warehouse라 불리는 휴대폰 소매 업체를 갖고 있었다. 그것이 개인형 이동 수단으로 옮아간 것은 1992년이었다. 그때 유럽 컨소시움의 집단특화이동통신Groupe Special Mobile, GSM이 자체 통신망을 개설했다. 비록 그 통신망은 음성 소통을 위해 고안되었지만, 대역폭에 약간의 여유가 있었고 컨소시엄은 그 여유분을 이용해 사용자들이 키패드에 짧은 메시지를 찍어 보낼 수 있게 했다. 이 단문 메시지 서비스Short Message Service, SMS는 1993년에 시작되었고 처음에는 무료였다. 여전히 세상의 많은 곳에서는 문자를 SMS로 알고 있다.

어려움은 이런 데 있었다. 알파벳 하나를 찍기 위해 탭을 여러 번 두드려야 했다—'g' 하나를 위해 번호 4를 한 번, 'h' 하나를 위해 두 번, 그리고 등등. 구두점은 훨씬 더 끔찍한 악몽이었다. 오류가 흘러넘쳤고, 단일 가격제에다 한 번에 보낼 수 있는 문자 수 제한이 있었고, 게다가 그 시스템을 사용하는 것이 너무나 노동집약적이기 때문에 메시지의 길이는 대체로 짧았다.

1990년대 중반 반가운 구원의 손길이 도착했다. 그때 테직 커뮤니케이션스Tegic Communications의 창업자들인 클리프 쿠셜러Cliff Kushler와 마틴 킹Martin King은 T9('9개의 키로 텍스트 처리')를 창안했는데 그것은 알파벳 두어 개를 찍어 넣으면 선택 가능한 한 세트의 단어를 보여 주었다.[8] 2007년 아이폰의 등장으로 가상 키보드, 새 운영체제, 아이폰만을 위한 자동화 프로그램들에 대한 필요도 나타났다. 아이폰의 자동 수정 기능은 애플 소프트웨어 엔지니어 켄 코시엔다Ken Kocienda가 개발했다.[9] 2014년에 퀵타입QuickType(기본적으로 자동완성 혹은 단어예측 기능)이 탑재된 애플폰이 등장하면서 사용자가 고를 수 있는 선택지는 세 가지로 제시되었다.

문제가 해결되었냐고? 꼭 그렇지는 않았다. 그 기능들의 수준이 컴퓨터 워드프로세싱을 위한 유사한 종류의 도구들을 넘어서지 못했기 때문이다. 휴대폰 자동수정 기능이 낳은 가장 유명한 어이없는 실수 중에는 "Your mom and I are going to Disney(엄마랑 나는 디즈니에 갈 거야)"가 "Your mom and I are going to divorce(엄마랑 나는 이혼할 거야)"로 돌변한 경우와 "Sorry about your fever(열이 난다니 유감이구나)."가 "Sorry about your feces(대변이라니 유감이구나)."로 수정된 경우도 있었다.[10]

그런데 자동화한 단어생성 기능의 결과는 폭소와 공포나 당황의 감정을 넘어섰다. 휴대폰 속 AI는 우리가 쓰는 방식을 바꿔 버릴지도 모른다. 철학자 에반 셀링거Evan Selinger는 자동수정 프로그램이 사용자들을 '그들만의 상투적인 문구'에 젖게 만든다고 걱정했다. 과거의 대화에서 글쓰기 양식을 분석하는 알고리즘들은 고만고만한 표현을 재생하는 경향이 있다.

> 평소 쓰는 단어들에 대해 너무 깊이 생각하지 않도록 만드는 단어 예측 기술은 우리가 서로 소통하는 방식에 미묘한 변화를 부른다. 의사소통이 덜 의도적인 행위가 되면서 우리는 상대에게 자신의 뜻보다는 알고리즘이 생성한 것을 더 많이 전달하게 된다. (…) 자동화는 (…) 우리가 생각하는 것을 멈춰 세울 수도 있다.[11]

단어예측 기능에 대한 연구는 셀링거의 염려가 일리 있음을 입증했다. 하버드대학의 연구에서는 문자메시지를 보낼 때 단어예측 기능의 도움을 받으면 스스로 단어를 생각할 때보다 어휘가 더 많이 제약되었다(더 간결해지며 덜 흥미롭다).[12] 청소년을 대상으로 했던 나의 연구에서 응답자의 21퍼센트가 단어예측 기능의 도움을 받아 문자를 보낸 결과, 메세지가 더 단순해지고 짧아졌다고 답했다. 12장에서 그 연구를 좀 더 상세히 다루겠다.

문법과 문체

철자와 단어예측은 쓰기 영역에서 빙산의 일각에 불과하다. 단어 선택과 문법은 훨씬 더 중요하다. 소프트웨어 개발자들은 철자검사기 작업만큼이나 오랫동안 문법 도구 개발에 힘써 왔다. 1970년대에 라이터스워크벤치가 개발되어 유닉스 체제에서 구동되었다. 1981년에는 초창기 PC에서 작동했던 그라마틱Grammatik이 선을 보였다.

한편 (이미 헨리 쿠체라와 철자검사기 프로그램에서 함께 작업했던) 출판인 호튼 미플린Houghton Mifflin은 독립 실행형 문법검사기인 코렉텍스트CorrecText를 개발했다.[13] 1992년에는 문법과 문체에 대한 조언 도구가 MS워드에 탑재되어 등장했다. 그때 마이크로소프트는 코렉텍스트에서 파생된 문법검사 프로그램을 그 도구에 통합시켰다. 이후 30년 동안 이 프로그램은 다루는 범위와 정교함에서 진화를 거듭했다.

프로그램들이 잘 돌아갈까? 어디에 묻고 어떤 목표로 글을 쓰는가에 따라 답변은 달라진다. 좋은 글은 단지 누군가의 규칙을 무비판적으로 따르는 것이 아니다. 접속사로 문장을 시작해도 되는가? 안 돼! 어릴 적 영어 선생님들이 내 머릿속에 못질한 바 있다. 한데 문체도 변한다. 언제 어디서 쉼표를 쓰는가도 마찬가지고, 모든 편집 지침의 기준이 동일하지도 않다.

다음으로 단어 선택 문제다. 몇 년 전 나는 단어선택에 있어서 문체검사기의 효과에 대해 걱정하기 시작했다. 당시에 나는 로즈, 마셜, 풀브라이트 같은 권위 있는 장학금에 도전하는 학생들의 에세이를 검토하고 있었다. 이들 지원자는 대학에서도 가장 우수한 집단에 속했다. 그중 많은 학생이 탁월한 글을 썼다. MS워드는 그들 초고에서 왜 그렇게 많은 단어와 표현에 빨간 펜을 드는가?

나는 워드가 밑줄 친 부분 몇 군데에 우클릭을 해 '문법'을 선택했다. 그랬더니 권장 편집 방안이 떴다.[14] 내가 확인한 두 가지 사례를 소개한다.

원본 1

외상후스트레스장애는 문화적 장벽으로 **악화될** 수도 있다

PTSD can be **exacerbated** due to cultural barriers

MS워드의 권고안 1

단순한 단어 사용을 고려해 보시오.

권고안: **더욱 나쁘게 된**worsened

원본 2

가까운 미래에 그리고 장기적으로 도전에 대한 통찰력 있는 안목과 실용적 해결책을 얻다

gain an insightful perspective on the challenges and pragmatic solutions
in the near future and long term

MS워드의 권고안 2

간결한 언어 사용을 고려해 보시오.

권고안: **곧**soon

어떤 경향인지가 뚜렷이 보인다. 단어나 표현이 에세이의 어조와 잘 어울린다 하더라도 문체에 있어서 긴 단어나 표현은 피한다.

구제 불능의 실험가인 나는 최근에 MS워드에 미국 독립선언문의 도입부("When in the course of human events", 인류 역사의 과정에서 ~했을 때)를 찍어 넣었다. 나는 "좀 더 간결한 언어를 쓰면 당신의 글이 읽는 이에게 더 분명한 뜻을 전달할 것입니다."라는 말과 함께 'in the course of~(~의 과정에서)'를 개선하라는 권고를 받았다. 워드는 그 거슬리는 구절을 'during~(~동안에)'으로 대체하라고 권했다. 더 간결한 것은 맞다. 하지만 문법적으로도, 의미적으로도 맞지 않다. 능숙한 필자이자 선언문을 작성한 토머스 제퍼슨이 자신의 문서가 "When **during** human events"로 시작하는 것을 보면 까무러칠 것이다.

문체검사기가 우리에게 긴 단어를 삼가고 늘 간결하게 쓰도록 애쓰라고 권고하는 것은 분명 모순된 사태를 유발하기도 한다. 교사들은 학생에게 장황하게 쓰라고 권하지는 않지만, 정교하고 미묘한 느낌을 전하는 어휘를 배우고 사용하라고 독려한다. 교사뿐만이 아니다. 우리가 앞에서 살펴보았듯이 ETS의 이레이터도 다음절 단어를 쓰면 가산점을 주었다. 이토록 엇갈린 메시지라니!

자선이 그런 것처럼 명쾌함도 집에서 시작된다는 걸 믿는 나는 이 책의 원고에 있는 일부 문장들에 대해 왜 MS워드가 딴지를 거는지 궁금증이 솟았다. 내 글의 문체가 늘 헤밍웨이처럼 단순 명쾌하지 않은 건 인정한다. 그럼에도 나는 문법에 맞는 문장을 쓰려고 애썼다. 워드는 나에게 한 곳 이상에서 적절한 쓰임새에 저촉되는 글을 썼다고 지적했다. 나는 이렇게 썼다.

> '좋은' 글을 어떻게 정의하더라도, 그저 점검 사항 대조표에서 최고 점수를 받는 것만으로는 부족하다.
>
> **However** we might define "good" writing, it's more than acing check-lists.

워드는 내가 'however' 뒤에 콤마를 넣지 않았다고 잔소리했다. 미안하네, 워드여. 그 자리에 콤마는 곤란하다네. 여기서 'however'는 'define(정의하다)'이라는 동사를 수식하는 부사야. 콤마는 문장 전체를 수식하는 부사일 때 쓰는 거라고.

너무 워드를 깎아내릴 건 없다. 이 문장이 예사로운 문장은 아니기 때문이다. 그리고 나는 모든 구문적 가능성을 정확히 통제하고자 하는 프로그램의 노력을 높이 평가한다. 에드워드 사피어가 경종을 울렸듯이 모든 문법에는 새는 틈이 있다. 다만 내가 걱정하는 바는 많은 언어 학습자를 비롯해 자신의 영어 구사력에 자신감이 부족한 필자들이 워드의 지시를 따르다가 문법에는 맞을지 모르지만 무미건조한 글을 쓰게 될지도 모른다는 점이다.

인간의 글쓰기를 육성해 온 유서 깊은 교수법과 오늘날 AI의 평가 프로그램 사이에는 서로 동떨어진 부분이 있다. 이런 불일치를 언어학자들과 작문 선생들은 놓치지 않았다. 그들은 철자, 문법, 문체와 구두점을 자동으로 재단해 버리는 것이 개인적 목소리와 내용에 집중하려는 학생들의 노력을 저해할까 봐 우려하고 있다.[15] 만약 문법검사기가 사소한 오류를 정리해 준다면 우리는 글의 내용까지도 합격점을 받으리라 믿고 싶을 수도 있다. 하지만 소프트웨어가 글의 내용까지 평가하는 게 아니라면 김칫국부터 마시는 건 금물.

앤 헤링턴Anne Herrington과 찰스 모란Charles Moran은 영작문계를 이끄는 권위자들이다. 2012년에 함께 쓴 저서에서 두 학자는 ETS의 크라이티리온에 초점을 두고 철저히 분석했다. 문법 및 문체 검사기 대부분이 그렇듯 크라이티리온도 에세이 전체가 아니라 단어와 문장을 검토하는 수준에 머물러 있다. 그래서…

크라이티리온은 여러 문법적 범주를 검토하면서 오류를 수정하는 과제를 수행할 뿐 글의 논거를 검토하거나 특정한 수사적 상황에 맞추려는 노력은 보이지 않는다.[16]

그로부터 10년이 더 흘렀지만 문제는 여전히 해결되지 않았다.

쓰기의 미래

쓰기 선생이 입장했다: 가르침의 순간인가 무임승차인가

편집 보조 소프트웨어를 떠올릴 때면 그것으로 이득을 보는 자는 누구인지 묻지 않을 수 없다. 소프트웨어 업체인가? 진심으로 쓰기 능력을 향상시키려 애쓰는 사람들인가? 편리한 길을 찾는 학생들인가? 업계 점유율 상위에 있는 두 프로그램인 그래머리와 MS, 특히 오피스365에 내장된 (2023년 초기) 워드 버전을 살펴보자. 그런데 이들 소프트웨어의 정확성과 능력은 계속해서 향상하고 있기 때문에 내가 이 장을 집필한 시점의 상황과 더 이상 정확히 일치하지 않을 수도 있다는 사실을 부디 명심해 주시라. 그 주의 사항은 이제 GPT-4를 주입한 MS워드에도 그리고 GPT-3를 내장한 그래머리에도 모두 적용된다.

과외 교사 노릇을 하는 그래머리

여기 당신에게 던지는 질문이 있다. 문법을 가르치는 것과 표절 적발과는 어떤 관계가 있는가? 정답은 매우 비슷한 자연어 처리 도구가 두 가지 작업 모두의 작동 방식에 기초가 된다는 것이다. 우리가 ETS의 이레이터가 크라이티리온으로서 두 가지 역할을 모두 수행할 때 보았듯이 에세이를 채점할 때와 문법에 대한 조언을 제공할 때에도 경우는 마찬가지다.

적극적인 일일 사용자가 3,000만 명인 그래머리는 2009년에 출시되었다. 그로부터 7년 전부터 표절 적발 사업에 종사한 결과였다. 그래머리의 창업자들은 다음과 같이 설명했다.

> 우리는 이전에 마이드롭박스MyDropBox를 설립해 학생들의 글에서
> 표절 차단을 돕는 상품을 설계했습니다. 이 일을 통해 우리는 심각
> 하고도 근원적인 질문을 하게 되었습니다. 왜 사람들은 대뜸 표절
> 부터 하는가? 그들이 자신의 목소리로 뜻하는 바를 의사소통하는
> 데 어려움을 겪어서 그런 건 아닐까?[17]

학생들에게 문법과 철자를 바로 쓰도록 돕자는 새로운 목표가 생
겼다. 이제는 학생들을 제외하고도 수백만 명의 구독자가 생겼다.

많은 온라인 소프트웨어가 그런 것처럼 철자, 문법, 구두법에 대
한 편집부터 어조 감지(자신만만함, 다급함, 정중함 등) 기능까지 지원하
는 프리미엄 버전도 있다. 프리미엄 구독료를 내면 단어 및 격식 수준
선택, 명확한 문장으로 정정, 어조 조정과 표절 탐지 기능을 추가로
이용할 수 있다. 그래머리의 도움을 받아 글을 쓰는 이는 (가령 정보 제
공, 설명, 혹은 설득 같은) 글의 목적과 함께 독자, 격식의 수준, (사업, 이
메일, 혹은 학술 등) 글의 성격과 어조를 선택하는 식의 목표 설정을 할
수 있다.[18] 현재 그래머리는 영어로만 이용 가능하다.

그래머리는 수정을 위한 기회뿐만 아니라 또한 배움의 기회도 제
공한다. 오류가 표시되면 문법적 설명을 읽을 수도 있다. 나는 사용자
대부분이 단지 빠른 해결책만을 구하는 것이 아니라 개인적 성장을
갈구한다는 사실을 믿고 싶다. 그러나 의구심도 있다. 스스로에게 물

쓰기의 미래

어보라. 철자검사기로 당신의 철자 오류 중 하나(오타가 아니라 진짜 틀린 경우)를 수정했을 때 잠깐 멈춰서서 "다음에 틀리지 않도록 올바른 경우를 기억해 두자."라고 다짐하는 경우가 얼마나 있는가? 귀찮게 뭘 그러는가, 철자검사기가 다음에도 나를 위해 대기하고 있을 텐데.

만약 당신이 훨씬 더 많은 도움을 원한다면, 즉 사용자가 '텍스트 오류 없음'이라는 '추가적인 확신을 필요로' 한다면 그래머리는 '전문가 수준의 글쓰기 서비스'를 제공한다.[19] 요컨대, 사람이 글을 첨삭해 주는 서비스에 돈을 지불할 수도 있다는 말이다. 가격은 요구하는 서비스의 수준과 소요 시간에 따라 다르다.

언어 경찰을 자처하는 마이크로소프트

MS워드가 없는 곳이 없다시피 하니 우리 모두는 그것의 유구한 편집 작업에 익숙하다. 이제 마이크로소프트가 오픈AI와 제휴 관계를 맺으면서 MS에디터에 AI로 구동되는 도구가 추가되었다. 그중에는 글 쓰는 이들에게 덜 편향적이고 덜 공격적이며 더 포용적인 단어를 선택하도록 살며시 유도하는 기능도 있다.

내가 말하는 바를 확인하려면 환경 설정 탭으로 들어가서 몇 가지 선택사항을 바꿔야 한다. '철자와 문법' 항목에서 '문법'으로, 다시 '문법과 세부 사항'을 거쳐 마지막으로 '설정'으로 간다. 선택 사항들을 훑어보면 알파벳순으로 나열된 많은 기본적 문법의 문체 항목 체크박스들이 미리 선택된 것을 확인할 수 있을 것이다. 'W로 시작하는 항목들'을 지나면 가령 전문·특수 용어jargon, 수동태passive voice, 장황함

wordiness, 속어slang 같은 추가적인 선택을 제안하는 항목들이 등장하는 데 이상하게도 일부는 알파벳순이 아니다. 계속 스크롤하다 보면 편견 체크박스들과 만난다. 나이 관련, 문화적, 민족적, 인종적, 젠더 관련, 성적 지향 관련, 사회경제적 지위 관련 편견을 선택할 수 있다.[20]

편견인가 아닌가를 누가 결정하냐고 당연히 묻게 된다. 몇몇 명백한 후보들에 대해서 MS에디터가 공격적 언어를 전부 포착하는가? 나는 조사 작업에 착수했다. MS는 내가 입력한 완전히 불쾌한 단어들을 몇 개 놓쳤다. 다른 단어들은 단수일 때만 지적했다. MS에디터는 내가 처음에 입력한 몇 단어를 잡아채는 데 실패했지만, 동일한 맥락에서 더 많이 썼더니 자기 잘못을 '바로잡았다'. (아마도 머신러닝을 가동해서일 것이다.) 그중에 주목할 만한 것들을 소개한다.

인종적이며 민족적인 용어들

• 단수형과 복수형을 모두 지적한 경우

스페인인(D로 시작하는 단어)(다고Dago-옮긴이), 아프리카계 미국인(N으로 시작하는 단어)(니그로Negro-옮긴이), 베트남인(G로 시작하는 단어)(국Gook-옮긴이)을 지칭하는 멸칭들

• 단수형일 때만 지적한 경우

일본인에 대한 멸칭(J로 시작하는 단어)(잽Jap-옮긴이)

• 아예 지적이 없는 경우

유대인에 대한 멸칭들(K로 시작하는 단어와 Y로 시작하는 단어) (각각 카이크Kike와 이드Yid-옮긴이), 중국인에 대한 멸칭(C로 시작하는 단어)(칭크Chink-옮긴이)

공격적인 용어들

쌍년bitch, **매춘부**whore, **걸레**slut

문장의 상황에 따라 이따금 지적하다가 때론 건너뛴다.

포용적인 용어들

인류mankind

humanity와 같은 젠더 중립적 용어를 쓰도록 권한다.

'인류mankind'라는 단어에 대해서 부연하자면 MS에디터는 'man(남자 또는 인간)'을 인간 전부를 가리키는 단어로 쓰는 것을 문제 삼지는 않았는데, 'mankind'에 대해서는 반대했다. 1969년 닐 암스트롱이 달 착륙의 순간에 했던 "One small step for a **man**, one giant leap for **man**kind(한 인간에게는 작은 한 걸음일 뿐이나 인류에게는 위대한 도약입니다)"에서 'man**kind**'를 MS에디터가 권고한 대로 '**humankind**'나 '**human**ity'로 바꿔 버리면 젠더 중립성은 확보할지 모르나 시적 광채와 역사적 정확성은 빛이 바랜다. 여성, 남성과 아이들을 위한 진 브랜드, 세븐포올맨카인드7 For All Mankind가 다음 비판의 형장에 서게 될까? 아직은 MS가 면죄부를 주어서 'm'을 대문자로만 쓰면 에디터는 입을 다문다.

여기 나의 원고 중에서 MS가 지적한 것을 소개한다. 나는 다음과 같이 썼다.

바둑 고수Go master를 무찌를 AI 프로그램을 개발한 것은 대단한 과업이었다.

MS는 'master'란 단어를 좋아하지 않았는지 "젠더 중립적인 용어를 쓰면 좀 더 포용적"일 거라고 훈수했다. 그러면서 '전문가expert'나 '우두머리head' 또는 '첫째primary'를 제안했다. 한번 시키는 대로 해 볼까? '바둑 전문가Go expert'? 이세돌이 알게 되면 그 단어가 자신의 지위를 상징하기에는 너무 미약하다고 생각할 것 같다. '바둑 우두머리Go head'? 무의미하다. '으뜸 바둑 기사Go primary'? 마찬가지다. MS의 조언에 성실하게 귀 기울일 영어 학습자들이, 특히 마지막 두 표현을 쓰게 될 사람들이 안쓰럽다.

학생을 위한 글쓰기 도우미들

MS와 그래머리의 시장 장악에 맞서 다른 쓰기 프로그램들이 특히 학생들을 대상으로 속속 출시되고 있다. 다소 새로운 제품은 ETS가 내놓은 라이팅멘토Writing Mentor다. 무료 온라인 문서 편집기 구글독스Google Docs의 애드온Add-on(보조 프로그램-옮긴이)으로 이용 가능하다.[21] 명확히 중고등학생을 대상으로 삼은 그 프로그램은 이레이터와 크라이티리온에 탑재되었던 많은 도구를 흡수했다.

다른 프로그램들은 대학의 연구 프로젝트에서 개발되었다. 일부는 철자와 구두법 같은 기본적인 문법과 문장 작성의 기본에 대해 학생들에게 도움을 주고자 했다면, 다른 것들은 좀 더 개념적으로 정교하게 만들어진 프로그램이었다. 1998년 카네기멜론대학의 데이비드 카우퍼David Kaufer와 그의 동료들에 의해 시작된 도큐스코프DocuScope 프로젝트는 학생들이 자신들의 글 속에서 논점을 찾아내도록 이끌 방법을 모색했다는 점에서 혁신적이었다.[22] 이에 질세라 거의 같은 시기에 ETS는 경영대학원 입학시험인 GMAT 테스트에서 에세이 채점용으로 논점 파악을 위한 자연어 처리의 이용법을 연구하고 있었다.[23]

교육이냐 회피냐

글을 잘 쓰는 것은 어려운 일이고 학생만을 위한 과제도 아니다. 졸업은 오래전에 했지만 우리 중 많은 이는 각각 자기 몫의 당혹스러운 일을 겪었다. 철자 오류는 기본이고, 단어를 엉뚱하게 쓰기도 하고, 심혈을 기울여 작성했다고 믿었던 문단에서 어색한 표현을 발견한 적도 있을 것이다. 지금까지 제일 충격적이었던 순간은 내가 막 작성을 끝낸 원고를 읽은 외부 검토자가 한 문장에 대해 이런 코멘트를 남겼을 때였다.

내가 지금까지 접한 영어로 된 글에서 가장 최악의 문장입니다.

꿀꺽. 어쩌면 디지털 쓰기 도우미들이 마침내 우리를 구원하러 나타난 것인지도 모르겠다. 문제는 그들이 우리를 구원할 수 있는가이다.

만약 우리에게 단 하나 있는 자동화 도우미인 철자검사기를 켜 두고 있을 뿐이라면, 그것도 도움으로 쳐야 하나? (철자법에 대해서는 12장에서 더 상세히 다룰 것이다.) 만약 문법과 문체 검사기가, 자동수정 기능이 그러듯 강제로 수정해 버리는 것이 아니라, 그냥 제안만 한다면 그 기능은 문법서나 사전, 또는 유의어 사전을 찾아 보는 것과 별로 다르지 않다. 어쩌면 우리는 친구에게 자신의 초고를 읽어 달라고 부탁할 수도 있다. 한데 원고를 검토하는 일을 인간에게 시킬까 혹은 AI 알고리즘에 시킬까를 놓고 문제 삼는 것에는 정당한 근거가 있다.

적어도 그래머리 이용자 중에는 많은 고객이 만족한다는 증거가 제시되었다. 2011년과 2012년 사이 겨울, 그래머리는 그 제품을 사용하는 392명의 대학생을 대상으로 설문 조사를 했다. 결과를 일부 소개한다.

- 70퍼센트가 쓰기 능력에 대한 자신감이 향상했다고 답했다.
- 93퍼센트가 그래머리가 글쓰기 시간을 줄여 주었다고 답했다.
- 99퍼센트가 그래머리가 작문 점수를 올려 주었다고 답했다.[24]

맞다. 이것은 제조사 내부의 설문 조사 결과다. 그리고 데이터가 10년 전인 것도 사실이다. 그렇건만 나는 다시 설문을 돌린들 결과에 큰 차이가 있을 거라고 믿을 근거는 없다는 생각이다. 물론 학생들은 더 자신감이 생겼다. 프로그램이 어디를 수정해야 할지 말해 주었기

쓰기의 미래

때문이었다. 물론 학생들은 시간도 절약할 수 있었다. 교정을 보느라 혹은 혼자 고쳐 쓰느라 (혹시 그런 경우가 있었다 하더라도) 많은 시간을 들일 필요가 없었기 때문이다. 물론 성적도 향상했다. 선생들은 과제물을 제출하기 전에 그래머리가 잡아냈던 것과 동일한 종류의 오류에 대해 점수를 깎는 경향이 있기 때문이다.

그 결과 학생들이 정말로 배우고 있는 것이냐 하는 문제는 그만큼 분명하지는 않았다. 런던의 고등학생 다니엘 드비어는 그런 도구들이 "해로운 목발이 되"는 건 아닌지 반문했다.

> 왜 그 단어가 옳지 않은지 확인하지도 않고 빨간 줄[그래머리가 오류를 알리는 방법]을 재빨리 수정해 버리는 것은 이용자가 더 나은 글을 쓰게 하는 것이 아니라 오히려 그 앱에 더욱 의존하게 만들 것입니다.

그뿐만 아니라 이렇게 말했다.

> 그래머리는 글을 쓸 때 학생들의 아름다운 목소리를 제거해 버릴 수도 있습니다. 그들만의 고유한 문체를 사용하도록 허용하기보다는 그들의 글에 가혹한 수정을 권하면서 고유한 문체를 앗아 갈지도 모릅니다.[25]

그래머리는 자사 웹사이트에서 프리미엄 이용자 중 85퍼센트가 그래머리가 자신들을 더 효과적인 필자로 만들었다는 답변을 냈다고 주장했다. 그러나 드비어는 "그래머리가 단순히 수정안을 이용자들이 수용하게 만들어서 (…) 그릇된 안심을 제공하는 건 아닌지" 조심스럽게 의문을 제기했다. 또 이용자들의 능력이 진짜 향상한 것이 아니라 "그냥 자신들이 더 나은 필자가 되었다고 생각하도록 속고 있는 건 아닌지" 물었다.

그래머리 사이트 라이선스site license(장소를 특정하고 인원수에 상관없이 이용을 허락하는 라이선스 계약-옮긴이)를 획득하려는 학교들의 숫자로 판단해 보면, 많은 대학교 관리자가 프로그램 구입 주문을 할까 말까 저울질하는 중이다. 그런 학교들에서 그래머리는 MS의 오피스 프로그램 혹은 통계 분석 프로그램과 함께 학생들의 온라인상에서 친숙한 도구로 자리 잡았다.

교사들의 생각은 어떤지 또한 물어볼 필요가 있다. 만약 당신이 과로 상태에 있거나, 학생의 과제물을 놓고 문법과 문체를 수정하는 일을 즐기지 않거나, 혹은 능숙한 필자가 아니라면 그래머리와 같은 프로그램은 보드게임 모노폴리의 감옥 탈출 카드(어려운 상황을 단숨에 빠져나갈 수 있는 수단-옮긴이)로 여겨질지도 모른다. 추측건대 교사들이 조언과 평가를 하는 데 쓸 시간을 좀 더 근본적인 쟁점에 쏟을 수도 있다. 앞에서 언론 분야에서 보았던 주장, 즉 기사를 자동생성하게 되면 기자들이 일자리를 잃게 되는 것이 아니라, 탐사 보도나 심층 보도에 집중할 수 있을 것이라는 분석과 비슷하게 들린다.

아마도 작문 교사의 일자리도 위험에 처하지는 않을 것이다. 통

쓰기의 미래

상 학생들은 인간과 디지털 자원을 모두 이용해 조언을 구하기 때문이다. 더 큰 걱정은 프로그램에서 얻은 조언이 틀렸거나 프로그램이 학생들의 독자적인 문체를 짓눌러 버리는 결과를 초래하면 어쩌나 하는 점이다.[26]

학교에서 일터로 현장을 옮겨 직원들이 글을 멋지게 쓸 수 있기를 기대하는 고용주들의 입장은 어떨까? 직원들이 문법검사기에 의존하는 태도에 대해 내가 아는 바는 없지만, 고용주가 자기 회사 신입사원의 글쓰기 능력에 신경을 쓸 거라는 사실은 우리 모두 알고 있다. 앞에서도 보았듯이 전국대학고용주 협회는 2022년 협회의 설문에 응했던 고용주 중에서 73퍼센트가 쓰기 능력을 중요하게 판단했다고 보고했다. 미국대학협회가 수행한 다른 연구는 고용주의 90퍼센트가 글로써 소통하는 능력이 "매우 중요"하거나 "다소 중요"하다는 데 동의했다는 여론조사 결과를 보고했다.[27]

대졸자들은 그런 기대를 충족시켰을까? 미국대학협회가 최근 졸업생들이 몇 가지 특정 영역에서 '잘 준비된' 상태였는지를 설문했을 때 고용주의 44퍼센트만이 신입 사원들이 쓰기를 통해 효과적으로 의사소통한다는 데 합격점을 주겠다고 대답했다. 고등학교와 대학교에 그 문제에 대한 대처를 요구하는 것은 별 소용이 없었다. 그러나 어쩌면 그런 헛된 기대는 더 이상 우선순위에 들지 않을지도 모른다. 직원들의 쓰기 능력이 MS워드와 그래머리로 충족될 수 있다면 어쩌면 그걸로 충분할 테니까.

쟁점에는 가치 변화의 문제 중 하나가 걸려 있다. 휴대용 전자계산기가 기본적인 연산 능력을 개발하고 유지하려는 동기를 훼손했다. 워드프로세싱은 악필에 대한 대안이 되었다. 많은 어른이 수학 망각증에 불편해하지 않게 되었고 손으로 쓰는 것도 포기해 버렸다. 현재 학업 중인 많은 학생이 지금은 아니더라도 졸업 후에는 그렇게 되리라 예상하는 것이 조금도 이상하지 않다.

자율주행에 나선 지브스

우리 자신의 업무에서 디지털 편집 지브스에 의존하는 것은 쓰기 작업에 도움을 구하는 한 가지 선택이다. 오늘날 우리에게는 초고 작업을 또한 기계에 전적으로 맡기는 선택지도 있다. 전용 대필 작가를 고용하는 일도 낯설지 않다.

모범 서신 선집, 인사 카드, 전보

모범 서신 선집complete letter writers을 예로 들자. 그 책은 가령 고향의 가족들에게 소식을 전하든 혹은 동업자에게 빚 독촉을 하든 모든 경우에 대한 모범 서신들을 제공한다. 이런 도움은 18세기에 새롭게 부상하던, 편지를 쓰게 된 계층인 신사 숙녀 모두에게 큰 인기를 끌었다. 새로운 서신 작성자로서 그들은 열렬히 지도 편달을 구했다.[28]

전보가 보편화하면서 미리 작성된 메시지도 환영을 받곤 했다. 전보는 1844년에 요란한 팡파르와 함께 도입되었지만 메시지 전송료는 비쌌다. 글자 수에 따라 가격이 매겨졌기 때문에 간결한 작성이 생명이었다. 많은 사람이 어떻게 쓸 것인가를 놓고 난감해할 때, 웨스트 유니온Western Union이 해결사로 나섰다! 그 회사는 "적절한 경우에 쓸 적절한 단어를 찾는 데 도움이 필요한 사람들을 위해" 미리 작성한 텍스트를 제공하기 시작했다.[29]

다음에는 1800년대 중반에 처음 선보였던 인사 카드의 차례였다. 20세기 들어 인사 카드 사업이 번창하면서 카드 문구를 전문으로 작성하는 보조 작가들 덕분에 생일과 결혼기념일, 연말연시에 감사의 마음을 쉽게 보낼 수 있었다. 구매자는 자신의 서명과 카드 첫머리에 쓸 인사말만 준비하면 그만이었다.[30] 문구가 없는 빈 카드를 구입해 스스로 메시지를 작성할 수도 있었다. 한데 당신이 무슨 말을 쓸지에 대한 도움이 필요한 경우라면 홀마크카드Hallmark Card사가 온라인상에서 조언을 준비해 두고 있었다.[31]

지브스 노릇을 하는 생성형 AI는 이들 초창기 쓰기 도우미들을 새롭게 현대화한 서비스를 제공했다. 그러나 미리 누군가 작성한 안부 인사가 인쇄된 카드의 경우와는 달리, 이제 당신은 원작자임을 주장할 수 있게 되었다.

조금만 도와줄까: 이메일과 문장 고쳐쓰기

시간 절약의 도구인가, 책임 회피를 위한 도피처인가? 답장을 완성하도록 표현들을 제공하고 새로운 이메일 텍스트를 채워 주는 도구들에 대해서 내가 줄곧 던진 질문이었다.

이메일 자동생성기 중에 가장 유명한 것들은 지메일 Gmail의 스마트 답장 Smart Reply(2015년 도입)과 스마트 작성 Smart Compos(2018년 출시)이다. 심층신경망을 이용한 그 도구들은 당신이 다음에 쓸 단어가 무엇일지 예측한다. 스마트 답장을 쓰면 당신에게는 세 가지 선택지가 주어진다(얼핏 단어예측 기능과 비슷하다). 스마트 작성은 문장 완성 기능을 제시한다. 구글 연구자들이 제공한 예에 따르면 내가 "Don't forget Taco Tuesday! I'll bring the ch(타코 투즈데이에서 만나는 것 잊지마! 내가 ch-를 갖고 갈게)"까지 찍어 넣으면 스마트 작성은 "ips and salsa(감자튀김 chips과 살사 소스 salsa)"를 자동으로 채워 넣는다.[32] 오늘날의 전형적 신경망 시스템인 구글의 도구들은 당신의 글쓰기 경향을 이해하고 시간이 흐르면 점점 더 당신이 작성했던 이메일의 언어와 동조하는 제시어들을 내놓는다.

구글이 이메일 초안을 제공하는 유일한 업체는 아니다. 새로운 도구들이 속속 선보이고 있다. 누가 이익을 보는가? AI 대필이 시간을 절약해 준다는 면에서는 좋은 점이 있다. 이메일 작성이 큰 부담인 사람들에게는 귀중한 도구다. 그러나 이런 효율성이 늘 그럴만한 가치가 있는지 스스로에게 물어보라. 특히 아끼는 사람들에게 이메일을 보내는 경우라면 말이다. 실제 감정을 전달하지 않는 것은 관계를 저해하는 한 가지 요소가 될 수도 있다. AI가 생성한 이메일은 많은 경우 발신인의 문체보다 더 긍정적으로 보이게끔 쓰는 경향이 있다는 점을 명심하라. 지메일 스마트 답장의 초기 버전은 아무 말에나 '사랑합니다'를 남발했다.[33]

쓰기의 미래

여기 마음속으로 되새겨 봐야 할 몇 가지 질문을 소개한다.

- 이런 식으로 미리 작성해 주는 것이 우리를 대신해 생각하는 것은 아닌가?
- 우리 어휘의 수준을 하향 평준화하지는 않을까?
- 우리의 목소리를 획일화해 버리지는 않을까?[34]

앞에서 단어예측 기능, 자동수정 기능과 문법검사기를 논의할 때 비슷한 염려들이 나오는 것을 이미 보았다. '스마트' 이메일도 예외일 수 없다.

이메일을 보내는 도구를 넘어서서 AI로 구동되는 소프트웨어는 우리가 처음에 초안을 잡던 글 전체에 대한 책임을 떠맡고 문체적 변신까지 제안한다. AI21사에서 출시한 트랜스포머로 가동되는 한 묶음의 프로그램 중 하나인 워드튠Wordtune을 예로 들겠다.[35] 워드튠의 목적은 "문장을 고쳐 쓰고 좀 더 성공적으로 표현할 완전히 새로운 방식을 제공해 당신의 생각을 글로 전환하도록 돕는 것"이다. 워드튠 무료 체험판은 "This opportunity interests me(이 기회가 나의 관심을 끌었다)."라는 문장을 보더니 1인칭에 초점을 맞추고 좀 더 호소력을 가미한 대체 문장들을 제시했다. 만약 당신이 격식체를 찾고 있다면 어쩌면 "I find this opportunity rather appealing(나는 이 기회가 다소 매력적이라는 생각이 든다)."를 선택할지도 모르겠다. 좀 더 가벼운 문제를 원한다고? 제안된 목록에 "I dig this opportunity(이 기회가 내 맘에 쏙 드는데)."

가 보인다.

매우 능률적이군. 혼자 힘으로 최고의 용어를 생각해 내는 데 들었을 에너지 지출을 덜었다. 앞서 우리가 재스퍼 같은 도구들에서 보았듯 기업체가 사용하는 경우라면 이해가 가기도 한다. 그런데 우리는 쓰는 데 들이는 개인적 수고를 줄여서 그저 광고 문안 정도의 문장만 쓰기를 간절히 바라는 걸까? 글쓰기와 고쳐 쓰기는 글을 읽는 이들뿐만 아니라 쓰는 사람에게도 의미가 명쾌해지도록 돕는다. 2장에서도 그런 취지를 강조했다. 문장을 고쳐 써 주는 소프트웨어는 그런 기회를 앗아 가고 열정을 시들게 한다.

워드튠은 트랜스포머로 구동되기 때문에 아마도 모든 문장은 새로 생성된 문장일 것이다. 서명자로 당신 이름이 적힌, 자동생성된 더 긴 텍스트의 경우에도 마찬가지이다. 바로 그런 더 긴 텍스트의 경우 심층신경망이 인간 작가가 글을 쓰려는 의욕을 빛내 주기도, 위협하기도 한다.

저리 가, 이제 내가 다 할게: 더 긴 텍스트들

텍스트 생성기는 대체로 두 가지 방식 중 하나를 기초로 작동한다. 첫째는 사람이 텍스트의 도입부를 일부 작성하면 거대언어모델이 완성하는 방식이다. GPT-3과 수도라이트(GPT-3을 기반으로 구동)와 인퍼킷 InferKit(GPT-2를 사용)이 이런 방식으로 가동한다. 챗GPT와의 소통은 사용자들이 질문을 던지거나 요구 사항을 제시한다(이를테면 "3,000단어 내로 고교생이 썼을 법한 바이킹의 침공에 대한 에세이를 써 줘")는 면에서 조금 다르다.

두 번째는 사용자가 입력한 기본 정보를 따라 문서 전체를 생성하는 방식이다. 아티클포지Article Forge가 그 예인데, (2023년 초 기준) 이 도구는 최고 1,500단어에 달하는 기사나 블로그 포스트 또는 에세이를 정확히 60초 안에 작성한다.[36] 사용자들은 글의 의도나 키워드 같은 핵심적인 지침을 얼마간 제공하고 원하는 길이와 언어(7개 언어가 제공된다)를 선택한다. 그리고 실행 버튼을 누르면 완성된 글이 나온다. 매달 이용료를 내기만 하면 된다.

아티클포지와 같은 도구들을 위한 마케팅은 잠재적 고객으로 기업체를 전제한다. 기본적으로 재스퍼나 카피스미스와 동일한 고객을 기반으로 하고, 그 도구들은 글쓴이의 이름이 적히지 않는 글을 만든다. 그러나 그 무엇도 개인들이 그 글을 자기 글이라고 주장하는 것을 막을 도리는 없다. 쓰기를 자아 발견을 위한 길이라고 믿던 시대는 가 버린 것인지도 모른다. AI는 자아가 없다. 혹시 있다 하더라도 우리 것이 아니다.

그런 상황이라면 당연히 텍스트 생성기가 만든 내용물의 주인은 누군지 묻게 된다. AI가 생성한 작품들의 저작권 소유권에 대한 골치 아픈 쟁점으로 다시 돌아왔다. 아티클포지는 사용자들에게 글이 한 편 생성되었다면 "언제든 어떤 방식으로든 [고객님이] 원하는 대로 써도" 된다고 말해 주었다. 인퍼킷은 좀 더 조심스럽다. 사용자가 생성하는 텍스트에 대한 회사의 권리를 부인하면서도 홈페이지의 자주 묻는 질문란에서 "(권리가 회사에 있다는 전제하에서) 어떤 목적으로든 그것을 사용하도록" 인가한다고 한계를 그었다. 막후에 변호사가 도사리고 있는 것이 보인다.

만약 학생이나 전문가들이 AI가 쏟아 낸 저작물에 대해 저자로서 권리를 주장한다면 어떻게 될까? 인간이 다른 인간의 저작을 훔친 경우는 아니더라도 말끔히 혐의를 벗지는 못 한다.

부정행위 단속반 AI

당신이 작성하지 않은 언어에 대한 소유권 주장은 그리 새로운 일이 아니다. 19세기 말 하버드대학 작문 수업인 영어A를 수강했던 학생들도 에세이 과제물을 갖고 그 소유권을 주장했다. 수십 년간 대학의 동아리원들도 학기 말 과제물을 내면서 그랬다. 멜라니아 트럼프는 2016년 공화당 전당 대회 연설에서,[37] 사우스캐롤라이나대학 총장은 2021년 졸업 축사에서 그랬다.[38]

그들 모두 출처를 밝히지 않고 남의 글을 빌렸다. 하버드의 영어 A 수강생은 돈을 주고 누군가에게 대필을 맡겼다. 동아리 회원들은 공동 파일 캐비닛에서 과제물을 구했다. 멜라니아 트럼프의 연설문 작성자와 이제는 자리에서 물러난 대학 총장은 다른 사람의 연설문에서 슬쩍해 왔다.

글을 훔치는 행위부터 계약형 부정행위까지

표절은 상대의 공을 인정하지 않고 그 사람의 글을 도용하는 것이다. 고전이 된 토머스 맬런의 책 제목이 『표절, 남의 글을 훔치다』로 불린 것은 타당한 이유가 있다.[39] 표절 plagiary은 유괴범을 뜻하는 라틴어에서 따온 말이고 원래 도둑질(혹은 그런 짓을 저지르는 자)을 뜻했다. 우리는 다른 이의 글을 훔치려는 유혹을 쉽게 받는다. 마감이 촉박해서일 수도 있고, 게을러서 그럴 수도 있고, 아니면 들키지 않을 것 같아서일 수도 있다. 표절이 얼마나 흔히 저질러지는지를 파악하기는 어렵지만(우리는 잡히지 않은 자들을 집계할 수 없다), 여러 보고서를 참고해 보면 우려스럽다.

학생들의 표절에 대한 최선의 데이터는 스스로 인정하는 경우로부터 얻는다. 경영학 교수 도널드 매케이브 Donald McCabe는 다양하게 드러나는 학생들의 부정행위를 오랫동안 연구했다.[40] 수상쩍은 쓰기 과제물에 대해 그가 조사한 것의 일부를 소개한다.

- 38퍼센트의 학생들이 기존의 글에서 그 출처를 밝히지 않고 문장을 다른 말로 바꾸거나 베꼈다고 인정했다.
- 36퍼센트의 학생들이 인터넷에서 찾은 문장 몇 줄을 출처를 밝히지 않고 다른 말로 바꾸거나 베꼈다고 인정했다.
- 8퍼센트의 학생들이 다른 사람의 것을 베껴서 과제물로 제출했다고 인정했다.
- 7퍼센트의 학생들이 다른 사람이 대신 써 준 과제물을 제출했다

고 인정했다.

이 결과는 자백을 한 학생들의 부정행위일 뿐이다. 그리고 이것은 또한 점점 늘어나기만 하는 온라인상의 무궁무진한 자료들에서 표절이 시작된 초창기의 조사 결과이다. 그 자료들은 여전히 가져다 쓰기에 적합한 상태로 표절에 노출되어 있다.

학생들만이 아니다. 언론계와 학술계를 비롯해 다른 분야에서도 사례는 넘쳐 난다.[41] 2022년 채플힐 소재 노스캐롤라이나대학의 부총장은 연구비 지원 신청서에서 표절이 적발되어 직에서 사퇴했다.[42]

남의 글을 자신의 것으로 내세우는 또 다른 방법은 대행 서비스에 값을 치르는 행위다. 2006년 그 관행은 계약형 부정행위contract cheating라는 새로운 이름까지 얻었다.[43] 흔히 통용되는 표현으로는 '에세이 공장paper mill'(원래 뜻은 제지 공장-옮긴이)을 이용한다고 한다.

계약형 부정행위는 상상 이상으로 널리 퍼져 있다. 필립 뉴턴Philip Newton은 2014년에서 2018년 사이 전 세계의 대학생 중 무려 15.7퍼센트에 달하는 학생이 타인에게 돈을 주고 자신의 과제물을 쓰게 했음을 인정하고 고백했다는 사실을 확인했다.[44] 오늘날 영어 에세이 대필 공장에는 케냐 학생들이 가장 많은 몫을 차지하고 있는 것으로 보인다.[45]

다시 강조하건대 여러 계약형 부정행위에 관한 한, 학생들이 유일한 부정행위자는 아니다. 모스크바에 본사를 둔 국제출판LLC는 돈만 내면 명성 높은 저널에 게재된 논문에 연구자 이름을 추가할 수 있도록 주선한다. 고객들은 러시아 논문을 표절해 영어로 번역한 논문을 고를 수 있다. 2019년과 2021년 사이에 그런 공동 저자의 자리에 끼어드는 데 드는 비용은 대략 650만 달러였다. 이 서비스는 중국에서 특히 잘 팔린다.[46]

오늘날 달라진 상황은 인간이 쓴 글이 아니라 AI 텍스트 생성기가 만들어 낸 글을 표절할 가능성이 생겼다는 점이다. 2022년 11월에 챗GPT가 우리의 삶으로 진입했을 때 학생들은 즉시 그럴 가능성을 타진하기 시작했다.

스탠퍼드대학의 학생들을 예로 들어 보겠다. 교지인 《스탠퍼드 데일리》는 2023년 1월 둘째 주에 비공식 설문 조사를 통해 지난 달에 최종 과제물이나 시험에서 챗GPT를 사용한 적이 있는지 물었다. 4497명의 응답자 중에서 17퍼센트가 그렇다고 답했다. 사용을 인정한 학생들에게서는 다음과 같은 응답이 나왔다.

- 59.2퍼센트는 아이디어를 구상하고 개요를 잡거나 틀을 짜기 위해 사용했다.
- 29.1퍼센트는 객관식 문제의 답을 구하기 위해 사용했다.
- 7.3퍼센트는 챗GPT가 생성한 글을 자신이 편집한 뒤 제출했다.
- 5.5퍼센트는 챗GPT가 생성한 글을 편집 없이 제출했다.[47]

챗GPT가 생성한 글을 편집 없이 제출한 학생을 숫자로 환산하면 247명이 된다. 생각해 보라. 전체 지원자 가운데 4퍼센트만이 스탠퍼드에 입학이 허용되는데, 그것은 이 학생들이 자신들의 과제나 시험을 수행하는 것 이상의 능력을 갖고 있다는 말이다. 설문 조사를 과학적이라고 말하기는 어렵지만, 그 결과는 우리를 심각한 고민에 빠지게 한다.

챗GPT처럼 트랜스포머에 기반한 프로그램이 감당할 수 있는 많은 과제—몇 가지 예를 들면 데이터세트에서 정보 검색, 요약, 번역, 그리고 코딩—를 고려해 보면 봇이 인간을 대신해 다른 학문적 과제 수행에 사용될 가능성은 어마어마하다. 2023년 초 과학, 법학, 그리고 의학계 연구자들은 이미 그런 가능성을 타진하고 있었다. 경종이 울리기 시작했다.

과학자들이 인간과 챗GPT 중 누가 연구 논문 초록을 작성했는지 맞출 수 있는가를 확인하려 했던 실험 결과를 보도록 하자. 챗GPT가 작성한 초록의 경우 인간 검토자들은 겨우 68퍼센트만을 AI가 생성한 것으로 가려낼 수 있었고, 32퍼센트는 인간이 작성한 것으로 오인했다. 인간이 작성한 경우 검토자들은 그중 86퍼센트는 똑바로 맞췄지만, 나머지 14퍼센트는 챗GPT가 작성한 것으로 잘못 판단했다.[48]

법학의 경우 우리는 이미 법률 소프트웨어가 방대한 데이터세트를 이용해 법률 문서를 생성하는 것을 보았다. 챗GPT와 같은 도구가 법학대학원의 시험이나 심지어 변호사 시험에서 보통 수준의 점수를 얻는 것은 그리 놀라운 일이 아닐지도 모른다. 미네소타대학 법학대학원에서는 실제로 에세이와 객관식 문제를 비롯해 진짜 시험을 치르는 연구를 수행했다. 시험을 치른 챗GPT는 평균적으로 C+ 수준의 학생과 동일한 수준의 결과를 성취했다. 대단한 건 아니지만 낙제점도 아니다.[49] GPT 모델들이 미국 변호사자격시험 중 객관식 시험에서 증거법과 불법행위법 과목은 합격점을 받을 수 있다는 것을 시사하는 연구도 있었다.[50]

다른 전문 직종에서도 자격시험을 통과할 수 있는지 여부를 놓고 확인했다. 의학 연구자들 한 팀이 챗GPT로 하여금 미국 의사면허시험을 치르게 했다. 챗봇은 시험의 세 가지 분야 모두에서 합격점에 조금 못 미쳤거나 합격점에 도달하는 성적을 냈다.[51]

당장은 변호사나 의사 지망생들이 자신들을 위한 시험을 치르기 위해 챗GPT 같은 것을 사용하지는 않을 것이다. 그리고 우리는 법학과 의학 교육에서 챗GPT를 잘 활용할 방도를 찾을 수 있을 것이다. 하지만 우리는 이 멋진 신세계를 항해해 나가는 과정에서 매우 이른 단계에 있을 뿐이어서, 교육과 부정행위 사이에서 어느 쪽으로 추가기울어질지를 판단하기에는 너무 이르다.

도둑을 잡아라

글을 도용하는 경우가 너무나 많은데, 어떻게 부정행위를 적발할 것인가? 전통적으로는 운 좋게 잡아내기도 했고 원천 자료를 잘 알고 있는 덕분에, 혹은 오랜 시간 도서관을 이 잡듯 탐색을 해서 찾기도 했다. 이따금 문체가 범인을 드러내기도 했다. 아니면 저자라고 주장하는 사람이 그 정도로 잘 쓸 수 없다는 것을 누구나 알기 때문에 발각되기도 했다.

표절을 잡아내기 위해서 한동안 디지털 도구들의 도움을 얻기도 했다. 온라인상의 코퍼스를 탐색하는 것은 수작업으로 찾는 것보다 더 편리했다. 문체 분석 소프트웨어는 어휘 선택과 구문 사용, 심지어 구두법의 패턴을 분석하면서 문체의 '지문을 채취할' 수 있다.[52] 학생들의 표절을 의심하느라 애가 타는 교수들은 도용한 구절을 찾아 정기적으로 인터넷을 검색해 왔다.

요즘에는 훨씬 강력한 무기가 생겼다. 표절 텍스트를 샅샅이 찾아내는 AI 소프트웨어다. 그중 가장 탁월한 도구는 턴잇인Turnitin이다.

우리가 턴잇인이라 알고 있는 그 회사는 1998년에 설립되었다. 회사 창업자 네 명은 당시 UC버클리에서 박사과정을 밟고 있었는데, 처음 그들의 목적은 온라인상 동료 평가 체계를 개발하는 것이었다. 현재 피어마크PeerMark라 불리는 그 기능은 엄선된 선택 프로그램 중 하나로 지금도 이용할 수 있다. 그런데 인터넷 사용이 폭발적으로 늘어나면서 승인받지 않은 온라인상의 '빌리기'가 극심해졌고, 턴잇인의 초점은 표절 탐지로 옮겨 갔다.

탐지 엔진을 작동하기 위해서는 엄청난 텍스트 자원을 필요로 하는데, 턴잇인은 그것을 갖고 있었다. 2022년 현재 턴잇인의 데이터세트는 993억 개의 인터넷 페이지, 5만 6,000권의 저널, 894만 편에 달하는 저널 기사를 확보했다.[53] 만약 자료가 출판되었거나 온라인상에 있다면 턴잇인이 그것을 찾아낼 가능성이 높다.

그러나 그 회사가 채굴하는 추가적인 소스가 있다. 18억 편에 달하며, 지금도 계속 증가 중인 학생들의 과제물이다. 이 전 세계적인 제출물 저장고는 누군가가 이전에 작성했던 것을 제출하는 동아리 과제물 재활용 술책에 맞서도록 한다. 게다가 그 회사는 학생들의 새로운 과제물을 그들이 이전에 썼던 과제물과도 비교할 수 있게 한다. 문체가 일치하지 않는다면 턴잇인은 반칙이라고 외친다. 언어적 안면인식 프로그램이라고 할 만하다.

물론 계약성 부정행위에다 이제는 챗GPT와 같은 도구도 등장했으니, 턴잇인은 기존의 학생 보고서를 저장하는 것 이상으로 발전해야 할 필요가 생겼다. 챗GPT가 세상에 나온 지 2주가 지난 뒤, 턴잇인은 AI의 문자 정보 생성이라는 도전에 맞서는 문제를 놓고 블로그에 글을 올렸다. 그로부터 한 달 뒤에는 회사가 어떤 식으로 문제 대처를 위해 나아가고 있는지에 대한 '맛보기 예고편'을 게시했다.[54]

턴잇인 혼자서만 분투하고 있는 것은 아니다. 2023년 초 기준, 챗GPT가 작성한 문서를 탐지하는 GPT제로GPTZero라는 프로그램이 나와 있다. 프린스턴대학 4학년생 에드워드 티안Edward Tian의 작품이다.[55] 그 뒤를 이어 스탠퍼드대학에서 디텍트GPTDetectGPT가 나왔고, 오픈AI에서 'AI가 작성한 텍스트를 가려내는 AI 분류기'를 냈다.[56]

턴잇인에 대한 교육계의 구매는 막대했다. 2021년 1월 회사 블로그 게시물에 따르면 총 140개국 1만 5,000곳의 교육기관에서 4,000만 명의 학생들이 턴잇인을 이용했다.[57]

작성한 글을 감시당하는 처지가 된 것은 학생뿐만이 아니다. 턴잇인의 모회사인 아이패러다임iParadigm은 아이센티케이트iThenticate라 불리는 프로그램으로 표절 탐지 기능을 더 거대한 학술계와 전문직의 세계를 향해 겨냥했다.[58] 수많은 기업과 정부 조직들이 구독자가 되었으며, 또한 학술 저널들의 필수품이 되었다. 작가들에게 아이센티케이트는 통과해야 할 첫 장애물이 되어 갔다. 엘스비어나 테일러앤프랜시스 같은 출판사들은 동료 평가를 위해 논문을 공개하기 전 아이센티케이트로 구동되는 도구인 크로스레프 유사도 검사Crossref Similarity Check를 통해 일상적으로 원고를 검토한다. 아이센티케이트의 또 다른 시장은 너무나 중요한 지원자들의 에세이를 철저히 검토하기를 원하는 대학입학처이다.

턴잇인과 아이센티케이트는 가장 흔히 이용되는 표절 탐지 도구들이겠지만 경쟁자가 없지는 않다. 주변 장치가 필요 없는 다양한 독립형 프로그램들(가령 헬리오블래스트HelioBLAST, 바이퍼Viper, 또는 카피스케이프Copyscape)을 제외하고도 표절 검사기들은 그래머리를 비롯한 다른 프로그램들에 내장되어 있다. 텍스트 생성 프로그램인 아티클포지와 재스퍼는 카피스케이프를 통해 문서를 돌려보면서 표절을 소탕한다. 이 프로그램들이 이용하는 데이터세트는 수많은 단어와 문장을 자원으로 삼기 때문에, 다른 사람이 쓴 한 토막의 글귀가 우연히 드러날 수도 있다.

그러나 계약성 부정행위는 어떻게 적발할까? 텍스트가 새로 작성된 것이기 때문에 어떤 탐색 가능한 데이터세트가 없어 쉬운 일이 아니다. 새로 제출된 글을 제출자의 과거 글의 문체와 추측해 그의 능숙도와 비교해 주는 정도를 제외하고는 턴잇인도 큰 도움이 안 된다. 평범했던 학생이 갑자기 말끔하고 정교한 논문을 작성하지는 못한

다. 하지만 계약성 부정행위를 저지르는 자들의 교활함을 과소평가
하지는 말라. 학술 분야의 에세이 공장 대필 작가로 10년을 일한 데이
브 토마는 이따금 고객들이 의도적으로 서툰 영어와 단순한 어휘 및
구문을 써달라고 요구한 적도 있었다고 설명했다.[59]

그런데 이제 자동 텍스트 생성기가 등장했다. 그것은 점점 더 정
교해지고, 접근도 쉬워지고, 문체 모방에도 능숙해지고 있다. 서문에
서 보았듯이 GPT-3으로 가동되는 수도라이트는 게이 텔리즈의 글을
모방하는 과제를 상당한 수준으로 해냈다. 그래도 나라면 여전히 텔
리즈의 글을 읽겠지만, 만약 내가 일찍이 텔리즈의 모든 글을 익히 알
고 있지 않았더라면(베토벤의 교향곡 대 바흐의 푸가를 생각하라) 그 차이
를 구별했을 거라는 자신은 없다. 만약 미래의 학생들이 자기 글의 모
범 사례를 입력한 다음, AI 텍스트 생성기가 자기 문체를 닮은 새로운
과제물을 작성하게 한다면 과연 이를 적발할 수 있을까?

표절에 대한 강박

대학교수로서 (몇 년을 표절 검토 심사 위원장으로 재직한 것을 포함해)
수십 년을 보낸 후, 나는 내 경력만큼이나 오랫동안 학생들이 쓰기 숙
제를 놓고 벌이는 도박을 목격해 왔다. 그렇지만 학생들과 전문가들
의 표절을 적발하는 디지털 소프트웨어에 대해 조사하다 보니 뭔가
바뀐 것을 느꼈다.

학생들의 경우, 만약 소속 학교가 턴잇인을 사용하는 1만 5,000곳
의 (그리고 지금도 늘고 있는) 사용처에 해당한다면 빅 브러더가 감시하

고 있는 것처럼 느껴지겠다는 생각이 들었다. 턴잇인 사이트에서 놀아 보라. 엄청나게 많은 도구를 보게 될 것이다. 일부는 (고득점을 위해 제출 전 그들 과제물의 표절 여부를 미리 검사하려는) 학생들이 사용하고, 일부는 조사관들(교수나 학문진실성위원회 소속 위원들)을 위한 것이다. 조사관들을 위한 더 이상한 프로그램 중에는 턴잇인의 탐지를 피해 보려는 학생의 시도를 '적발'하는 것도 있었다. 턴잇인은 알파벳을 철자나 기호로 대체하는 교묘한 표절 적발 회피책을 잡아낼 수 있다. 또 다른 회피책은 배경색과 동일한 색깔로 처리한 '숨겨진 문자들'이다.[60] 이런 위반자들의 의도는 표절 문서를 조작해서 턴잇인의 탐지기를 피해 보려는 것이다. 누가 학생들—혹은 표적 추적자들—이 그렇게까지 교묘하다고 생각하겠는가?

챗GPT와 같은 AI 텍스트 생성 도구들로 새로운 대중적 접근이 가능하게 되었으니, 에세이 작성자는 챗봇이 아니라 본인이라고 당신의 교수를 속여 보는 건 어떤가? 어쩌면 그리 힘든 일이 아닐 수도 있다. 봇이 생성한 것을 조금만 조작하면 된다. 문법상의 실수를 몇 개만 저질러라. (챗GPT는 사실상 문법적 오류가 없다.) 조금 덜 흔한 단어를 쓰라. (텍스트 생성 AI 알고리즘은 데이터세트에서 가장 흔한 언어 조합으로 다음 단어를 예측한다.) 봇의 데이터에는 없는 어떤 사적이고 지엽적이며 시의적절한 사건, 가령 미국 대통령 혹은 부통령의 집이나 사무실에서 결국 얼마나 많은 기밀문서가 발견되었는지에 대해 몇 줄 정도로 묘사해 넣어라. (챗GPT의 학습된 '지식'은 2021년이 마지막이며, 봇은 인터넷에 접속하지 않는다.)

쓰기의 미래

그리고 전문 학자들의 문제도 있다. 저널에 제출된 논문이 독자들에게 전해지기 전에 표절 여부를 검토하는 것은 나로서는 비행기를 타기 전에 공항 검색대를 통과하는 것처럼 여겨진다. 물론 학술적 표절 논문이 넘쳐 나는 것은 허용될 수 없다. 그러나 그러기 쉬운 환경에 대해서도 생각해 봐야 한다. 학술 저널에 논문을 게재하든지, 아니면 도태되거나 적어도 연봉 인상은 포기하든지 하는 식으로 논문을 강요하는 분위기는 저널의 출판 규모를 통제할 수 없는 수준으로 키웠다. 논문을 게재할 장소를 찾을 가능성도 높아졌으며, 이는 또한 학자들이 자신의 논문 게재율을 높이기 위해 극단적인 방법을 동원하도록 기름을 부었다. 현재 대학들 사이에서 벌어지고 있는 학자들끼리의 무한 경쟁은 멈춰야 한다. 학술지 대부분은 학자들이 읽지도 않는다. 그리고 밀어내기 하듯 논문을 찍어 내는 경쟁을 벌이는 바람에, 그런 과열 경쟁이 없었더라면 훌륭했을 너무나 많은 학자가 바른 길에서 멀어지고 있다.

표절 문제는 또한 기업과 마케팅 업계로도 번져 나갔다. 그 세계에서 단어(와 광고 문구)는 작가의 명성 때문이 아니라 상업적 가치 때문에 귀한 대접을 받는다. "가짜가 아닙니다. 이건 리얼 다이넬이라구요."라는 문구가 제인 트라히가 아니라 GPT-3이 만든 것이라 하더라도 소비자들은 조금도 신경 쓰지 않을 것이다. 하지만 GPT-3이 웹에서 데이터를 긁어모으기 시작한 이래로 '새' 텍스트가 이미 있던 일련의 구절을 우연히 복제할 가능성이 생겼다. 저작권이나 상표권 침해를 막기 위해 표절 검사가 필요하다.

그렇다면 그 나머지인 우리는? 만약 당신이 연설을 의뢰받거나 연구비 지원 신청서를 써야 한다면 출처를 밝혀라.

AI를 전속 비서로 여기는 것에 대해 다루면서 우리는 그 도구를 일방적 도구로서가 아니라 협력적 동반자로서 기능하게 할 가능성을 내비쳤다. 다음 장에서 살펴보겠지만 오늘날 AI의 세계는 '휴먼인더루프human in the loop'에 관한 논의로 북적댄다. AI에 완전한 통제권을 주지 말고 인간과 기술적 동반자 관계를 맺게 해야 한다는 뜻이다. AI 업계 종사자 일부는 심지어 누가 주인이고 누가 종인지로 바라보는 방식을 재고해야 한다고 이의를 제기하면서, 주도하는 쪽은 반박의 여지 없이 인간이라고 보는 'AI인더루프AI In The Loop'에 대해 논의해야 할 시점이라고 덧붙였다.

11장

인간과 AI의 공생

때는 플라이스토세이고 당신은 마스토돈을 쫓고 있다. 혼자서 놈을 거꾸러뜨릴 방도는 없어 보인다. 그러나 너무 겁먹지 않아도 된다. 당신의 부족 구성원들이 힘을 보탤 테고 약간의 기술도 동원될 것이다. 먹잇감을 쓰러뜨리는 좋은 방법은 마스토돈의 뼈로 만든 날카롭게 날을 세운 창을 날리는 것이다. 그 야수에게는 어처구니없는 일이겠지만.[1]

인간은 도움의 손길을 구하는 수없이 많은 방식을 고안해 냈다. 인간은 능력을 향상하기 위해, 혹은 효율성이나 능률을 끌어올리기 위해 서로 협력하거나 기술을 동원한다. 대다수 협력 관계에서 얻는 명백한 이점은 시간적 이득으로 나타났다.

시간 절약

두 사람이 힘을 합하면 무거운 가구를 더 빨리 옮길 수 있다. 걷기보다는 자전거나 차를 이용하면 같은 시간에 더 멀리 간다. 시간적 효율을 추구하면 자주 창의성을 발휘하게 된다. 말보다는 열차가 더 빨랐다. 조랑말 속달 우편이나 열차 우편물보다는 전보가 더 빨랐다.

또는 최초의 폴리그래프polygraph를 생각해 보라. 거짓말탐지기 말고, 당신이 원본을 쓰고 있는 동안 그것의 사본을 추가로 써 내는 도구 말이다(많다는 뜻의 'poly'에 쓰다는 뜻의 'graph'를 더한 단어). 1803년 필라델피아의 발명가 존 아이작 호킨스John Isaac Hawkins는 '한 부를 더 복제하는 폴리그래프'의 특허를 냈다.[2] 그 도구가 너무 흡족했던 토머스 제퍼슨은 여러 대를 구입했을 뿐 아니라 그것을 "이 시대 최고의 발명품"이라고 극찬했다.[3]

호킨스의 폴리그래프는 겨우 한 부만을 더 만들 뿐이었지만, 그것에는 텍스트를 복제해서 시간을 절약한다는 생각이 깔려 있었다. 필경사의 노동은 경쟁 상대가 되지 못했다. 1492년—구텐베르크가 이동식 활자를 이용한 최초의 인쇄물을 낸 지 40년이 채 못 가서—슈폰하임 수도원장 요하네스 트리테미우스는 불만의 글을 남겼다. 『필경사 예찬De Laude Scriptorum』이라는 글에서 트리테미우스는 인쇄기가 '손으로 직접 베끼는 수고'를 않도록 해서 사람을 게으르게 만든다고 주장했다.[4] 그보다 훨씬 전인 9세기 말경 중국에서 이동식 활자가 발명되었을 때 학자들은 인쇄기가 불경스러울 뿐 아니라 자신들의 필사 일자리를 위협한다는 이유로 반대의 뜻을 밝혔다.[5] 적어도 두 번째 이유에 대해서는 우리 모두 동의할 수 있다.

AI 분야에서의 협력: 새로운 이름, 오래된 개념

튜링의 시대 이래로 끊임없이 제기되어 온 질문은 지능 있는 기계가 인간을 대체하기를 우리가 얼마만큼 기대하며, 그것과의 협력을 우리가 얼마만큼 원하는가였다. 오늘날 에릭 브리뇰프슨 같은 경제학자들은 자동화(대체)와 증진(협력) 사이를 구별하라고 촉구한다.[6] 브리뇰프슨은 자동화 모델을 '튜링의 함정'이라고 불렀다. 그는 AI 연구의 목표가 (모든 방면에서 튜링 테스트를 통과하는) 인간의 지능에 필적하는 기계를 만드는 아니라, 인간의 노고에 힘을 보태는 프로그램을 구축하는 것이라고 주장했다.

튜링이 기계 지능에 대해 썼던 1940년대 말과 1950년대 초를 돌이켜 보라. 거대한 컴퓨터가 존재했지만, 그것은 똑똑하지 않았다. 기계가 인간 수준의 생각을 성취한다는 아이디어는 전적으로 이론일 뿐이었다. 좀 더 현실성 있는 기준은 컴퓨터 기술의 도움을 얻어 노동을 자동화하는 것이었다. 우리가 앞에서 보았듯이 제2차 세계대전 동안 연합국에는 자동화 원칙이 대세였다. 영국의 콜로서스는 빠른 암호해독을 위해 제작되었고, 미국의 에니악은 탄도미사일의 궤적과 탄착점 계산을 개선하기 위해 고안되었다. 그런데 다른 곳에서는 자동화가 사회적 위협이 될 수 있다고 여겨졌다. 크리스토퍼 스트레이치는 컴퓨터가 우선 계산 업무를 도맡은, 그리고 마침내는 언어 사용과 관련한 사무직 일자리를 모두 빼앗아 갈 것이라고 예측했다.

AI가 홀로 모든 것을 처리하도록 하는 것이 현실성이 있는 목표일까? 초기 컴퓨터 번역에 관여했던 연구자들은 아니라고 한다. 심지어 지금도 정확성과 미묘한 의미 구분을 요구하는 번역 프로젝트에서는 인간의 사전 편집과 특히 사후 편집이 협력 과정으로 모두 포함되어 있다.

오늘날 AI에 대한 기대와 대대적인 선전의 소용돌이 속에서 '휴먼스인더루프humans in the loop'를 우선시하자는 논의가 무성하다. 즉 AI를 이용해 인간을 대체하는 것이 아니라 인간의 능력을 강화하도록 서로 협력적 관계를 맺자는 말이다. (일반적으로 '단수형human으로 쓰지만 나는 좀 더 포용적인 복수형humans을 좋아한다.) 이 용어는 듣기에는 솔깃하지만 그 개념에는 거의 새로운 것이 없다.

인간-컴퓨터 상호작용: 초창기 모델

인간-AI 협력에 관한 이야기가 있기 전에 '대화'라는 개념이 있었다. 컴퓨터와 사람이 서로 대화할 필요가 있다는 아이디어는 1980년대에 등장했는데, 그것이 인간-컴퓨터 상호작용·Human Computer Interaction, HCI이라 불리는 개념이 되었다.[7] 기계가 일을 해내도록 활용하고 싶다면 사람과 컴퓨터의 대화가 가능해야 했다.

하이퍼링크 연구로 잘 알려진 컴퓨터과학자 벤 슈나이더만Ben

Shneiderman은 오랫동안 HCI 관련 연구에서 길잡이 역할을 했다. 1987년에 그는 인간과 기계 사이의 협력 관계 마련을 위한 '황금률'을 제시했다. 이를테면 일관성을 추구하고 (인간의) 단기 기억 부담을 줄이는 것 등이었다.[8]

좀 더 최근에 이루어진 인간-컴퓨터 상호작용에 대한 논의는 때때로 오늘날 화제의 중심에 오른 문구로 꼽히는 인간 중심 AI와 맞물리기도 한다. (그것에 대해서는 곧 상세히 다루겠다.) 편향을 제거해야 한다거나 AI의 작업을 더욱 투명하게 만들어야 한다와 같은 익숙한 AI 과제는, 인간 중심 AI 연구가 인간-컴퓨터 상호작용이라는 의제를 확장하는 데 기여할 수 있는 영역으로 떠올랐다.[9] 우리가 그런 과제를 뭐라고 일컫든 간에 중요한 것은 어떤 식으로 컴퓨터가 작동하고, 그것이 뭘 할 수 있는가에 대해 논의할 때 그 틀 안에 인간이 들어가야 한다는 원칙이다.

인간의 자리

'루프loop'는 닫힌 단위이다. 그 단어 앞에 '피드백feedback'을 놓으면 특정한 종류의 협력 관계가 생겨난다. 체계의 결과물 중 일부가 입력 데이터로 되먹임되는 관계이다. 기계적인 피드백 루프를 생각해 보라. 온도가 올라가면, 보일러가 꺼지거나 에어컨이 켜진다. 아니면 경제학의 경우를 보자. 주식시장에서 주가가 오르면 사람들은 더 많은 주식을 사고, 그러면 주가가 훨씬 더 치솟는다.

이제 컴퓨터와의 '인더루프in the loop' 관계에서 인간이 맡게 될 역할을 생각해 보자. 한 가지는 프로그램의 결과를 평가하거나 개선한 뒤, 그 결과물을 다시 컴퓨터에 되먹이는 일이다. 이것은 컴퓨터 소프트웨어에 관한 논의에서 전형적으로 소환되는 생각이다. 예컨대 머신러닝 프로그램을 위한 '휴먼스인더루프'에 관해서 언급할 때 우리는 프로그램의 정확성, 신속성과 효율성을 향상하기 위한 협력을 염두에 두었을 것이다.[10]

하지만 인더루프에는 '계속 상황을 알려 주세요keep me in the loop'라는 평범한 표현에 더 가까운, 또 다른 느슨한 의미가 있다. 이런 말을 들먹인다고 해서 후속 조치에 영향을 미칠 평가나 의사결정에 참여하겠다는 뜻은 아니다(물론 그러러 가능성도 있지만). 이 말은 단지 전체적인 상황을 놓치고 싶지 않다는 뜻일 수도 있다. 돌아가는 상황을 계속 알려 달라Keep me informed. 계속 소식을 전해 달라Keep me posted.

AI 영역에서는 휴먼스인더루프를 요구하는 것이 늘 똑같은 시나리오를 뜻하지는 않는다. 그 표현은 인간이 AI의 성능을 개선하기 위해 프로그램의 결과물을 편집하는 것을 말할 수도 있다. 마치 GPT-3에 출발신호가 되는 텍스트를 조금만 입력하면 프로그램이 나머지 글을 완성하는 것처럼, 다른 의미에서의 협력을 뜻할 수도 있다. 또는 그 구절은 '계속 상황을 알려 주세요'에 더 가까운 의미를 시사할 수도 있다. 그것은 AI 연구자가 잠재적으로 인간을 대체할 똑똑한 기계를 만드는 것이 아니라, 인간 삶의 향상이라는 궁극적인 목표에 전념한다는 것을 뜻한다.

이런 인간 중심 접근은 이제 막 성장 중인, AI 연구를 주도하는 연구소들의 기본 방침으로 자리 잡았다. 몇 곳을 예로 들면 인간 중심 AI를 위한 스탠퍼드연구소Stanford's Institute for Human-Centered Artificial Intelligence, 인간 친화적인 AI를 위한 UC버클리센터UC Berkeley's Center for Human-Compatible Artificial Intelligence와 위트레흐트대학의 인간 중심 AI 집중지구University of Utrecht's Human-Centered Artificial Intelligence focus area가 있다. IBM은 인간 중심 AI를 기반으로 일하고 있다고 뽐낸다. 벤 슈나이더만은 새로 낸 책 제목을 『인간 중심 AIHuman-Centered AI』로 정했다.[11]

오늘날 AI에 기반한 일에 관한 한, 인간은 단지 돌아가는 상황을 아는 정도에 그치지 않고 종종 앞장서거나 핵심적 역할을 하는 경우가 많다.

인간-AI 협동 작업

인간이 AI와 한 팀이 되어 일하는 것을 상상해 보라. 아마도 AI가 인간을 도와 과제를 수행하기 위해서일 것이다. 형세가 역전되어 AI가 하는 일을 개선하기 위해 인간이 노력을 기울이는 경우가 생길지도 모를 일이다. 세 번째 선택지는 인간과 AI가 협동으로 벌이는 창조적 작업이다.

똑똑한 AI 도우미

만약 당신이 정신적 노력을 극대화하기를 바란다면 AI가 도움이 될 수도 있다. 오픈AI의 CTO(최고기술책임자) 미라 무라티(현재는 오픈 AI에서 퇴사-옮긴이)는 AI가 "전문가들이 하찮은 일에서 벗어나 창의성을 발휘하고 혁신적 과제에 매달리도록" 만들 수 있다는 의견을 밝혔다.[12] 컴퓨터를 최대한 활용하고 인간의 두뇌는 아껴 두었다가 더 힘겨운 과제를 위해 쓰자는 열망은 반세기도 더 전에 시작되었다. 인간의 에너지를 아껴서 좀 더 어려운 과제에 힘을 쏟게 하자는 발상으로 파일럿이라는 프로그램을 개발했던 워런 타이틀먼의 목표를 상기해 보라.

또 다른 유형의 협력은 AI와 사용자 간의 상호작용을 통해서 이루어진다. MS의 CTO 케빈 스콧은 그런 협력을 이런 식으로 표현했다. "[AI는] 마치 차의 연비를 높여 주듯 나의 타고난 뇌로 더 많은 능력을 발휘하게 해 줍니다."[13]

오늘날 인간과 컴퓨터의 협력 사례는 헤아릴 수 없을 정도로 흔하다. 세 가지 예만 들겠다. 체스, 코딩, 그리고 정신 건강이다.

체스에서의 인간-AI 협력

튜링은 어쩌면 컴퓨터가 '매우 뛰어난 체스'를 둘 수도 있다고 예측했다. 초창기 AI가 게임 분야에서 승리를 거두면서 그가 옳았다는 사실이 입증되었다. 1997년 5월 IBM의 딥블루는 체스계의 최고수 가리 카스파로프를 꺾었다. 카스파로프는 "어느 순간 갑자기 [딥블루가] 신처럼 수를 두었다."라는 말을 남겼다.[14]

인간 체스 선수들은 모두 보따리를 싸 집으로 돌아가야 하나? 카스파로프는 아니라고 했다. 대신 그는 '진보된 체스'를 창안해 경쟁을 협력으로 바꾸었다. 각 게임에서 인간과 컴퓨터를 같은 조로 묶어 팀을 구성했다.[15] 한동안은 인간-컴퓨터 합작 팀이 컴퓨터 단독 팀을 이길 수 있는 것처럼 보였다. 2010년 카스파로프는 시합에서 "인간의 전술적 지침을 컴퓨터의 기술적 정교함과 결합하여 판을 압도했다."라고 썼다.[16] 그러나 시대가 바뀌었다. 오늘날의 심층신경망과 트랜스포머의 능력을 고려하면 인간-AI 합작 체스 팀이 여전히 컴퓨터 단독 팀에 승리를 거둘 거라고 예측하기는 쉽지 않다.

코딩에서의 인간-AI 협력

오픈AI가 코덱스를 출시한 것은 인간-AI 협력사에서 획기적인 일이었다. GPT-3에 기반한 코덱스도 GPT-3처럼 인간이 일부를 먼저 입력하면 다음에 무엇이 나올지를 예측하기 시작한다. 그런데 GPT-3은 일상적인 텍스트를 내놓지만 코덱스는 컴퓨터 코드를 줄줄이 제공한다.

코딩의 세계에서 협력은 낯설지 않다. 1960년대의 해커 문화는 인간과 인간끼리 코드를 공유하는 분위기를 나누었다. 오픈소스는 프로그래밍의 기본 질서가 되었고, 1991년 리누스 토르발스Linus Torvalds가 자신이 만든 운영체제인 리눅스를 대중에게 공개했을 때 그런 분위기는 절정에 달했다.[17] 특히 디지털의 형태로 지적 소유권을 공유하겠다고 약속하는 것은 2002년 크리에이티브커먼즈Creative Commons의 설립으로 정점을 찍었고, 이 단체는 창작자가 "디지털 저작물을 전 세계적으로 공유할 권리와 저작권 규제" 사이에 존재하는 긴장을 해소하도록 도왔다.[18] 2022년 초 메타(옛 페이스북)는 회사 소유의 거대언어모델인 OPT(Open Pretrained Transformer)의 코드를 배포하고 또한 상업적인 목적이 아니면 OPT를 자유로이 이용하도록 했다.[19]

오늘날의 프로그래밍 업계에서 공유 정신은 깃허브GitHub에도 깃들어있다. 2008년에 설립되어 나중에 마이크로소프트에 인수된 깃허브는 프로그래머들이 코드를 게시하고 협업하는 웹사이트다. (재미있는 사실은 자신이 구상 중이던 새로운 협력적 프로그램이란 맥락으로 '깃Git'이란 단어를 만든 사람은 바로 리누스 토르발스라는 것이다.[20]) 깃허브 이용자 수는 엄청나다. 2021년 말을 기준으로 7,300만 명의 프로그래머들이 참여하고 있었고 그들이 개발 중이던 프로젝트 다수가 오픈소스였다.

오픈AI의 코덱스와 깃허브는 2021년 코파일럿이라 알려진 플랫폼을 만들기 위해 힘을 합치면서 하늘이 맺어 준 인연이 되었다. 이번에는 GPT-3을 수십억 편에 달하는 텍스트를 기반으로 훈련 시키지 않고, 깃허브와 기타 온라인 소스들을 통해 코드로 훈련 시켰다. 저널리스트 클라이브 톰프슨이 설명했듯이 코파일럿은 "기본적으로 소프트웨어 개발을 위한 자동완성 기능"이다.[21] 인간이 참여하지만 코파일럿이 수행하는 작업이 상당하다. 게다가 초기에 인간이 입력하는 것은 코드가 될 필요도 없다. '내 데이터베이스 속 모든 기부자를 우편번호순으로 정리하는 프로그램을 만들어'와 같은 자연어 요청도 가능하다. 자연어로 처리하는 능력은 놀랍지만 아마도 까무러

쓰기의 미래

칠 정도는 아닐 것이다. GPT-3이 이미 자연어의 귀재이기 때문이다.

당신은 코파일럿이 인간에게 단지 시간 절약의 혜택만을 주는지, 아니면 또한 인간이 더 나은 프로그래밍 능력을 배양하도록 돕는지 궁금할 수도 있겠다. 그 질문은 철자검사기와 문법검사 프로그램들에 관한 지난 장에서 우리가 물었던 질문과 일맥상통한다. 그것들은 단지 우리 뒤를 쫓아오며 뒤처리나 하는가, 아니면 우리가 더 나은 필자가 되도록 만드는가? 사람들의 의견은 엇갈릴 것이다. 그런데 글쓰기에 대해서도 코딩에 대해서도 마찬가지로 가장 기뻐하는 이용자는 가장 보잘것없는 능력을 가진 사람들이다.

저자로서의 AI 도구들이 그런 것처럼 코파일럿에도 여전히 결함이 있다. 그래서 인간은 똑똑하게도 사후 편집을 한다. 현재 인간은 코딩의 순환 고리에서 역할을 맡는다. 문자 그대로 프로그램과 인간은 함께 조종간을 쥐고 있다. 언론계에서의 일자리 문제와 마찬가지로 프로그래머의 일자리가 위협받을지 아닐지 여부를 판단하는 것은 아직은 너무 이르다.

정신 건강에서의 인간–AI 협력

팬데믹은 그렇게 많은 어른과 아이가 정신 건강을 계속 유지하는 것이 얼마나 어려운지에 대한 가혹한 현실을 드러냈다. 2020년 동안 미국에서 인구의 19퍼센트에 해당하는 471만 명이 정신 건강의 이상 징후를 겪었다.[22] 그 숫자는 지금도 증가하고 있다. 전 세계적으로 고통을 받는 자들에게 도움을 줄 수 있는 자원은 부족하다.

AI가 도움이 될 수 있을까? 우리는 와이젠바움의 일라이자 치료법 프로그램으로부터 멀리 와 있다. 그런데 얼마나 멀리 와 있단 말인가?

AI는 환자의 비밀을 보장하는 동시에, 가격도 합리적이면서 정신건강 지원을 받을 수 있도록 설계된 모바일 앱 챗봇의 전성기를 낳았다. 그 프로그램들은 워봇Woebot, 유퍼Youper, 퍼시피카Pacifica, 위사Wysa, 무드키트MoodKit 같은 다양한 이름으로 불린다. 그중 많은 것이 환자들의 부정적 사고방식을 좀 더 생산적인 마음가짐으로 바꾸도록 고안된 인지행동치료cognitive behavioral therapy, CBT에 기반한다.[23] CBT는 이따금 약물치료보다 성공적일 정도로 효과적인 치료로 알려져 있다.

그런 새로운 앱들의 등장과 함께 자연어 처리 도구들은 인간 치료 전문가를 대체했다. AI로 구동되는 프로그램들이 적어도 이따금 도움이 된다는 증거도 있다. 그중 대부분은 스탠퍼드대학 의과대학에서 이뤄졌는데, 일련의 연구에 따르면 워봇으로 중독성 물질 남용에 맞서고, 우울증 증상을 완화하며 산후 우울증을 다스리는 데에 명백한 효과를 봤다는 결과가 나왔다.[24]

정신 건강 치료 개선을 위해 AI와 인간이 힘을 합치는 다른 방법도 나왔다. 이 경우는 인간이 치료사 역할을 맡고, AI는 치료사의 능력을 향상하는 것을 돕는다. 다시 한번 자연어 처리가 주역을 맡는다. 영국의 이에소Ieso(또는 이아소Iaso, 의학의 신 아스클레피오스의 딸 중 회복의 신-옮긴이)라 불리는 정신 건강 서비스는 자연어 처리를 이용해서 치료사와 환자 사이의 대화를 분석하여, 다양한 정신 질환에서 어떤

말이 증상이 호전되었다는 사실을 가장 강력하게 보여 주는 언어인
지를 파악한다. 이렇게 얻은 정보는 다시 경험이 많거나 수련 중인 치
료사에게 전달된다. 그런 식으로 치료사와 환자가 함께 더 효율적인
시간을 보내도록 하고 남는 시간으로 더 많은 환자를 돌보자는 실용
적인 목표 하나를 세우게 되었다.[25]

AI를 돕자

만약 AI가 인간을 도울 수 있다면 인간이 AI를 돕는 것은 어떤가?
여기서 우리는 인격화를 시도하고 있다. 그 생각은 입력 작업을 인간
이 해서 AI의 수행력을 개선하자는, 전형적인 피드백 루프다.

어떤 경우든 인간이 AI를 훈련하는 과정에 참여하고 있다면 그
는 그 루프를 활성화하고 있는 것이다. 이미지넷 초창기 시절 인터넷
에서 길어 온 잠재적인 이미지 후보들을 분류하여 이미지넷의 데이
터세트를 키운 것은 그 일을 위해 선발된 인간 검토자들이었다. 시간
이 흐르면서 심층 신경망으로 힘을 충전한 AI는 점점 더 정교해졌고,
프로그램들은 점점 더 인간의 도움을 필요로 하지 않게 되었다.

이제 협력 관계는 트랜스포머를 작동하는 쪽으로 옮아가고 있
다. 2022년 초 오픈AI가 인스트럭트GPT InstructGPT를 출시했다. 그것
은 더 정교해진 GPT 버전인데 오픈AI의 다양한 온라인 앱 소통 창구
인 API(application programming interface)에서 디폴트 언어모델default language
model이 되었다.[26] 오픈AI의 전략은 회사의 트랜스포머가 작동하는 방
식을 바꾸는 것이었다. GPT-3이 텍스트에서 다음 단어를 예측하도

록 훈련되었다면 인스트럭트GPT는 사용자의 요구에 답하도록 고안되었다. 오픈AI는 다음과 같은 예를 들었다. "여섯 살 아이에게 몇 문장만으로 달 착륙을 설명하라." 이 새로운 모델은 단순히 단어를 술술 뽑아내는 것이 아니라, 사용자들이 알고자 하는 문제에 답하도록 개발되었다.

인스트럭트GPT를 설계하면서 오픈AI는 훈련 과정에 인간이 개입하도록 해서 협력적 분위기를 조성했다. 강화학습이라는 프로그래밍 기술을 써서 인간이 바람직한 답변들의 종류를 '시범적으로 보여주'면서 프로그램 작성자들이 트랜스포머를 정교하게 조정하도록 만들었다. 트랜스포머가 거짓, 편견과 증오 발언을 언제 쏟아 낼지 모른다는 위험을 무릅써야 했기에 그런 방식으로 트랜스포머에 기반한 GPT-3의 오류를 정화해 보려는 목적이었다. 그 작업은 성공적으로 보였다. 인스트럭트GPT에서 얻은 결과물을 GPT-3의 그것과 비교했더니 인스트럭트GPT가 더 진실했고, 덜 헛소리를 했고('할루시네이션'), 덜 유독했다. 거대언어모델의 세계는 계속 진화 중이다. 오픈AI는 챗GPT를 "인스트럭트GPT의 자매 모델"이라고 설명했다.[27]

한편 알파벳(구글 모회사)이 소유한 딥마인드는 구글의 검색 결과를 개선하기 위해 인간 피드백을 이용해 왔다. 2022년 9월 구글은 친칠라Chinchilla라 불리는 거대언어모델을 기반으로 설계된 챗봇 스패로Sparrow를 소개했다.[28] 스패로는 인간의 질문에 대해 온라인 검색을 한 뒤 결과를 그냥 목록으로 늘어놓는 것이 아니라 실제 답변으로 제시했다. 결국 챗봇의 목적은 양방향 소통이다. 딥마인드는 오정보와 상

쓰기의 미래

투적인 답변으로 악명 높았던 온라인 검색의 부작용을 줄이기를 희망했다. 스패로 프로젝트의 더 근본적인 목적은 이제는 온라인 검색의 기반이 된 거대언어모델을 이용하는 데 있어 안전성을 개선하는 것이었다. 단지 정체불명의 온라인 사이트에서 표백제가 딸꾹질을 멎게 한다는 글이 게시되었다는 이유로 누군가 표백제를 마셔 버리는 꼴을 보고 싶은 사람은 아무도 없을 터이다.

인스트럭트GPT처럼 스패로도 강화학습을 바탕으로 작성되었다. 훈련을 위해 인간들이 참여해 같은 질문에 대한 몇 가지 답변을 골라내는 일을 맡았다. 그러고 나서 이렇게 선택된 답변들은 미래의 질문들에서 챗봇이 제공할 결과물을 수정하는 데 이용되었다. 게다가 착실한 학생처럼 그 챗봇은 답변의 원천 자료도 책임감 있게 언급했다. 이 경우라면 답변을 만드는 데 참고한 사이트들의 링크를 밝힐 것이다.

함께 이룬 창의성

인간과 AI의 협력 작업은 일을 완수하는 데 있어서 서로에게 명백한 이점이 있다. 그 '일'이 창의적인 노력을 요구할 때에도 이런 이점이 여전할까? 앞에서 우리는 AI가 주도권을 잡게 되는 창의적인 노력에 대한 얘기를 했다. AI와 인간이 협력하는 경우에는 어떤 결과가 나올까?

때때로 단독 작업과 공동 작업 사이의 경계를 명확하게 가르기 어렵다는 사실은 인정해야 한다. 인간들이 프로그램을 개발하면, 그것을 이용해 컴퓨터가 바흐의 푸가를 작곡하고 〈넥스트 렘브란트〉를 그렸다. 이제 초점을 바꿔서 작품을 생성하는 과정 동안에 벌어지는 상호작용으로 얻은 결과를 보도록 하자.

쌍방향 창작 분야의 권위자는 거 왕^{Ge Wang}이다. 그는 스탠퍼드대학 부교수이면서 동시에 음악가에서 컴퓨터과학자로 다시 디자이너로 변신을 거듭한 사람이다.[29] 왕은 다음과 같이 말했다.

> [디자인에 대한] 휴먼인더루프적 접근은 자동화 문제를 인간-컴퓨터 상호작용HCI 방식을 고안하는 문제로서 재구성하게 한다. 결과적으로 우리는 "어떻게 하면 더 똑똑한 체계를 구축할 것인가?"에서 "어떻게 하면 시스템 속으로 유용하고 의미 있는 방식으로 인간의 개입을 이뤄 낼 것인가?"로 질문의 시야를 더 넓히게 되었다.[30]

왕은 이런 접근법을 소위 '크고 붉은 버튼'에 기대는 방식과 대비했다. 그 버튼은 '신뢰할 만한 수준으로 옳은 답변을 주지만 그 과정은 숨겨 버리는'(여기서는 창의적인 디자인을 얻는) AI 기술을 뜻한다. 달리 말해 창의적이지만 불가해한 AI를 말한다.

왕은 인간을 AI 디자인 과정에 개입시키면서 다양한 이익을 거둘 수 있다고 주장한다.

- 작품이 창조되는 과정에 대한 투명성을 높인다.
- 창조 과정에 인간의 판단을 반영한다.

쓰기의 미래

• "완벽한" AI 알고리즘을 추구하는 것에서부터 서로의 기여를 바탕으로 반복적으로 개선될 수 있는 작품을 디자인하는 쪽으로 나아간다.

음악가로서 왕은 AI와 인간이 힘을 합쳐 오카리나(아이폰을 플루트 같은 악기로 만들었다)[31]와 스탠퍼드 랩톱 오케스트라 같은 자신의 발명품을 만들 수 있었던 과정을 보여 주었다.[32]

예술계는 협업의 사례로 넘쳐 난다. 그중 하나는 행위예술가 수그웬 청 Sougwen Chung이 그리는 그림들이다.[33] 청은 협력자라고 일컫는 로봇들과 함께 그림을 그린다. 때로는 로봇의 팔이 그녀가 이제 막 그린 것에 반응을 보이는가 하면, 그 반대의 경우도 벌어진다. 그녀는 또한 컴퓨터 메모리에 자신의 과거 작품을 입력했고, 최근에는 뉴욕의 거리를 건너고 있는 보행자들의 보안 카메라 영상을 입력해서 대중들까지 협업에 참여시켰다. 청과 그녀의 로봇들은 관객들이 직접 지켜보는 앞에서 함께 그림을 그린다. 거 왕처럼 그녀의 목적도 완벽이 아니라 인간과 AI의 협력이 무엇을 만들어 내는지를 알고 싶은 것이다.

마지막으로 글쓰기 프로젝트에서 AI와 협력 작업을 하는 인간, 또는 그 반대 상황의 경우로 가 보자.

쓰기의 AI인더루프: 위탁에서 협업까지

만약 AI가 당신의 글쓰기 도우미가 되기를 원한다면 몇 가지 선택지가 있다. 첫째는 그 일을 전적으로 위탁하는 방법이다. 그게 아니라면 AI에게 쓰기 작업의 촉진제 역할을 맡겨라. 아니면 공동 창작을 시도해 보라.

쓰기 노동을 위탁하기

어떤 이들은 쓰기를 즐긴다. 또 어떤 이들은 그것이 지겹다거나 완전히 고통스럽다고 한다. 어쩌면 작가의 글길 막힘writer's block(집필 슬럼프-옮긴이)을 겪는지도 모르겠다. 아니면 그냥 게을러서 일 수도 있다. 이유야 어쨌든 AI의 글쓰기 작업에 인간이 조력하는 것을 비롯해 막힌 글길을 뚫으려 외부에 위탁하는 것이 점점 선택지로 떠오르고 있다.

앞선 장들에서 우리는 현재의 AI에 새로운 텍스트를 처음부터 끝까지 완성할 수 있는 완전한 능력이 있다는 걸 보았다. 그러나 또한 업무 위주의 프로그램들을 비롯해 사용자와 소프트웨어 간의 협력적 가능성을 가늠해 보기도 했다.

카피스미스의 웹사이트 표어 "내용물은 AI가 만들지만 최종 완성은 인간의 몫입니다"를 다시 상기해 보라. 다음의 자사 홍보용 선전 문구에서 카피스미스는 인간과 AI가 동반자 관계임을 강조했다.

쓰기의 미래

카피스미스의 목표는 인간을 기계로 대체하는 것이 아니라 인간과 AI가 협력하게 만들어 콘텐츠 생산과 배포를 효율화하는 것입니다.

그러나 카피스미스는 무심결에 자사의 서비스와 계산기 사이의 유사점을 보여 주고 말았다.

비록 계산기가 없어도 수학자가 사는 데는 지장이 없지만, 계산기를 사용하면 방정식을 푸는 데 걸리는 시간을 크게 줄입니다. 끙끙대며 방정식을 푸느라 10분을 날리는 것이 아니라, 계산기를 써서 10초 내로 계산할 수 있습니다.[34]

계산기를 쓰면 인간은 숫자를 입력하고 나머지는 계산기가 모두 처리한다. 기사나 블로그나 광고 생성기를 쓰면 인간이 몇 가지 매개변수를 입력하고 나중에 잠재적으로 사후 편집 할 가능성도 있다. 그러나 착각은 말라. 글 작성은 AI가 했다.

모든 위탁이 그런 식으로 전적으로 맡기는 경우인 것은 아니다. 철자검사기, 자동완성, 그리고 문법 프로그램들은 인간이 주도한다. 그러나 이제 AI가 활약하기 시작했다. AI의 역할이 궁극적으로 이로운 것인지 아니면 해로운 것인지는 우리가 다음 장에서 다룰 딜레마이다.

글쓰기에 힘을 보태다

좀 더 협력적인 경우는 사람들이 글쓰기에 활력을 불어넣기 위해 AI 글쓰기 도구를 이용하는 경우다. 차의 배터리를 점프스타트jumpstart (배터리가 다 됐을 때 다른 차의 배터리에 연결해 시동 걸기-옮긴이)하는 경우를 생각해 보라. 배터리가 방전되면 엔진은 꼼짝도 않는다. 쓰기의 세계에서는 슬럼프나 아이디어 고갈이 그와 동일한 경우다. 엔진이든 인간의 뇌든 그것에 스파크를 일으켜 통통 소리를 내며 힘을 내도록 하기 위해 우리는 어떤 착한 사마리아인에게 차 배터리를 빌리든 AI 도구의 도움을 얻든 외부의 도움이 필요하다.

게이 텔리즈의 문체를 본뜨게끔 동원된 프로그램인 수도라이트는 이런 점프스타트를 제공한다. 독자적으로 텍스트를 생성할 수도 있지만, 그 소프트웨어는 스스로를 "작가의 글길이 막히는 것을 박살내기 위한" "브레인스톰brainstorm(각자의 아이디어를 터놓고 논의하기-옮긴이) 동료"로 자처한다.[35] 작가 제니퍼 렙Jennifer Lepp은 수도라이트의 제안을 적극 수용했다. 조시 지에자는 렙과 수도라이트 등 텍스트 생성 프로그램들에 관한 통찰력 있는 글을 《더버지》에 기고했다.[36] 특히 자비출판 작가들이 이런 프로그램들을 앞다투어 적극적으로 수용하고 있는 시기에 렙에 관한 이야기는 본받을 점이 있다.

제니퍼 렙은 아마존의 킨들다이렉트퍼블리싱을 통해 자신의 책을 파는 독립출판 작가로 괜찮은 수익을 올린다. 그녀는 패러노멀 코지paranormal cozy mystery 전문 작가다. (검색해 보라. 진짜 하위 장르다.) 괜찮은 돈벌이를 위해 그녀는 집필 기한과 분량을 스스로 정하고 그 일정을 엄격하게 지켜야 한다. 9주 간격으로 렙은 새 소설을 출간한다. 일정은 숨막힐 정도로 빡빡하다. 그 부담을 덜기 위해 그녀는 수도라이트를 활용하기로 했다.

처음에 렙은 달리 써 볼 말을 떠올리기 위해서 또는 장면이나 대상에 대한 짧은 묘사를 얻으려고 그 프로그램을 이용했다. 시간과 에너지 손실이 줄어들었다. 시나브로 그녀는 수도라이트에 점점 더 많은 양의 글을 의존하기 시작했다. 작품 출간 속도는 빨라졌지만, 그녀는 뭔가 이상한 일이 생겼음을 인식했다. 더 이상 인물이나 줄거리에 몰입이 된다는 느낌이 들지 않았다. 더는 그에 관한 꿈을 꾸지도 않았다.

더 이상 나의 작품이라는 생각이 들지 않았어요. 썼던 것을 돌이켜 보면서 내가 그 단어들과 발상들에 정말로 연결되어 있다는 느낌이 들지 않았을 때는 곤혹스러웠습니다.

렙의 고백을 읽자 머릿속으로 내 연구실 학생이 단어예측 기능에 대해 했던 그 말이 맴돌았다. "내가 보낸 메시지가 내가 쓴 것이 아닌 것 같아요."

지에자의 기고문에는 또 다른 독립출판 작가인 조안나 펜Joanna Penn과의 인터뷰도 있었다. 펜은 수도라이트 같은 쓰기 도구들이 앞으로 어떻게 쓰일지에 대한 생각을 털어놓았다. 여기 지에자의 글을 인용한다.

[펜은] 미래에 작가들이 AI에 높은 수준의 지시를 내리고 그렇게 얻은 결과물을 세련되게 다듬는 '창조적인 지휘자'와 비슷한 역할을 할 것이라고 내다봤다. 그녀는 자기 작품에 맞도록 어떤 모델을 미세 조정 하거나, 자신과 동일한 장르에 속한 작가들의 조합에 들어가 그 작가들의 모델을 다른 작가들에게 이용 허가를 내주는 자신의 모습을 상상했다.

마침내 아돌프 나이프의 작문 기계가 현실화했다.

수도라이트는 텍스트를 생성할 뿐만 아니라 더 많은 비장의 무기를 옷소매에 감추고 있다. 하나는 당신과 수도라이트가 만들어 낸 것에 대해 편집 과정의 피드백을 제공한다. 지금 성장 중인 시장은 책 한 권 분량의 긴 원고를 분석할 수 있는 AI 프로그램을 요구하는데, 수도라이트는 이런 수요에도 적합하다.

당신이 어떤 소설의 초고를 완성했고 출판사를 찾기 전에 검토를 원한다고 가정해 보자. 전통적으로 소설가들은 친구, 작가 에이전시, 집필 동호회, 편집자 또는 중요한 다른 이들에게 조언을 구해 왔다. 만약 그런 부탁을 들어줄 사람이 없다면 당신은 '자가 편집 도구'라고 홍보되는 말로Marlowe 같은 AI 프로그램에 가입해도 좋다.[37] 겨우 15분이면 서사적 흐름부터 이야기 전개 속도와 단어 선택(상투적 문구가 남발되지는 않았나? 단어나 표현의 반복이 잦나?)과 등장인물의 개성적 특징을 비롯해 일반적인 맞춤법, 구두법과 불쾌감을 유발하는 단어까지 모든 것을 분석한 방대한 보고서를 받게 된다.

말로의 주요 지지자가 『베스트셀러 코드The Bestseller Code』의 공저자인 조디 아처와 매슈 조커스인 것은 우연이 아니다.[38] 원작자를 파악하는 데 흔히 쓰이는 그런 법언어학 도구들을 이용해 아처와 조커스는 어떤 식으로 특정한 단어 선택, 문법 양식, 서사 구조가 《뉴욕타임즈》 베스트셀러 목록과 연관되는가를 보여 주는 작업에 착수했다. 만약 그들이 만든 모델이 신뢰할 만하다면 진짜 문제는 베스트셀러가 그냥 너무 정형화되어서 그런 것일지도 모르겠다.

당신이 소설에 관심이 없다면 영화 박스오피스 순위를 예측해 보고 싶을지도 모르겠다. 할리우드는 어떤 영화를 만들 것인지를 결정하기 위한 대본 분석을 할 때 이미 AI를 이용하고 있다.[39] 넷플릭스가 내리는 마케팅 결정은? 막후에서 AI가 열일 중이다.[40]

공동 창작

창작 작업을 위탁받거나 돕는 정도를 넘어 AI는 완전한 창작의 동반자로서 부상했다. 2010년대 중반 인간-AI 협력 작업은 2016년 런던의 한 극장에서 공연된 뮤지컬 〈울타리 너머Beyond the Fence〉를 낳았다.[41] 앞서 이미 인간과 AI가 힘을 합쳐 창작된 일본 단편소설 「컴퓨터가 소설을 쓰는 날」을 언급하기도 했다.

앞에서도 보았듯이 공동 창작의 역사는 수십 년 전으로 거슬러간다. 제임스 미한이 내놓은 테일스핀의 경우 인간 사용자들이 이야기의 매개변수들을 지정했다. 하이퍼픽션에서 독자들은 이야기 덩어리들을 재배열하거나 결말을 선택하거나 하면서 적극적으로 참여했다. 그러나 창의성 발휘와 협력의 정도는 약했다. 기술도 진화했고, 동반자 관계에서의 선택권에도 진전이 있었다. 수그웬 청이 로봇과 함께 협동 회화 작업을 했던 것처럼 컴퓨터과학자들과 작가들은 이제 적극적인 공동 저술은 어떤 모습을 띨지 탐구하고 있다. 심지어 AI와 인간이 팀을 이루어 시합을 벌이는 작곡 경연 대회가 생겼다.[42]

인간-AI 협력 관계의 현주소를 짚어 보는 한 가지 방법은 컴퓨터창의성학회Association for Computational Creativity의 연례행사인 컴퓨터창의성국제학술대회International Conference on Computational Creativity, ICCC에 제출된 연구 결과를 검토해 보는 것이다.[43] 수많은 선택지의 바다에서 발끝이라도 담그는 기분으로 2021년 회의에 제출된 두 개의 프로젝트를 소개한다.

즉흥극의 협력적 스토리텔링

관객 앞에서 즉흥극을 펼치려면 재치 넘치고 창의적인 배우가 필요하다. 내 생각에 이 분야에서는 시카고에 위치한 즉흥 셰익스피어 극단이 단연 최고다.[44] 극단 단원 한 명이 그날 저녁의 공연을 위한 제목을 제안해 달라고 관객에게 요청한다. 사람들이 외쳐 대는 제목 중 하나를 고른 그 단원은 연극 도입부를 셰익스피어 스타일로 시작한다. 곧 나머지 단원들이 무대로 등장하면서 완전히 즉흥적인 무대가 펼쳐진다. 관객으로서 GPT-3이 마중물을 붓고 나머지는 인간 극단원들이 완성하는 즉흥극을 상상해 보라.

만약 당신이 AI 하나를 즉흥극단에 투입하면 어떻게 될까? 보이드 브랜치, 표트르 미로프스키, 그리고 코리 매튜슨이 직접 확인하겠다고 나섰다.[45] 그 연구자들은 전문 즉흥극 연기자들과 GPT-3으로 팀을 만들었다. 즉흥 극단의 방식과는 달리 GPT-3이 서사적 궤적을 이루는 전체 대사를 제공했다. 실험에서는 시각화된 아바타가 GPT-3을 '구현'했고, 인간 내레이터가 대사를 지원해 현실감을 살렸다. 다른 기술적 마법을 절묘하게 동원해 AI 배우의 연기가 극에서 마땅한 역할을 하면서도 거부감이 들지 않도록 만들었다. 극이 끝난 뒤 설문 조사에서 인간 배우 중 한 명은 "이야기의 흐름은 [AI가] 이끌었지만 그렇게 권위적이지는 않았다."라고 소감을 밝혔다. 반면에 다른 배우는 GPT-3이 "인간의 머리로 만드는 것과는 다른, 상당한 무작위성과 광기를 더해 주었다."라고 남겼다.

자동생성된 텍스트가 창의적 글쓰기에 미치는 영향

우리는 모범 사례로부터 배운다. 그것은 이따금 우리에게 영감을 준다. 훌륭한 작가가 되려면 닥치는 대로 읽는 것이 최선이라는 말은 흔히 언급된다.

글쓰기에서 인간-AI의 합작품 중 많은 것이 공동 창작으로 이루어졌다. 그런데 만약 인간이 자신의 독자적 글쓰기를 위해 AI가 완성한 글을 창의성을 북돋우기 위한 모범으로 삼는다면 어떨까? 그렇게 나온 글은 그들이 혼자 힘으로 완성했던 글보다 더 흥미로울까? 멜리사 로엠멜이 씨름한 문제가 그것이었다.[46]

'관찰을 통한 영감'이라는 발상을 이용할 마음을 먹은 로엠멜은 인간과 GPT-2 양측으로 하여금 일련의 단어 목록으로부터 문장을 만들게 했다. 한 가지 경우에서는 인간과 AI가 서로 별개로 문장을 만들게 했고, 다른 경우에서는 인간이 스스로 문장 작업을 하면서 동시에 GPT-2가 생성하는 것을 관찰했다. 연구는 이런 질문을 던졌다. 사람들이 읽고 싶어 하는 이야기를 제시한다는 측면에서 봤을 때 인간들이 쓴 문장 중 어느 쪽이 더 흥미로웠을까? 인간 평가단 그룹이 두 가지 유형의 인간 문장들을 평가했는데, 그들은 어깨너머로 GPT-2의 쓰기를 관찰했던 쪽의 문장이 로엠멜이 말했던 소위 '스토리어빌리티storiability(어떤 문장을 봤을 때 그 문장이 전할 이야기에 대한 흥미를 끌어올리는 정도-옮긴이)' 수준이 더 높았다고 평가했다. 다른 사례를 참고하는 것이 쓰는 이의 의욕을 북돋우는 것으로 보였다. AI가 모범을 보이는 것이 장기적으로 인간이 더 흥미로운 글을 쓰는 작가가 되도록 만들지 어떨지는 아직 더 두고 봐야 한다.

이런 협력 관계 외에도 나는 한 가지 더 환상적인 관계를 발견했다. 어떤 면에서 그것은 우리가 여태껏 얘기했던 사례들만큼 협력적으로 보이지는 않는다. 그런데도 언어로 표현하는 것이 불가능한 상황에서 AI가 어떤 식으로 우리에게 도움을 줄 수 있는지에 대한 한 줄기 빛이 드리워졌다. 그것은 바우히니 바라와 GPT-3이 전한 가슴 아픈 실화다.[47]

바라는 과학기술에도 관심이 많은 성공한 언론인이자 소설가이다. GPT-3이 출시되었을 때 일찌감치 그녀는 그 플랫폼을 테스트해봤고 그것에 매료되었다. 바라의 이야기가 남다른 것은 그녀가 오랫동안 기피해 왔던 과제, 유잉육종이라는 희귀한 뼈암으로 죽은 언니에 대한 글을 쓰는 작업에 GPT-3의 협력을 구했기 때문이었다.

바라의 시도는 혹시나 하는 마음으로 시작되었다. 그녀는 간단한 문장을 입력했고, GPT-3은 얼마간의 따분한 횡설수설을 늘어놓았다. 바라는 다시 시도했다. 그 과정은 아홉 번의 요청과 응답으로 이어졌다. 그동안 바라는 점점 솔직해졌다.

> 내가 좀 더 정직하게 쓰기를 시도하면, AI도 그에 맞춰 반응을 보이는 것 같았습니다. GPT-3이 자신에게 제시된 언어에 기반해 스스로의 언어를 생성한다는 사실을 고려해 보니 이해가 되었습니다. 솔직함은 분명 솔직함을 불러냈습니다.

예상했던 대로 GPT-3은 얼마간의 모순된 발언과 허위 사실을 생성했다. 바라의 목적과 무관한 것이었다. 바라는 GPT-3이라는, 판단하지 않는 동료 작가와 함께 짝을 이룬 덕분에 마침내 자신의 얘기를 하게 되었다.

누가 루프를 주도하는가?

인간-컴퓨터 상호작용. 인간 중심의 AI. 휴먼스인더루프. 소위 인간-기계 협력이란 것이 중요한가? 의미론에 관심을 가지는 건 언어학자들만이 아니다. 정치인들과 작가들도 그렇다. '침입 incursion(군사·전략적 상황-옮긴이)'과 '공격assault(범죄·폭력적 상황-옮긴이)'은 둘 다 정확히 '침략invasion'이라는 뜻이 붙어 있다. 그러나 함축하는 바는 전혀 다르다. '휴먼스인더루프' 또는 'AI인더루프'에 관해 이야기하는 것도 마찬가지다.

인간 중심 AI를 위한 스탠퍼드연구소 주최로 2022년 가을에 개최된 학술 대회는 '인간 주도의 AI인더루프'를 주제로 내걸었다. 대회 프로그램 설명서에서 주최자들은 다음과 같이 밝혔다.

> 휴먼인더루프 인공지능은 AI가 결정을 내리는 과정에 인간이 피드백이나 확인을 제공하는 것을 뜻한다. (…) [우리는 학술대회] 참석자들이 이 문구를 고쳐 생각하여 모든 AI 기술의 중심에 인간이 서 있는 미래를 상상하기를 희망한다. AI는 인간과 효과적으로 소통하고 협력해서 인간들의 능력을 증진하는 한편, 삶을 개선하고 더 즐겁게 만들어야 한다. 인간은 단지 '인더루프(순환 과정의 요소)'가 아니다. 지휘자는 인간이다. '인더루프'는 AI다.[48]

서문에서 나는 AI가 우리보다 더 똑똑해져서 주도권을 잡을지도 모르는 상황에 대한 두려움을 이야기했다. 조타 장치를 쥔 것은 인간이라는 확고하고도 새로운 방침을 세워야 한다. 봉사원은 AI이지, 그 반대가 아니다. 나는 호메로스가 『일리아스』에서 묘사했던 세발솥이 생각났다. 자동으로 움직이는 그것들은 신에게 음식을 갖다 바치고는 종종걸음으로 물러났다. 오늘날의 AI 하인들은 끝 모르고 똑똑해지고 있다. 그러나 그것이 종으로서의 지위를 유지하는 것이 목표여야 한다. 한발 양보해 동업자까지는 허용하더라도 하급 동업자여야 한다.

우리가 AI를 설계하고 이용하는 과정에서 인간에게 우선권을 주는 문제를 놓고 생각해 보면, AI가 우리 삶에 차지할 위치를 결정하는 데 있어 우리가 모든 카드를 쥐고 있는 명백한 지점이 하나 있다. 그것은 바로 글쓰기에서 AI가 어떤 역할을 맡기를 원하는지, 혹은 원하지 않는지 결정하는 지점이다. 간단히 말해, 언제 AI를 끼워 줄 것인가?

12장

우리는 늘 AI를 환영하는가

AI는 믿기 힘들 정도로 대단하게 혼자 힘으로 텍스트를 저술할 수 있으며, 인간이 쓴 글을 다듬을 수 있으며, 인간과 협력할 태세도 갖추고 있다는 사실을 입증했다. AI는 점점 더 당연한 기술이 되고 있다. 인간들 사이에서 AI의 쓰기 능력에 의심 없이 기댔다가 벌어질지도 모를 필연적인 결과에 대한 논의가 무성하다. 가령 외국어를 배우고 철자 규칙들을 기억하겠다는 의욕이 곤두박질치리라는 우려들이 있다. 또 다른 우려는 기계의 장단에 맞춰 글을 쓰다가 자신의 목소리로 글을 쓰는 능력에 손상을 입을지도 모른다는 것이다.

오늘날 일상의 필자들은 AI의 쓰기 기술에 대해 어떤 생각을 할까? 묻지 않는다면 알 수 없다.

일상의 필자들에게 묻다

AI와 쓰기에 대한 연구를 시작하기 전, 나는 거의 10년간 인쇄물로 읽는 것과 디지털 기기로 읽는 것 사이의 차이를 연구하고 있었다.[1] 심리학자들과 읽기 전문가들은 각각의 읽기 방식에 대한 이해도 따위를 비교하는 많은 실험적 연구를 양산해 왔다. 그러나 나의 관심은 좀 다른 곳에 있었다. 독자들은 어떻게 생각하는지 궁금했다. 어느 매체로 읽었을 때 더 집중할 수 있었을까? 어느 매체로 읽었을 때 멀티태스킹을 더 많이 했을까?

그 당시 읽기가 급격히 디지털 매체로 옮겨 가고 있었다. 편리하기도 했고 대체로 전자책이 저렴하기도 했다. 디지털 읽기가 점점 대세가 되었다. 아마도 당신은 독자 대부분이 그런 변화를 진심으로 환영했으리라고 생각할지도 모른다. 세상일은 그렇게 간단하지 않다. 내가 2개국 이상에 걸쳐 대학생들을 대상으로 한 연구에서 얻은 흥미로운 정보 하나를 공개한다. 응답자 중 92퍼센트는 인쇄물로 읽을 때 가장 집중이 잘된다고 했다.

이번에는 얼마나 많은 일상의 필자들이 전속 쓰기 도우미로서 AI의 효율성을 환영하는지 알아보는 작업에 착수했다. 그 일을 하는 김에 몇 가지 궁금증을 더 추가했다. 그 목록을 소개한다.

- 철자
- 편집 및 교정

- 대필 소프트웨어
- 직접 손으로 쓰는 일
- 관련 일자리에 AI가 미칠 충격파

설문 조사 설계

AI 이용자들이 AI와 쓰기에 관해 가진 생각을 조사하기 위해 나는 두 가지 온라인 설문 조사를 진행했다. 두 조사 다 설문 대상자는 편의표본으로 확보했다. 내가 편리하게 접근할 수 있는 사람들을 설문 참여자로 채택했다는 뜻이다. 젠더, 연령, 교육, 그리고 뭐든 관련된 다른 것들을 감안하는 적절한 무작위표본을 대상으로 하는 것이 연구의 최적 기준이다. 그렇건만 편의표본으로도 내 연구 목적은 충족되었다. 내가 적정 수준의 통계적 중요성을 띠는 연구 혹은 심오한 결론을 원했던 것이 아니라, 세상의 흐름과 그것에 대한 통찰을 구해보려 했기 때문이었다.

첫 설문 조사는 유럽에서 했다. 주로 모데나레지오에밀리아대학UNIMORE에서 여름 학기에 디지털인문학과 디지털커뮤니케이션학 프로그램을 수강한 박사과정 학생들을 대상으로 했다. 연구 시점은 2022년 여름이었지만, 그보다 1년 전에도 UNIMORE 박사과정의 학생들에게 본격 설문과 많이 겹치는 질문들을 던졌다.[2] 총 105명이 설문에 응했다. 그중 대부분은 20~35세였고 확인 결과 3분의 2는 남성이었다.

두 번째 설문 조사는 2022년 미국인을 대상으로 이루어졌다. 이번에는 100명이 참여했는데, 그들의 평균 나이는 25세였고 미국에서 편의표본인 경우 대개 그렇듯 60퍼센트가 여성이었다. 몇 가지 예외적인 경우를 제외하고는 양쪽의 설문 조사에서 기본적으로 동일한 질문들을 던졌다. 다만 미국의 경우에는 이전 질문 몇 가지를 제외하고 몇 가지 다른 질문을 추가했다. 일부 질문들은 객관식이었고, 어떤 것들은 열린 질문으로 구성해 자유로운 답변을 유도했다.

그래서 뭘 알아냈냐고? 철자에 관한 결과부터 시작하겠다. 그러나 먼저 서론이 필요하다.

철자

영어 철자는 불편하다. 철자와 발음이 상당히 일치하며 더 고분고분한 이탈리아어나 핀란드어의 철자법과는 다르다. 영어는 무단결석생처럼 말을 안 듣는다. 그냥 'read'와 'read'와 'red'만 생각해 보라 (가령 'Yesterday I **read**[red] that **red** book, 어제 나는 빨간red 표지로 된 책을 읽었다read'는 문장에서 'read'와 'red'는 철자는 서로 달라도 발음은 같다. 그러나 현재 시제 'read[ri:d]'는 갈대를 뜻하는 'reed'와 철자가 다르지만 발음은 같다-옮긴이). 아니면 'laugh'와 'sleigh'의 경우를 보라. 둘 다 '-gh'로 끝이 나지만 그것의 발음은 다르다(전자는 f, 후자는 묵음이다-옮긴이). 이런 말썽

꾼들이 등장한 것에 대해 전쟁, 빌려 오기, 또는 시대적 변덕의 역사적 설명을 할 수 있다. 한데 그렇다고 철자를 배우는 고통이 완화되지는 않는다.

앞에서도 언급했듯이 영어 철자를 표준화하자는 현대적 발상은 18세기 초에야 자리 잡았다. 18세기 말과 19세기에 사전과 철자법 책이 널리 유포되면서 철자법의 지위는 필수 능력으로 격상되었다. 영어 철자를 바꿔 보려는 많은 시도가 있었지만 사전 항목은 거의 꿈쩍도 하지 않았다.[3]

미국은 일찌감치 올바른 철자법을 강조했다. 18세기 중반이 되면 학교마다 철자법 대회가 우후죽순으로 열렸고, 1908년에 최초로 전국 규모의 대회가 개최되었다.[4] 20세기에 들어서도 오랜 기간 교육자들은 철자에 대한 강박증을 고수했다. 매주 익혀야 할 철자 목록을 내놨다. 선생들은 철자 하나만 틀려도 한 문제를 다 틀린 것으로 채점했다. (내 어린 시절 기억은 지금도 생생하다.) 학부모들은 고교 최상급반 자녀에게 졸업 선물로 『메리엄웹스터 대학생 사전』을 선물했다. 철자검사기가 등장했을 때 모두가 안도의 한숨을 내쉰 것은 조금도 놀랍지 않다.

당신이 쓰고 말하는 언어가 철자에 대한 태도를 만들 수 있다. 문화도 그렇다. 프랑스어는 물론 프랑스에서 사용한다. 그러나 다른 나라들 또한 프랑스어를 사용한다. 6년 전에 내가 벨기에 프랑스어권 도시인 루뱅라뇌브Louvain-la-Neuve에 있는 루뱅가톨릭대학에서 강의하고 있었을 때 몇몇 학생과 철자에 관해 이야기를 나누었다. 그들은 문자메시지를 보낼 때 철자가 틀리지 않도록 애쓴다고 얘기해서 나를

　　　　　　　　　　　　　　　　　쓰기의 미래

놀라게 했다. 그 당시 내 미국 학생들은 그렇지 않았다. 벨기에 학생들의 설명에 따르면 프랑스인에게 촌무지렁이라고 무시당하고 싶지는 않기 때문이라고 했다.

철자에 대한 사용자들의 태도는 철자 체계의 복잡성에도 또한 좌우된다. 철자와 소리의 친화성이 높기 때문에 이탈리아어는 영어보다 철자가 쉽다. 내 유럽 동료의 4분의 3 이상이 이탈리아 원어민이다. 그들이 스스로 철자를 정확하게 쓴다고 판단하고, 철자를 배우는 것은 중요한 일이라고 믿을 가능성이 미국인들의 경우보다 더 높을까?

철자가 중요하단 말인가?

철자검사기의 시대에도 철자를 정확히 써야 할 이유는 여전하다. 우선 수많은 연구를 통해 어린이의 철자 능력이 읽기·쓰기 능력과 상관관계가 있다고 밝혀졌다.[5] 철자를 비롯해 어떤 단어에 대해 더 많이 알수록 그 단어를 더 편하게 읽게 되고 쓰기에서도 그 단어를 쓸 가능성이 증가한다.

하지만 오늘날 미국의 많은 학교는 철자법을 가르치는 데 대단히 미미한 시간을 쓰고 있다. 아마도 2010년 미국의 공통핵심교육과정이 철자법을 대체로 무시해 버렸기 때문인지도 모른다. 아니면 오랫동안 학생들이 철자를 올바르게 쓰도록 만드는 일이 승산 없는 싸움으로 여겨졌기 때문일 것이다. 철자검사기가 내장된 워드프로세싱 프로그램들을 사용하고, 휴대폰으로 단어예측 기능을 쓰는 연령이 점점 더 낮아지고 있기 때문에 앞으로 철자 교육에 대해 미국인들이 어떤 반응을 보일지는 지금으로부터 고작 몇 년 후라도 판단하기 어렵다.

철자로 능력을 판단하다

옛 속담에 표지로 책 내용을 가늠하지 말라고 했다. 그러나 글쓴이를 그의 철자법으로 판단하는 건 어떤가? 철자검사기가 흔해지기 전에 어떤 이의 철자 능력을 평가하기란 쉬웠다. 시험을 치르거나 그 사람이 쓴 것을 읽어 보면 알 수 있었다. 오늘날은 글을 손으로 직접 쓰게 하지 않는다면 두 번째 검사법은 소용이 없다.

몇몇 분야에서 철자법은 여전히 위력을 발휘하는 것으로 보인다. 학생들의 에세이를 채점하는 선생을 생각해 보라. 선생들이라면 같은 내용인데 철자 오류가 없는 글보다는 철자 오류가 있는 글을 평가할 때 더 낮은 점수를 줄 가능성이 높다.[6] 철자법의 수준과 글의 수준은 다를 수 있는데도, 철자가 에세이의 내용에 관한 우리의 판단을 왜곡하기는 너무 쉽다.

고용 분야도 살펴보자. 입사 지원서를 읽는 채용 담당자가 후보자를 평가하는 기준으로 철자를 참고할까? 프랑스의 한 연구는 전문 채용 담당자들에게 철자 오류와 지원자의 업무 경력이라는 두 측면에서 각기 차이를 보이는 이력서 및 자기소개서에 대한 평가를 부탁했다. 후보자의 철자 오류가 경력만큼이나 크게 탈락의 근거가 된다는 사실이 밝혀졌다. 하지만 채용 담당자의 철자 능력 또한 작용했다. (담당자들은 철자 시험을 치렀다.) 철자에 능숙한 담당자들일수록 미숙한 담당자들보다 철자를 이유로 지원자를 탈락시킬 가능성이 더 높았다. 그 연구의 설계자들은 채용관 중에 철자에 미숙한 담당자들이 지원서의 철자 오류를 파악하는 데도 미숙했기 때문일 거라고 판단했다.[7] 아니면 그런 담당자들이 철자 오류를 저지른 지원자들을 관대하게 봐주었을지도 모른다.

이 연구가 미국보다 올바른 철자법을 더 중시하는 프랑스에서 이루어진 사실을 염두에 두자. 내 생각에는 미국 고용자들 다수는 철자가 미숙한 직원을 채용하더라도 MS워드가 철자 오류를 말끔히 정리해 줄 거라고 믿을 것 같다. 마치 외과 의사가 수술을 끝낸 뒤 그 뒤처리를 수술 간호사와 레지던트에게 맡기는 것처럼 말이다. 게다가 저런 자기소개서와 이력서들은 이제 자동 철자오류 점검은 기본인 전속 디지털 지브스가 딸린 컴퓨터로 작성한다.

철자 설문 조사 결과들

이제 설문 조사로 가 보자. 나의 질문들은 응답자들이 자신의 철자 능력을 어떻게 판단했는지, 그들이 철자검사기를 얼마나 많이 사용하고 신뢰하는지, 철자검사기가 그들 자신의 쓰기 능력에 어떤 영향을 끼쳤는지, 그리고 어린이들이 철자를 배우는 것이 얼마나 중요하다고 생각하는지를 다루었다. 유럽 학생들에게는 그들의 모국어 능력에 대해 질문을 했다. 그들 중 4분의 3은 모국어가 이탈리아어였다. 반면 미국 응답자들은 전원 영어 원어민들이었다. 중요한 부분을 공개한다.

모국어에 대한 철자 능숙도

유럽인들은 미국인들보다 다소 자신들의 철자 능력에 대해 자부심을 보였다. 78퍼센트가 자신의 능력을 '매우 우수'하다고 판단했는데 미국 학생들은 65퍼센트 정도가 그렇다고 대답했다. 차이가 대단한 것도 아니고 오직 본인에 대한 느낌을 물어본 설문이었을 뿐이다. 그런데도 이탈리아어의 철자가 더 단순하다는 것을 감안하면, 철자 능력을 말해 주는 저울의 추가 이탈리아인이 대부분인 유럽인 쪽으로 기울었다는 직감적 판단을 할 수 있다.

디지털 기기로 글을 쓸 때 철자검사기를 사용하는 문제

철자검사기는 설문 조사 참여자들에게 대체로 친숙한 것으로 보였다. 절반에 가까운 응답자들이 당연하게 여겼고, 그보다 조금 적은 응답자들은 '이따금' 사용했다. 소수만이 꺼 놓는다고 했다. 철자검사기는 또한 일종의 보강재로 기능할 수도 있었다. 한 응답자는 이렇게 설명했다.

나는 늘 철자검사기를 켜 놓습니다. 비록 내가 철자에 능숙한 편이라고는 해도 이따금 실수를 저지르는데, 검사기는 그것을 확인해 줍니다. 그런 식으로 내 오류를 수정하고 미래에 저지를 실수를 예방할 수 있습니다.

쓰기의 미래

자동으로 수정하는 철자검사기를 믿을 수 있는가

철자검사기의 정확성에 대한 문제 제기는 자주 있었다. 대략 7퍼센트만이 전적으로 신뢰를 보낸다고 답했고, 58퍼센트는 '대부분' 신뢰한다고 했고, 28퍼센트는 '이따금' 신뢰한다고 응답했다. 이 AI 쓰기 보조 도구는 친숙해져도 여전히 적잖은 의구심을 받는다.

철자검사기가 이용자의 철자법 능력에 미친 영향

나는 이 질문에 대해 응답자들이 뭐라고 대답할지 특히 궁금했다. 직감으로는 많은 사람이 철자검사기 때문에 자신들의 철자 능력이 훼손되었다고 답할 것 같았다. 내가 가장 잘 알고 있는 것이 미국인의 철자 능력이니, 미국인 응답자들에게 집중하겠다.

미국의 결과는 놀라웠다. 21퍼센트가 철자검사기가 자신들의 철자 능력을 악화시켰다고 대답한 반면, 42퍼센트는 AI 요정 지니genie가 자신의 철자 능력을 향상시켰다고 믿었다. 나머지는 본질적으로 어떤 영향도 미치지 않았다고 말했다. 질문은 '철자를 바로 쓰기 위한 당신의 능력'에 미친 철자검사기의 영향에 대해 답하라고 구체적으로 묻고 있는데, 이는 사용자들이 수정된 단어들의 철자를 바로 배워서 더 이상 실수를 저지르지 않는 데까지 나아갔는지를 염두에 둔 물음이다.

내 직감으로는 일부 응답자들은 그들 자신의 힘으로 무엇을 할 수 있게 되었느냐가 아니라, 그냥 말끔히 다듬어진 결과물에 초점을 두고 답한 것이라는 생각이 들었다. 그러나 요즈음 미국의 많은 학교가 철자 시험을 자주 치르지 않기 때문에, 그리고 학생들이 숙제 제출용으로 얼마나 자주 철자검사기를 이용하는지에 대해 알려진 것이 없어서 이를 확인할 방법은 없다.

어린이들에게 올바른 철자법을 가르치는 일의 중요성

나는 다시 한번 놀랐다. 응답자 가운데 80퍼센트가 어린이들에게 철자를 가르치는 일이 '매우 중요하다'라고 판단했다. 사실 미국인이 83퍼센트로 유럽인의 78퍼센트보다 조금 더 높았다. 미국 학교의 많은 교과과정에서 철자의 중요성을 깎아내린 것을 고려하면 미국인들의 응답은 '내가 하는 대로가 아니라, 내가 말하는 대로 해do as I say, not as I do'라는 태도를 반영하는 것일까? 유럽의 반응에 대해서 내가 확인해 줄 수 있는 것은 없다. 연구 참여자들을 대상으로 철자 테스트를 진행하지는 않았기 때문에 우리는 미국인들의 철자 수준을 알지는 못한다. 하지만 현재의 철자검사기 도입 이전 몇십 년 동안 학생들의 에세이를 읽은 경험을 토대로 생각하면 나는 그들의 철자법 수준에 회의적이다.

편집과 교정

오늘날의 철자검사기, 자동완성과 단어예측 기능을 보유한 디지털 쓰기 도구들에다 문법검사기에 딸린 구두법 도우미까지 감안하고 보니 나는 일상의 필자들의 편집과 교정 관행을 알아보고 싶었다. AI 문법검사기와 문체 프로그램을 향한 인식이 일반적으로는 어떨지 또한 궁금했다. 그래서 양쪽의 설문 조사에 관련 질문을 추가했다.

격식을 차리지 않고 쓴 글을 편집하고 교정하기

편하게 쓰는 이메일과 문자의 경우 유럽인 3분의 1과 미국인 거의 절반이 편집에 신경을 쓴다고 답했다. 특히 미국에서 우리는 소위 페이스북 혹은 인스타그램 현상을 보고 있다. 소셜미디어 초창기부터 시작해서 미국의 젊은이들은 그들이 온라인에서 어떻게 비춰지는지를 몹시 의식한다.[8] 아마도 온라인에서 자기를 가꾸던 방식이 오늘날 일상적인 이메일과 문자로까지 연장된 것일지도 모른다.

학교와 직장의 일로 쓴 것을 편집하고 교정하기

학교나 전문직에서 요구되는 글을 정기적으로 편집하고 교정하는 것은 훨씬 더 흔한 일이라는 답변을 얻었다. 미국과 유럽 모두 거의 90퍼센트 확률로 답했다. 그러나 나는 적어도 미국의 대학생 사이에서 이렇게 당연스레 여겨지는 관행은 어기는 것이 명예가 된다는 사실을 증언할 수 있다. 내 말이 틀렸다면 단지 내 수업을 수강한 학생들만 그랬는지도 모른다.

문법과 구두점을 바로잡기 위해 AI 기계 이용하기

문법과 구두점 수정용 프로그램들은 이제 고개만 끄덕하면 결과를 바로 대령한다. 내가 궁금한 것은 이용자들이 자신의 편집과 교정 능력을 사용하기보다는 얼마나 과도하게 이런 프로그램들에 의지하는가였다. 내 조사에서는 대략 9퍼센트가 이런 기계에 얽매이는 것이 잘못됐다고 말했다. 대략 4분의 3은 협력적 관계를 열어 두었다고 했으니 아마도 AI에게 조언을 구하되 결정은 자신이 내린다고 말하는 것일 테다.

그런데 유럽은 13퍼센트, 미국은 18퍼센트의 응답자가 확고히 기계가 자신들을 대신해 편집과 교정을 봐 줘서 기쁘다고 말했다. 나는 청소년들과 그 밖의 사람들이 편집과 관련된 AI의 조언을 실제로 얼마나 자주 수용하거나 거부했는지를 추적한 연구를 보고 싶다.

그다음 질문 두 가지는 그래머리와 관련된 것이었는데, 미국에서만 조사했다. 다시 말하지만 그래머리는 영어로만 이용할 수 있다. 100명의 참여자 중 63명이 그래머리를 쓴다고 답했으니 이 두 질문에 대한 비율도 63명을 기반으로 계산되었다.

본인의 쓰기 기술에 대해 그래머리가 미친 영향

설문 조사 응답자들이 철자검사기가 그들의 철자 능력에 해를 끼쳤다고 생각하는지 아니면 도움이 되었다고 생각하는지를 궁금해했던 바로 그때, 나는 그래머리가 그들의 글쓰기 능력에 미친 영향은 어떻게 평가하는지도 궁금했다. 27퍼센트는 아무런 영향이 없었다고 했고 8퍼센트는 부정적인 영향을 받았다고 답변한 것에 비해, 무려 65퍼센트에 달하는 답변자들이 본인을 더 나은 필자가 되도록 만들어 주었다고 대답했다.

그래머리 같은 도구들이 대단한 전속 문법·문체 지도사처럼 들린다. 그리고 어쩌면 그럴 수도 있다. 한 응답자는 이렇게 썼다.

AI와 다른 문법 수정 도구들은 꾸준히 개선되었고 내가 대학교와 고등학교에서 배웠던 문법을 보완하는 데 큰 도움이 되었습니다.

그러나 철자검사기가 우리 스스로 더 바른 철자를 쓰도록 만들어 주었는가에 관한 질문에서도 그랬듯이, 설문지에 기입된 다음의 선택지들에서 나의 정확한 문구를 확인해 주기 바란다.

- 그래머리는 **나를 실력이 더 부족한 작가가 되도록 만들었다**. 내가 다음에 똑같은 오류를 저지르더라도 그것이 고쳐 주리라는 것을 알고서 그래머리의 수정에 기댔기 때문이다.
- 그래머리는 **나를 더 나은 작가가 되도록 만들어 주었다**. 내가 그것이 제안한 수정을 익혀서 같은 실수를 반복하지 않을 것이기 때문이다.

나를 회의적인 사람이라 불러도 좋다. 어쩌면 학생들은 사람보다는 기계로부터 배우기를 더 기꺼워할지도 모른다. 만약 그렇다면 그래머리에 더 많은 권한을 주자. 그러나 나는 학생들이 그래머리로부터 진짜로 배웠는지를 확인하기 위해 그래머리가 수정했던 항목들에 대한 시험을 치를 것을 제안한다. 심지어 이용자들조차도 그래머리가 미친 혼란스러운 영향에 대해 이따금 인식하고 있었다.

> 그래머리가 글 쓰는 이로써 내게 미친 영향은 긍정과 부정이 뒤섞여 있습니다. 수정이 도움 될 때도 있지만, 또한 내가 글을 쓸 때 기대야 하는 목발이 되기도 합니다.

그래머리가 실수를 잡아 주고 잘못된 조언을 하지 않는다는 믿음
응답자 대부분은 그래머리가 실수할 수 있다고 인식하는 것으로 보였다. 열에 하나는 늘 믿는다고 대답했지만 4분의 3은 대부분 믿는다고 했고 나머지는 종종 믿지 않는다고 했다. 철자검사기의 경우에도 그랬듯이 흔히 '신뢰하되 검증하라'라는 접근법이 일반적으로 작동 중이었다. 한 응답자의 언급이 그 그래머리와의 애증 관계를 암시했다.

> 그래머리를 믿지 않지만, 그것의 제안을 확인해야 할 필요는 있습니다.

대필 소프트웨어

수정 작업에서 새로운 텍스트를 창조하는 작업으로 넘어가서, 다음 질문들은 단어예측과 에세이 생성을 위해 AI를 사용하는 것에 대한 것들이었다. 단어예측 기능부터 보겠다.

단어예측 기능의 사용

응답자의 대략 30퍼센트가 단어예측 기능을 사용해서 기뻤다고 대답했다. 그러더니 미국인과 유럽인 사이에서 답변들이 갈렸다. 미국인은 겨우 9퍼센트만이 단어예측 기능이 저지른 실수에 분개했지만, 유럽인은 31퍼센트가 그랬다. 그리고 미국인은 57퍼센트가 차라리 문자를 완전히 혼자 힘으로 작성하겠다고 응답한 반면, 유럽인은 29퍼센트만이 그랬다.

미국인들은 단어예측 기능의 오류를 훨씬 더 차분하게 받아들이는 것으로 보였음에도 불구하고 스스로 문자를 써서 통제력에 대한 더 큰 욕망을 표출했다. '오류에 흥분하기보다는 혼자 힘으로 해 보겠다.' 물론 이따금 노력과 효율성은 서로 상충하는 관계에 있다. 뭐가 되었든 단어예측 기능이 제시하는 것을 수용했던 한 미국인은 다음과 같은 사실을 인정했다. "내가 특히 아무것도 하고 싶지 않다고 느낄 때는 뭐든 오케이하게 된다."

당신의 문자메시지에 대해 단어예측 기능이 미친 영향

두 조사 집단은 단어예측 기능이 그들의 메시지에 미친 영향에 대해서는 매우 비슷한 응답을 했다. 60퍼센트 이상이 그 기능이 미친 영향이 없다고 느꼈다. 11퍼센트는 문자를 더 길고 복잡하게 쓰도록 만들었다고 답했고 21퍼센트는 그들 메시지가 더 단순하거나 짧아지게 했다고 전했다.

그러나 응답자의 말에 담긴 것은 기계가 문자의 내용에 미친 추가적인 영향과 그런 문자와 본인과의 관계에 대한 암시였다. 응답자 몇 명은 단어예측 기능으로 쓴 메시지를 보면 더 이상 자신이 썼던 것으로 보이지 않는다는 우려를 드러냈다.

잘은 모르지만 (…) 그것을 쓰면 내가 너무 단조로운 글을 반복한다는 느낌이 들어요.

거대언어모델을 쓸 때 나왔던 소리 같다. 이런 말도 나왔다.

내가 쓴 것 같지 않아요.

수도라이트의 사용 경험을 전했던 제니퍼 렙의 불만과 비슷하다. 미국 응답자의 다음 언급은 매서울 정도로 실용적이었다.

생성되는 답변을 지우느라 애먹었어요. 시간 낭비예요.

이런 의견들을 보면 미국인들이 혼자 힘으로 문자메시지를 작성하는 쪽을 선호하는 이유가 설명될지도 모르겠다.

쓰기의 미래

당신이라면 에세이를 대신 써 주는 AI 프로그램을 사용하겠는가?

결과를 알기 전에 우선 언제, 그리고 어디서 이 질문이 나왔는지 상기해 둘 필요가 있다. 이 데이터는 모두 2022년 11월 중반에 수집되었다. 챗GPT가 등장하기 전이었다. 미국에서는 텍스트를 생성하는 AI 프로그램들에 대한 경각심이 이미 커지고 있었지만, 사람들 대부분은 직접 써 본 경험은 없었던 시기였다. 유럽에서는 직접 써 본 경험은 고사하고 그런 기술에 대해 익히 들어 봤다는 사람도 많지 않았던 때였다.

양쪽 집단에서 40퍼센트가 조금 넘는 사람들이 재미로 그 기술을 시험해 보고 싶다고 말했다. 몇 명은 만약 시험 삼아 써 보더라도 여전히 통제권은 본인이 갖고 싶다고 덧붙였다.

> "사용은 하겠지만 그렇게 나온 기본 텍스트를 좀 더 내 문체로 만들기 위해 편집하겠어요."
>
> "흥미가 생기는데요. 하지만 AI가 쓴 것을 검토해 보고 나서 내 글을 직접 작성할 것 같아요. 비서가 쓴 것이 아니라 친구가 쓴 것처럼 말이죠."

증진(협력)이지 자동화(대체)가 아니다.

그러더니 그 집단들에서 의견이 갈렸다. 유럽인 중에서는 36퍼센트가 텍스트 생성 기능을 시도해 보는 것에 관심이 없다고 말했지만, 미국인의 경우 13퍼센트만이 거부 의사를 밝혔다. 미국인이 좀 더 모험을 즐기는 성향이 있어서이거나 혹은, 좀 더 가능성이 있기로는, 미국인은 GPT-3과 같은 거대언어모델에 대해 들어 본 적이 있어서 그 프로그램이 어떻게 작동하는지 경험해 보기를 갈망해서일 것이다.

이 설문 조사에서 나의 마지막 질문은 부정행위에 관한 것이었다. AI가 생성한 에세이를 자기가 쓴 것으로 제출하고 싶은 유혹에 넘어갈 건가? 양 집단에서 그러겠다는 답변은 한 자리 숫자에 머물렀다. 챗GPT가 출시된 뒤 몇 달 후에 그 질문을 했더라면 그 수치가 어떻게 변했을지는 그저 상상에 맡길 수 있을 뿐이다. 10장에서 다뤘던 《스탠퍼드데일리》의 여론조사(387쪽 참고)는 챗GPT가 얼마나 매혹적인 도구가 될 수 있는지에 대한 최초의 보기를 제공했을 뿐이다.

직접 손으로 쓰는 일

손으로 쓰기가 이 논의와 무슨 상관이냐고 반문할지도 모르겠다. 많은 이에게 그 기술은 멸종 위기에 처했음에도 방어할 가치도 없는 기술로 여겨진다. 요즘 학생들에게 손으로 써서 제출하는 숙제가 주어지면 어쩔 거냐고 물으면, 어떤 학생들은 오로지 키보드에 손을 얹을 때에만 아이디어가 나오고 펜을 쥐면 그게 안 된다고 대답했다. 또한 학생들은 자신이 악필이라며 우는소리를 했다. 어느 쪽이든 놀랍지 않다. 쓰지 않으면 잊어버리니까. 그런데 소수의 학생은 나에게 직접 손으로 쓰면 그들이 말하고 싶은 것과 어떤 방식으로 그것을 말할

쓰기의 미래

것인지를 애써 생각해 내도록 도와줄 뿐 아니라 자신만의 목소리로 말할 수 있게 돕는다고 말해 주었다.

내가 손으로 쓰기와 키보드 두드리기의 문제를 마음속으로 굴글 리던 시기는 2010년대 중반이었다. 캔버라대학 커뮤니케이션학과의 박소라 교수와 공동 연구를 한 덕분이었다.[9] 우리는 함께 휴대폰, 노트북 그리고 손으로 과제물을 작성하면서 겪었던 경험에 대해 오스트레일리아의 대학생들로부터 얻은 설문 조사를 분석했다.

학생들은 휴대폰과 노트북으로 쓰는 것의 효율성에 찬사를 보냈지만, 손으로 쓰는 행위가 인식과 감정과 연결된다는 언급들도 있어서 박 교수와 나는 감동했다. 여기 그들이 산만함에 대해 얘기한 것을 몇 가지 소개한다.

[노트북을 쓰면] 쉽게 산만해집니다. (…) 키보드를 두드릴 때 내 마음은 자리를 못 잡고 떠돕니다. [종이를 놓고] 쓰고 있으면 끊임없이 그것이 의미가 통하는지 확인합니다.

그리고 몰입감에 대한 얘기도.

손으로 쓰면 사실 더 몰입하게 됩니다. 실제로 자신이 쓰는 것에 집중해야 합니다. 반면에 키보드로 입력하면 갑자기 텅 비어 버립니다.

그리고 개인적으로 연결되어 있다는 느낌.

그것은 내가 만질 수 있고 소유한 것입니다. 반면에 내 컴퓨터의
클라우드에 저장된 문서에 대해서는 그게 실재하는 것처럼 느껴
지지 않아요.

또는

펜과 종이로 무언가를 직접 쓰는 것은 자신의 연장입니다. 당신은
눈으로 보는 상태에서 당신의 손으로 단어를 느껴 볼 수도 있습
니다. 펜으로 종이에 힘을 가해서 옴폭 패인 홈이 생기기 때문입
니다.

그로부터 5년 뒤 AI가 쓰기 행위에 미치는 잠재적 영향에 대해
고심하기 시작했을 때 나는 점점이 흩어져 있던 생각들을 연결해 보
려 시도했다. 손이 아니라 디지털 기기로 글을 쓰는 것이 궁극적으로
AI가 개개인의 표현력과 사고력을 약화하는 결말의 전조일까? 손으
로 쓰는 일에 관한 문헌을 샅샅이 조사해야 할 시간이 되었다.

상업적 성공과 인격
글씨를 잘 쓴다는 것은 유서 깊은 능력이다. 거의 2,000년 전에 로
마의 수사학자 퀸틸리아누스는 멋진 필기체를 배양하는 일의 중요성

을 강조했다. 중세 파도바대학의 박사들은 그들의 주장을 읽을 수 있게 쓰거나 필경사에게 받아쓰게 하도록 되어 있었다.[10] 미국에서는 의사들이 알아먹을 수 없게 쓴다는, 사람들의 오랜 불평이 있었다. 나중에 글씨 쓰기는 금전적 성공으로 가는 길이 되었다. 18세기와 19세기에 상업이 발달하면서 청구서와 영수증 그리고 업무상 서신을 쓸 수 있는 사람들에 대한 수요가 급격히 늘어났다. 쓰기의 달인과 전문 학교들이 필체 훈련을 제공하기 위해 수업을 개설했다. 미국에서는 두 가지 서체가 경쟁적으로 등장해 맞수가 되었다. 하나는 플랫 로저스 스펜서Platt Rogers Spencer가 고안한 서체였고, 다른 하나는 오스틴 노먼 팔머Austin Norman Palmer가 창안했다.

글씨는 단지 돈을 위한 수단만은 아니었다. 어떤 이는 글씨를 영혼의 창으로 보았다. 1812년 프랑스의 에두아르 오귀스트 파트리스 오카Edouard Auguste Patrice Hocquart는 필적을 보고 그 사람의 인격을 알 수 있다고 주장했다. 그 후 몇십 년 동안 필적은 범죄 관련성부터 좋은 배우자나 동업자가 될 가능성까지 온갖 것에 대한 신뢰할 만한 지표로 여겨졌다.[11]

시대가 변했다. 의사들은 이제 그들의 처방전을 받아 적게 하거나 타자기로 쓴다. 사업체는 워드프로세서를 쓴다. 그리고 데이팅 앱은 필적 견본을 요구하지 않는다. 그렇다고 오늘날 글자가 활자체('타자로 친' 필적)로 쓰였든 또는 필기체로 휘갈겼든 아무도 필적 따위는 신경 쓰지 않는다는 말은 아니다.

문화와 인식

만약 당신에게 초등학생 나이의 자식이 있다면 지금 글쓰기를 둘러싼 논쟁, '필기체를 계속 가르칠 것인가'를 알고 있을 것이다. 미국에서는 의견이 엇갈린다. 미국이 연방 공통핵심교육과정을 채택한 덕분에 2010년 이래로 저학년 교과과정에서 필기체 수업은 필수과목에서 제외되었다. 현재 21개 주가 의무적으로 필기체를 가르치지만 수업의 수준은 천차만별이다.

필기체를 가르치는 것에 반대하는 북소리는 특히 미국에서 점점 요란해지고 있다. 쓰기 숙제를 대개 디지털 키보드로 작성하는 시대가 되었으니 활자체로 충분하지 않은가? 필기체를 향한 태도도 문화적 배경이 있다. 프랑스에서는 어린이들이 입학하자마자 필기체로 쓰기를 시작한다. '쓰기를 배운다'는 것은 '필기체를 배운다'와 동의어가 된다. 미국에서는 필기체를 가르치는 행위를 부모의 정치적 또는 종교적 보수주의와 연관시킨다는 증거가 있다.[12]

필기체를 귀하게 생각하기 위해 프랑스인이나 보수주의자가 될 필요는 없다. 필기체 필적은 개인의 고유한 것이며 멋지게 쓴다면 미적인 아름다움을 갖는다. 타자기가 널리 퍼진 지 수십 년이 지났는데도 불구하고 여전히 감사장이나 애도 편지는 손으로 직접, 그것도 필기체로 쓰는 것이 참된 예의다. 오늘날 필기체는 많은 이에게 낯설다. 그러나 만약 당신이 필기체로 편지나 인사 카드를 보내고자 한다면 많은 서비스 업체가 당신을 대신해 써 줄 것이다. 심지어 인간과 로봇 필경사 사이에서 고를 수도 있다.[13]

쓰기의 미래

필적에 관한 이야기에는 또 다른 측면이 있는데, 인식에 관한 것이다. 연구에 따르면 필기체뿐만 아니라 어떤 글씨체든 그 필적이 독서와 배움에 보탬이 된다고 한다. 그 증거에 대한 이론적 설명은 체화된 인지Embodied Cognition라는 용어로 포장되어 있다.[14]

체화된 인지에 깔린 발상은 생각과 배움, 독서와 쓰기는 물리적 세계에 배어 있는 정신적 활동이라는 생각이다. 이를테면 독서할 때 우리는 종이나 스크린 위의 단어들을 각자가 속한 물리적 환경 속에서 처리한다. 책이나 태블릿을 쥐고서 책상에 앉아 있거나, 소파에 길게 누워 있거나, 붐비는 지하철에 있거나, 홀로 나무 아래 있거나 하는 모습을 그려 보라. 바로 그 물질성이 우리의 정신 작용에 영향을 미친다.[15]

글쓰기도 그런 식으로 구현된다.[16] 우리는 몸을 똑바로 펴거나 구부리고서 앉는다. 책상 위 혹은 무릎 위에다 쓸 것을 놓는다. 만약 오랫동안 특히 세 시간짜리 에세이 시험과 같이 제한된 시간에 쫓겨 쓴다면 종종 손이 아프다. 오랜 세월 쓰는 일을 해 온 사람들의 손은 '작가의 굳은살'이 박혀 있다. 펜에 눌리는 가운뎃손가락의 첫 마디에 박힌 굳은살 말이다.

글쓰기를 구체화하는 과정에서 우리가 주목할 측면은 더 이전의 타자기를 비롯해 디지털 키보드나 키패드를 사용하는 것이 아니라, 직접 글자의 꼴을 만드는 것이다. 이런 식의 구별이 우리 뇌나 마음에 일어날 현상에 어떤 별난 차이를 만들까? 1장에서 우리는 문해력이 인지에 미치는 영향을 이야기했다. 이제 손으로 쓰기와 타이핑 하기가 어떤 식으로 인지 작용에 개입하는지 알아보자.

손으로 쓰기와 뇌

먼저 어린이의 경우를 보자.

심리학자 카렌 제임스와 그녀의 동료들은 아직 읽기와 쓰기를 배우지 못한 네댓 살 어린이로부터 글쓰기와 뇌 활동 사이의 연관성을 탐구하기 위해 fMRI 스캐너를 이용했다. '손으로 쓰기'라고 했을 때는 손으로 자신에게 제시된 철자를 직접 그리는 것을 뜻했다. 실험에서는 어린이들에게 철자를 타이핑하거나 얇은 종이를 대고 베끼게도 했다. 그러고 나서 아이들이 기기에 들어간 상태에서 그들이 만든 세 종류의 철자를 보여 주었다. 직접 쓴 글씨, 타이핑한 글씨, 따라 그린 글씨 등 서로 다른 방식으로 만들어진 철자를 보고 있을 때 서로 다른 뇌 부위가 활성화됐다. 손으로 쓴 글씨의 경우 성인의 읽고 쓰기와 관계되는 영역에서 더 활발한 뇌 활동을 보여 준다는 사실이 확인되었다.[17]

버지니아 버닝어와 그녀의 동료들은 아이들에게 문해력이 생긴 후에도 이런 방식의 차별화가 계속된다는 사실을 확인했다. 1·3·5학년을 대상으로 한 연구에서 연구자들은 학생들이 필기체로 쓰는가, 활자체로 쓰는가, 또는 키보드를 사용하는가에 따라 뇌 활성화 패턴에 차이가 난다는 사실을 찾아냈다. 더욱이 아이들이 손으로 쓸 때가 타자기를 두드릴 때보다 더 많은 아이디어를 이끌어 냈다.[18]

청소년과 20대 초반의 젊은이를 대상으로 노르웨이에서 진행된 연구는 손으로 쓸 때 얻는 이익에 대한 더 많은 신경학적 증거를 더해 주었다.[19] 전기적 뇌의 활동을 기록하는 고밀도 뇌파 검사를 사용해 필기체를 쓸 때, 키보드를 사용할 때, 혹은 단어를 그림처럼 그릴 때 신경학적으로 벌어지는 현상을 비교했다. (활자체를 따로 써 보게 하지는 않았다.) 우리는 특정한 뇌 활동의 방식이 기억과 새로운 정보처리를 위해 중요하다는 사실을 알고 있다. 연구자들은 철자 생성의 다양한 방식을 사용했을 때 기억력 자체를 평가하기보다는 뇌가 벌인 활동의 차이를 관찰했다.

타이핑을 했을 때보다 손으로 (여기서는 필기체를) 쓰기와 그리기를 했을 때 기억을 저장하고 새 정보를 습득하는 데 중요한 영역에서 더 많은 뇌 활동이 있었다. 이런 연구 결과를 해석하는 과정에서 연구자들은 체화된 인지로 되돌아가게 되었다. 연구 참여자 중 아우드레이 판데르메이르Audrey van der Meer는 이렇게 말했다.

> 펜과 종이를 사용하면 당신의 기억을 매달아 둘 더 많은 '고리'가 뇌에 제공된다. (…) 쓰는 동안 펜으로 종이를 꾹 누를 때, 당신이 쓰는 글자를 볼 때, 그리고 쓰면서 나는 소리를 들을 때 많은 감각이 활성화된다. 이런 감각적 경험들이 뇌의 다양한 부분 사이의 연결을 촉진하고 배움을 향해 뇌를 열어젖힌다.[20]

손으로 쓰기의 물질성을 언급했던 오스트레일리아 대학생을 돌이켜 보라.

손으로 쓰기와 마음

손으로 쓰기와 문해력과 배움을 위한 유익함이 서로 연결된다는 증거는 뇌 연구에서만 찾을 수 있었던 것이 아니다. 전통적인 실험 연구도 이를 거듭 확인해 주었다.

다시 한번 어린이의 경우를 먼저 보겠다.

어린이에게 일찍부터 쓰기 능력을 배양해 주는 것은 그 이후에 새로 생겨나는 읽기 능력과 서로 관계가 있다는 충분한 증거가 있다.[21] 카렌 제임스의 뇌 연구에서도 그랬듯이 전통적인 시험 방식을 통한 연구에서도 글자를 쓰는 연습을 하는 것이 나중에 읽기 능력 발달을 예고하는 지표가 됨을 보여 주었다.[22] 4학년에서 7학년을 대상으로 한 연구에서 재커리 얼스태드와 그의 동료들은 활자체나 키보드 상에서 철자를 고르는 것보다는 필기체가 철자·작문 능력과 상관관계를 보인다는 사실을 확인했다.[23]

성인의 경우는 어떤가? 2014년 팜 뮬러와 다니엘 오펜하이머는 논문 「펜은 키보드보다 강하다The Pen Is Mightier Than the Keyboard」로 큰 유명세를 탔다.[24] 연구 설계자들은 대학생들에게 노트북으로 또는 손글씨로 강의 노트를 작성할 것을 요청했다. 테스트 결과, 수기로 제출한 학생들이 더 높은 이해도를 보였다. 논문의 저자들은 노트북을 이용한 학생들은 강의를 받아쓰기하듯 문자 그대로 받아 적는 경향이 있다고 설명했다. 반면 손으로 작성한 학생들은 강의를 자신들의 언어로 정리하는 편이었다. 여러 차례의 반복 연구는 엇갈린 결과를 내놓았다.[25] 그러나 우리가 물어야 할 궁극적인 질문은 다음과 같다. 우리는 학생들이 어떤 교수의 강의를 앵무새처럼 되뇌기를 바라는가, 아니면 성적이나 실험실 방식의 테스트에 개의치 않고 자신들의 생각을 정리하려 애쓰기를 원하는가이다.

손으로 쓰기에 대한 연구 결과

많은 연구에서 오늘날의 디지털 전문가들이 대부분은 생각지 못한, 손으로 쓰기와 타이핑 하기 사이의 진짜 차이들이 드러났다. 그러나 우리는 고려해야 한다. 박소라 교수와 함께 오스트레일리아 대학생들을 대상으로 했던 과거의 연구를 기반으로 삼아 나는 다른 지역의 작가들은 쓰는 수단이 그들의 작업에 어떤 영향을 미친다고 생각하는지 궁금했다.

새 연구에서 참여자들에게 네 가지를 질문했다. 손으로 쓰는 것과 디지털 키보드 타이핑에 대해 그들이 가장 좋아하는 것과 가장 싫어하는 것은 무엇인가? 질문은 주관식이어서 응답자들은 어떤 생각이든 밝힐 수 있었다. 모든 답변을 샅샅이 읽은 다음에 답변을 실용적, 물질적, 인지적, 정서적·개인적 친밀감, 평가적이라는 다섯 가지의 큰 범주로 분류했다. 네 가지 질문 모두에 대해서 동일한 분류가 합당한 수준으로 잘 들어맞았다.

손으로 쓰는 것에 대해서 **가장 좋게 생각하는 한 가지**는 무엇인가?

손으로 쓰는 것이 **실용적**이라는 답변의 존재는 별로 놀랄 일은 아니었다. 사용자들은 통제력을 갖게 된 것을 높이 평가했다. 예를 들면 다음과 같다.

> 도표도 그리고 낙서도 할 수 있어요.

물질성과 관련된 다양한 답변, 특히 감각이 관련된 답변은 조금 놀라웠다. 예컨대 다음의 답변이었다.

> 실제로 단어의 꼴을 만들 때 내 손 아래 있는 종이와 펜의 느낌을 좋아합니다.

인지적 답변은 특히 많았다. 사람들은 손으로 쓰는 것이 기억을 위해 중요하다고 말했다.

> 손으로 썼을 때 더 잘 기억한다고 느껴요.

그리고 생각이 필요할 때에도 좋다고 했다.

> 손의 움직임과 내 생각 사이에서 만들어지는 강한 유대감을 좋아합니다.

특히 손으로 써 보는 것이 사고와 느긋해지기 사이의 연결고리라는 답변이 놀라웠다.

내가 쓰고 있는 것에 관해 생각할 시간을 갖게 되고 그동안 내 생각을 정성껏 가다듬습니다.

그러나 이제 딜레마에 봉착한다. 어떤 작가들은 손으로 쓰는 것이 뇌가 느긋해지도록 하며 사고할 여유를 준다고 했지만, 다음에 보게 될 조사 결과에서는 쓰는 데 있어서 속도가 높이 평가된다.

손으로 쓰기가 주는 더 많은 인지적 혜택은 몰입, 집중 혹은 산만함에도 영향을 미쳤다.

손으로 쓰면 덜 산만해진다고 느끼고, 기계를 사용해 쓰면 헤아릴 수 없을 정도로 많은 생각으로 정신이 분산됩니다.

창의성과의 관계도 나왔다.

높은 수준의 창의성이 더해집니다. 손으로 쓰면 단어들이 그냥 더 쉽게 흐르는 것처럼 보입니다.

미하이 칙센트미하이의 몰입flow과 창의성이라는 개념을 생각나게 한다.

마지막으로 나는 앞선 연구에서 되풀이했던 이탈리아 대학원생 두 명의 답변을 덧붙이지 않을 수 없다.

내 마음에 궤적을 남겨요.

내가 생각하고 있는 걸 볼 수 있어요.

이보다 더 설득력 있는 이미지를 상상하기란 쉽지 않다.

현재의 조사에서 얻은 다른 응답자 집단의 답변은 손으로 쓸 때 **사적인 친밀감의 느낌이나 감정**이 생긴다고 했다.

페이지 전체가 손글씨로 채워졌을 때의 만족감은 산을 올랐을 때 와 같은 느낌이에요.

손으로 쓴 것이 개인적인 친밀감을 느끼게 한다는 답변은 수없이 쏟아졌다.

더 특별하게 느껴지고 써 놓은 것에 더 긴밀한 유대감을 느낍니다.

더군다나

내가 써 놓은 것을 보는 걸 즐깁니다. 타이핑한 것과 비교하면 그 글자들이 시각적으로 달리 보이기 때문입니다.

마지막으로 적지 않은 **평가적** 답변들이 있었다. 다들 손글씨야말 로 진짜며 진실된 것이라고 했다.

컴퓨터로 쓴 것보다 더 진짜라고 느껴지고 단어들이 더 많은 뜻을 담고 있는 것처럼 보여요.

그리고

그게 진실된 것이라는 느낌이 들어요.

나는 '진짜의'와 '진실된'이란 단어에서 자세를 고쳐 앉았다. 인쇄물 또는 컴퓨터상으로 읽는 것에 대한 설문 조사 연구에서, 일부 학생들이 종이책으로 읽는 것에서 가장 좋은 점은 '진짜로 읽는 것'이라고 답변한 바 있었다. 적어도 얼마간의 독자와 필자들에게 기계의 도움을 받는 독서 도구들은 결국 '기계적'이라는 느낌이 들었던 것이다.

손으로 쓰는 것에 대해 당신이 가장 싫어하는 한 가지는 무엇인가?
실용적인 관점에서 손글씨에 대해 가장 불만인 것은 속도였다.

손으로 쓰는 것은 타이핑하는 것보다 훨씬 오래 걸려요.

손글씨에 대한 불만 중 거의 4분의 1이 너무 느리다는 점이었다. 다른 문제들도 있었다. 일부는 편집, 철자검사 혹은 파일 저장과 같은 디지털 도구가 없는 것을 문제 삼았다. 완성된 문서의 모습에 대한 문제 제기도 있었다. 이따금 그것이 지저분해졌다는 불만이었다.

실수로 손에 잉크를 묻혔을 때 그랬죠.

더 최악은 응답자 자신을 포함해 사람들의 필체가 엉망이었다는 점이었다.

내 글씨를 나중에 다시 읽으려 하면 알아볼 수 없을 때가 많아요.

빠르게 썼을 때를 비롯해 자신의 필체를 불평하는 점은 미국인들에게서 특히 심했다. 별로 놀랄 일이 아닌 것은 미국 학교에서 손글씨를 강조하지 않기 때문이다.

물리적 쟁점에 관해 최대의 악당은 고통과 피로감이었다.

한참 쓰고 나면 손이 아파요.

물리적 불편함에 대한 불평은 유럽인이 16퍼센트인데 비해 미국인들은 35퍼센트로 거의 두 배였다. 나는 미국인들이 단지 더 심한 투덜이여서 그런지 혹은 글쓰기 연습의 부족 때문에 그런지 어느 쪽인지 궁금했다.

인지적인 경우와 **정서적 혹은 개인적 친밀감**의 범주에 대해 언급할 만한 것은 없었다. 그러나 **평가적** 관점에서 손으로 쓰는 것이 싫은 이유에 대해 누군가는 이렇게 말했다.

이따금 시간 낭비라는 생각이 들어요.

또 어떤 이는 간단히 이렇게 말했다.

다 싫어요.

**풀사이즈 디지털 키보드로 쓰는 것에 대해
당신이 가장 좋아하는 한 가지는 무엇인가?**
실용적 관점에서 디지털 쓰기에 대한 칭찬은 자자했다. 가장 압도
적인 것은 속도였다. 가령···

그냥 빨리 두드릴 수 있고 더 빨리 끝나요.

디지털 키보드로 쓰는 것에서 '가장 좋아하는' 점에 대한 모든 언
급 중 40퍼센트는 속도에 대한 찬사였다.
그러고 나서 디지털로 쓰기에 대한 실용적 이점들을 언급할 때
흔히 거론되는 다른 후보들, 즉 수정의 간편함에서 인터넷 접속과 깔
끔함까지가 줄줄이 거론되었다.

깔끔해 보이고 읽기에도 좋습니다.

물리적 관점에서 몇몇 응답자들은 소리를 거론했다.

키보드 소리가 좋아요.

인지적 쟁점에 대해서는 단 한 사람만이 다음과 같이 답했다.

컴퓨터 키보드의 물리적 특성을 좋아합니다. 손가락들 사이의 공간과 거리는 내가 쓰고 싶은 것을 생각해 내도록 돕습니다. 키보드의 감촉과 위치에 대한 느낌은 생각의 초고를 잡는 과정의 일부가 되어 줍니다.

이 언급은 흥미롭게도 손글씨에 대해 가장 좋아하는 바가 "손의 움직임과 내 생각 사이에서 만들어지는 강한 유대감"이라고 했던 이전 응답자의 발언을 상기시켰다. 이 두 사람의 언급은 모두 체화된 인지의 중요함을 예시한다.

그리고 **정서적 혹은 개인적 친밀감**과 **평가적** 쟁점들에 대해서는 어땠나? 하나도 없었다.

**풀사이즈 디지털 키보드로 쓰는 것에 대해
당신이 가장 싫어하는 한 가지는 무엇인가?**

실용적 문제에 대한 많은 불평은 타이핑과 관련 있었다. 많은 이가 오타가 잦은 것과 다양한 키보드에 적응해야 하는 불편함을 토로

쓰기의 미래

했다.

> 키보드 작업 중에 오타가 잦아요.
> 모든 키보드가 조금씩 달라서 [거기에] 익숙해져야 해요.

그런데 거기서 유럽인과 미국인 사이의 차이가 비집고 나왔다. 몇몇 유럽인들이 타이핑 능숙도의 부족을 한탄했다.

> 나는 모든 키의 위치를 결코 기억할 수가 없어요. 그래서 늘 키보드를 확인하면서 입력해야 합니다.

미국인 중에는 그런 사람이 아무도 없었다. 전체적으로 미국 학생들은 유럽의 많은 학생에 비해 더 오랫동안 '키보드질'을 해 왔다. 그러나 미국의 경우에도 끊임없이 제기되는 문제점은 빠르게 두드릴 때 오타가 나오는 것에 대한 불만이었다.

> 빠르게 타이핑할 때 많은 오타가 납니다.

놀랄 일도 아니다. 디지털 방식으로 쓰는 것에 대해 가장 좋아하는 점을 속도로 들었던 학생들이 얼마나 많았던가.
또한 디지털 도구들에 대한 실용적 관점에서 기계 오작동을 비롯해 다음과 같은 예상했던 불평들이 나왔다.

파일이 날아가는 것과 기계 고장이 문제예요.

자동수정에 대한 불만도 있었다.

이따금 철자검사기나 문법검사기가 계속 실수를 해서 되돌아가야
해요.

물리적 측면에서도 디지털 키보드 작업으로 초래되는 피로나 통
증을 비롯해 여러 문제가 드러났다.

눈이 피로해져요.

컴퓨터 소음으로도 방해를 받았다.

이따금 소리 때문에 짜증이 나요.

타이핑 소리를 즐기는 사람들과는 정반대 지점에 있다.

그러나 **인지적** 문제에서 설문 참여자들은 할 말이 많았다. 우선
기억력에 대해 말했다.

오래 기억하지 못해요.

쓰기의 미래

사고에 대한 응답은…

키보드로 입력하면 정신적 노력이 거의 필요하지 않습니다. 오류가 쉽게 수정되기 때문에 많은 생각을 기울일 필요가 없어요.

그리고 몰입, 집중 또는 산만에 관해서는…

손으로 쓰기에 비해 집중이 덜 됩니다.

정서적 혹은 개인적 친밀감에 대해서는 다음을 비롯해 무진장한 답변이 쏟아졌다.

내가 쓰고 있는 것과 동떨어져 있다는 느낌을 받아요. 내 글이 온라인에서 사람들이 읽는 다른 텍스트들과 똑같아 보이기 때문입니다.

내가 가장 좋아하는 대답은…

너무 차가워요.

우리는 수도라이트에 점점 더 의지해 자기 소설을 생성했다가 제니퍼 렙이 깨달았던 진실, "더 이상 나의 작품이라는 생각이 들지 않앉어요."로 다시 돌아왔다. 글에 대한 작가의 개인적인 소유감이 사라졌다.

마지막으로 다음과 같은 **평가적** 판단들이 있었다.

창의성이 떨어졌어요.
쓰기에서 '예술'이 사라졌어요.

심지어 이런 말도 나왔다.

쓰는 능력을 잃어버렸어요.

손으로 쓰기에서 AI 도우미까지

손으로 쓰기에 대해 얘기하느라 많은 시간을 썼다. 좀 지나쳐 보였더라도 나름의 이유는 있다. 우리가 손으로 쓰거나 키보드를 두드리거나 하면서 쓰기 도구들에 대해 갖게 된 시각이 작문 도우미로서 AI에 대해 우리가 갖는 태도에 반영될 거라는 내 나름의 직감이 이런 과정으로 이끌었다.

이제 그 과정에서 얻은 사실들을 꿰어 결론을 도출할 시간이 되었다.

도우미로서의 AI에 대한 질문들에서 얻은 교훈

철자검사와 편집, 완전한 저술 행위에서 AI가 하는 역할에 대한 이용자들의 의견을 철저히 분석하면서 세 가지 메시지가 떠올랐다.

- **통제권은 인간이 갖는다.** 일상의 필자들은 AI 도우미로부터 받은 도움을 고맙게 여기지만 통제권은 포기하지 않겠다는 뜻도 분명히 드러냈다. 능력을 키우고는 싶지만 대체당하긴 싫다. 신뢰는 하겠지만 검증도 하겠다. 최종 결정은 내 몫이다.
- **기계로부터 배우자고? 글쎄다.** 특히 미국에서 내가 예상했던 것보다 더 많은 사람이 철자검사기와 문법 프로그램 같은 AI 도구들이 그냥 헛된 편리함만 제공한 것이 아니라 실제로 자신들의 쓰기 능력을 향상했다고 보고했다. 나는 여전히 의심스럽지만 사람들도 자신이 옳다는 희망을 결코 버리지 않는다.
- **자신만의 쓰기 스타일을 포기하지 말라.** 수동적으로 자동예측 기능이나 문법 프로그램들이 제공하는 모든 것을 무비판적으로 수용하기보다는 자신만의 쓰기 스타일을 유지하는 것은 명백히 중요하다. 설문 조사 결과 중 많은 응답이 이전 장들에서 AI가 인간 작가의 고유성을 서서히 몰아내고 있다고 했던 에반 셀링거와 다니엘 드비어의 주장과 일맥상통했다.

손으로 쓰기에 관한 질문에서 얻은 교훈들

나는 설문 조사를 통해 사람들이 손으로 쓰기에 관해 말한 것을 AI 쓰기 도구들의 이용과 가장 관련 있는 쟁점들에 초점을 맞춰 세 가지로 요약했다.

- **효율성과 사고력 사이의 상충 관계를 인식하라.** 미국인들 중에서 특히 쾌속 타이핑의 달인일수록 쓰는 속도와 사유는 대체로 물과 기름처럼 조화를 이루지 못하는 관계에 있다는 사실을 인식했다.
- **자신의 개성을 지켜라.** 지금 손으로 쓰기를 응원하는 북소리는 그것이 선사하는 개별성을 위한 것이다. 당신의 필적은 당신만의 것이며, 당신이 누구인지를 타인에게 잠재적으로 드러낸다.
- **무엇이 글쓰기를 좀 더 진실한 행위로 느끼게 만드는지 생각해 보라.** 모든 이가 손으로 쓰는 것을 좋아하지는 않는다. 그러나 좋아하는 이들은 그런 쓰기를 디지털 타이핑 행위보다 더 '진짜'라고 설명한다. 쓰기 도우미로서 AI는 디지털 방식으로만 도와줄 뿐이다. 우리는 지브스의 도움을 받은, 그러나 우리의 이름을 달고 나갈 그 글이 진실로 우리 것이라고 느껴질지 물어볼 필요가 있다.

여러 사실을 꿰어 도달한 결론

도우미 AI를 향한 태도와 손으로 쓰기를 향한 태도 사이에 겹치는 경우가 있었지만 놀랍지는 않았다. 둘 다 쓰기에 관해 얘기하는 것이기 때문이다. 이들 두 가지 쓰기의 양식에 다리를 놓아 주기 위해 여기 두 가지 포괄적인 권고 사항을 제시한다.

- **신기술을 전적으로 수용하는 방향으로 끌려가지 말라.** 이 사항은 도우미로서의 AI와 디지털 타이핑 모두에 해당한다. 쫓기듯 새 기계에 휘둘리지 말라. 단조로움과 동일함을 피하라. 글쓰기는 생각하는 힘을 키우는 길이라는 사실을 명심하라. 기계가 마음의 활동을 훼방하지 못하게 하라.
- **당신이 쓴 것에 대한 통제권을 지키라.** 당신이 쓴 글의 마지막 모습을 소프트웨어에 맡기는 것이 아니라 당신이 결정하라. 기계가 당신이 생각하는 것, 당신이 말하고 싶은 것, 그리고 그걸 어떻게 말할 것인지를 손대지 못하게 하라.

글쓰기에 대한 결정권은 각자에게 있고 그래야만 한다. 나는 다만 200명이 넘는 일상의 필자들이 자신들의 경험과 선택, 그리고 그런 선택의 근거들에 대해 말했던 것을 명심하기를 권고할 따름이다.

설문 조사를 끝내기 전에 한 가지만 더 전하겠다. 내 조사의 마지막 질문은 AI와 미래의 일자리 전망에 관한 것이었다.

AI가 쓰기 위주의 일자리에 미칠 영향

8장을 읽었으니 독자들은 글쓰기 관련 전문직에 대해 작가로서의 AI가 초래할 잠재적 결과들에 대해 알 것이다. 나는 청소년들이 그런 직업이 위험에 처했다는 사실을 인지하고 있는지 궁금했다. 내가 선택지로 제시한 예는 기자, 변호사, 번역가를 비롯해 소설가, 수필가, 시인 혹은 극작가와 같은 글 쓰는 일을 하는 범주에 드는 다양한 직업군이었다. 설문 응답자들은 다양한 직업을 고를 수 있었다.

기자와 특히 번역가가 가장 위태로운 직업으로 여겨졌다. 미국인들 중에 절반은 기자를, 그리고 거의 4분의 3은 번역가를 염려했다. 변호사는 그 정도로 곤경에 처했다고 인식되지는 않았다. 4분의 1보다 조금 많은 응답자가 변호사도 걱정된다고 생각했다.

시인과 극작가, 소설가, 수필가들에 대해서는, 특히 미국인들 사이에서 다소 불안하다는 답변이 나왔다. 하지만 이제 챗GPT와 그 경쟁 프로그램들이 등장했으니 염려 수준은 올라갈 것이라 확신한다.

앞으로 나아가기

이 설문 조사에서 청소년의 의견을 물어본 덕분에 AI 기술을 이용하는 글쓰기에 대해 사용자들이 갖는 태도가 얼마나 미묘하며 때로는 모순적인지를 판단하는 데 도움을 받았다. 그래서 얻은 소득은 일상의 필자들이 기계의 효율성을 높이 평가하면서도 동시에 그것이 필자 본인의 쓰기 능력, 사고력, 혹은 개인적 목소리를 갉아먹을 수도 있다는 경각심 또한 갖고 있다는 사실을 확인한 것이었다.

인간의 삶에서 모순은 도처에 있다. 견과류는 영양이 풍부하지만 과식하면 허리둘레가 늘어난다. 휴대폰은 편리하지만 너무 자주 우리의 평화를 깬다. 비결은 우리가 불편하지 않을 수준에서 평형 상태를 유지하는 것이고, 그것은 미리 정해진 것이 아니라 선택해야 한다는 것을 의미한다. 쓰기에 관한 한 균형 잡힌 자세는 AI의 편리함과 그 편리함 때문에 인간이 원작자라는 우리의 믿음이 훼손될지도 모를 지점을 곰곰이 따져 보는 것이다.

13 장

왜 인간의 저자됨이 중요한가

꿈이 현실이 되면 어떨까? 현재 AI로 쓰기와 관련된 문제들이 다 해결된 세상을 상상해 보라. 거대언어모델들 또는 그 후속 모델들이 추악한 소리를 쏟아 내지 않는다. 그것들을 사용해도 전력 고갈을 걱정하지 않아도 된다. 문자예측 기능, 철자검사기, 문법 프로그램들은 오류가 없다. AI가 긴 텍스트를 생성하더라도 반복성 표현을 남발하지 않고, 문체는 매력적이며, 사실관계가 정확하고, 늘 주제를 벗어나지 않는다. 아, 그리고 당신이 작성한 것과 구분이 불가능한 글을 생성할 수 있다.

이런 세상에서 우리 인간은 어떤 처지에 놓일까? 이런 성과 중 어떤 것은 다른 것들보다 더 시간이 걸린다 해도, 미래는 이미 문을 두드리고 있다.

나는 인간의 쓰기를 살펴보면서 이 책을 시작했다. 어떻게 쓰기는 시작되었는가, 그것은 우리의 마음과 뇌와 어떤 연관을 맺는가, 그리고 왜 우리는 쓰고 또 고쳐 쓰는가를 검토했다. AI 연구에 대해 많은 페이지를 할애했고 많은 논의를 거쳤으니, 이제 우리가 배운 것들을 곰곰이 숙고해 보고 우리의 권한으로 어떤 선택을 내려야 할지 결정할 시간이 왔다.

선택지를 따져 볼 때, 우리가 원하는 것을 얻는 데 따르는 대가가 있다는 사실을 명심하라. 그리스신화의 미다스 왕, 유럽 전역의 구전 설화에서 되풀이되는 '세 가지 소원', 혹은 좀 더 최근인 W. W. 제이콥스의 「원숭이의 손The Monkey's Paw」을 떠올려 보라. 그렇게 전해진 얘기는 우리에게 장밋빛 전망 뒤에는 감수해야 할 대가가 숨어 있을지도 모른다는 사실을 상기시킨다. 반짝이는 것이라고 전부 황금은 아니다. 쓰며 살아가는 삶 속에서, 우리는 스스로 빛나는 것 중 무엇을 어느 항아리에 넣을지 판단해야 한다.

인간됨이란 무엇인가

아이는 겨우 열여섯 살이었는데 2022년 2월 세계 체스 챔피언 타이틀을 다섯 번이나 땄던 망누스 칼센Magnus Carlsen을 꺾어서 체스계를 놀라게 했다. 라메시바부 프라그나난다Rameshbabu Praggnanandhaa, 또는 간단히 프라그라고도 불리는 그는 칼센의 실력이 결코 부족하지 않았음에도 그를 이기면서 인도가 낳은 신동으로 새로이 떠올랐다.[1]

딥마인드는 두 사람을 모두 이기고도 남을 것이다. 그렇다면 왜 인간 체스 선수들은 여전히 경기를 벌이고 있는지 묻는 것도 타당하다. 한 가지 근본적인 이유는 체스 게임은 사람이 생각하도록 만든다는 사실이다. 이기는 것은 한껏 의식을 북돋우는 일이다. 그렇지만 전략을 짜는 법을 배우고, 어떤 식으로 상대가 문제에 접근하는가를 궁리해 보고, 자신이 저지른 실수를 통해 배우는 것은 생의 많은 고비에서 필요한 소중한 기술이다. 이제는 사업가가 된 체스계의 전설 가리 카스파로프는 심지어 『챔피언 마인드How Life Imitates Chess』(원제를 직역하면 '삶은 어떻게 체스를 닮는가'-옮긴이)라는 책을 썼고, 책의 부제를 '정확한 수를 두기, 체스판에서 중역 회의실까지Making the Right Moves, from the Board to the Boardroom'로 잡아 그게 어떤 의미인지 효과적으로 보여 주었다.[2]

인간이 '호모 사피엔스'라 불리는 데는 이유가 있다. 라틴어 사피엔스sapiens는 '현명한' 혹은 '통찰력이 있는' 이란 뜻이다. 그러려면 생각할 줄 알아야 한다. 튜링과 다트머스 회의의 시대 이래로 AI를 향한 탐구는 컴퓨터와 그 컴퓨터로 구동되며 사고하는 프로그램의 설계로 이어졌다. 좀 더 최근에 그 목표는 점점 더 인간의 인지를 대체하기보다는 증강하는 쪽으로 가고 있다. 그러자면 우리는 인간과 기계 사이에서 적절한 균형점을 파악할 필요가 있다. 그런 대화를 시작하고자 방송계에서 전설이 된 한 인물의 잊힌 노고를 소개하겠다.

〈세서미 스트리트〉가 있기 전에 커피가 있었다. 1957년 워싱턴 D.C.의 지역 브랜드였던 윌킨스커피Wilkins Coffee는 무명의 인형극 배우를 고용해 짤막한 TV 광고를 만들었다. 워싱턴 지역에서 자랐던 나는 짐 헨슨Jim Henson의 머펫 인형인 윌킨스와 윈킨스(커피 광고에 등장한 인형들-옮긴이)를 잘 알고 있었다.

그러고 나서 빅블루^{Big Blue} 프로젝트가 왔다. 1967년 IBM이 여전히 광고를 찍으며 먹고살던 헨슨을 고용했다. 그 결과물이 '서류 작업의 폭발적인 증가^{Paperwork Explosion}'였다. 자동수정 타자기부터 정교한 받아쓰기 기계에 이르기까지 사무실 업무를 간단하게 만들어 줄 IBM의 여러 제품을 적극 추천하는 다목적 광고였다.[3] 그 광고는 점점 커지는 목소리로 "기계는 일해야 하고, 사람은 생각해야 한다."라고 선언하면서 끝났다. 반복적인 단순노동은 기계를 시키자. 인간은 아껴두었다 인간의 뇌를 필요로 하는 일에 쓰자.

이제 기계들이 점점 더 AI에 의해 구동되면서 어떤 일을 기계의 몫으로 나눠 주고, 어떤 일을 인간의 몫으로 남겨 두면 가장 좋을지를 결정하기가 점점 힘들어지고 있다. 우리는 AI와 인간의 글쓰기에서 이런 딜레마에 봉착했다. 즉 우리의 개인적이며 전문적인 삶 양쪽에서 무엇을 양도하고, 무엇을 우리 몫으로 챙길 것인가?

선택은 개인의 몫이다. 그러나 결정을 돕기 위해 나는 각자만의 평가표를 만들 것을 제안한다. 너무 거창할 필요는 없지만, 자신만의 글쓰기 방식을 이끌어 줄 어떤 기준점을 표시해 두어야 한다. 획일화된 결정이어야 할 필요도 없다. 결국 자신의 선택이니까. 대략 이런 식이면 될 것이다. 'AI야, 내 이메일 답장 초안을 잡아 줘. 문법과 문체는 내가 결정할게.' 권위 있는 당신만의 불가침 영역을 제시하라. 다만 그런 결정을 내리기 전에 시간적 한계에 쫓기고, 의지력을 시험받고, 이따금 늑장도 부리는 자기 모습도 정직하게 감안하라.

고려 사항들

서문 말미에 나는 이 책이 답하기로 설정한 여덟 가지 질문을 제시했다. 당신의 평가표를 작성하기 위해 그 질문들로 되돌아가 보자. 그리고 그 사이 장들에서 우리가 배웠던 것을 확인하고, 새로운 생각거리도 정리해 두자.

1. 당신의 글쓰기 동기는 무엇인가?

2장에서 인간이 글을 쓰는 여러 가지 동기를 제시했다. 이제 그런 동기들을 인간-AI의 노동 분업적 관점에서 다시 바라보자.

일상적 활동

쓸 일은 우리 삶에 매일 널려 있다. 혼자 써 두는 메모, 일기, 기록, 이메일, 문자, 온라인 채팅. 대부분 기록하고 소통하기 위해서다. 도구가 디지털일 때 AI 도우미는 자동완성에서 편향 경고에 이르기까지 온갖 제안을 한다. 그중 일부는 우리 텍스트를 자동으로 편집한다. 사전 동의만 하면 다른 도움도 준다. 내 설문 조사에서 일부 응답자들은 언제 지브스의 도움을 받을지, 그리고 언제 거절할지를 심사숙고해서 명확하게 선택해 두고 이용했다. 많은 이가 최종 결정권을 갖는 문제에 단호한 태도를 보였다.

타인의 요구

우리 글의 일부는 상대의 지시에 따른 것이다. 우리가 수강 중인 수업에서 요구하는 에세이, 기자에게 할당된 뉴스 기사 같은 것이 그렇다. 자동으로 작동하는 AI 도우미가 우리를 대신해 이런 글을 생성할 가능성이 점점 높아지고 있다. 쟁점은 글쓰기를 인간이 할지 AI가 할지를 누가 결정하느냐이다. 언론이나 번역 같은 전문적 영역에서라면 효율성과 금전적 타산을 고려해 결정할 가능성이 높다. 이런 경우라면 저작자를 밝히는 일은 종종 부차적인 문제가 된다. 그러나 학교 에세이의 경우, 만약 학생들이 자기 이름만을 써넣었다면 그것은 부정행위다.

실질적 이득

만약 당신이 생계를 위해 글을 쓰거나 출판이 당신의 직업적 전망을 밝혀 주는 경우라면, AI가 혼자서 쓰기를 담당하지 않더라도 유용한 자원이 될 수 있다. 수도라이트 같은 도구들은 당신이 글길이 막혀 애를 먹을 때 그런 고비를 넘도록 돕거나, 좀 더 적극적으로 몇몇 구절들 전체를 작성해 당신이 써 두었던 것에 합칠 수 있도록 한다. 우리는 독립출판 작가들이 AI의 텍스트 생성 능력을 이용해 출판의 속도를 높이고, 그 과정에서 판매를 촉진하는 것을 보았다. 그러나 그런 협력은 위험한 비탈길이 되기도 해서 그 결과물의 어느 정도까지가 진정 작가 자신의 것인지 문체적 정체성이 무엇인지 의심하게 한다.

AI 도우미는 신문 기사나 그보다 훨씬 더 긴 텍스트일지라도, 정보 출처를 기반으로 하는 경우 특히 빛을 발휘한다. 필립 파커가 자동생성 방식으로 20만 권 이상의 책을 만든 사실과 베타 라이터가 쓴 『리튬이온 배터리』가 기억나는가? 거대언어모델을 동원하면 먹다 남은 칠면조를 활용한 최고의 조리법부터 2020년 미국 대선에 대한 정치적에 이르기까지, AI가 모든 주제에 관해 텍스트를 몰아치듯 써 내는 모습을 상상하기란 어렵지 않다. 당신이 할 수 있는 선택이란 고작 관점을 왼쪽에 둘 것인지 아니면 오른쪽에 둘 것인지 정도일 것이다.

그러나 AI의 어깨에 모든 짐을 얹을 필요는 없다. 인간 작가가 인터넷이 제공하는 풍부한 정보를 글의 적절한 곳에 채워 넣는 것과 꽤 유사한 방식으로, 자연어 생성은 전문 지식 및 논평 전달, 혹은 폭로 기사 제작을 위해 협력할 기회를 제공한다. 적어도 당분간은 AI가 공저자의 지위를 얻을지 말지는 인간이 결정한다.

외면 탐구, 내면 탐구, 개인적 해방

내가 이 마지막 세 가지 범주를 합친 것은 바로 여기에 쓰고자 하는 인간적 욕구의 원천이 자리하기 때문이다. 바로 여기에 생각을 형성하고, 그 생각을 다른 이에게 전하기 위해 글을 쓰겠다는 마음가짐이 서기 때문이다. 바깥을 바라볼 때, 우리는 현재의 세상에 어떤 문제가 있으며 어떻게 하면 더 나은 세상을 만들지에 대한 생각을 (대개 문학 독자들에게) 드러낸다. 안을 들여다볼 때, 쓰는 행위는 내 머릿속에서 일어나는 일을 이해하기 위한 개인적 도구가 될 수 있다. 플래너리 오코너의 말을 반복하면, "나는 내가 말한 것을 읽어 보기 전까지는 내 생각을 알 수 없기 때문에 쓴다."

그리고 개인적 해방을 위한 쓰기는? 스프레이를 뿌리며 그래피티를 그리거나 살인을 정당화하는 선언문을 쓰는 것을 도저히 추천할 수는 없다. 그러나 타인에게 솔직하게 터놓는 편지는 말할 것도 없고, 우리에게 자신과 정직하게 대면할 여지를 주는 일기를 쓸 수는 있다.

나는 이 세 가지 목적을 위해 AI를 불러들이는 것은 특별히 걱정하지 않는다. 내 걱정은 다른 데 있다. 효과적으로, 설득력 있게, 혹은 강력한 영향력을 발휘하도록 쓰기 위해 우리는 글쓰는 기술을 습득하고 그것을 연습할 필요가 있다. 만약 편집과 텍스트 생성을 점점 더 AI에게 위탁한다면 우리는 자신을 알기 위한, 그리고 의미 있는 인간적 유대를 위한 글쓰기를 위해 얼마나 많은 능력과 동기를 지닐 수 있을지를 스스로에게 물어볼 필요가 있다.

2. AI는 인간이 쓰기를 통해 발휘하는 창의성에 위협이 되는가?

AI에 인간이 쓴 것이라 해도 믿을 만한 이야기와 시 그리고 소설까지도 쓸 수 있는 잠재적인 능력이 있다는 사실은 분명하다. 만약 인간이 그 정도의 작품을 썼다면 적어도 '작은 *c*', 어쩌면 '두드러진 *c*' 정도의 창의력을 발휘했다고 평가할 수도 있다. 지금 문제가 되는 것은 AI가 문학적 잠재력을 계속 키워서 인간의 창의성에 대한 경쟁자가 될 것인가이다. 그런 도전을 현실화하기 위해서는 AI가 생성한 작품들에 '창의적'이라는 단어를 부여하는 것이 합당하다고 간주해야 한다.

AI와 창의성에 관한 장에서 나는 AI가 창의적이라 불릴 수 있는지 아닌지는 대개 개인적인 판단의 문제라고 말했다. 나는 내 의견과 일상의 필자들의 의견을 비교해 보고 싶었다. 그래서 유럽의 설문 조사에서 창의성에 관한 항목을 포함했다. (미국의 조사에서는 조사를 간결하게 진행하려고 그 항목을 제외했다.) 만약 AI 프로그램이 시나 단편소설을 썼다면 응답자들이 그 결과물을 창의적이라고 불러 줄 것인가에 대한 질문이었다.

집계 결과로는 13퍼센트가 그렇다고 답했고, 29퍼센트가 아니라고 답했다. 나머지 거의 모두는 어쩌면 그럴 수도^{maybe}라는 말을 방패로 삼으며 애매하게 답했다. 그러나 일부는 그렇다-아니다-어쩌면 그럴 수도라는 답변에 만족하지 못하고, 자신들의 의견을 제공했다. 한 사람은 창의성을 의도성과 연결했다.

누군가의 작품에 대한 복제품이 되지 않으려면, 창의성에다 의도성과 정교함을 더해야 한다고 생각해요.

반면에 두 번째 답변자는 감정에 초점을 두었다.

겉모습으로는 잠재적으로 창의성을 띤다고 여겨질 수도 있어요.

쓰기의 미래

하지만 내용으로 보면 아니지요. 문체는 베낄 수 있지만 감정은 베낄 수 없기 때문이에요.

또 다른 이는 프로그램을 설계한 인간의 역할에 대해 말했다.

AI를 만든 프로그래머 본인의 창의적 산물로서, 그리고 AI가 학습한 온라인 원천 자료들의 창의성이 더해졌다는 의미에서 창의적이라 불릴 만한 것이지요. 나는 AI 프로그램이 그 자체로 창의적이라고는 말 못 하겠어요.

또한 독창성의 수준에 대한 언급도 있었다.

만약 AI 프로그램이 기존의 단편소설을 모아 놓은 데이터베이스에서 건져 올린 정보를 이리저리 짜깁기해서 작품을 만들었다면 창의적이지 않아요. 하지만 아무런 사전 자료 없이 새롭게 써 냈다면 맞지요.

물론 인간의 작품들도 마지막 응답자가 말한 것과 같은 관점에서 철저한 검열을 받는다.

AI의 창의성에 대한 각자의 입장이 어떻든 창의적인 작가들이 AI 때문에 겁먹을 이유는 없어 보인다. 식탁에는 늘 더 많은 여유 공간이 남아 있다. 당신이 지나치게 부자여도, 지나치게 말라도 문제다.

하지만 지나치게 많은 단편소설, 소설, 혹은 시가 문제 되는 경우는 없다. 게다가 쓰기라는 창의적인 행위의 첫째가는 수혜자는 대부분 작가 자신이다.

3. 어떤 쓰기 능력이 지킬 가치가 있는가?

한 가지 쟁점은 치워 버릴 필요가 있다. 오늘날 음성인식 기술이 얼마나 정교해졌는지를 고려한 일부 사람들은 이 기술 덕분에 일상의 쓰기가 많은 경우 쓸모없어질지도 모른다고 주장했다. 우리는 구두 명령을 통해 시리와 알렉사와 소통한다. 모든 음성-텍스트 변환 프로그램들은 마음만 먹으면 이메일과 심지어 문서 전체를 직접 써야 할 수고를 덜어 준다. 게다가 오디오북과 팟캐스트는 확실히 인기 있는 독서 콘텐츠로 자리 잡았다. 그렇긴 하지만 많은 사람들이 키보드나 그들이 쓴 책을 내던져 버리지는 않을 것 같다.

가까운 미래에도 인간 작가들이 존재할 것이라고 가정해 보자. 그렇다면 우리는 쓰기에서 얼마나 많은 물리적 측면이 중요할 것인가와 함께 어떤 능력들을 개발하고 유지할 필요가 있는지에 관한 결정을 내릴 필요가 있을 테다.

철자

AI가 쓰기 도우미로 데뷔했던 철자에서 시작하자. 철자검사기를 사용하는 문제를 놓고 찬반 토론을 벌이기 전에 더 근본적인 질문이 있다. 올바른 철자가 무엇인지, 그리고 그것을 어떻게 적는지를 아는 것이 여전히 중요한가?

영작문 직종에서 무슨 할 말이 있는지를 알아보는 것은 유익하다. 1988년에 로버트 코너스와 앤드리아 런스퍼드는 학부생들이 에세이를 쓸 때 저지르는 실수의 유형을 놓고 연구에 착수했다.[4] 철자 문제가 압도적으로 최다 실수로 꼽혔다. 20년 후 앤드리아 런스퍼드는 캐런 런스퍼드와 함께 동일한 방법으로 연구를 다시 했다.[5] 이번에는 철자 실수가 18위로 급락했다.

고맙다, 철자검사기여. 오늘날 학생들은 컴퓨터의 철자검사를 거친 과제물을 제출하므로 철자는 더 이상 과제할 때 두드러진 문제가 되지 못한다. 결과적으로 영작문 선생들이 혹은 다른 사람들이 철자법을 놓고 법석을 떨 필요는 거의 없어졌다. (물론 철자검사기가 무시하는 고유명사의 경우와 같은 예외는 있다.) 동시에 선생들은 학생들의 철자 실력에 대해서, 그리고 철자 실력이 부족하거나 맞춤법에 부주의한 학생들이 실력 향상을 위해 얼마나 많은 노력을(실은 정말 그런 노력을 하는지조차도 의심스럽지만) 기울이는지에 대해서도 아무것도 알 수 없다.

어쩌면 철자법을 아는 것이 더 이상 가치가 없는 일인지도 모르겠다. 하지만 내 설문 조사에 참여한 사람들의 답변을 믿는다면 다섯 명 중 네 명이 아이들을 철자에 능통하도록 가르치는 것이 중요하다고 했다. 내가 조사한 학생 중 상당한 숫자가 또한 그들 자신의 철자 실력을 신뢰하고 있었다.

철자검사기 자체에 대한 태도는 어떤가? '꿈이 현실이 되면 어떨까'라는 가정이 이루어졌다고 생각해 보자. 그래서 철자검사기가 늘 정확해서 'to'와 'two'와 'too' 같은 동음이의어도 파악해 낼 수 있다고 하자. 철자검사기 덕분에 많은 작가가 위기를 모면했다는 사실을 반박할 사람은 거의 없다. 그 도구에 익숙해졌기 때문에 많은 이들은 그것이 수용하거나 거부할 수 있는 선택 사항이라는 사실을 알지 못한다. 솔직히 말하면 내 수업을 듣던 이탈리아 학생이 말해 주고 나서야 철자검사기를 꺼 둘 수도 있다는 것을 배웠다.

내 설문지에 답변한 학생들 상당수는 철자검사기 덕분에 자신들의 철자 실력이 좋아진 것을 느꼈다고 했다. (하지만 특히 미국 학생들의 그런 대답에 대해서는 내가 회의적이었다는 것을 독자들은 기억할 테다.) 동시에 그들은 염려의 목소리를 내기도 했다. 그중 하나는 AI가 개인의 능력을 좀먹는다는 것이었다.

> 만약 단어예측 프로그램에 기대다 보면 어느 순간에 철자 능력을 잃어버릴 거 같아요.

또 하나의 염려는 AI 도구들이 태만함을 부추긴다는 것이다.

> 철자검사기와 AI 소프트웨어는 (…) 손쉬운 방법을 찾고자 하는 사람들의 도구가 되기 쉬울 것입니다.

앞에서 얘기했듯이 철자 능력을 개발하고 유지하려는 노력이 인지적 관점에서, 그리고 적어도 프랑스에서는 고용적 관점에서도 잠재적으로 중요하다는 연구는 어떻게 생각하는가? '나는 프랑스인이 아니오'라고 답할 수도 있겠다. 또는 '읽고 쓰기를 배울 때 철자 쓰는 법을 배우는 것이 두뇌 발달에 좋다고 할지언정 나는 이미 성인이 되어 버렸다'고 대답할 수도 있겠다.

당신이 결정할 일이다. 전적으로 철자검사기에 일을 맡기거나 적어도 수정된 사항들을 배우려 애쓰거나 하는 것 또한 당신이 결정할 일이다. 철자검사기의 도움을 받는다. 그것을 계속 켜 둔다. 그것이 내가 한때 가졌던 철자 능력을 갉아먹는다는 것을 안다. 내가 손으로 직접 써야 할 일이 생길 때마다 그런 태만에 대한 대가를 치른다.

문법과 문체

철자와는 달리 '올바른' 어법과 문체는 흔히 관심만 있으면 누구나 배울 수 있다. 'group(집단)', 'crowd(군중)'와 같은 단어들은 단수 동사 혹은 복수 동사 어느 것과 짝지어야 하는가? 결과는 당신이 그것을 한 가지 실체의 집합으로 보는가, 혹은 개인들의 무리라고 보는가에 따라 결정된다.

당신은 'between you and me'라고 쓰는가? 아니면 'between you and I'라고 쓰는가? 표준 규정에 따르면 전자가 맞지만, 어쩌면 당신도 쓸지 모를 두 번째는 현대적 용법을 반영한다. 언어는 지속적으로 변하는 법이고, 문법책과 AI 문법 검토자는 그 변화에 늘 뒤쳐져서 따라갈 뿐이다.

문법은 말하기를 배우는 과정에서 배운다는 점에서 철자와는 또한 다르다. 대개 공식 교육을 통해 철자와 씨름하기 전에 우리는 이미 문장을 결합하는 방법에 대한 감각을 배웠다. 또한 우리는 적어도 대부분의 경우 무엇이 문법적이며 무엇이 그렇지 않은지를 판단할 수 있다.

쓰기를 배울 때 우리는 이런 문법적 지식을 익힌 상태다. 때로는 수업을 통해, 때로는 혼자만의 독서를 통해 우리는 좀 더 복잡한 구문과 어휘를 익힌다. 공식 교육은 우리에게 문법 규칙을 주입한다. 전치사 'between(사이에)' 다음에는 목적격을 써야 하니 'between you and me'가 맞다! 공식적 규칙이 우리가 말하며 배운 것과 충돌('between you and I')하는 바로 그때 영어 선생이나 AI 문법검사기가 파울을 선언한다.

철자에 관해 우리는 모든 규칙을 배워 두거나, 그게 싫으면 발음과 철자가 사이좋게 일치하는 단어를 활용해 추론하는 법을 배워 둘 필요가 있다. 미국식 영어를 쓰는 모든 이를 위한 일련의 규칙이 있다. 영국이나 캐나다 같은 다른 영어권 나라들을 위해서는 나라마다 다른 사정을 반영하는 사전들이 있다. 그런데 어떤 경우에도 단 하나의 국가적 표준이 적용된다.

문법의 경우 우리의 입말을 반영하는 규칙과 학교에서 주입한 규칙이 있다. 말 속에 잠재한 규칙들을 '기억하는 것은' 문제가 없다. 사람들 대부분이 그런 규칙을 설명할 수는 없지만, 화자는 자신이 말한 문장이 규칙을 지키거나 위반할 때 알아차린다. 학교에서 주입하는

쓰기의 미래

규칙은, 특히 우리의 개인적인 말하기 방식과 동떨어진 규칙이라면 그렇지 못하다. 이런 경우들은 일반적으로 우리가 문법이나 문체의 어떤 요소들을 고수할 만한 가치가 있는지를 물어볼 때야 배울 수 있는 것들이다. 물론 우리가 결코 익히지 못하는 규칙들도 있고, 애초에 평생 만나지도 못하는 규칙들도 있다.

문법검사기는 무엇에 좋은가? 첫째는, 교정자가 편리하다. 내가 재빨리 키보드를 두드릴 때 무심코 'The reasons was unclear(이유는 분명하지 않다)'를 입력했다고 치자. 교정을 보게 되었다면 아마도 나는 그 오류('was'를 복수형 동사 'were'로 바꿔야 한다)를 잡아낼 수 있을 것이다. 문법검사기가 수의 일치 오류를 바로잡으라고 조언해 준다 해도 나는 문법 실력을 잃은 것이 아니다. 단지 도우미에게 편집의 수고를 부탁했을 뿐이기 때문이다.

다른 상황도 생각해 보자. 표준 영어의 일부 규칙들, 특히 자연스럽게 말하는 방식과는 다른 규칙들을 조금도 배우지 못했다고 가정해 보자. 그런 당신이 고등학생인데, 친구와 함께 모바일 앱을 개발해 학교 혁신 기금의 지원을 희망하고 있는 상황이라고 가정해 보자. 당신의 앱에 'Sam and me have written a terrific new app(샘과 나는 환상적으로 참신한 앱을 만들었다)'라며 당신이 평소에 말하는 영어 습관 그대로 썼는데, 문법검사기가 당신의 문장에서 'Sam and me'를 'Sam and I'로 바꿔 준다면 당신이 기금 지원을 받을 가능성이 높아질 것이다(규범 문법에서는 'Sam and me'가 주어 자리에 있으니 목적격 me를 주격 I로 바꿔 'Sam and I'로 고치라고 한다-옮긴이). 문법검사기가 미래의 당신이 쓰거나 말하는 방식을 바꾸지는 못할 테지만, 오늘의 필요를 위해서는 충분하다.

우리가 고려해 봐야 할 또 다른 집단은 쓰기가 능숙하지 못한 화자들이다. 특히 설명을 제공하는 문법검사기는 잠재적으로 귀중한 교육 수단이다. 뭐가 틀렸는지를 확인하고, 그 이유를 읽어 보고, 실수를 되풀이하지 않도록 도와준다. 하지만 선택 기능으로 되어 있어서 2단계의 교정 과정을 거칠 것인지 또는 특별히 3단계를 거칠 것인지를 개인이 설정하도록 했다. 그런 선택 기능을 사용하는 사람들에게 중요한 것은 문법적 능력을 유지하는 것이 아니라 습득하는 것일 테다.

고쳐쓰기

읽기처럼 쓰기도 우리 자신 또는 타인이 쓴 단어들을 되새겨 보도록 만든다. 블라디미르 나보코프는 "참 이상하게 들리겠지만 우리는 책을 읽을 수 없습니다. 단지 되풀이해 읽을 수 있을 뿐입니다.One cannot read a book: one can only reread it."라는 유명한 말을 남겼다. 그의 발언은 소설만이 아니라 원칙적으로 다른 산문에도 적용된다. 그리고 비유적으로 쓰기에도 적용된다. 쓰기의 한 가지 단계는 고쳐 쓰는 것이다.

어니스트 헤밍웨이는 "모든 초고는 쓰레기다."라는 유명한 말을 남겼다. 헤밍웨이는 그가 남긴 말을 실천했다. 그는 자신이 쓴 글을 고쳐 쓰는 것으로 유명했다. 사실 그는 『무기여 잘 있거라』의 초고에서 마흔일곱 가지나 되는 다양한 결말을 구상했다고 한다.[6]

쓰기의 미래

헤밍웨이는 최초의 초고를 우선 손으로 쓰고 난 뒤 타자기로 작성했고, 그런 다음 손으로 편집했다. 이제 워드프로세싱이 초고와 퇴고에 대한 발상을 혁명적으로 바꿔 놓았다. 누군가가 여러 차례 수정한 초고를 제출할 것을 강력히 주문하지 않는 한, 우리는 원고 파일 딱 한 가지를 놓고서 요리조리 수정을 하는 편이다. 간편하게 추가하고, 삭제하고, 구절이나 한 부분 전체를 옮겨 놓을 수 있다는 점에 대해 뭐라 불평할 사람은 없을 것이다. 그러나 오늘날의 편리한 편집 과정에서 잃어버린 것이 있다. 편집 작업 중에 최초의 표현으로 돌아갈 방법과 전날 전자문서상으로 간단히 삭제해 버렸던 글 구성으로 돌아갈 방법은 말할 것도 없고, 여러 버전의 원고들 사이에서 수정 사항을 검토할 기회도 사라졌다. 그렇다, 당신 글에서 반복적으로 편집된 사항들에 대해 변경 내용 추적 기능을 사용하고, 각각의 버전들을 저장하는 방법이 없는 것은 아니다. 그러나 누가 굳이 그렇게 할 것인가?

디지털상으로 편집할 때 '웹 기록 보관소'가 부족하다는 문제점을 아는 일부 젊은이가 있었다. 내 설문 참여자 중 한 명은 종이 위에 쓰는 것을 가장 좋아하는 이유를 이렇게 들었다.

내가 쓴 것을 확인할 수 있고 쓰면서 눈에 보이는 변화를 줄 수 있는데 반해 컴퓨터상으로는 수정했더라도 바뀐 내용을 볼 수 없어요.

나는 현실주의자가 되기로 한다. 우리 중 전문적으로 글을 쓰는 사람들 일부는 여전히 원고를 출력하고 수기로 초안을 교정하지만 내 학생 중에는 거의 누구도 그렇게 하지 않는다. 내가 과제물을 제출하기 전에 적어도 초안을 두 번 정도 철저히 검토할 것을 요구하면 학생 중에서 키득거리는 웃음소리가 나온다. 대부분 한번 쓰면 그걸로 그만이다.

고쳐 쓰는 것을 배우는 것도 기술이다. 그러나 다른 이의 글에서 고친 흔적을 가늠하기가 점점 더 어려워진다. 작가가 얼마나 많은 고쳐쓰기를 했는지 확인할 수 있는 증거를 숨겨 버린 최초의 기술이 워드프로세싱이다. 더 정교해진 AI 쓰기 도구들은 흔적을 감추는 두 번째 기술이지만, 그것들이 미치는 효과는 다르다. 그래머리 같은 프로그램이 돌아가도록 허용하고 프로그램이 제시하는 수정안을 수용하면 스스로 고쳤다는 느낌이 들 수는 있을 것이다. 그렇지만 사실 가벼운 수준이기는 해도, 수정한 주체는 그래머리다.

손으로 쓰기

대부분이 좀처럼 수기 작성을 하지 않는 현실에, 그것을 또 언급하자니 지겨워할지도 모르겠다. 지금은 문서를 타이핑하기 위해, 이메일과 문자를 작성하기 위해, 그리고 소셜미디어에 게시물을 올리기 위해 디지털 키보드나 키패드를 사용하는 시대다. 은행거래 대부분도 전자적으로 이루어지니 수표에 서명할 일도 거의 없다. 심지어 계약서조차 도큐사인DocuSign 같은 프로그램을 써서 온라인상으로 마무리된다. 배관공의 청구서와 같이 손으로 서명할 필요가 있는 경우에도 아이패드 스크린상에 손톱으로 남긴다.

앞 장에서 나는 손으로 쓰는 행위의 인지적 이점에 대해 심리학자들이 찾아낸 것 몇 가지를 살펴봤다. 그러나 나는 그런 연구 결과들이 손으로 쓰는 것이 '생각을 운반해 주는 차량'이라던 오늘날 젊은이들의 말에 비하면 호소력이 약하다고 생각한다.

내 마음에 궤적을 남겨요.

4. AI의 영향력으로부터 당신의 개인적인 목소리를 지킬 수 있을까?

디지털 세계의 추악한 부작용은 신원 도용이다. 사회보장번호, 신용카드, 은행 계좌, 그리고 요즘은 목소리와 얼굴까지도 매력적인 표적이다. 도용과 디지털상의 글쓰기에는 명백한 표절의 문제가 있다. 그렇지만 나는 좀 더 미묘한 문제에 대해 걱정한다. AI 소프트웨어가 우리를 꼬드겨 특정한 방식으로 쓰도록 유도하거나 의심 없이 순종하게 해서, 그 과정에서 우리가 가진 쓰기 능력을 잠식해 들어오면 어떡하나.

미국 학교에서는 표준화된 성취도 테스트를 위해 '시험에 맞춰 가르친다'라는 불만이 오랫동안 팽배했다. 그 과정에서 선생이 쌓아 올린 충실한 교과 내용은 실종되고, 학생들은 더 많은 것을 배울 기회를 잃어버린다. ETS 에세이 질문에 답하는 글을 쓸 때 학생들이 오랫동안 따르도록 지시를 받은 전략들, 가령 '다음절어를 많이 써라', '다섯 단락 에세이 포맷을 따르라' 등에는 이런 점수 중심의 접근법이 잠복해 있다. 처음에는 인간 ETS 평가자들이, 그다음에는 이레이터 소

프트웨어가 이런 쓰기의 요소들에 주목하도록 훈련받았다.[7]

헤밍웨이는 분명 다음절어를 많이 알고 있었겠지만, 자기 글을 길고 복잡한 단어들로 잔뜩 치장할 마음은 없었다. 그런데 다섯 단락 에세이는 바로 그런 것에 해당하는 1950년대 말 미국의 발명품이었다.[8] 발명품. 한 단락은 서론으로 구성하고 또 한 단락은 첫 번째 논점으로, 그다음은 두 번째 논점, 그다음은 세 번째 논점, 그러고 나서 결론 단락으로 구성하면 짜임새가 좋은 글이 된다. 그러나 만약 당신의 글에 논점이 단 하나밖에 없다면, 또는 논점이 여섯 가지나 있다면 어쩌나? 다섯 단락 에세이라는 프로크루스테스의 침대는 좋은 점수를 위해 논점이 부족하면 더 만들어서라도 단락을 잡아 늘이고, 논점이 많으면 삭제하거나 합쳐서라도 단락을 쳐내도록 요구했다.[9]

만약 채점 방식에 맞춰 단어를 조작하여 선택하는 것이 한 가지 방법이라면, AI를 쓰기 도우미로 호출하는 것은 또 다른 방법이다. 다만 이번에는 AI가 생성한 단어와 구를 당신이 쓴 것으로 제시했을 때 조작이 이루어진다. AI는 지메일의 스마트 답장이나 단어예측 기능으로 사용자가 시작한 글을 채워 주고, 그래머리나 워드튠으로 단어나 문법적 선택에 대해 대안을 제시한다.

이 책의 다양한 대목에서 우리는 AI가 도와 주는 텍스트들에 대하여 작가들이 갖는 염려를 분명히 보여 주었다. 전문직에서 자동생성된 뉴스들은 찍어 낸 듯 고만고만하며, 인간이 만든 기사보다 특색이 없었다. 기계 번역을 거친 문헌을 사후 편집 했을 때 번역가들은 창의성이 억눌린다고 느꼈으며 컴퓨터의 번역본이 제시되면 '그 번

쓰기의 미래

역의 틀을 벗어나 생각하'는 것이 어렵다고 토로했다.

모든 사람이 기자이거나 번역가는 아니지만, 우리 모두는 일상의 필자들이다. MS워드나 그래머리 또는 단어예측 프로그램이 친숙한 도구가 되면서, 우리가 일상적으로 쓰는 바로 이런 텍스트에서 개성적인 쓰기 행위가 위태로운 처지에 놓이게 되었다. 쓰기는 대체로 개인적 행위이고 흔히 고독한 행위다. 그 고독함이 우리에게 말할 가치가 있는 이야기를 했는지, 혹은 그것을 잘 전달했는지에 대한 불확실성을 낳는다. 그들이 능숙한 언어 구사자이든 아니든, 자신감이 부족한 작가들에 AI 도우미는 자신감을 준다.

문제는 당신이 쓴 단어를 신뢰할 것인지 말 것인지를 판단하는 것이다. '만약 여기 적힌 성분 중 어떤 것에든 알레르기가 있다면 이 마법의 묘약을 복용하지 마시오'라는 의무적 경고를 쏟아 내는 모든 TV 의약품 광고를 떠올려 보자. 복용하지도 않고 어떻게 당신이 그 약에 알레르기가 있다는 걸 알 수 있을까? 만약 당신이 자신 있는 필자가 아니라면 MS워드나 그래머리의 특정한 조언을 수용할지 말지를 어떻게 결정하겠는가?

내 걱정을 분명히 보여 주기 위해 내가 이 장의 초고에서 라메시 바부 프라그나난다를 '인도가 낳은 신동the new Indian wunderkind'이라고 썼을 때 MS워드가 띄웠던 메시지를 사례로 들겠다. MS워드는 '포용성' 깃발을 들어 올리며 Indian이라는 단어가 '선주민indigenous population'에 대한 편견을 드러내는 단어일지도 모른다면서 나에게 'indigenous'나 'Native American(북미 선주민)'으로 표현을 대체해 보라고 권했다. 그래, 프라그의 고국에는 '선주민'이 있긴 하다. 하지만 그들은 인도의 토착민이고 프라그는, 그런 민족 출신도 아니다.

나는 MS워드의 충고를 무시할 정도로 식견이 있는 경우다. 체스의 기원인 인도가 오랜 체스 게임의 전통을 계승하고 있다는 사실은 말할 것도 없고, 프라그의 힌두교식 이름만으로도 나에게는 'Indian(인도인)'의 의미가 분명했다. 그러나 그런 사실에 대해 잘 모르는 필자라면 결국 'Native American'으로 대체하고 엉터리 글을 쓰고 말았을 것이다.

어떻게 해야 하냐고? 마지막 결정권자는 마땅히 당신이어야 한다. 내 설문 조사에서 한 참가자는 단어예측 기능의 위험을 이렇게 말했다.

나는 내 모국어에 대해 이 소프트웨어보다 더 많이 알고 있어요.

이따금 당신의 표현에 대한 지적은 정확성이나 문법만이 아니라 문체에 대해서도 날아온다. 권위 있는 대학원 과정 장학금을 따기 위해 아메리칸대학 학생들이 작성했던 지원서 초안들을 돌이켜 보라. 'in the near future(가까운 미래에)'를 썼던 학생은 문체적으로 글 전체의 리듬과 어울리는 구절을 선택했던 것인데, MS의 권고안은 좀 더 무뚝뚝하고 밋밋한 'soon(곧)'이었다. 'can be exacerbated(악화될 수도 있다)'를 쓴 학생은 의도적으로 'worsened(더욱 나쁘게 된)'이 아니라 'exacerbated(악화된)'을 선택한 것이다. 나는 이런 필자들이 기계의 권고를 무시하고 자신의 문체를 고수했기를 바란다.

자기 원고를 그대로 유지하는 것보다 MS워드나 그래머리 같은 것들의 제안을 검토하고 수용하는 데 더 많은 노고를 기울여야 할 수도 있다. 중요한 것은 효율성이 아니라 당신의 자신감을 저울질하는 일이다. 그것을 기준으로 언제 기계의 권고를 수용해야 할지, 그리고 언제 알고리즘이 아닌 내가 말하고자 의도한 것을 고수해야 하는지를 파악해 내는 것이다.

5. AI가 저작자의 개념을 재정의할까?

문법과 문체 프로그램들에서 볼 수 있는 작은 결함에도 불구하고 오늘날 AI 도구들은 우리가 쓰는 원고를 다듬는 일에서 인상적인 성과를 거두고 있다. 혼자 힘으로 상당한 정도의 텍스트를 생성하는 능력에서도 아돌프 나이프의 작문 기계라는 소설 속 설정이 이미 현실이 되었다. 편집자나 작가로서 AI에 대해 이제 남은 질문은 이런 성공담을 두고 우리가 해야 할 일은 무엇인가를 결정하는 것이다. 내 직업적 이력을 대학의 교육 현장에서 쌓았으니 거기서 시작하겠다.

문제는 이것으로 수렴된다. 지금 당장 혹은 가까운 미래에 우리는 학생들의 과제물에서 어느 정도를 학생 스스로 한 것인지를 판단할 수 없게 될 것이고, 그것을 평가하는 데 골머리를 앓게 될 것이다. 이상적인 세계라면 초고 확인을 비롯해 과제에 대해 선생과 학생이 계속 대화를 나눌 수도 있을 것이다. 그러나 대략 반세기를 학문의 전당에서 보낸 내 경험이 그건 헛된 꿈이라고 말해 준다.

AI가 유일한 도전자는 아니다. 계약형 부정행위와 학생들끼리의 공유 파일이 이미 길을 놓았다. 그러나 거대언어모델로 구동되는 프로그램들의 상업화가 진행되면 개인적으로 대필 에세이 공장에 접근하는 학생들이 폭발적으로 증가할 전망이다. 게다가 다른 사람의 문체를 모방하는 프로그램의 능력이 정교해지면서, 부정행위를 적발할 마지막 방어선('모건이 이런 수준의 글을 썼을 리가 없어요')도 무너지고 있다.

교육계가 부닥친 어려움을 우려하는 이는 나 말고도 얼마든지 있을 것이다. 2022년 9월과 10월에 미국의 교육자들과 기자들 사이에서 대각성 운동Great Awakening(18세기 중엽 미국 식민지에 퍼진 신앙부흥운동-옮긴이)이라도 벌어진 것처럼 우려를 드러내는 글들이 쏟아졌다. 표제는 "AI가 과거 어느 때보다 쉽게 학생들이 부정행위를 저지르게 한다."라고 선언하고는 "AI가 이 대학의 글쓰기를 죽일 건가?"라고 물었다.[10] 일부 저자들은 극심한 우려를 표명했다. 다른 이들은 학생들에게 기계와 어떻게 협력 관계를 맺을지를 가르쳐야 한다고 조언했다. 몇몇은 당장 학생들이 이용 가능한 생성 프로그램들의 수준이 그리 대단한 수준은 아니니, 특히 AI의 데이터세트에 없는 국지적 지식을 요구하는 에세이라면 적어도 아직까지는 너무 걱정할 정도는 아니라고 말했다.

이 모든 논의는 챗GPT 태풍이 불현듯 등장하기 전에 나온 것이었다.

GPT-3과 뒤이은 후속 프로그램들이 번역가로 써먹어도 그리 초라한 수준은 아니라는 걸 보여 주자 영어를 자국어로 삼지 않은 나라들에서도 챗GPT에 관심을 보인 건 당연지사였다. 노르웨이에서는 이런 일이 벌어졌다.[11]

12월 5일 챗GPT가 출시된 지 1주가 채 못 지나서 기본적으로 노르웨이 어문학 교원 노조인 노르웨이언어교육협회는 노르웨이 의회에 서신을 보내 노조의 우려를 다음과 같이 전했다.

> 장기적으로 [AI가 텍스트를 생성하는 것은] 사람들의 쓰기와 읽기 능력을, 민주주의를, 그리고 생각과 지식의 새로운 발전을 위태롭게 할 것입니다.[12]

다양한 논의가 쏟아져 나왔다. 크리스티아니아대학 모르텐 이르겐스Morten Irgens 교수는 "이 기계는 분명코 모든 교육의 온전함을 훼손할 것이다."라고 예언했다.[13] 교원노조위원장 시브 쇠로스 발란Siv Sørås Valand은 "AI의 위협에 놓인 것은 바로 학생들의 **쓰기 능력**이다"라고 썼다. 이어 발란은 쓰기를 통해서야 다음과 같은 교육이 가능하다고 주장했다.

> 우리는 학생들에게 생각을 따져 보고 짜맞추는 것을, 그리고 토론하고, 탐구하고, 창의성과 비판적 사고를 키우고, 숙고하고, 주장하고, 분석하고, 해석하는 것을 가르칩니다.[14]

노르웨이인들에게 가장 심각한 걱정거리는 생성형 AI가 학생들에게서 사고의 도구로서의 글쓰기를 사용할 기회를 앗아 갈 것처럼 보인다는 사실이었다. 미국인들은 어떻게 하면 부정행위를 차단할 수 있을까에 신경을 곤두세우고 있다.

어떻게 해야 하나? 미국인들의 대책은 거대언어모델의 도움을 받은 숙제들이 들통날 만한, 정교한 과제물을 고안하는 데 맞춰져 있었다. 반드시 기계가 쩔쩔매도록 설계하라. 단속이 우선이고 그래도 여유가 있으면 교육도 하라.

노르웨이의 접근은 달라 보였다. 쓰기를 배움의 과정으로 강조했다. 베르겐대학 북유럽 문학과 에이리크 바센덴Eirik Vassenden 교수는 챗GPT 따위가 전문인 "수동적인 정보 집적을 유발하는" 과제를 피하고, 대신 "관찰거리와 정보들을 찾고 정리하고 조합하는" 과정을 강조하라고 조언했다.[15] 같은 맥락에서 발란은 AI가 작성 가능한 원문 해석의 결과물과 "학생들이 텍스트에서 의미를 이해하고 의미를 만들어 내는 훈련"을 구분하라고 촉구했다.[16] 교육은 여정일 뿐, 목적지가 아니다.

교육자들의 권고안 중 몇 가지는 옛 생각을 떠올리며 미소 짓게 만든다. 이르겐스 교수는 "교실에서 말로 수업에 참여하게 하고 구두시험을 더 강조하라."라고 촉구했다.[17] 나는 19세기 말에 영어A 작문과 찰스 엘리엇이 구두시험을 필기시험으로 대체하던 시기의 하버드대학으로 가는 타임머신을 탔다. 그때는 학생이 너무 많아져서 교실에서 구술시험을 볼 수 없는 처지가 되었고, 작문 수업으로 전환하는

　　　　　　　　　　　　쓰기의 미래

것은 거역할 수 없는 대세가 되었다. 그리고 작문시험은 너무나 간편해서 누구라도 해낼 수 있는 것으로 보였다. 구술시험으로 지표를 삼는 시대로 되돌아가는 것은 '이 글 누가 쓴 거야' 문제에 대처하는 방법이 될 수는 있겠지만, 구술시험으로의 회귀가 전면적으로 이루어질 거라는 생각은 들지 않는다.

노르웨이 교원노조는 또 다른 추억어린 제안을 했다. 비록 이런 생각이 실용적이지 않다는 것은 인정하지만 "학생들이 훨씬 더 방대한 양의 과제물을 손으로 쓰게" 하자고 했다.[18] 어쩌면 실용적일 수도 있다. 우리가 앞에서 다뤘던 손글씨의 다른 미덕들과는 동떨어진 것이지만, 선생들은 누가 과제물을 썼는지를 훨씬 더 확실하게 파악하게 될 것이다.

혼자서는 묘안이 떠오르지 않아서 나는 적의 심장부로 가 챗GPT와 상담했다. 내가 그에게 던진 질문은 "만약 챗봇이 학생의 에세이를 써 줄 수 있다면 작문 선생들은 뭘 해야 하느냐?"였다. 같은 질문을 두 번이나 했는데 챗GPT가 준 답변은 놀라울 정도로 설득력이 있었고—길었다. 여기 첫 질문에 대해 강의실에서 쓸 수업 기법에 초점을 맞춘 두 가지 답변을 소개한다.

- 학생들에게 특정한 문체나 틀에 맞춰 쓰는 것을 가르치지 말고 비판적 사고력과 분석력을 가르치는 데 좀 더 집중하십시오.
- 교실에서 조별로 그룹을 만들고 협력적으로 과제를 수행하게 하십시오. 학생들이 함께 애쓰면서 각자의 아이디어를 서로 터놓고

논의하고, 그들이 쓴 글을 나누고, 서로서로 피드백을 제공하게
하십시오.

그러고 나서는 어쩌면 각자 글쓰기를 시켜도 좋으리라.

같은 질문에 대한 봇의 두 번째 응답은 얼마간 관계없는 것으로
시작하더니 곧 선생의 역할에 초점을 맞추었다.

- 챗봇은 전문가나 경험 많은 작문 선생님의 지도를 대체할 능력
  은 없습니다.
- 작문 선생님들은 학생들에게 어떻게 탐구하고 글쓰기에서 어떻
  게 각자의 생각을 명확하게, 그리고 효과적으로 정리할지를 가르
  치는 데 끈기 있게 초점을 맞추어야 합니다.

선생들이 일을 계속해야 한다고 권한 것을 제외하면 실제로 도움
이 될 만한 것은 별로 없었다.

어쩌면 과학기술이 해결의 실마리일지도 모른다. 서문에서 나는
명확한 출처 확인을 위해 AI가 생성한 텍스트에 대해 디지털 워터마
크를 심어 두자는 별난 제안을 했다. 오픈AI가 그런 프로젝트를 진행
하고 있다.[19] AI가 초창기부터 암호해독 작업과 깊은 관련이 있었다
는 사실을 돌이켜볼 때, 코드의 '열쇠'가 있어야만 감지할 수 있는 신
호(워터마크)를 AI 생성 텍스트 속에 새겨 두는 작업을 오픈AI가 하고
있다는 사실은 역설적이다. 인간 대 AI 사이에서 저작권을 승인 또는

거부하기 위해 학교나 출판계나 정부 조직에 속한 이용자들이 코드에 접근하려면 오픈AI와 동반자 관계를 맺어야 할 필요가 있을 거라 짐작된다. 그런데 이들 조직은 이미 턴잇인과 '동반자 관계'를 맺었다.

간단한 판별 도구가 이미 있다. 오픈AI가 GPT-2를 출시할 때 다른 몇몇 합작자와 공동 작업을 한 덕분에 나왔다. 허깅페이스Huggingface를 통해 누구나 이용 가능한 그 도구는 GPT-2 아웃풋디텍터데모GPT-2 Output Detector Demo라 불린다.[20] 출처를 확인하고 싶은 구절을 입력하면 그 프로그램이 '진짜'(인간)에서 '가짜'(AI)까지 등급을 매겨서 표절 가능성의 정도를 말해 준다. 비록 그 시스템은 초창기 언어모델을 위해 만들어졌지만 챗GPT가 생성한 텍스트와 내가 이 장에서 썼던 문단으로 시험을 해 봤더니 놀라울 정도로 잘 감별했다. 내 글이 봇이 쓴 것으로 여겨지지 않아서 안도했다. 하지만 조심하라. 구절이 짧아질수록 특히 AI가 쓴 것에 대한 예측력은 감소했다.

챗GPT가 출시된 지 몇 주도 지나지 않아 에드워드 티안이 AI가 작성한 문서를 탐지하는 프로그램인 GPT제로를 작성했다. 티안이 거리낌 없이 인정했듯이 그 도구는 완벽과는 거리가 있지만 계속 진화 중이다. 그리고 10장에서 말했듯이 다른 감별 도구들도 속속 나오고 있다.

2023년 2월이 되자 티안은 새로운 행보에 나서서 에드테크EdTech의 K16 솔루션스K16 Solutions와 협력 관계를 맺고 캔버스Canvas, 블랙보드Blackboard 같은 초등에서 고등에 이르는 교육기관에 깔린 주요 학습관리시스템에 GPT제로를 붙박았다.[21] (학습관리시스템은 교육과정에서 온라인 플랫폼으로 사용하는 소프트웨어다.) 데이터세트에 든 수많은 다른 문서들을 비롯해 학생들이 과거에 썼던 문서들과 학생의 새로운 문서를 비교해서 표절 여부를 찾아내는 턴잇인 모델과 동일한 발상에서 나온 다른 버전이라고 보면 된다. 티안의 모델이 가세하면서 오늘날 꽤 널리 이용되는 학습관리시스템을 통해 학생들이 과제물을 제출하면 자동으로 GPT제로의 감별을 받는다.

돈벌이의 세계로 자리를 옮겨 보자. 여기서 저작권 문제는 누가 이익을 취하는가의 문제로 치환된다. 만약 당신이 만든 작품, 즉 당신의 지적 소유권이 웹사이트에 올랐다면 그것은 AI 모델이 약탈할 먹잇감이 되고, 다른 인간 이용자가 이윤을 낼 재료가 된다. 예술가들은 AI 이미지 생성기를 이용하는 인간들이 독창적인 예술가의 고유한 양식을 기초로 새로운 작품을 생성하고, 그것을 자신의 것인 양 사고, 팔 수 있게 될까 봐 우려한다. 이 문제에 대처하기 위해 오픈AI 및 오픈AI의 달리 2와 힘을 합친 이미지 플랫폼 셔터스톡Shutterstock은 AI가 이미지를 생성하기 위한 모방 재료로 사용되고 있는 셔터스톡 자료실에 독창적인 예술품을 업로드한 인간 창작자들에게 보상하기 위한 기금을 조성했다.[22]

예술가들뿐만이 아니다. 인간 번역가들이 우려하는 것은 기계번역 프로그램이 그들의 번역에 접근해서 다른 사람의 프로젝트를 처리하면서도 최초 번역자에게 저작료를 치르지도 않는 사태다. 프로그래밍 세계에서는 (오픈AI의 코덱스를 기반으로 구축되었고 지금은 마이크로소프트에 인수된) 깃허브 코파일럿을 상대로 소송이 진행 중이다.

현재의 저작권법하에서 깃허브의 어떤 코드를 다른 이용자들이 재사용했을 때 그 코드를 게시한 최초 설계자에게 어떤 권리가 있는지는 아직 확실하지 않다.[23]

저작권 이야기를 꺼내고 보니 하는 말인데, 현재의 저작권법이 어느 정도까지 당신의 작품에 대해 저작권을 허용하는지를 판단하기 위해서는 좀 더 많은 소송을 필요로 할 것이다. 그런 뒤에야 AI가 생성한 작품에 대해 누가 혹은 무엇이 권리를 갖는가에 대해서도 국내적으로 그리고 아마도 국제적으로 법적 근거가 마련되기를 기대할 수 있을 것이다. 법이 따라오기를 기다리려면 한세월이니 나는 챗GPT에게 그의 생각은 어떤지 물어봤다.

내 질문은 이랬다. "GPT가 자기가 생성한 스토리에 대해 저작권을 얻는 것이 가능한가?" 조금도 지체하지 않고 봇은 이렇게 답했다.

오픈AI에 의해 훈련된 거대언어모델로서 나는 저작권을 보유한다거나 어떤 형태로든 지적재산권을 소유할 수 없습니다. 나의 주요 기능은 나에게 제공된 자료에 기반해 이용자들을 도와 인간이 만든 것처럼 보이는 텍스트를 생성하는 것입니다.

거대언어모델이 인간이 아니기 때문에 챗GPT는 정확히 미국법과 일치하는 답변을 했다.

그러나 세심한 과학자 혹은 적어도 고질적인 실험자로서 나는 다시 질문해도 동일한 결과가 나올지 궁금했다. 거대언어모델은 어마어마한 데이터세트를 자료의 원천으로 삼으니, 그것이 그 데이터 창고에 재진입했을 때 동일한 답변을 갖고 나올 거라고 장담할 수 없었다. 나는 질문을 한 번 더 반복했는데, 이번에는 다음과 같은 다른 답변을 얻었다.

> 나는 오픈AI에 의해 훈련받은 거대언어모델로서 내가 훈련받은 데이터를 벗어나는 정보에 접근하거나 인터넷을 훑어볼 능력이 없습니다. GPT가 그것이 쓴 단편소설들에 대해 저작권을 얻을 수 있는지에 대해 나는 당신에게 명확한 답변을 드릴 수 없습니다.

챗GPT가 그사이 소심해지기라도 한 걸까? 첫 문장이 챗GPT의 답변에 단골로 많이 나오는 판에 박힌 말이었다.

나는 한 번 더 주사위를 던지기로 했다. 이번에는 봇이 명확한 답변을 했지만 첫 번째와는 정반대의 결론을 내렸다.

> 저작권을 인정받은 다른 창의적인 작품들과 마찬가지로 GPT가 쓴 단편소설들이 저작권을 인정받는 것은 가능합니다. 저작권 보호를 받기 위해서 작품은 독창적이어야 하고, 쓰이거나 녹음되어서 변함없이 명확한 모습을 갖춘 것이어야 합니다. GPT가 작성한 단편소설이 이런 기준을 충족한다면 저작권 보호를 받을 자격이 있을 것입니다.

쓰기의 미래

GPT의 답변을 미국 저작권청에 전해 주자. 챗GPT 같은 봇은 갖고 놀기에는 흥미로운 도구가 될 수 있다. 단지 당신이 읽는 모든 것을 의심 없이 믿지만 말라.

저작권에 관한 한 나를 계속 화나게 하는 최종 쟁점이 있다. 그것은 정직과 신뢰에 관한 문제다. 거짓말은 인간사에 늘 있었고, 이를 적발하려는 시도도 그랬다. 그러나 인터넷, 그리고 이제 AI 언어 생성기가 감시 프로그램들을 이끌고 온갖 구석에 숨어 있는 부정행위를 찾고 있다. 표절 탐지 도구는 토끼처럼 빠르게 늘어났고 전 세계의 학교들은 점점 더 턴잇인과 같은 프로그램에 의지한다. 학술 저널과 정부 조직은 제출된 문서에 대해 아이센티케이트로 표절 여부를 확인한다. 심지어 '새' 텍스트 생성을 위해 거대언어모델을 사용하는 카피스미스 같은 앱조차도 표절 여부를 검토한다.

수십 년 동안 글을 썼고 타인의 연구를 평가했던 학자이자 저자로서 나는 사방의 벽이 점점 높아진다고 느낀다. 이제 당신은 진입 허가를 받기 위해 표절 감별기를 통과해야 한다. 나는 글쓰기에 관한 표절과 여하한 수준의 부정행위도 도무지 너그럽게 봐줄 수가 없다. 물론 이런 관행으로 몰아간 학문적 압력(과 윤리의 결핍)을 이해는 한다. 그럼에도 불구하고 나는 작가와 독자 사이의 신뢰가 너무나 훼손되는 방향으로 저작의 세계가 이행하고 있는 것에 대해 한탄한다.

6. AI가 쓰기 능력에 기반한 전문직에 위협이 될까?

나는 점쟁이도 아니고 요령 좋은 내기꾼도 아니다. 변명하자면

AI 도구들의 출현을 감안해 경제학자들이 내놓는 전문 사무직에 대한 미래 일자리 전망도 늘 잘 들어맞지는 않는다. 우리는 부정적이거나 긍정적인 예측을 만나지만 '가까운' 또는 '먼' 미래라는 수식어구로 빠져나갈 구멍이 뚫려 있다.

2022년 후반기에는 인간에 대한 고용에 큰 타격은 없을 것이라는 전망을 담은 기사와 보고서들이 무더기로 나왔다. 클라이브 톰프슨은 《와이어드》 기고문에서 인간의 능력을 키워 줄 AI를 환영하자고 했다.[24] 파하드 만주는 안심하라는 듯 "로봇과의 전투에서 인간 노동자가 이기고 있다"라는 제목의 기사를 《뉴욕타임스》에 올렸다.[25] 만주는 미국 노동통계국BLS의 조사 분석가인 마이클 헨델의 보고서를 인용했다.[26] BLS의 추정 자료와 추가적인 문헌을 바탕으로 헨델은 AI와 자동화의 진전에 비춰 봤을 때 일련의 전문직들이 어디로 가게 될지에 대한 예측을 내놓았다.

그가 목록에 올린 세 가지 직종, 즉 언론, 법률과 번역은 앞에서 살펴본 분야다.[27] 헨델의 결론은 8장에서 논의한 내용과 기본적으로 일치한다.

- **언론**: 지난 수십 년 동안 뉴스 관련 일자리가 꾸준히 감소했기 때문에 2019년과 2029년 사이에 예상되는 일자리의 감소는 새로운 소식이 아니다.
- **법률**: 2029년까지 BLS는 변호사와 법률 보조인 모두를 위한 일자리가 조금 증가할 것으로 추정했다. 그 주장을 더 강화할 근거

로서 헨델은 우리가 앞에서 얘기했던 데이나 리머스와 프랭크 레비의 연구를 언급했다. 리머스와 레비가 법률 전문직의 일자리는 다양한 과제로 이루어지기 때문에 전체가 아니라 어떤 일자리가 다른 일자리보다 차별화된 위험에 처하게 될 것이라고 강조했다는 사실이 기억날 것이다. 법률 문서를 쓰는 일에 대해서 두 연구자는 미래에 AI가 갖게 될지도 모를 능력이 아니라 현재의 능력만을 기준으로 자신들의 예측을 제한했다.

• **번역**: 헨델은 크게는 세계화의 덕택으로 번역가와 통역사의 일자리는 계속 증가할 것으로 예측된다는 사실을 상기시켰다. 그는 '좋은' 일자리의 숫자가 얼마나 될지는 언급하지 않았다. AI의 하인 노릇인 사후 편집자로 격하되지 않고 그들의 전문적인 능력을 의미 있게 발휘할 수 있는 그런 자리 말이다.

일상적인 글쓰기에서 도우미로서의 AI에 얼마나 많은 일을 맡길지를 정하는 것은 대체로 우리의 선택에 달려 있다. 자본주의가 팔을 쭉 뻗고 있는 재계와 전문직의 세계에서 결정권자는 자본이다. 이윤을 증가시키겠다는 명목으로 제조업을 해외로 이전할 때 그들 누구도 미국의 경제에 심각한 손상을 주겠다는 의도는 없었다. 그러나 그런 결과가 초래되었다. 전문 직종에서 AI를 어떻게 이용할 것인지에 대해 개인의 발언권은 거의 없지만, 최소한 계속 주의는 기울이는 것이 좋을 것이다.

미래에 주의를 기울일 때 두 가지 고려 사항을 염두에 두자. 첫 번째는 품질이다. 어떤 과업에서 AI의 성과가 인간의 수준에 올랐고 어디에서는 아닌가? 번역 분야에서는 능숙한 번역가들이 말해 주었던 것처럼 종종 비전문가의 식견으로는 그 차이를 식별하기가 어려울 때도 있다. 유럽에서 진행한 나의 설문 조사에서 한 참여자는 이렇게 썼다.

> 번역가들에게 무서운 것은 번역 분야의 문외한인 대부분이 AI의 번역 수준이 어느 정도인지를 판단할 능력이 없다는 사실입니다.

단지 우리가 구글 번역기 같은 도구들을 바로 곁에 두고 쓸 수 있다고 해서 번역 결과의 품질과 정확성을 보장해 주지는 않는다. 때때로 우리는 편리하다는 이유로 혹은 금전적 여유가 그 정도밖에 안 된다는 이유로 품질을 희생시킨다. 그러나 번역에서는 지불한 만큼만 얻을 뿐이라는 사실을 명심하는 것이 이로울 것이다.

두 번째는 AI에 의해 대체되는 일이 아니라, AI와 함께 일하며 높은 수준의 상승효과를 일으킬 미래의 업무에 적합하도록 하려면 어떻게 우리 스스로를 대비시킬 것인가이다. 스탠퍼드대학 방사선의학·의생명정보학 교수 커티스 랭글로츠 Curtis Langlotz는 다음과 같이 말했다.

> 'AI가 방사선 전문의를 대체할 것인가'는 '틀린 질문'이다. (…) 정확한 답변은 'AI를 이용하는 방사선 전문의가 그러지 않은 방사선 전

쓰기의 미래

문의를 대체할 것이다'이다.[28]

우리의 과제는 인간과 AI 사이에서 상생의 균형점을 찾는 것이다. 그것이 우리의 평가표를 위한 다음 질문으로 우리를 인도한다.

7. 협력이냐 전적으로 맡길 것이냐를 정할 때 어디를 기준으로 삼을 것인가?

예전에 많은 수학 교과서는 문제의 해답이 책 뒷부분에 붙어 있었다. 오늘날 많은 외국어 자습서가 여전히 그와 동일한 형태로 나온다. 당신은 답을 생각해 본 뒤에 해답을 확인하는 사람인가? 아니면 미리 엿보는가? 스스로 생각하는 과정을 건너뛰어 버리면 배울 것이 많지 않다.

AI가 전속 편집자나 저자의 대리인으로서 던지는 문제는 도우미가 작가로서의 인간을 대체하는 것이 아니다. 문제는 스스로 일하는 것보다 고삐를 넘기는 것이 쉽다는 점이다. 자동 페달 자전거를 타고 언덕 경사로를 오르는 식으로 도움을 받는 것과, 자신의 능력과 목소리를 훼손하는 것은 전혀 다른 문제다. 우리가 내리는 결정이 현명한 처사라고 자신을 속이기는 너무 쉽다. 내 남편이 다이어트를 했을 때, 버릇처럼 "저 프렌치 크룰러는 겨우 100킬로칼로리밖에 안 돼."라고 했지만 그 도넛은 200킬로칼로리 이상이 분명했던 것처럼. "나는 뭘 써야 할지 모르겠어요. 챗GPT가 먼저 시작하도록 해야겠어요." 터놓고 AI와 아이디어를 나누는 것과 당신의 상상력을 잠재우는 것은 전혀 다른 문제다.

서문에서 우리는 AI의 통제권 확장에 맞서 스튜어트 러셀이 제안했던 대비책을 언급했다. 지능이 있는 기계를 개발할 때 그 기계에다 목표에 대한 불확실성을 충분히 설정해 두어서, 결국 사람들이 원하는 일을 실행함에 있어서 최종 결정권자는 인간이 되도록 할 필요가 있다는 제안이었다. 내 설문 조사에서 한 응답자는 이런 계획과 비슷한 의견을 갖고 나왔다.

AI는 편리하지만, 우리가 100퍼센트 신뢰할 수 있을 정도로 완벽해져서는 결코 안 될 것 같아요.

간단히 말해 아킬레스건을 만들어 두자는 말이다. 그러자면 MS 워드와 그래머리에 몇 가지 오류를 심어 두어서 사용자가 계속 정신을 바짝 차리게 해야 할지도 모른다.

오늘날 AI 개발의 화두는 증강이지 자동화가 아니다. 인간 중심 AI의 목표는 인간의 삶을 대체하는 것이 아니라 개선하는 것이다. 그러나 흔히 그 뒤에 도사린 전제는 그 증강이 효율성을 증진한다는 명목하에서 이루어진다는 사실이다.

나는 지역 생산품이라고 뻐기지만 제작은 외주로 해결하는 많은 제품이 생각났다. 애플 기기들의 뒷면을 보면 작은 글씨로 '캘리포니아의 애플사에서 디자인했고 조립은 중국에서 했다'라고 쓰인 것을 확인할 수 있다. 덴마크의 제화 업체 에코ECCO는 덴마크 브레데브로에서 생산을 시작했지만 지금은 인도네시아, 태국, 슬로바키아, 그리고 물론 중국에도 공장을 두고 있다. 몇 년 전 코펜하겐에 여행을 갔다가 에코 대리점을 들른 적이 있다. 내가 신어 본 샌들은 그 가게에서 20년 전에 구입했던 것과 비슷했지만, 그만큼 편안하지도 잘 만들어진 것도 아니었다. 불만을 제기하자 점원은 맥없이 웃으며 "덴마크 사람들이 제조에 간섭할 일은 이제 없답니다."라고 말했다. 경제적 효율성이 작동 중이었다.

증강과 자동화 사이를 가르는 선은 미끄러운 비탈처럼 위태하다. 우리는 인간을 위해 그들이 가장 잘하는 것을 위한 여지를 남겨 두어야 한다고 주장하곤 한다. 가령 사람들과 함께 일하고, 예기치 못한 상황을 정리하고, 창의성을 발휘하는 것 따위 말이다.[29] 그런 조언이 별 도움이 안 되는 이유는 AI가 계속해서 영역을 확장하고 있기 때문이다. AI는 이제 정신 건강 상담을 제공하고, 복잡한 유방 엑스선 사진을 판독하고, 단편소설을 쓴다. AI가 할 수 없는 영역들이 계속 줄어들고 있다.

인간 중심 AI를 위한 스탠퍼드연구소의 공동 소장인 페이페이 리는 사람들이 어떤 종류의 과제를 기꺼이 로봇에게 떠맡겼으면 하는지, 그리고 어떤 일을 인간의 몫으로 계속 지키기를 원하는지를 탐구해 왔다. 떠넘겼으면 싶은 일의 목록에는 화장실 청소 같은 것이 있었다. 사람들은 크리스마스 선물을 열어 보는 것과 같은 행위들은 계속 지키기를 원했다.[30] 그리고 만약 로봇이 딸기 수확과 같은 섬세한 일을 처리할 수 있다면, 사실 지금 95퍼센트 정도는 정확하게 해낼 수 있는데,[31] 선물 포장을 여는 정도야 아무것도 아닐 것이다. 하지만 우리는 그것을 원하지는 않는다.

화장실과 크리스마스 선물이 그렇듯 작가들이 AI로부터 원하는 조력의 종류에도 차이가 있다. 우리는 우선 '할 수 있는'과 '그것이 해줬으면 하는'의 사이를 구별할 필요가 있다. 인간-AI 상호작용 연구자 케이티 일롱카 제로Katy Ilonka Gero는 수십 명의 작가들을 인터뷰해서 그 차이를 탐구해 왔다. 그녀는 이렇게 질문했다.

> 글 쓰는 과정에서 너무 지겨워서 누군가에게 기꺼이 떠넘기고 싶은 일은 어떤 것들이 있나요? 없는 것을 창조한다는 설명 불가능한 기쁨을 주는 일에는 어떤 것들이 있나요? 그리고 쓰기에서 당신이 가장 귀하게 여기는 것은 무엇인가요?[32]

작가들이 자신을 위해 지키기를 원하는 일 중에는 계획하는 것이 있었다. 즉 줄거리와 결말을 짜는 것과 같은 일이었다. 제로가 인터뷰했던 작가 중 일부는 그런 계획이 글쓰기를 인간의 고유한 과업으로 만드는 한 가지 요소라고 말했다. 반면에 AI가 환영받은 순간은 작가들이 다음 단어나 문장을 생각해 내지 못해서 쩔쩔맬 때였다. 그 분야는 거대언어모델이 탁월한 영역이었다. 그리고 작가들이 예기치 못한 어떤 요소를 넣고 싶을 때 AI는 그들의 도우미가 되었다.

나는 챗GPT가 쓰기에 관한 인간의 선택에 대해 무슨 할 말이 있을지 궁금했다. 이제는 친근해진 챗GPT에게 인간의 쓰기에 대해 AI

쓰기의 미래

가 미칠 더 전반적인 영향에 대해 물었다. 그가 쓴 답변의 일부는 다음과 같다.

> 일각에서 AI가 인간 필자를 대체할 가능성에 대해서 염려하고 있지만, 중요한 것은 AI는 쓰기 과정에 도움을 얻기 위해 사용할 수 있는 도구에 불과하다는 사실입니다. 궁극적으로 쓰기에 대해 AI가 미칠 충격은 AI가 어떻게 쓰이느냐와 인간의 쓰기 관행 속으로 AI를 어떻게 수용할 것인가를 놓고 사람들이 어떤 선택을 하느냐에 달려 있습니다.

심오하지는 않지만 옳은 말이다.

8. 공개 규정이 도움이 될까?

챗GPT에 대한 믿을 수 없을 정도로 과도한 관심은 어떤 면에서는 이상했다. 구글, 딥마인드와 메타도 비슷한 모델을 갖고 있던 터여서 그 프로그램의 기반이 되는 원리도 특별한 것이 아니었다. 오픈AI의 챗봇이 특별했던 이유는 그것을 공개적으로 출시한 것이기 때문이다. 수많은 사람이 직접 시험해 볼 수 있었다. 갑자기 컴퓨터 전문가들은 이미 알고 있었던 핵심 기술을 비전문가를 포함한 모두가 공개적으로 엿볼 수 있게 된 것이다. 미디어는 대부분의 사람들에게 완전 새로운 이 혁명적인 쓰기 도구의 가능성과 위험에 대해 끝없이 이야깃거리를 쏟아 냈다.

그 열광에서 많은 부분이 교육에서의 챗GPT의 쓸모와 관련된 것이었는데, 교육계의 반응은 격렬할 정도로 다양했다. 일부는 '그 기계를 금지하라!'고 외친 반면, 다른 이는 봇의 교육적 가능성을 끌어안아야 한다고 주장했다. 쓰기 과제가 서구 교육과정의 핵심 DNA에 들어 있었기에 즉각적인 조치를 취하라는 요구는 이해가 가는 주장이었다.

하지만 학생들만이 쓰기를 하는 것은 아니다. 우리 모두는 작가로서의 생성형 AI의 영향력 아래 놓여 있다. 쓰기 위주의 전문 직종들에서 AI는 이미 10년 이상을 열심히 일해 왔다. 나머지 사람들도 일상의 필자로서 AI로 구동되는 편집 도구를 오랫동안 써 오고 있었다. 거대언어모델 기술을 짜 넣은 수도라이트, 재스퍼, 워드튠 같은 상용 프로그램들은 이미 시중에 나와 있어서 누구든 신용카드로 결제만 하면 그만이다.

새로운 점은 우리가 변곡점에 도달한 것처럼 보인다는 사실이다. 텍스트를 쏟아 내는 AI가 친숙한 도구가 되고 있다. 이제 게임의 규칙을 정할 때가 된 것 같다.

서문에서 우리는 로봇에 허용된 행위는 어디까지인지를 정의한 아이작 아시모프의 로봇공학 3원칙에 관해 얘기했다. 프랭크 패스콸리의 '로봇공학 새 원칙'은 인간과 기계 사이에서 역할이 중첩되는 부분에 초점을 두고 "로봇공학 기계장치와 AI는 인간의 전문 영역을 보조할 뿐, 그것을 대체하면 안 된다"와 "로봇공학 기계장치와 AI는 인간을 가장해서는 안 된다"는 원칙을 제시했다.

쓰기의 미래

빅테크 기업들이 거대언어모델을 출시하기 위해 그 속에 온갖 능력을 미어터지게 넣었지만 교육자, 전문직 종사자, 그리고 평범한 사용자들은 거기에 대해 어떤 개입도 할 수 없다. 그러나 신원 도용 문제는 우리가 통제를 시도해 볼 수도 있겠다.

2019년 캘리포니아는 '봇빌 BOT bill(정식 명칭은 온라인 투명성 강화법 Bolstering Onine Transparency이다-옮긴이)'이라는 법안을 채택해서 물품 구매 행위와 주민 투표에 영향을 미치려는 의도로 사용되는 자동화 프로그램이 스스로 로봇이라는 사실을 의무적으로 밝히도록 했다.[33] 어쩌면 이런 '공개' 제도가 문서상의 '신원 도용'에 대처하는 데 도움이 될지도 모르겠다. 여기서는 AI가 생성한 글에 대해 생성자의 정체를 실토하는 것을 뜻한다. 우리는 이미 출판계에서 AI의 기여를 밝힌 사례를 보았다. 『리튬이온 배터리』의 저자로서 베타 라이터가 언급된 경우와 텐센트사가 로봇 드림라이터가 필자라고 밝힌 경우가 그런 예이다. 많은 뉴스 기사에서 AI가 단독으로 혹은 공동으로 기사를 작성된 사실을 드러내기도 한다. 어쩌면 교내의 학문적 정직성 규정, 미디어 채널, 법무법인, 그 밖의 기관에서도 인간이 게시했지만 AI가 작성했거나 글에 기여했다면 정체를 밝히는 것을 의무화하는 지침을 채택할 수도 있다.

텍스트가 전적으로 혹은 상당히 많이 AI에 의해 생성되었다면 적어도 원칙적으로 그 시스템은 운용 가능한 상태다. 그러나 그때 위태로운 비탈이 나타난다. AI의 기여를 인정하자면 정확히 어느 정도까지 AI가 그 텍스트를 써야 하는가? MS에디터와 그래머리처럼 AI

는 이제 문법과 문체 프로그램에도 널리 퍼져 있다. 수도라이트 같은 프로그램은 늘어만 갈 것이다. 당신이 철자검사기를 사용한다고 마이크로소프트를 공동 저자 목록에 올리라고 말하는 사람은 없다. 그런데 수도라이트가 생성한 문단을 소설가가 써먹었다면, 어느 정도 써먹었을 때 그 소프트웨어의 수고를 밝혀야 하는가?

거대언어모델을 공동 저자로서 인정하려는 시도가 역풍을 맞을지도 모를 쟁점 또한 존재한다. 2022년 말 챗GPT가 당도했을 때, 일부 연구자들은 그것을 공동 저자의 목록에 올리면서 그 협력적 관계를 시인하기 시작했다. 그러나 몇몇 출판사들은 터무니없다고 이의를 제기하면서 "챗GPT와 같은 AI는 연구 저자의 기준을 충족하지 못하기 때문에 AI가 과학 논문의 내용과 진실성에 대한 책임을 질 수는 없다"라고 주장했다. 물론 다른 출판사들이 AI의 기여는 인정될 필요가 있다고 주장했다.[34] 지금 우리는 미지의 바다를 항해 중이다.

이런 질문들은 새롭지 않다. 분야를 막론하고 작가들이 친구나 동료에게 초고를 검토해 달라고 부탁하는 일은 흔하다. 학생들은 교사가 제시했던 아이디어에서 말을 바꿔 자기 생각으로 정리한다. 만약 그 도움이 인간에게서 왔다면, 도움을 준 사람이 어느 선에서 감사의 찬사를 받을 자격이 있는지를 결정할 필요가 있다. 필요하다면 '기여자'나 '공동 저자'로 격상할 것인지도 판단해야 한다.

만약 인간의 기여에 대해 감사를 제대로 전하지 못했다면 언제라도 기여자들이 그 사실을 찾아낼 수 있다. AI의 경우는 다르다. 알고리즘은 감정이 없으니 고소할 일도 없다. 그렇다, 프로그램 제작 업체가 AI 워터마크를 심어 놓았다면 진실성 단속반이 워터마크를 찾아 보려는 시도는 할 수도 있다. 그리고 맞다, 문체분석 소프트웨어나 눈썰미 좋은 선생이 누군가 새로 제출한 텍스트의 문체와 여태까지의 문체 사이에서 차이가 있다는 사실을 포착할 수도 있다.

그러나 나는 그런 입증 작업이 대규모로 가능한지에 대해서는 회의적이다. 실행 가능성의 문제는 차치하고, 우리는 AI의 도움을 얼마만큼이나 무시해야 그것을 지나치다고 결론 내릴지에 대해 간단히 판단할 어떤 규정도 없다.

나 자신의 평가표를 위해: 고별사

쓰는 것은 자신이 어떤 존재인지를 표현하는 행위다. 내가 스스로 희망하는 수준보다 더 설득력 있고 통찰력 넘치는 수많은 작가가 존재한다. 그러나 오타가 있거나 서툰 문장이라고 해도 나의 글은 내마음과 내 체험에서 흘러나왔다. 내 개인적 평가표를 작성할 때 이런 점들이 중요하다.

AI 프로그램은 눈 깜짝할 사이에 기사 한 편을 생성할 수 있다. 교육과정평가원의 소프트웨어는 나보다 훨씬 빨리 학생의 에세이를 평가할 수 있고, 어쩌면 내가 놓쳤던 문제점도 찾아낼지도 모른다. 그러나 내가 쓸 때, 그 결과물에는 나의 이름이 따라붙는다. 내가 어떤 과제물을 평가할 때 나는 한 인간에게 손을 내밀고 있다.

그 내미는 행위가 얼마나 중요한지는 대학 초년 시절 어떤 일을 겪었을 때 각인되었다. 나는 2학년sophomore이었고 문자 그대로 '현명한 바보wise fool'였는데, 이 경우 방점은 '바보fool' 쪽에 찍혀 있었다(sophomore에서 'sopho-'는 '현명한'이란 뜻이고 more는 '바보moron'란 뜻-옮긴이). 영문과 전공을 지망하는 학생으로서 나는 J. V. 커닝햄 시인이 가르치던 '플라톤에서 드라이든에 이르는 문학비평'이라는 수업을 등록했다. 수강생 대부분은 4학년이나 대학원생들이었고, 사실상 수업은 그들 대상의 수준이었다.

이제 나는 첫 과제물의 주제도 기억 못 하지만 그것을 준비하면서 괴로웠던 기억은 생생하다. 내 능력에 부치는 과제였다. 바보들을 참을 수 없어 했던 교수님은 본인의 생각도 내 생각과 같다는 사실을 알려 주었다. 그는 내 과제물 첫 페이지에 딱 한 줄의 평가만 다음과 같이 휘갈겨 놓았다.

유치원생이나 보일 법한 뒤죽박죽 두서없는 역사 인식을 담고 있다. F 학점.

물론 그가 옳았다. 쓰라린 상처를 어루만지면서 나는 분석하고 쓰는 것을 배우겠다고 맹세했다. 오늘날까지도 나는 한 능숙한 독서가가 이런 풋내기를 인정사정 봐주지 않고 평가해 준 것에 대해 헤아릴 수 없을 정도로 감사한다.

문법이나 문체에 조언을 주는 어떤 AI의 조언도 그 정도로 단도

　　　　　　　　　　　　　쓰기의 미래

직입적이고 효과적이지는 못했을 것이다.

내가 챗GPT나 그에 뒤이은 프로그램들에 의지했더라면 더 나은 과제물을 제출했을 수도 있으리라. 아마도 특별히 통찰력 있는 정도야 못 되었겠지만, 두서없는 역사 인식은 좀 덜하지 않았을까? 그러나 과제의 목적은 좋은 성적을 얻는 것이 아니었다. 그것은 문학도가 되려는 나를 철저히 이해하고 수 세기 전의 작가들과 소통하고 그들이 쓴 작품을 이해하기 위해 분투하는 것이었다. 희망컨대 그 과정에서 분석적으로 사고하고 나만의 글쓰기 목소리를 찾는 방향으로 한 발 더 내디딜 수 있을 것이다.

인간의 글쓰기는 인간의 마음을 날카롭게 벼리고, 다른 사람과 이어 주는 마법검이다. 아무리 도우미로서의 AI가 효율적이라 하더라도 그 검이 빛을 발하도록 지키는 것은 우리의 몫이다.

주요 등장인물들

전통적인 희곡과 때로는 소설에서도 초반부에 등장인물, 라틴어로는 드라마티스 페르소나이dramatis personae 소개를 볼 수 있다. 그것은 독자에게 앞으로 펼쳐질 이야기에 대한 지침 역할을 한다. 나는 반대로 이 목록을 끝에 두었다. 핵심 약어와 AI 용어들에 대해 종합적이며 간결한 참고 자료를 제공하기 위해서였다. 또한 용어를 현대화했다. '주요한main'의 경우는 **첫째 가는**primary을 생각하거나 아니면 과거의 그 거대한 **메인프레임 컴퓨터**mainframe computer라고 별난 상상을 연계해도 좋겠다. '등장인물들characters'이라면 그래, 배우들이다. 하지만 또 한번 별난 상상을 동원해 **우리가 쓰는 기호들**이라 생각해도 좋다. 아이러니하게도 목록에 오른 주요 등장인물들에서 사람을 발견하지는 못할 것이다. 사람들은 찾아보기에 있다. 또한 이 책에서 사용된 용어들이 좀 더 충실히 정렬되어 있는 곳도 찾아보기이다. 무엇이 여기에 있고, 무엇이 없는지에 대해 다음과 같이 몇 마디 덧붙였다.

• **약어**[알파벳 수프alphabet soup, (이해하기 어려운 기호나 약어들-옮긴이)]**에 대해서**: 모두는 아니지만 대부분은 AI 관련 약어들이다. 철자 조합이 약어처럼 보이지만 일라이자ELIZA처럼 그렇지 않은 경우 그리고 람다LaMDA처럼 철자가 의미하는 바가 오리무중인 경우에 용어와 명칭에 대한 정의에서 그 항목들을 확인할 수 있다.

• **정의(모두 간결함)에 대해서**: 전문용어 중 일부를 여기에서만 정의해 놓았다. 책을 간결하게 만들고자 본문에서는 설명을 배제했다. AI 분야에만 제

쓰기의 미래

한되지 않는 사후 편집과 같은 용어를 포함했다. 철자검사기와 자동완성처럼 우리가 다 아는 용어들은 제외했다. 같은 원칙을 AI 기업에도 적용했다. 모두가 알고 있는 마이크로소프트와 구글은 제외했고, 상대적으로 덜 알려진 딥마인드나 AI21랩스는 포함했다.

알파벳 수프

ACE	Automatic Computing Engine, 자동연산장치
ACM	Association for Computing Machinery, 미국 컴퓨터학회
AG	artificial general intelligence, 범용인공지능
AI-MC	artificial intelligence-mediated communication, AI 매개 의사소통
ALPAC	Automatic Language Processing Advisory Committee, 자동언어처리자문위원회
API	application programming interface, 애플리케이션 프로그래밍 인터페이스
ARPANET	Advanced Research Projects Agency Network, 아르파넷, 미국 국방부 고등연구계획국의 대규모 패킷 교환망
BABEL	Basic Automatic BS Essay Language Generator, 베이식 자동 엉터리 에세이 언어 생성기
BERT	Bidirectional Encoder Representations from Transformers, 버트, 양방향 인코더 표현
BLEU	BiLingual Evaluation Understudy, 이중언어 평가
CBT	cognitive behavioral therapy, 인지행동치료
CCCC	Conference on College Composition and Communication, 대학작

문및커뮤니케이션회의

CERN   Conseil Européen pour la Recherche Nucléaire(European Council for Nuclear Research), 유럽입자물리연구소

CMC   computer-mediated communication, 컴퓨터 매개 의사소통

DARPA   Defense Advanced Research Projects Agency, 미국방위고등연구계획국

ETS   Educational Testing Service, 미국교육평가원

fMRI   functional magnetic resonance imaging, 기능적 자기공명영상

GAN   Generative Adversarial Network, 적대적 생성 신경망

GMAT   Graduate Management Admission Test, 경영대학원 입학시험

GPT   Generative Pretrained Transformer, 생성형으로 사전학습된 트랜스포머

GPU   graphics processing unit, 그래픽처리장치

GRE   Graduate Record Examination, 대학원 입학 자격시험

HCI   Human Computer Interaction, 인간-컴퓨터 상호작용

HTTP   HyperText Transfer Protocol, 하이퍼텍스트 전송 규약

LLM   Large Language Model, 거대언어모델

LSTM   long short-term memory neural network 장단기 기억 신경망

MFA   Master of Fine Arts, 예술학 석사

MLA   Modern Language Association, 현대언어학회

MRI   Magnetic Resonance Imaging, 자기공명영상

MUD   Multi-User Dungeon, 멀티 유저 던전(나중에는 '멀티 유저 디멘션 multi-user dimension'으로 불렸다)

MUM   Multitask Unified Model, 멀티태스크 통합 모델

NCTE   National Council of Teachers of English, 전미영어교사협회

NLP	natural language processing, 자연어 처리
NPL	National Physical Laboratory, 영국 국립물리연구소
NSF	National Science Foundation, 미국 국립과학재단
OCR	optical character recognition, 광학 문자 인식
PEG	Project Essay Grade, 에세이 평가 프로젝트
PET	positron emission tomography, 양전자단층촬영
RNN	recurrent neural network, 순환 신경망
SAT	Scholastic Aptitude Test, 학업적성검사(이제는 '적성검사'라고 부르지 않고 그냥 'SAT'라고만 한다)
SMS	Short Message Service, 단문 메시지 서비스
T9	text on 9 keys, 9개의 키로 텍스트 처리
TOEFL	Test of English as a Foreign Language, 외국어로서의 영어 검증 시험

핵심 AI 용어 및 명칭에 대한 간단한 정의

강화학습(reinforcement learning) 바람직한 작동에는 상을 주고 바람직하지 않은 작동은 벌점을 주면서 학습시키는 머신러닝의 일종. 인스트럭트GPT와 스패로가 이런 경우이며, 생성되는 답변을 개선하기 위해 인간이 참여한다.

갤럭티카(Galactica) 2022년 메타가 출시한 과학 거대언어모델인데 수준 미달로 서둘러 폐기했다.

거대언어모델(large language model, LLM) 거대 데이터 집합체를 이용해서 다음 순서에 올 단어를 예측하기 위한 프로그래밍 체계.

계약형 부정행위(contract cheating) 타인을 고용해서 과제물을 쓰게 한 뒤 그것을 자신의 것으로 주장하는 행위. 논문 대필의 새로운 표현.

그래머리(Grammarly) 사용자가 작성한 텍스트를 편집하는 데 널리 이용되는 상용 프로그램.

근본 모델(foundation model) 스탠퍼드대학의 HAI 연구소가 거대언어모델에 부여한 새 이름.

깃허브(GitHub) 소스 코드 공유 플랫폼. 지금은 마이크로소프트의 자회사다.

내러티브 사이언스(Narrative Science) 데이터로부터 뉴스거리를 생성하기 위해 AI를 이용한 초창기 영리기업.

달리(DALL-E) 자연어를 입력해 이미지를 생성하는 오픈AI의 초기 프로그램. 달리 2에 대체되었다. 경쟁 제품으로 미드저니와 스테이블디퓨전이 있다.

도착어(target language) 텍스트가 번역되어 나온 언어.

딥러닝(deep learning) 신경망을 이용하는 머신러닝기계. 종종 심층 신경망이라 불린다.

딥마인드(DeepMind) 데미스 하사비스^{Demis Hassabis}가 다른 이와 공동 창업한 AI 기업. 지금은 '알파벳'의 자회사이다.

딥블루(Deep Blue) IBM이 내놓은 체스 게임 프로그램. 1997년 체스 챔피언 가리 카스파로프를 꺾었다.

라이팅멘토(Writing Mentor) ETS가 내놓은 학생들을 위한 글쓰기 프로그램. 이레이터에 기반해 만들었고 구글독스의 애드온 앱으로 이용 가능하다.

람다(LaMDA) 구글이 개발한 거대언어모델. 람다보다 더 작은 버전으로서 구글의 챗봇 바드를 구동한다.

레트로(RETRO) 에너지 소모를 줄이기 위해 딥마인드가 설계한 언어모델.

렉시스넥시스(LexisNexis) 상업적 법률 문서 및 뉴스를 검색하는 데이터베이스.

마이크로소프트 에디터(Microsoft Editor) 편집 기능을 제공하는 AI로 구동되는

쓰기의 미래

MS워드(와 기타 프로그램들). 2020년에 도입되었는데 그래머리와 선두 다툼을 벌이고 있다.

머신러닝(machine learning) 시간이 지날수록 자신의 수행 능력을 향상시킬 수 있는 컴퓨터 프로그램 모델.

멀티태스크 통합모델(Multitask Unified Model, MUM) 현재 버트를 대신해 구글 검색을 강화하려는 트랜스포머 모델.

메멕스(Memex) 인간의 모든 지식을 집적한 자료들을 연결하기 위해 버니바 부시가 구상했던 기계.

메타(Meta) 페이스북의 모회사.

메탈 프로젝트(METAL project) 텍사스대학 오스틴 캠퍼스에서 시도한 기계번역 프로젝트.

문법적 젠더(grammatical gender) 많은 언어에서 명사(그리고 이따금 대명사, 관사 그리고 형용사)들이 문법적으로 남성, 여성, 혹은 중성의 특징을 띠는 것. 예를 들어, 독일어의 경우 '다리'라는 뜻의 'die Brucke'는 문법적으로는 여성이다.

미드저니(Midjourney) 자연어를 입력해 이미지를 생성하는 프로그램. 달리 2와 스테이블디퓨전도 비슷한 방식으로 작동한다.

미분기(difference engine) 찰스 배비지가 구상했던 특별한 목적을 수행하는 기계적 계산기.

바드(Bard) 2023년 구글이 출시한 챗봇. 람다보다 하위 버전에서 구동된다.

바벨피시(Babel Fish)─더글러스 애덤스의 『은하수를 여행하는 히치하이커를 위한 안내서』에 등장하는 상상 속 즉석 번역가인 물고기의 이름이자 초기 검색엔진 알타비스타^{Alta Vista}에서 쓰던 실제 번역기의 이름.

밤(Bombe) 제2차 세계대전 동안 블레츨리파크에서 사용된 전기기계식 암호 해독 기기.

버트(BERT) 구글의 초기 트랜스포머. 구글 검색을 강력하게 만드는 데 중요한 역할을 했던 프로그램이다.

번역체(translatorese) 번역 과정에 발생하는 언어 순응(다른 언어로 쓴 것을 옮겼다는 흔적-옮긴이).

범용인공지능(Artificial General Intelligence, AGI) 기계가 단지 한 가지 혹은 제한적인 가짓수의 과제만 수행하지 않고 인간 지적 활동의 전 영역을 모방할 수 있다는 생각.

블렌더봇 3(BlenderBot 3) 2022년 메타가 공개한 챗봇. OPT-175B 언어모델로 구동된다.

사후 편집(post-editing) 인간이나 컴퓨터가 이미 번역한 텍스트를 인간이 편집하는 것.

생성형 AI(generative AI) 텍스트, 이미지, 음악, 컴퓨터 코드를 비롯한 새로운 콘텐츠를 생산하는 AI.

설명 가능한 AI(explainable AI) 결과물만이 아니라 그것을 얻은 과정까지 보여주는 딥러닝 프로그램 설계 개념.

셰이키 세계 최초의 AI 기반 움직이는 로봇.

수도라이트(Sudowrite) GPT-3으로 구동되는 상용 텍스트 생성 프로그램. 일상의 필자들과 소설가들이 이용한다.

슈드루(SHRDLU) 테리 위노그래드가 만든 초기 프로그램. 로봇팔을 움직여 블록을 재배열하도록 만들었다.

스탠퍼드 HAI 스탠퍼드대학의 인간 중심 인공지능연구소, Human-Centered Artificial Intelligence.

스테이블디퓨전(Stable Diffusion) 자연어를 입력해 이미지를 생성하는 프로그램. 달리 2와 미드저니도 비슷한 방식으로 작동한다.

스패로(Sparrow) 자체 거대언어모델인 친칠라에 기반해 설계된 딥마인드의 챗봇.

시스트란(SYSTRAN) 피터 토마가 최초로 조지타운대학에서 개발한 기계번역 체계.

신경망(neural network) AI에서 인간의 신경망과 유사한 방식으로 프로그램화한 모델. 다수의 은닉층을 포함하는 신경망은 심층 신경망이라 불린다.

심층 신경망(Deep Neural Network, DNN) 인간 두뇌의 작동 방식을 모방한 기계학습식 접근법. 이따금 딥러닝deep learning이라 불린다.

아시모(ASIMO) 도쿄의 미라이칸박물관에 있는 휴머노이드 로봇.

아이센티케이트(iThenticate)—학술지나 정부 간행물과 같은 전문적 정보를 위한 턴잇인의 표절 탐지 도구.

아티클포지(Article Forge) 자체적인 지식 검색엔진을 이용해 기사나 블로그 포스트 또는 에세이 같은 텍스트를 생성해 주는 영리 회사.

알파고(AlphaGo) 딥마인드가 만든 프로그램으로 2016년 이세돌을 꺾었다.

알파벳(Alphabet) 구글 모회사.

알파폴드(AlphaFold) 단백질접힘을 해독하기 위한 딥마인드의 프로그램.

언캐니 밸리(uncanny valley) AI가 너무나 실제와 가깝다고 느껴질 때 미치는 심리적 영향을 표현하기 위해 마사히로 모리가 만든 개념.

에니그마(Enigma machine) 독일이 개발한 암호 작성·해독 기계이며 제2차 세계대전 동안 널리 사용되었다.

에니악(ENIAC) 제2차 세계대전 동안 펜실베이니아대학에서 탄도미사일의 궤적과 탄착점 계산을 위해 개발된 컴퓨터.

역번역(back-translation) 출발어로부터 도착어로 번역한 후에 원본과 비교하기 위해 다시 출발어로 되번역해 보기.

역전파(backpropagation) 순방향 신경망Feed Forward Neural Network을 훈련시키기 위해 사용되는 학습 알고리즘. 합성곱 신경망에 사용되는 기술. 다음을 참고하라. Rumelhart et al. 1986.

오토메이티드인사이츠(Automated Insights) 데이터로부터 뉴스거리를 생성하기 위해 AI를 이용했던 초창기 영리기업.

오픈AI(OpenAI) GPT-3, 달리, 코덱스, 챗GPT와 GPT-4를 개발한, 샌프란시스코에 본사를 둔 회사.

왓슨(Watson) TV 퀴즈쇼 '제퍼디'에서 선보인 IBM의 자연어 처리 프로그램. 현재 과학, 비즈니스, 번역 분야에서 사용된다.

우다오 2.0(Wu Dao 2.0) 베이징인공지능연구원이 개발한 트랜스포머 모델.

워드튠(Wordtune) 문장 고쳐쓰기 기능을 제공하는 AI21랩스의 프로그램.

음성인식(speech recognition) AI를 이용해 입말을 처리해서 녹화 내용을 텍스트로 변환하고, 자동 통역을 제공하며, 가상 에이전트와 의사소통한다.

음성합성(speech synthesis) 이메일을 크게 읽어 주는 것을 비롯해 문자 텍스트를 음성 언어로 바꾸는 AI의 기능.

이레이터(e-rater) 몇몇 ETS 주관 시험 과목 중 에세이를 평가하기 위한 자연어 처리 도구.

이미지넷(ImageNet) 페이페이 리와 그녀의 동료들이 개발한 거대한 이미지 데이터세트.

인간-컴퓨터 상호작용(Human Computer Interaction, HCI) 컴퓨터와 그것을 이용하는 인간 사이의 협력 관계를 설명하기 위해 나온 최초의 용어.

인스트럭트GPT(InstructGPT) 이전의 GPT 버전을 개선해 오픈AI가 출시한 더 정교해진 거대언어모델. 챗GPT는 인스트럭트GPT의 '자매 모델'이다.

일라이자(ELIZA) 1960년대에 조지프 와이젠 Joseph Weizenbaum 박사에 의해 개발된 로제리안 심리 치료사를 흉내 낸 프로그램.

자연어 생성(natural language generation, NLG) 인간이 생성한 텍스트를 완성하는 것을 비롯해 새로운 텍스트를 생성하는 데 관여하는 자연어 처리의 한 측면(자연어 처리가 인간의 언어를 이해하는 능력이라면 자연어 생성은 컴퓨터가 처리한 결과물을 인간이 이해할 수 있게 바꾸는 기술-옮긴이).

자연어 이해(natural language understanding) 단어와 문장을 이해하는 것과 관련된 자연어 처리의 한 측면. AI는 인간의 언어를 이해하는 시늉은 할 수 있지만 인간적 의미에서 그것을 이해하는 것은 아니다.

자연어 처리(natural language processing, NLP) 컴퓨터를 사용해 인간의 언어를 '이해하'고 생성하려는 거대한 시도.

자연적 젠더(natural gender) 명사의 실제 성. 가령 ram은 숫양을, ewe는 암양을 말한다.

장단기 기억 신경망(long short-term memory, LSTM) 순환 신경망의 한 가지로, 한 가지 데이터 항목보다는 순차 데이터를 처리한다.

재스퍼(Jasper) 거대언어모델(GPT-3)을 사용해 업무상 필요한 글을 생성하는 상용 프로그램.

적대적 생성 신경망(Generative Adversarial Networks, GAN) 두 신경망을 서로 맞대 놓고 어느 것이 더 정확한 예측을 해 내는지 결정하는 딥러닝 모델이다. 어떤 식으로 GANs가 작동하는지 알고 싶다면 Goodfellow et al. 2014를 참고하고, 시각 예술·음악·문학 텍스트에 관한 예시를 보고 싶다면 Shahriar 2021을 참고하라.

전문가시스템(expert systems) 특별한 지식 기반 위에서 추론하여 해답을 도출했던 1970년대와 1980년대에 인기를 끌었던 AI 프로그램.

정렬 문제(alignment problem) AI 의사결정에서 야기될 수 있는 윤리적이고 실존적인 위험들에 대처해야 하는 문제.

제너두(XANADU) 테드 넬슨이 버니바 부시의 메멕스에 영감을 받아 제시했던 범용 라이브러리 체계.

지메일의 스마트 답장(Gmail Smart Reply) 이메일 답장을 쓸 때 자동으로 답장에 쓸 말을 제시하는 구글 프로그램. 2015년에 배포되었다.

지메일의 스마트 편지쓰기(Gmail Smart Compose) 새 이메일을 쓸 때 자동으로 문장을 완성해 주는 구글 프로그램. 2018년에 배포되었다.

챗GPT(ChatGTP) 2022년 11월 오픈AI가 선보인 챗봇. 공식 명칭: GPT-3.5.

출발어(source language) 번역 대상이 된 텍스트의 언어.

카피스미스(Copysmith) 거대언어모델을 사용해 업무용 글쓰기 서비스를 제공하는 프로그램.

코그니티브시스템스(Cognitive Systems) 사무실 업무를 자연어 처리로 대체해 보려고 로저 섕크가 창업한 회사.

코덱스(Codex) 입력된 자연어를 컴퓨터 코드로 생성할 수 있는 오픈AI 프로그램. 마이크로소프트 및 깃허브와의 제휴를 통해 코파일럿Copilot에 통합되었다.

코파일럿(Copilot) 자연어를 입력해서 컴퓨터 코드를 생성하는 프로그램. 오픈AI의 코덱스를 기반으로 구축되었다. 깃허브를 통해 이용할 수 있다.

콜로서스(Colossus) 제2차 세계대전 동안 암호해독을 위해 개발된 영국의 컴퓨터.

크라이티리온(Criterion) 학교를 통해 이용 가능한 ETS의 온라인 쓰기 도우미. 이레이터 프로그램으로 구동된다.

타움-메테오(TAUM-METEO) 몬트리올대학에서 개발한 기상예보 기계번역 체계.

턴잇인(Turnitin) 교육계에서 널리 이용되는 상업용 표절 탐지기.

테일스핀(Tale-Spin) 제임스 미한이 작성한 초창기 스토리 생성 프로그램.

트랜스포머(transformer) 2017년에 도입된 신경망 체계. 거대언어모델을 구축하기 위한 기반이다.

퍼셉트론(perceptron) 신경망의 기본단위.

페란티 마크 1(Ferranti Mark 1) 1951년 맨체스터대학에서 개발한 컴퓨터.

하이퍼링크(hyperlink) 원래는 한 문서 안에서 디지털 정보들 사이의 연결을 말했는데, 지금은 웹 서버 전체에서의 연결을 말한다.

하이퍼텍스트 소설(hypertext fiction) 하이퍼링크를 사용해 개별적인 단위 텍스트를 결합하여 서사를 구성한 것.

합성곱 신경망(Convolutional Neural Networks) 구조화된 데이터를 처리하기 위해 사용되는 딥러닝 신경망. 이미지 분류와 자연어 처리를 비롯해 많은 AI 과제 해결에 적용된다.

해석 기관(Analytical Engine) 범용 컴퓨터에 관한 찰스 배비지의 구상.

휴먼스인더루프(Humans In The Loop) AI 프로그램을 사용할 때 인간의 역할을 설명하는 최신 용어. 단수인 '휴먼Human인더루프'로 좀 더 흔히 쓰인다.

AI21랩스(AI21 Labs) 인간을 위한 글쓰기 동반자로서 자사 소유의 거대언어모델을 사용하는 이스라엘 회사.

BLEU 점수(BLEU score) 기준 번역과 비교해 봤을 때 기계번역의 완성도를 평가하는 척도.

GPT-3 오픈AI가 개발한, 널리 사용되는 거대언어모델. 2023년 3월 GPT-4가 나왔다.

GPT제로 챗GPT가 작성한 문서를 탐지하는 프로그램. 에드워드 티안이 작성했다.

OPT-175B 메타가 오픈소스로 공개한 거대언어모델. 챗봇인 블렌더봇 3을 위해 사용된다.

감사의 말

감사의 말을 구성하는 전통적인 법도에 따르면, 마지막은 배우자를 위해 남겨 두라고 한다. 당신도 영혼의 동반자가 베푼 도의적 지지에 찬사를 보내는 자리가 어디쯤인지를 알고 있을 것이다. 가족과의 식사를 종종 빼먹고 함께 세운 계획을 틀어 버려도 잘 참아 준 것에 대해서 감사하는 자리 말이다. 이 모든 불찰이 내 경우에도 해당한다. 그러나 이번에 내가 작성하는 감사 인명록에 나의 배우자 니킬 바타차리아는 최상단에 이름이 오를 자격이 있다. 남편이 아니었더라면 『쓰기의 미래』는 없었을 것이다.

수십 년 동안 니킬은 컴퓨터와 AI에 관한 궁금증의 씨앗을 내 안에 뿌려 놓았다. 1979년 그는 나를 꼬드겨 애플 II 플러스를 사게 했고, 5년 뒤에는 그것을 매킨토시 최초 모델 중 하나로 대체하도록 만들었다. 1980년대 초에 우리는 마이크로컴퓨터에 대한 수업을 듣기 위해 매주 몇 마일을 통학했고, 추가적으로 인공지능진보협회Association for the Advancement of Artificial Intelligence, AAAI의 초창기 회의 중 일부에 참석했다. 그러고는 게임 체인저가 등장했다. 뉴욕과학아카데미가 주최하는 AI 회의였다. 연단에 선 강연자들은 컴퓨터과학과 철학계의 기라성 같은 최고의 인물들이었다. 금상첨화로 니킬과 나는 우연히 아이작 아

쓰기의 미래

시모프와 식탁을 함께하는 영광을 얻었다.

곧 니킬은 나를 채근해 언어학자의 관점으로 컴퓨터 언어에 관한 책을 쓰게 했다. 그렇게 『컴퓨터 언어들: 당혹스러워하는 사람들을 위한 지침서 Computer Languages: A Guide for the Perplexed』(국내 미번역)가 나왔다. 컴퓨터과학자가 아니었던 나는 정말 당혹스러운 마음으로 착수했다. 그러나 1인 응원단 니킬이 내가 결승점을 통과하도록 지켜봐 주었고, 그 후로 이어진 다른 모든 출판물을 집필할 때도 기꺼이 그렇게 해 주었다.

다음 감사는 나의 작가 대리인인 펠리시아 이스의 차례다. 우리는 컴퓨터 언어들에 관한 책으로 시작해 30년 이상을 함께 일했다. 펠리시아는 내가 학자로서 느긋한 삶에 안주하려 할 때 어떨 때는 격려로 어떨 때는 재촉으로 나를 거기서 벗어나게 했고, 정신을 가다듬고 눈앞에 닥친 문제와 씨름하도록 했다. 펠리시아, 당신의 모든 사려 깊은 조언에 감사드려요.

이제는 이 책에 크고 작게 기여한 사람들의 차례다. 모데나레지오에밀리아대학의 내 소중한 친구 마리나 본디는 나를 방문교수이자 여름 학기 강사로서 모데나대학으로 기꺼이 초대해 주었다. 그곳에 있는 동안 나는 AI와 언어에 대한 내 생각을 검토해 볼 수 있었고, 학생들을 대상으로 AI와 글쓰기에 대한 설문 조사를 할 기회를 얻었다. 그라치에 밀레 Grazie mille!(천 번 mille 이나 고맙다 grazie 는 이탈리아 감사 인사-옮긴이) 오타와대학의 린 보커 교수는 내가 과거와 현재를 아우르는 AI와 번역 사이의 복잡한 관계에 대해 배울 때 더할 나위 없이 귀한 길잡이였다. (린, 성탄절 연휴 동안에도 내 질문에 번개처럼 답변해 준 것에 대해 특히 감사드려요.) 존 라스킨, 레슬리 매컬럼과 제시 빗슨. 이들 캐나다 변호사 삼총사는 친절하게 법과 쓰기와 AI에 관한 생각과 참고 문헌들을 공유해 주었다. 그들은 책 속의 법적 논의들이 확고한 근거를 바탕으로 이루어지게 해 주었다.

다른 많은 이가 다양한 종류의 지침이나 자료나 도움을 제공해 주었다. 알파벳 순으로 쿠미 이시야마, 나탈리아 루신, 마리아 마리아니, 리사 플라트니크, 힐데군 슈튈레, 레슬리 와튼, 에바 비트코프스카에게 감사를 드린다. 당신들 각각은 그 이유를 알고 계시리라.

내 원고의 일부분을 또는 전체를 읽어 준 나의 충실한 벗들에게 무진장 감사드린다. 이번에도 알파벳순이다. 린 보커, 메리 핀들리, 나탈리아 쿠치르코바, 안네 망엔, 레슬리 매컬럼, 그리고 로네케 판데르 플라스. 당신들이 예리한 눈으로 읽고 헤아릴 수 없이 값진 조언을 준 덕분에 나는 사실을 바로잡고, 어설픈 실수를 정리하고, 명쾌하게 다듬을 필요가 있는 문장을 고쳐 생각하게 되었다. 외부 검토자들에게도 그들이 주신 건설적 제안에 사의를 밝힌다. 그리고 그들의 제안 대부분을 수용했다.

스탠퍼드대학 출판부에서 책을 내기로 선택한 것은 일종의 귀향이었다. 1968년~1972년까지 당시 스탠퍼드대학의 언어학회였던 곳에서 나는 대학원 과정을 마쳤다. 그때 이후로 그중 한번은 스탠퍼드대학 행동과학첨단연구센터Center for Advanced Study in the Behavioral Sciences에서 객원 연구원으로 머문 것을 비롯해 도합 여섯 번을 '농장the Farm'으로 돌

쓰기의 미래

아왔다(스탠퍼드대학이 설립자인 릴런드 스탠퍼드가 운영하던 거대한 말 목장을 터로 잡았기 때문에 이런 별명을 얻었다-옮긴이). 그러나 스탠퍼드대학의 이름으로 출판은 처음이었다.

출판부로부터 받은 환대는 믿기 힘들 정도로 따뜻했다. 나의 편집자 에리카 웨터와 부편집자 캐롤라인 맥쿠식에게, 이 책과 나를 잘 인도해 준 것에 대한 진심 어린 감사를 드린다. 검토와 출판 과정을 조율해 준 모든 이에게도 마찬가지의 감사를 드린다. 특히 교열 담당이었던 제니퍼 고든에게 깊이 감사드린다. 그이는 본문의 많은 오류를 솜씨 좋게 제거했다. 제니퍼는 AI 프로그램이 월드 클래스 인간 편집인을 대체할 수 없음을 보여 주는 산증인이다. 그런 팀의 일원이 된 경험은 대단히 기쁜 일이었다.

그리고 팀이라는 말이 나온 김에 하는 말인데, 아메리칸대학 커뮤니케이션 및 미디어 담당 레베카 바수 부소장은 오랫동안 나의 연구에 대해 굳건하고 세심한 지원과 홍보를 떠맡았다. 레베카 부소장님, 나는 당신에게 점심 한 끼로는 갚을 수 없는 빚을 졌답니다!

마지막으로 앨런 튜링으로부터 오늘날의 거대언어모델을 창안한 사람들까지 수많은 AI 연구자에게 감사드린다. 그들 덕분에 글쓰기의 능력과 기술을 비롯한 지적 활동에서 컴퓨터가 인간을 몰아낼지도 모를, 혹은 인간을 보조할지도 모를 가능성에 대해 우리가 고민하게 되었기 때문이다. 『쓰기의 미래』가 좋든 나쁘든 이제 겁나게 똑똑해진 쓰기 도구들의 잠재력을 이해하기 위한 집단적 노력에 조금이라도 보탬이 되기를 바랄 뿐이다.

옮긴이의 말

『쓰기의 미래』 번역 작업이 한창이던 2024년 6월에 지인에게서 학위 논문의 영문 초록을 검토해 달라는 부탁이 왔다. 시중에 떠도는 번역기로 번역하고 본인이 다시 손본 것이라고 했다. 대체로 상당한 수준으로 번역이 되어 있었다. (논문 저자의 검토까지 거쳐서 더 그랬을 것이다.) 길게 엉켜 있는 문장 몇 곳을 손봤고, 좀 어색한 단어들을 더 잘 어울리는 단어로 바꾸고 어처구니없는 단어 몇 개를 바꾸는 것으로 내 일은 끝났다. 그때 고친 단어 중 하나가 'executive'였다. 한국어 '중역'을 번역기는 'executive'라고 옮겼고 나는 문맥에 맞는 'indirect translation'로 고쳤다. 한자어 '중역'은 크게 두 가지 뜻이 있는데 '회사의 중요한 임원'이라는 의미의 중역重役은 'executive'라 옮기면 되겠고, '이중 번역'을 뜻하는 중역重譯이라면 'indirect translation'이면 좋겠다. 번역기의 속을 알 수는 없지만 '중역'은 '이중 번역'보다는 '회사의 중요한 임원'이라는 뜻으로 쓰일 확률이 너무 높으니 그런 선택을 하지 않았나 생각한다.

문제는 이제는 학술지에 실릴 만한 논문 한 편도 뚝딱 만들어 낸다고 소문난 AI가 이런 오류를 서슴없이 저지른다는 사실이다. 물론 거대언어모델에 기반한 AI는 지금도 진화 중이니 이 정도의 오류야

예전에 해결했을지도 모르지만 아직은 두고 볼 일이다. 2023년 봄에 이런 소리를 썼다가는 당신이 뭘 안다고 아는 체하냐고 지적을 받았을지도 모르겠다.

2023년 봄을 맞기 전부터 구독하는 신문에 챗GPT의 얘기가 실리기 시작하더니 몇 달 동안 정말 하루도 쉬지 않고 그 소식을 날랐다. 그러더니 소셜미디어는 말할 것도 없고 온 사회가, 온 세상이 정말 시끄러웠다. 신문만 펴면 '챗GPT!'라고 내지르는 소리가 들리는 것 같았고 설익은 기사가 난무했다. (내 생각에는 급하게 소식을 나르는 역할은 어쩔 수 없이 소셜미디어가 한발 앞서니 신문은 폭넓은 관점을 유지하며 사태의 추이를 살피고 깊이 분석하는 기사에 좀 더 주력했으면 한다. 세상을 놀라게 한 발견, 이론 따위가 처음 나왔을 때는 소위 전문가들끼리도 서로 부딪는 주장을 하면서 제각기 자기 말이 옳다고 백가쟁명을 벌인다. 신문이 신호등 구실을 하며 신중하게 교통정리를 하는 역할을 맡으면 좋겠다.) 다행히 적당한 거리를 두고 판세를 바라보며 신중하면서도 통찰력 있는 분석을 제공하는 필자가 없지는 않았다. 덕분에 개인적으로 일렁거리던 쓸데없는 호기심과 직업적 불안(번역가들이 곧 사라진대!)은 납득할 수 있는 수준으로 가라앉았다.

그렇게 시끄럽더니 2023년 중반부터는 좀 조용해졌고 7월경에는 끝물이다 싶은지 '국방버전 챗GPT'가 나왔다는 희한한 인터넷발 기사도 봤다. 그쯤 해서 시끄러운 건 잦아들었지만 간혹 생성형 AI 이용자들의 '너 이런 거 알아' 수준의 체험기는 신앙 간증하듯 간간이 떴다.

번역이 거의 막바지에 이르렀던 2024년 8월 5일, 증시 대폭락 기사가 오후 내내 떴다. '블랙먼데이'라는 단어와 서킷브레이크(주식매매 일시정지 제도)가 발동되었다는 기사가 떴고 며칠 뒤 "생성형 AI 열풍이 투자금을 유치하고 주가를 끌어올리기 위한 '붉은 청어'(사냥개를 속이는 사기)라고 주장"하는 전문가의 인터뷰가 기사화되었다. 언제는 생성형 AI 팡파르를 요란하게 울리더니 이제야 "AI 주가 폭락, 당연해"라는 기사가 떴다. 정말 신문^{newspaper}이 아니라 구문^{oldspaper}이라는 실없는 소리 앞에 숙연해진다.

『쓰기의 미래』는 그런 AI 열풍과 관계가 있으면서도 없는 책이다. AI를 피해 가지 않으니 관계있고 열풍과는 멀찍이 거리를 두고 있으니 관계없는 책이다. 이제 AI의 시대가 성큼 다가왔고 그 핵심은 AI가 보이는 묘기에 가까운 언어능력에 있으니, 저자는 기계의 그런 능력이 인간의 언어능력에 어떤 영향을 끼치게 될지 궁금해한다.

저자 나오미 배런은 컴퓨터 전문가가 아니라 언어학과 교수다. 고리타분한 냄새가 나는가? 아니다. 일찌감치 젊은이들이 주도하는 인터넷과 휴대폰을 통해 오가는 문자에 학문적 관심을 기울일 정도로 세상의 현실과 자신의 학문을 연계하려 애쓴 학자다. 그러나 그때까지도 언어학의 연구 대상은 입말이 대세였다. 덕분에 10대들이 주고받는 인스턴트 메시지 분석을 주제로 언어학 연구 기금을 신청했다가 퇴짜를 맞았다. 기금은 고사하고 그런 연구는 언어학에 해당하지 않는다는 기금 담당관의 거만한 충고까지 들었다. 이제 전세가 역전되어 배런 교수는 미국 과학진흥협회가 '인터넷상의 언어'라는 이름의 학술 토론회를 기획해 달라고 부탁하는 귀하신 몸이 되었다.

그러던 그가 AI의 언어로 넘어온 것도 AI 열풍에 편승하기 위함이라기보다는 언어학자로서의 관심과 근심 때문이었다. AI가 귀찮은 메일도 대신 써 주고 학생들의 과제물도 학위논문도 척척 작성해 내는 세상이 거의 닿을 듯 다가와 있다고 하니 걱정이 없을 수가 없다. 하지만 그의 걱정은 'AI가 작성하기 힘든 과제물은 어떻게 내야 하나'라는 고민이 아니다. (그리고 그런 고민에 대한 현명한 해결책이 이 책에 없는 것은 아니다.)

저자는 자동차의 성능이 고도화되어 평행주차 기능까지 추가되었을 때 인간이 가진 기본적인 주차 능력이 퇴화(안 쓰면 없어져 Use It or Lose It!)하듯이, 지나치게 AI의 언어능력에 기대다 인간의 언어능력이 퇴화하는 건 아닌지 걱정한다. 자동차 주차야 그렇다 치더라도 언어능력은 그럴 수 없는 일 아닌가. 그렇다고 AI의 엄청난 능력을 못 본 체할 수도 없으니 AI와의 협업을 이뤄 내자고 주장한다. 언어학자인 저자는 책의 대부분을 할애해 인간 언어와 AI의 언어적 능력의 발달을 '역사적이며 철학적인 관점으로' 조망하며 자신의 주장에 대한 근거를 놓는다. 그래서 책이 마무리되는 지점으로 나아갈수록 인간으로서 쓰기에 대한 주권을 지켜야겠다는 생각이 확고해지면서도 그렇다고 러다이트운동을 주도했던 사람들처럼 AI에 대한 반감을 갖게 되는 것은 아니다. 오히려 AI의 언어적 능력을 더욱 주의 깊게 사용하면서 자신의 쓰기 능력을 향상시키는 도구로 쓰겠다는 마음가짐과 어떤 식으로 그런 목적을 이룰지에 대한 방법도 마련하게 된다.

8월 5일의 블랙먼데이가 있은 지 2주 뒤인 19일, 마이크로소프트

(MS) 클라우드 서비스 장애로 미국의 한 방송국에서는 손으로 직접 지도를 그린 일기예보가 등장했고, 뉴욕 맨해튼 타임스스퀘어의 대형 전광판은 하나둘씩 꺼졌으며, 공항에서는 온라인 티켓 발권과 체크인에 장애가 생기면서 큰 혼란에 빠졌다. 여러 가지 사후약방문식 대책이 무성했지만 컴퓨터 문외한인 내가 보기에는 그저 자물통을 하나 더 달자는 얘기로밖에 들리지 않았다. 정말 그러면 안전해질까?

문득 프랑스 사회학자 에드가 모랭의 글에서 만난 이 대목이 떠올랐다.

> 우리는 이제 과학의 맹목적인 힘의 지배하에 있으며 과학은 자기 자신에 대해서도 맹목이라는 것을 알고 있다. 우리는 어떤 내재적인, 그리고 (사회적·정치적인 것과 같은) 외적인 일련의 조건들이 모두 충족되어야만 과학에 희망을 걸 수 있다.
> – 에드가 모랭, 고재정·심재상 옮김, 『20세기를 벗어나기 위하여』
> (문학과지성사, 1996), 346쪽

이 책은 인간의 글쓰기를 반성적으로 되돌아보고 언어학적 관점에서 과학(이 책에서는 생성형 AI)에 대한 비판적 고찰을 시도하며 그 둘의 조화를 모색한다. 과학에 희망을 걸 수 있는 세상을 바라며.

2024년 12월
옮긴이 배동근

쓰기의 미래

글쓰기는 설레는 일이다

엄기호(사회학자·청강문화산업대학 교수)

AI와 쓰기에 대한 전문적 저서의 해제를 쓰는 것이 전문적인 식견을 가지고 저자가 최근의 논의들을 어떻게 종합하고 있으며 어떤 편향과 한계가 있는지를 비판적으로 분석하는 글이라면 나는 이 책에 대한 해제를 쓰기에 적합하지 않다. AI에 대한 전문적인 식견도 없으며, 언어학자도 아니거니와 글쓰기를 전문적으로 연구한 사람도 아니기 때문이다.

다만 (1) 존재에 관계의 인연이 선행한다고 보는 '연기론'자의 관점에서 (2) 인류학적 시선으로 이야기를 짓는 학생들을 가르치면서 (3) 어떤 관계를 맺는 것이 그들이 고유한 이야기꾼으로 성장을 도모하는지를 참여 관찰 하는 선생으로서, 그리고 마지막으로 (4) 고유한 자로 성장하는 아주 좋은 파트너인 글쓰기에 설레는 사람의 처지에서 책의 내용을 살펴보는 것도 의미가 있는 일이라면 용기를 내 보려고 한다.

연기론의 관점이란 관계 설정에 따라 내용이 결정된다고 본다. 이를테면 이런 것이다. 내가 가르치는 과목에서 글과 그림으로 이야기를 짓는 학생들이 챗GPT를 어떻게 잘 활용하거나 오남용하면서 과제를 수행하는지를 '적발'하는 것에 나는 전혀 관심이 없다. 이유는 학생들이 과제를 제출하는 것으로 끝이 아니라, 제출 후 전원 나와 피드백 면담을 해야 하기 때문이다. 피드백 과정에서 학생들이 제출한 과제에 대해 질문하고 함께 분석하다 보면 그것이 어느 정도 남의 도움을 받은 것인지 혹은 자기가 지은 것 없이 베낀 것인지는 금방 드러나게 된다. 가르치는 자와 배우는 자 사이의 관계를 고유한 이야기꾼으로서의 '성장'하는 것의 중심에 두면, 그 관계에 배우는 자 스스로 가치를 부여하는 정도에 따라 자신과 AI의 관계를 설정한다. 앞의 인연에 따라 뒤의 인연이 정해지는 것이다.

나 자신을 고유한 존재로 성장시켜 온 파트너인 글쓰기를 설레어하는 나는 이야기를 짓는(쓰는) 학생들이 고유한 이야기꾼으로 성장하기를 바란다. 나와의 인연(=연합)을 통해서 자신을 고유한 이야기꾼으로 성장시키는 쓰기의 파트너가 되어서 말이다. 가르치는 사람으로서 배우는 사람이 글쓰기와의 연합을 어떻게 구축할 수 있는지, 그리고 그 과정에 AI가 어떤 기여와 방해가 될 수 있는지를 알기 위해 나는 이 책을 읽었다. 이 책은 글쓰기를 설레어하는 사람에게 왜 글쓰기가 설레는 것인지를 해명해 준다. AI의 기원과 발달 과정, 그리고 어떤 영역에서 AI의 확산이 먼저 일어났고 왜 그러했는지를 역사적으로 파악할 수 있게 도와 준다. 그렇게 AI의 잠재력과 한계, 그리고 그것을 활용하는 인간과 AI의 관계를 인간들이 역사적으로 어떻게 구상해 왔는지를 들여다보면서 가르치는 자로서 배우는 자와 어떤 관계를 맺어야 할지를 생각하게 한다. 가르치는 자의 관심은 AI 자체가 아니라 배우는 자의 이야기를 짓는(쓰는) 고유한 자로 '성장'하는 것이기 때문이다.

AI와의 글쓰기, 셋이 추는 춤

어떤 글을 써야겠다고 마음을 먹고 시작하지만 처음 생각했던 것처럼 흘러가는 글은 거의 없다. 첫 문장을 쓰고 나면 그 문장이 다음 문장을 이끌며 글이 글을 쓰기 시작한다. 글을 쓰다 보면 내가 이런 생각을 하는 사람인지 스스로 놀랄 때조차 있다. 글이 어떤 방향으로 흘러갈지 알 수는 없다. 생각을 글로 쓰는 게 아니라 글을 쓰는 것을 통해서만 비로소 내 생각을 알 수 있다. 오로지 끝까지 써 봐야지만 알 수 있다.

이런 점에서 글쓰기는 고독한 작업이라고 말한다. 고독하지만 외롭지 않다. 홀로 있는 것 같지만 글을 쓰는 동안에는 글과 나, 둘이 존재한다. 둘이 대화하며 둘이 씨름한다. 따라서 글쓰기는 홀로 있는 것처럼 보이지만 오롯이 글과 나, 둘이 있는 세계를 짓는 과정이기도 하다. 그래서 한국에서는 글을 쓴다고도 하지만 집을 짓는 것처럼 '짓는다'고도 한다.

동시에 글은 결코 홀로 쓸 수 없다. 글쓰기에는 '저자'라고 알려진 사람 말고 다른 여러 존재'들'의 협력이 필요하다. 간단한 맞춤법 검사에서부터 문법과 문장의 구조를 교열하고 교정하는 도움도 필요하고 나아가 글의 정당성과 타당성을 확인하며 적절히 조언해 주는 편집자가 절대적으로 필요하다. 때로 그 작업은 사람의 힘을 빌릴 때도 있고 기계의 도움을 받을 때도 있다. 글을 쓰는 것은 나 홀로, 쓰기의 과정에는 글과 나 둘의 대화로 이루어지는 것 같지만 이 사이에 많은 도움과 협력이 필요한 것이다.

이 도움과 협력을 통해 비로소 '저자'가 될 수 있다. 물론 도움과 협력을 받는다고 해서 저자의 독창성이 사라지는 것이 아니다. 프랑스의 사상가 부뤼노 라투르의 개념을 빌려 온다면 모든 존재는 다른 존재의 도움과 협력을 받는 연합을 통해 자기 스스로의 고유성을 더 고양할 수 있다. 연합의 최고치에서 독창성의 최고치가 발현되는 것이다. 물론 그 연합이 다른 존재를 훔치고 표절하는 것은 아니어야 하겠지만 말이다. 그렇기에 주석을 다는 것과 같이 도움과 연합의 출처를 분명히하고 감사하는 작업이야말로 독창성을 위해서라도 가장 필수적인 일이라고 할 수 있다.

이 책은 사람이 AI와 어떤 협력적 관계를 맺는 것이 가능하며, 그리고 그 관계가 AI뿐만 아니라 자기 자신에게도 '윤리'적일 수 있는지를 다루고 있다. AI와 글쓰기의 문제를 다루는 다른 저서들이 '이미' AI가 할 수 있는 일이 무엇인지를 감탄하거나 '아직' AI가 하지 못하는 것이 무엇인지를 찾는 데에만 열중한다면 저자는 이 둘을 아우르면서 질문을 던진다. 글을 쓰는 사람이 AI와 '서로'를 더욱 고유한 존재로 고양시키는 협력적 관계를 맺는 것이 어떻게 가능한가. 바로 이

쓰기의 미래

렇게 서로를 고유한 존재로 고양하는 것을 나는 '윤리'적이라고 말한다. 저자가 이 책에서 사용하지 않은 '윤리'라는 말로 이 책을 설명하려는 이유다.

이 가능성을 탐구하기 위해 저자는 먼저 글쓰기가 무엇이며, 그것이 인간의 역사에서 어떻게 출현했고, 어떤 역할을 하였는지를 탐구한다. 나아가 그 글쓰기 과정에 기계가 도입하게 된 역사적 과정과 방식, 그 방식에서 일어난 변화가 의미하는 바가 무엇인지를 샅샅이 살펴본다. 이를 통해 '우리' 인간이 AI와 협력을 도모하면서도 글쓰기에 부여한 가치를 잃어버리지 않고 고유한 존재로 고양하는 데 필요한 것이 무엇인지를 점검한다. 이 전체 과정에서 저자는 비전문가들이 읽으면서 혼란에 빠지기 쉬운 복잡한 기술에 대한 전문적인 용어와 지식, 특히 약어의 문제를 책 뒷부분에서 최대한 상세하고도 친절하게 설명하여 독자들이 늪에 빠지지 않도록 한다.

먼저 글쓰기가 인간 고유함에서 왜 중요한지부터 생각해 보자. 얼핏 생각하면 쓰기는 말을 베껴 놓은 것처럼 보인다. 레너드 블룸필드의 말처럼 "문자는 언어라기보다는 단지 눈에 보이는 기호로 언어를 기록하는 방법일 따름이다"(이 책의 가장 큰 미덕 중의 하나가 저자가 자기 생각을 전개하기 위해 도움받는 다른 저자들의 말을 그대로 충실하게 인용하고 있다는 점이다. 이것이 바로 글쓰기가 도움과 협력의 과정이며, 그 과정에서 독창성과 고유함이 더욱 고양된다는 것을 이 책 스스로가 증명하고 있다)는 것이다.

그러나 쓰기의 역할은 그렇게 보조적인 것이 아니다. 표기법의 등장은 '현재를 과거와 단절'시키며 '사고를 위한 도구로 부상'했다. 철학적 사고의 발달에 핵심적 역할을 했으며, 이렇게 높아진 문해력이 '마술을 부르는 부적'이 되었다는 것이다. 글은 무엇보다 자기표현과 사고를 위한 도구다. 쓰기를 배우는 것은 명확하게 사고하는 능력을 키우는 한편, 내 생각에 관심이 있는 사람들, 즉 독자들에게 자신을 표현하는 능력을 개발하는 유용한 수단이다.

인간은 쓰게 되면서 멈출 수 있게 되었다. 시간의 주체가 된 것이다. 사고에서 무엇보다 중요한 것이 입에서 나오는 대로 말하는 것이 아니라 말하다가 멈추고, 멈추어서 말한 것을 돌아보고, 돌아보고 난 다음 고친다는 점이다. 파울로 코엘료가 말한 것처럼 "외로움을 회상으로 바꾸려 시도하는 것"이 글쓰기다. 따라서 쓰기는 '생각에 대한 생각'을 가능케 했다.

생각에 대해 생각하게 되면서 인간은 쓰지 않았더라면 몰랐을 자신의 생각이 무엇인지를 알게 된다. 타자로서의 자기에 대한 앎으로 나아가는 것이다. 또한 아나이스 닌Anaïs Nin의 말처럼 쓰는 사람들은 결코 주어진 세계에 안주할 수 없는 사람들이다. 이 세계에 만족하고 사는 사람들은 결코 글을 읽고 쓸 필요가 없다. 다만 제공된 세계에 살수가 없는 사람들이 쓰기를 통해 슬픔을 갈망으로 바꾸어 자신이 거주할 집으로서의 세계를 창조하며 근본적 희망에 대한 연약한 끈을 세상에 내린다. 그렇기에 가장 절망적인 글일수록 더욱 희망을 붙잡기 위한 불태움인 것이다.

이런 글쓰기에 기계와 AI는 어떻게 들어오고, 그 영역을 확장해

쓰기의 미래

왔는가? 저자는 2부와 3부에서 그 역사를 되짚으며 단계마다 어떤 도약이 일어나면서 영역 확장이 일어났고, 그것이 궁극적으로는 독창성에 던지는 의미가 무엇인지를 되돌아본다. 비전문가에게는 머신러닝이나 신경망 등 신기하면서 동시에 난해한 내용이지만, 오히려 기계와 AI를 통해 인간과 인간의 언어에 대해 이해하는 과정으로 생각한다면 흥미진진하게 읽을 수 있다. 예를 들어 5장의 자연어에 대해 설명하는 부분이 그렇다. "어떤 언어도 절대적으로 일관적일 수 없"으며 '새는 부분'이 있다는 것이 인간 언어의 특징이라면, 그것을 따라 하는 자연어 처리 과정에서 인간이 해내던 전통적인 과제를 AI가 처리하게 된 것들이 있다. AI가 '본격적'으로 작가로 등장하기 전 단계에서 번역이 어떻게 그 가교 역할을 하게 되었는지를 다룬 6장은 매우 흥미진진하게 읽을 수 있다.

그리고 AI가 글을 쓰기 시작했다. 연애편지도 쓰고, 줄거리 형식을 갖는 산문도 쓰게 되었다. AI의 영역이 점차 확대되면서 인간들은 자신들만의 고유한 영역이라고 생각했던 것이 위협받고 있다고 생각하게 되었다. 그 핵심에 창의성이 있다. 사실 AI와 글쓰기에 관련된 논문이나 책을 읽는 사람들의 관심도 여기에 집중되어 있다. 과연 AI는 인간만큼의, 혹은 인간을 능가하는 창의성을 발현할 수 있을 것인가. 현재가 아니라면 곧 다가올 미래에in the near future or soon는 어떠한가? 이것은 인간과 그 노동력을 AI가 어느 정도 대체할 것인지에 대한 기대와 공포가 동시에 담겨 있을 것이다.

그러나 이 질문에 저자는 단칼에 답변하지 않는다. 사실 저자가 그렇게 단칼에 답변했다면 이 책은 전혀 읽을 가치가 없다. 그저 시류에 편승한 글일 것이기 때문이다. 대신 저자는 자신만의 답을 제시함에도 '창의성'이라는 것이 무엇을 말하는 것인지 여러 학자들의 견해를 우회한다. 이유는 명확하다. 아직 창의성이 무엇을 말하는지에 대해 명확한 정의를 가지고 있지 않기 때문이다. 물론 창의성은 새롭고, 가치를 더해야 하며, 시간을 견디는 것이어야 한다. 그리고 창의성의 수준은 '도'와 '모'의 수준이 아니라 중간의 여러 단계를 가지고 있는 것으로 구분하기도 한다.

그러나 이런 수렴점들 역시 하나하나가 다 엄밀하게 정의되어야 하는 것들이다. 예를 들어 새롭다는 것은 누구의 관점에서, 어떤 유용에서 새로운 것을 말하는가? 가치를 더한다는 것은 또 무엇을 의미하는가? 창의성은 여전히 그것이 어떤 것인지 정체를 알기 위해 노력하고 해명해야 하는 '무엇'이다. 그렇다면 AI의 창의성 정도에 대한 질문은 창의성을 어떻게 정의할 것인지에 달려 있으며, 이것은 전적으로 인간이 자신의 가능성과 한계를 이해하기 위한 '인간적인' 관심과 맞닿아 있다.

다만 저자는 글쓰기와 관련한 AI의 창의성과 관련하여 인간의 글쓰기와 뚜렷한 차이점을 강조한다. 우리가 어떤 작품을 독창적이라고 할 때 우리는 작품만이 아니라 그 작품을 쓴 저자의 삶과 저자가 살아 낸 시대를 같이 본다. 한국인 최초로 노벨문학상을 수상한 한강 작가의 작품을 과연 제주4·3사건과 5·18광주민주화운동이라는 시대와 떨어뜨려 생각할 수 있는가? 작가가 직접 경험했건 그렇지 않았건

저 시대적 아픔이 작가의 삶을 어떤 연유로, 무엇으로 관통했는지를 바라보지 않을 수 있는가? 이것을 삶이라고 한다. 아직, 그리고 앞으로 아주 오랫동안 AI에게는 저자로서의 삶이 없을 것이다.

그러나 이 말이 AI가 영원히 인간을 능가하지 못할 것이라는 말이 아니다. 오히려 관점을 바꿔야 한다. AI와 구분되는 인간만의 특질이 무엇인지에서 글쓰기를 통해 인간은 AI와 어떤 협력적 관계를 맺는 것이 윤리적인가라는 질문으로 말이다. 여기서 윤리적이라고 말하는 것은 단지 AI에 윤리적이어야 한다는 말이 아니다. AI와 어떤 관계를 맺는 것이 나 자신에게 윤리적인가를 물어야 한다는 말이다.

먼저 AI와 나 자신을 철저하게 도구적 관계로 생각할 수 있다. 철자법에서부터 문법을 거쳐 표현까지, 아예 문장과 글 전체를 도구적으로 활용하는 것이다. 그러나 이런 관계는 주인과 노예의 역설에 빠지게 한다. 저자도 거론한 것처럼 철저히 도구로 활용하지만, 아마도 그 주인은 노예인 AI가 시키는 대로 철자와 표현법을 바꿀 것이다. 가까운 미래를 in the near future가 아닌, 단순한 표현이 더 낫다는 추천을 받은 뒤 soon으로 바꿔 버리는 것처럼 말이다. 그렇게 자기만의 표현, 문체를 잃어 갈 것이다. 이것은 AI에도 인간 자신에게도 윤리적이지 않다. 자신의 고유함을 고양하기는커녕 상대에 융해되어 버리는 것이기 때문이다.

대안으로 제시되는 것 중의 하나가 휴먼스인더루프humans in the loop 이다. AI를 통해 인간을 대체하는 것이 아니라, 인간의 역량을 증진시키기 위한 협력적 관계를 맺자는 제안이다. AI가 인간을 돕는 것뿐만 아니라 인간이 AI를 도울 수도 있을 것이다. 어느 한쪽을 도구화할 필요가 없다. AI의 도움으로 대응 가능한 여러 표현 가운데 하나를 선택하면서 우리는 삶이 담긴 표현을 찾을 수 있다. 추천한 대로 따라가는 것이 아니라 말이다. 나아가 그 선택을 하면서 과연 그 표현이나 문장이 내 삶의 결과나 느낌을 잘 담아내는지를 돌아볼 수 있다. AI의 제안이 최종 선택이 아니라 내 삶이 담긴 표현을 찾기 위한 여정의 시작이면 되는 것이다. 거꾸로 이런 과정은 기계적 학습에서 '최적화된' 답만 제시하는 것이 아니라 다양한 선택지를 AI가 제안할 수 있도록 하는 과정이 될 수도 있다. AI와의 연합으로 글쓰기를 하는 이들이 각자의 고유성을 고양시키는 방식으로 관계를 맺자는 것이다. 그러기 위해서는 연합을 두려워하며 고유성에 고립되어서도, 고유성을 잃고 연합에 융해되어서도 안 될 것이다.

어떻게 하면 그럴 수 있을까? 이 해제를 시작하며 나는 글쓰기를 설레는 것이라고 말했다. 글쓰기가 설레는 사람만이 그럴 수 있다. 연애편지를 쓴다고 생각해 보자. 상대를 매혹시키기 위해서 내 글이 아니더라도 멋진 글로 쓰고 싶을 수도 있다. 반대로 멋진 글이 아니더라도 내 진심을 전달하는 글을 쓰고 싶을 수도 있다. 그 진심을 전달하기 위해서라면 조금의 도움을 받을 수도, 전적인 도움을 받을 수도 있다. 사실 그것은 문제 되지 않는다. 마지막에 한 문장만 붙이면 된다. "난 글을 진짜 못 쓰는데 내 마음을 멋지게 전달하고 싶어 도움을 받았습니다. 그렇게 해서라도 당신을 사랑하는 내 마음을 표현하고 싶었습니다."라고 말이다. 마침표를 찍기 전 이 문장으로 나는 내 마음의 진실을 파헤치고 드러내며 다른 이와 인연을 맺는 주인이 된다. 글을 쓰는 것이 고통스럽더라도 이 마지막 문장을 쓸 때는 설레어야 한다. 여기에 지금 AI를 도구로 대하는 인간이 스스로에게 가하는 가장 큰 위협이 있다. 글쓰기의 설렘을 아는 이미 익숙한 장인들masters에게 AI는 충분히 유용한 파트너가 될 것이다. 그들은 이미 자기 자신과, 그리고 독자와 글을 통해 파트너가 되는 법을 익힌 사람들experts이기 때문이다. 그들에게 글쓰기는 고통스럽지만 만남을 추구하는 설레는 일이다.

그러나 아직 글을 통해 만남으로 파트너가 되는 것을 배우지 못한 사람들에게 AI 시대는 전혜정 작가가 자신의 SNS에서 탁월하게 지적한 것처럼 "훈련되지 않은 사람들에게는 영원히 성장하지 못하도록 하는 '사다리 걷어차기'"가 될 것이다. AI와 글쓰기에 대해 정말 걱정하고 초점을 맞추어야 하는 것은 바로 이것이다. 되풀이하여 읽고 쓰고 또 고쳐 쓰면서 생각하고, 표현하며, 감정을 발산하고, 자기를 발견하고, 관계를 맺는 존재로 정교해지고자 하는 과정에서 고유한 존재로 창발되는 것으로서의 '성장'.

이것이 아마 AI 전문가도 아니고, 언어학자도 아니고 글과 이미지로 이야기를 만드는 학생들을 가르치는 내가 이 책에 해제를 쓰는 이유일 것이다. 쓰는 자와 AI, 이 둘의 관계에서 쓰기가 일어나게 해서는 안 된다. 이 둘 사이에 하나가 더 필요하다. 둘의 관계를 배우는 자와 가르치는 자, 그리고 AI라는 셋의 관계로 만들어야 한다. 가르치는 자의 역할은 AI의 도움을 받았는지 아닌지를 검열하고 감시하는 것이 아니다. 가르치는 자는 배우는 자에게 말을 걸면서 AI의 제안을 쓰기의 종착지가 아니라 삶이 담긴 자기표현이 되기 위한 여정의 시작으로 인도해야 한다.

우리 모두는 그렇게 누군가에게 배우는 자가 되기도 하고 가르치는 자가 될 수도 있다. 그렇게 되면 쓰기는 '셋이 추는 춤'(물리학자 카를로 로벨리가 『나 없이는 존재하지 않는 세상』에서 양자 얽힘을 둘이 아닌 셋의 관계로 설명하며 표현한 것)이 될 것이다. AI를 도입할 것인가 말 것인가, 혹은 AI가 인간의 창의성에 위협이 될 것인가 아닌가가 아니라 글쓰기가 호모사피엔스에게 가져온 성장의 도약을 세대에 걸쳐 이어 가기 위해서 '쓰기'를 AI와 함께 하는 셋이 추는 춤의 이야기가 필요하다. 이 책이 바로 그 이야기를 하는 책이다. 이 책을 읽으면서 독자는 '셋'이 되어 둘 사이에 들어가 춤을 추거나 '셋'을 나와 AI 사이에 초대하는 법을 배울 수 있으니 말이다.

주석

("n.d."는 출판일 불명(no date)의 약어다-옮긴이)

서문 | 인간 작가가 AI 자동 언어 기계와 만나다

1 Dahl 1996, p. 15.

2 M. Anderson 2022.

3 Vincent April 17, 2018.

4 Basu 2021.

5 Clark et al. 2021.

6 인간의 글쓰기에서 AI를 추방하기 위해 고안된 AI 도구인 스케어크로SCARECROW에 관한 논의에 대해서는 다음을 참고하라. Dou et al. 2022.

7 "What Grades Can AI Get in College?" n.d.

8 Thunström 2022. 그 논문은 읽고 싶다면 다음을 참고하라. GPT Generative Pretrained Transformer et al. 2022.

9 Gutman-Wei 2019.

10 Patterson and Linden 1981; Savage-Rumbaugh 1994.

11 R. Brown 1980.

12 Terrace 1979.

13 N. Chomsky 1959; Skinner 1957.

14 N. Chomsky 1966.

15 McCoy et al. 2021.

16 https://livestream.com/rutgersitv/chomsky/videos/100919931 (50분에 시작된다)

17 다음에서 재인용. Garfinkel n.d.

18 Knight 2022.

19 McKinney et al. 2020.

20 Barber 2021; Hie et al. 2021.

21 『일리아스』 제18권.

22 이 다이달로스가 크레타의 라비린토스Labyrinthos를 만들었고, 불운했던 자기 아들 이카로스의 날개를 만든 사람이다.

23 Aristotle, *Politics*, Book I, Part IV.

24 Brynjolfsson and McAfee 2014; Levy and Marnane 2004; McAfee and Brynjolfsson

2017; D. Susskind 2020; Susskind and Susskind 2015.

25 Asimov 1981.

26 Pasquale 2020.

27 S. Russell 2019, p. 173.

28 Moncada 1983.

29 "Voters Turn Down Ban" 1983.

30 AI의 조언은 편견을 나타낼지도 모른다. 다음을 참고하라. Christian 2020.

31 Strubell et al. 2019.

32 Heaven December 8, 2021.

33 몇 가지 대안을 찾아보려면 다음을 참고하라. Heaven May 3, 2022; Theron 2022; "Workshop on Foundation Models" 2021.

34 다음에서 재인용. Garber 2013.

35 https://googlefeud.com

36 https://www.wired.com/video/series/google-autocomplete-inverviews

37 https://www.studiosabia.com/wired-autocomplete-interview

38 Gibbs 2016.

39 Abid et al. 2021.

40 Ngo and Sakhaee 2022.

41 Bavarian Broadcasting n.d.

42 Lee and Lai 2021.

43 Hsu and Thompson 2023.

44 Heikkilä August 31, 2022.

45 European Union 2016, Article 39.

46 그런 시도에 관한 논의가 궁금하다면 다음을 참고하라. Casey et al. 2019.

47 Vincent January 12, 2018.

48 Mac 2021.

49 Buolamwini and Gebru 2018. 어떤 식으로 AI 알고리즘이 불평등을 지속시키는가에 대한 더 많은 논의는 다음을 참고하라. Noble 2018. 언어모델의 유독성을 해소하는 문제에 대한 딥마인드의 분석은 다음을 참고하라. Welbl et al. 2021.

50 https://ai.google/principles/

51 Bender et al. 2021.

52 좀 더 상세한 것은 다음을 참고하라. Simonite 2021.

53 Metz 2021.

54 여러 가지 사례는 다음을 참고하라. Broussard 2018.

55 Marcus 2022.

56 https://www.youtube.com/watch?v=PBdZi_JtV4c

57 어떻게 그걸 이룰 것인가에 대한 마커스의 생각은 다음을 참고하라. Marcus and Davis 2019.

58 Marshall 2021.

59 Silverstone and Hirsch 1992.

60 Baym 2010, pp. 45-49.

61 Ling 2012.

62 Wright n.d.

63 Mori 2012.

64 Gault 2022.

65 Neate 2021.

66 T. Adams 2010.

67 https://www.nextrembrandt.com

68 Klingemann 2020.

69 Zeitchik 2021.

70 Jefferson 1949, p. 1110.

71 Tiku 2022.

72 Gebru and Mitchell 2022.

73 US Food and Drug Administration n.d.

1장 | 문해력 둘러보기

1 "Gorham's Cave Complex" n.d.; "Neanderthals" n.d.

2 "Australia" 2021.

3 "How Sequoyah" 2020.

4 한글의 우수성에 대한 동영상은 다음을 참고하라. https://www.youtube.com/watch?v=MYT9VagKJQQ

5 "Year of China" n.d.

6 Mallery 1972.

7 "Cracking the Maya Code" n.d.

8 Bloomfield 1933, p. 21.

9 가령 다음을 참고하라. R. Harris 2000.

10 N. Baron 1998, N. Baron 2008; Crystal 2001; 계속되는 많은 관련 기사는 《Journal of Computer-Mediated Communication》을 확인하라.

11 Cressy 1980, pp. 178, 176.

12 *Waldorf Today* n.d.

13 C. Chomsky 1971, C. Chomsky 1979.

14 LaFranchi 1984; Martin and Friedberg 1986; Slavin 1991.

15 Plutarch Aristides 7.

16 Tsu 2022.

17 Cressy 1980, p. 117.

18 Messenger 2015.

19 "International Literacy Day 2021" 2021.

20. 선문자 B의 선조 격인 선문자 A는 미노아어를 쓰는 데 사용된 것으로 추정되는데, 그것에 대해 세상에 알려진 바는 거의 없다. 선문자 A는 적어도 대다수 사람들의 판단으로는 여전히 해독되지 않았다.

21 Coulmas 1989, pp. 164–165.

22 Goody and Watt 1963.

23 Biblical Archaeology Society 2020.

24 Halverson 1992.

25 Olson 1994, p. 242.

26 N. Baron 2000.

27 W. Harris 1989.

28 Greenfield and Bruner 1966.

29 Scribner and Cole 1981.

30 Costandi 2016.

31 Elbert et al. 1995; Peng and Park 2019.

32 Maguire et al. 2000.

33 Dehaene 2009; Dehaene et al. 2015.

34 과거 게릴라 전사였던 이들 외에도 비슷한 배경의 주부들이 일부 이 연구에 참가했다.

35 Carreiras et al. 2009.

36 Dehaene et al. 2010.

37 Skeide et al. 2017.

38 Hutton et al. 2020a; Hutton et al. 2020b; Horowitz-Kraus and Hutton 2018.

39 Goldman 2021. 또한 다음을 참고하라. https://www.braingate.org/about-braingate/

40 C. Zimmer 2014.

41 플라톤의 『파이드로스(Phaedrus)』 275a–275b.

2장 | 왜 인간은 쓰는가—그리고 고쳐 쓰는가

1 Chadwick 1959.

2 Benson 1975.

3 Authors Guild n.d.

4 N. Baron 2000, pp. 48–53.

5 Minnis 1988, p. 12.

6 Minnis 1988, pp. 196–197, 199.

7 Feather 1994, p. 191.

8 영국의 저작권법은 "작품에 숨은 아이디어가 아니라 (…) 아이디어를 표현한 작품"을 보호한다("UK Copyright Law" 2021). 미국 저작권청은 저작권법이 "원작자의 창작물"을 보호하지만 그것이 "사실, 아이디어, 체제나 조작 방법"을 보호하지는 않는다고 상세히 설명해 놓았다("저작권은 무엇을 보호하는가?" n.d.).

9 "UK Copyright Law" 2021; "Copyright Basics" n.d.

10 Slater 2014.

11 *Naruto v. Slater* 2016.

12 US Copyright Office 2014, §313.2.

13 Samuelson 1986, p. 1199.

14 US Constitution, Article 1, Section 8, Clause 8.

15 Bridy 2012, para. 51.

16 Grimmelmann 2016a; Grimmelmann 2016b.

17 "Summary of the Berne Convention" n.d.

18 Bridy 2016, p. 400에서 1994년 뉴질랜드 저작권법을 인용했다.

19 Zhou n.d.

20 몇 가지 예를 보려면 다음을 참고하라. https://lifearchitect.ai/books-by-ai/

21 Samuelson 2020.

22 1976년 《Chronicle of Higher Education》에 최초 게재되었다.

23 Lunsford et al. 2017, p. iii. 원본의 이탤릭체를 따랐다.

24 Brogaard et al. 2018; C. Flaherty 2017.

25 이 인용 부분과 다음 인용은 에어로그램라이터스스튜디오(Aerogramme Writers'

Studio)가 편찬한 인용문들("Why I write" 2014)에 큰 도움을 받았다. 양쪽 모두의 인용구가 어떤 정서에 속하는지를 판단하는 것은 내가 결정했고 재분류하는 것도 재량껏 했다.

26 Nin 1974.

27 Z. Smith 2006.

28 Coelho 1996.

29 Green n.d.

30 다음에서 재인용. Flood 2009.

31 Zafón n.d.

32 Wiesel 1985.

33 이 인용어구가 널리 언급되었지만 출처를 찾을 수는 없었다.

34 사례들의 연대순을 확인하려면 다음을 참고하라. *Quote Investigator* n.d.

35 이들 인용구, 특히 오코너의 것은 출판물과 온라인에서 흔히 볼 수 있다:. 예를 들면 NPR 2005. 하지만 출처를 추적하는 것은 어려웠다.

36 1964 interview.

37 Dahl 1984.

38 "Chinese Dissident" 2001.

39 Liukkonen 2008.

40 Shepherd n.d.

41 Lahiri 2017, p. 18.

42 A. Flaherty 2004.

43 Crouse 2022.

44 NACE 2018.

45 NACE 2022.

3장 | 영작문과 그것이 미친 결과

1 Swift 1991.

2 Scragg 1974.

3 다음에서 재인용. Scragg 1974, p. 90.

4 Crystal 2006; Curzan 2014; Leonard 1929.

5 Crystal 2006, pp. 107–108.

6 린들리 머리는 미국인이었지만 영국으로 이주한 뒤에 『영어 문법English Grammar』을 저

술했다.

7 Abadi 2018.

8 Yates 1989.

9 Davies 1982, appendix, Table 1.

10 Eliot 1869a. 《애틀랜틱먼슬리》는 《디애틀랜틱^{The Atlantic}》으로 제호를 바꾸었다.

11 Fithian 1950.

12 Eliot 1869b.

13 Diehl 1978.

14 Schiff n.d.

15 M. Mitchell n.d. a.

16 M. Mitchell n.d. b.

17 Myers 1996, p. 38.

18 Wozniak 1978, p. 8. 다음에서 재인용. Brereton 1995, p. 4.

19 Kennedy 1980.

20 Harvard University Archives Research Guides n.d., 1869–1870, p. 39.

21 "When Greek and Latin Ruled" 1914.

22 Harvard University Archives Research Guides n.d., 1869–1870, pp. 34–39.

23 E. Abbott 1876; Hill 1874. 필수 교재 목록을 보려면 다음을 참고할 것. Harvard University Archives Research Guides n.d., 1874–1875, p. 44.

24 Brereton 1995, p. 34.

25 Briggs 1888; 이 텍스트는 다음의 책으로 재출간되었다. Brereton 1995, p. 60.

26 Harvard University Archives Research Guides n.d., 1884–1885, p. 74; 1885–1886, p. 42.

27 Brereton 1995, p. 11.

28 D. Russell 2002, p. 341 fn 38.

29 Reid 1959, p. 254.

30 C. Adams et al. 1897; 이 텍스트는 다음의 책으로 재출간되었다. Brereton 1995, p. 112.

31 전형적인 영어과의 작문 프로그램에 대한 설명은 다음을 참고하라. Payne 1895; 이 텍스트는 다음의 책으로 재출간되었다. Brereton 1995, pp. 157–186.

32 Lounsbury 1911; 이 텍스트는 다음의 책으로 재출간되었다. Brereton 1995, p. 280.

33 Brereton 1995, p. 127.

34 Lounsbury 1911; 이 텍스트는 다음의 책으로 재출간되었다. Brereton 1995, pp. 282, 283.

35 여기서는 오로지 글쓰기 과제물을 평가하는 것만 말할 것이다. AI가 상당히 좀 먹고 있는 수학이나 컴퓨터공학 같은 분야의 평가를 말하는 것이 아니다. 다음을 참고하라. Swafford 2021.

36 Brereton 1995, p. 18.

37 Brereton 1995, p. 22.

38 S. Brown et al. 1994.

39 Phelps 1912; 이 텍스트는 다음의 책으로 재출간되었다. Brereton 1995, p. 288.

40 Lounsbury 1911; 다음의 책에서 재인용. Brereton 1995, p. 270.

41 C. Adams et al. 1892; 이 텍스트는 다음의 책으로 재출간되었다. Brereton 1995, p. 76.

42 이어지는 역사는 다음을 참고했다. Gallagher 2003.

43 제임스 코넌트의 역할을 비롯해 표준화된 테스트의 역사를 필요로 하면 다음을 참고하라. N. Lehmann 1999.

44 시간이 지나면서 교육평가원은 대학[SAT]과 대학원[GRE] 입학 허가뿐만 아니라 그 시험들보다 더 이른 고교 시절에 보는 성취도 시험인 예비대학수학능력평가[PSAT], 대학학점 선이수제[AP], 외국어로서의 영어 검증 시험[TOEFL], 교원 자격시험[Praxis] 그리고 대학수준능력시험[CLEP]을 감독할 책임을 떠맡았다. 게다가 ETS는 초중등 교육을 위해 전국교육성취도평가[NAEP]를 관리한다. 전문적인 프로그램들을 위한 입학시험은 일반적으로 법학대학원 입학시험[LSAT]이라면 법학대학원입학위원회[LSAC]가, 의과대학입학자격시험[MCAT]이라면 미국의과대학협회[AAMC]와 같은 조직이 그 책임을 맡고 있다.

45 연대기의 많은 부분은 다음에서 참고했다. Jacobsen n.d. 또한 다음도 참고하라. Hartocollis et al. 2021.

46 College Board n.d.; Hartocollis et al. 2021.

47 Page 1966, p. 239.

48 가령 교재 출판 업체인 피어슨이 지능형 에세이 평가를 출시했듯이 다른 회사들도 컴퓨터에 기반한 에세이 평가 사업에 뛰어들었다.

49 ETS n.d. a.

50 Attali et al. 2010; Monaghan and Bridgeman 2005.

51 일반인들이 열람할 수 있는 일련의 미국 특허들을 제외하고도 ETS 직원이 편집한 연구 안내서 두 권과 함께 컴퓨터 학회들에서 배포되는 논문들도 구할 수 있다. 다음을 참고하라. Shermis and Burstein 2013; Yan et al. 2020. ETS의 작문 평가 자동화 50년 역사를 돌이켜 보려면 다음을 참고하라. Klebanov and Madnani 2020.

52 Kincaid et al. 1975.

53 Burstein et al. 2010; Klebanov et al. 2017.

54 ETS n.d. b.

55 CCCC 2004.

56 White 1969, p. 167.

57 T. Smith 2018에서 재인용

58 Powers et al. 2001.

59 Winerip 2012에서 재인용

60 Perelman 2020.

61 Cahill et al. 2018, p. 204.

62 Burstein et al. 2001; Burstein et al. 2004.

63 ETS Global n.d.

4장 | 언어 기계를 향한 꿈

1 M. Roberts 2019.

2 에니그마 기계에 대한 역사는 다음을 기초 자료로 삼았다. Copeland 2004 and "History of the Enigma" n.d.

3 Copeland 2004, p. 228.

4 에니그마 기계의 작동 방식을 간단히 보고 싶다면 다음을 참고하라. https://www.youtube.com/watch?v=DBn2J4x0NQ4

5 https://csenigma.pl/en/

6 다음 부분의 내용(튜링과 인공지능에 관한)뿐 아니라 블레츨리파크에서 튜링이 이뤄낸 업적에 대한 상세한 내용은 다음을 참고했다. Copeland 2004.

7 Alexander n.d.

8 해독 과정이 구체적으로 어떻게 진행되었는지 궁금하다면 다음을 참고하라. Copeland 2004, pp. 217–266.

9 Copeland 2004, p. 218.

10 Kindy 2022.

11 Turing 1937. 그 논문은 1936년에 완성되었고(그래서 1936년 논문으로 언급되지만) 1937년에 출간되었다.

12 최초의 원고는 국립물리연구소 웹사이트에 올라 있다. 참고 문헌의 쪽 번호들은 그 원고를 기준으로 했다.

13 Turing 1948, p. 107.

14 Turing 1948, p. 117.

15 Turing 1948, p. 127.

16 Turing 1950, p. 433.

17 Turing 1950, p. 434.

18 Turing 1951. Copeland 2004, pp. 482, 483에서 재인용.

19 Turing 1951. Copeland 2004, p. 485에서 재인용.

20 Turing et al. 1952. Copeland 2004, p. 500에서 재인용.

21 Turing et al. 1952. Copeland 2004, p. 502에서 재인용.

22 J. McCarthy 2006.

23 J. McCarthy 2006.

24 Moor 2006, pp. 88–89.

25 Navarria 2016.

26 전문가시스템에 대한 논의는 다음을 참고했다. Russell and Norvig 2021.

27 "'Expert System' Picks Key Workers' Brains" 1989; Oravec 2014.

28 데이비드 핸슨David Hanson이 개발한 소피아에 관한 더 많은 정보는 다음을 참고하라. https://www.hansonrobotics.com/sophia/ and https://www.youtube.com/watch?v=Sq36J9pNaEo

29 K. Johnson 2021.

30 https://guides.loc.gov/this-month-in-business-history/july/zip-code-introduced

31 Matan et al. 1991.

32 LeCun et al. 1998.

33 Li n.d.

34 https://www.image-net.org/about.php

35 Copeland 2004, p. 353.

36 Copeland 2004, pp. 562–563.

37 N. Chomsky 1993, p. 93. Copeland 2004, p. 565에서 재인용.

38 Michie 1986, p. 78. Copeland 2004, p. 562에서 재인용.

39 이 연대표는 다음을 참고했다. Copeland 2004, pp. 356–358 and chap. 16.

40 Koch 2016.

41 Heaven February 23, 2022에서 재인용.

42 이어지는 단백질접힘에 대한 논의는 주로 다음을 참고했다. Callaway 2020 and Heaven February 23, 2022.

43 Callaway 2020에서 재인용.

43 Quoted in Callaway 2020.

44 다음을 참고하라. Stanford Center for Research on Foundation Models: https://crfm. stanford.edu

45 초보자라면 충실한 텍스트로 다음 책을 참고하라. Russell and Norvig 2021. 흥미롭고 시대를 앞서가면서도 전문적으로도 기초가 단단한 논의를 원한다면 다음을 참고하라. Lee and Qiufan 2021.

5장 | 자연어 처리 자동 언어 기계

1 Sapir 1921, p. 39.

2 그런 변화의 과정을 간결하게 전체적으로 살펴보고 싶다면 다음을 참고하라. Russell and Norvig 2021, pp. 24–25.

3 Turing 1951. Copeland 2004, p. 485에서 재인용.

4 Samuel 1959.

5 뉴런에 관한 간단한 논의를 위해서라면 다음을 참고하라. "What Is a Neuron?" n.d.; 그 단어의 기원에 관해서라면 다음을 참고하라. Jabr 2012.

6 1948년의 논문에서 튜링은 전기회로가 인간의 신경과 같다고 가정했다.

7 "New Navy Device Learns by Doing" 1958.

8 Minsky and Papert 1969.

9 이 목록은 미국 컴퓨터학회[ACM]에서 나온 다음 보도자료의 도움을 받았다. "Fathers of the Deep Learning Revolution Receive ACM A. M. Turing Award" 2019.

10 Chung 2019.

11 Vaswani et al. 2017.

12 Devlin et al. 2018.

13 2021년 구글 검색은 버트[BERT]보다 천 배 더 강력한 새 트랜스포머 모델 MUM (Multitask Unified Model)을 채택했다. 다음을 참고하라. Nayak 2021.

14 20억 달러가 더 투자되었다. 2023년이 되자 챗GPT를 MS 제품들에 통합하기 위해 추가로 100억 달러를 투자하는 협상이 타결되었다. 다음을 참고하라. Heikkilä January 17, 2023.

15 "Pope Ditches Latin as Official Language of Vatican Synod" 2014.

16 van Bezooijen 1995.

17 Lorenz 2021.

18 Baker and Gillick n.d.

19 Hao 2021.

20 Limbong 2021.

21 Jee 2022.

22 https://cloud.google.com/text-to-speech

23 Jia and Weiss 2019.

24 Crystal 2010.

25 Heaven March 29, 2022.

26 Ives and Mozur 2021.

27 Shah and Bender 2022.

28 Kim et al. 2021.

29 Potthast et al. 2020.

30 https://www.gov.scot/publications/scottish-governments-gaelic-language-plan-2022–2027/pages/4/

31 일찍이 마이크로소프트의 트루텍스트 같은 말더듬 교정 소프트웨어가 10년 가까이 이용 가능했다. 개선된 모델들이 계속 개발되고 있다(사례를 보고 싶으면 Lou and Johnson 2020을 참고하라).

6장 | 기계번역 부활하다

1 Bach 2018.

2 Hutchins 2002.

3 편지는 다음에 실려 있다. Weaver 1949.

4 Bowker 2012; Weaver 1964. 위너의 이런 관심사에 대해 알려 준 린 보커Lynne Bowker에게 감사드린다.

5 Bar-Hillel 1951.

6 Walker 2015.

7 *Language and Machines* 1966. 간결한 요약본을 원하면 다음을 참고하라. Hutchins 1996.

8 W. Lehmann n.d.

9 Slocum n.d.

10 https://www.systran.net/en/translate/

11 Gotti et al. 2014. 다른 응용 프로젝트들에 관한 설명은 다음을 참고하라. Bennett 1995.

12 Thouin 1982, p. 43. 인간의 이런 특징에 대해 알려 준 린 보커에게 감사드린다.

13 P. Brown et al. 1988.

14 Bowker and Buitrago Ciro 2019, p. 42.

15 Cho et al. 2014; Kalchbrenner and Blunsom 2013.

16 기술적으로 자세한 사항을 알고 싶다면 Wu et al. 2016을 참고하라. 《뉴욕타임즈 매거진》에 게재된 설명에 관해서라면 Lewis-Kraus 2016을 참고하라.

17 Brynjolfsson et al. 2019.

18 이 이야기의 버전은 수 세기에 걸쳐 문학과 예술에 등장했지만, 어느 정도 사실인 지는 불분명하다. 다음을 참고하라. Beard 2007, 81ff.

19 Lynne Bowker, personal communication, December 19, 2022.

20 기계번역의 젠더 편향에 관한 개요는 다음을 참고하라. Savoldi et al. 2021.

21 젠더 차이는 나라마다 다르다. 다음을 참고하라. Ramakrishnan et al. 2014.

22 https://www.aamc.org/news-insights/nation-s-physician-workforce-evolves-more-women-bitolder-and-toward-different-specialties; https://www.ncsbn.org/workforce.htm

23 M. Johnson 2020.

24 Boroditsky et al. 2003.

25 N. Baron 1981.

26 Weaver 1949.

27 이런 쟁점을 간단하게 살펴보고 싶다면 다음을 참고하라. Boroditsky 2018.

28 https://cotoacademy.com/japanese-color-blue-green-aoi-midori-青い-みどり / 이런 언어적 쟁점을 검토해 준 이시야마 구미 씨에게 감사드린다.

29 2022년 데이터를 일반에 공개하기 전에 이용할 수 있도록 해 준 나탈리아 루신 Natalia Lusin과 현대언어학회에 깊은 감사를 드린다. 다음을 참고하라. https://www.mla.org/Resources/Guidelines-and-Data/Reports-and-Professional-Guidelines/Teaching-Enrollments-and-Programs/Enrollments-in-Languages-Other-Than-English-in-United-States-Institutions-of-Higher-Education;https://apps.mla.org/flsurvey_search.

30 Bar-Hillel 1960.

7장 | AI 작가의 등장

1 Vincent April 10, 2019.

2 Cohen 2008.

3 Bosker 2013.

4 Baines 2017; Strachey 1954.

5 S. Roberts 2017.

6 "Listening to the Music of Turing's Computer" 2016.

7 Henrickson 2021.

8 Weizenbaum 1966.

9 Nelson 1980.

10 Bush 1945. 《애틀랜틱먼슬리》는 《디애틀랜틱》으로 제호를 바꾸었다.

11 Wolf 1995.

12 부시의 메멕스로부터 월드와이드웹에 이르는 발자취에 대해 더 알고 싶다면 다음을 참고하라. Barnet and Tofts 2013.

13 Montfort 2008.

14 Meehan 1977.

15 Wardrip-Fruin 2006.

16 Schank and Abelson 1977.

17 Landow 1992, p. 41.

18 Montfort 2008.

19 Coover 1992.

20 Coover 1993. 하이퍼픽션이 갖는 문제점에 대한 문학적 분석이 궁금하면 다음을 참고하라. Mangen and van der Weel 2017.

21 S. Johnson 2013.

22 1749년 《쿼털리리뷰Quarterly Review》를 위한 광고. Forster 2001, p. 171에서 재인용.

23 N. Baron 2015, pp. 45–56.

24 설명을 위해 Fyfe 2021의 도움을 받았다.

25 Luhn 1958.

26 Luhn 1958, p. 160.

27 Springer et al. 1991.

28 Ruby 2023.

29 https://www.cmswire.com/customer-experience/gartner-names-content-marketing-leadersappsflyer-names-svp-and-other-news/

30 Alkan n.d.

31 Nizinsky 2022.

쓰기의 미래

1 https://github.com/openai/dalle-2-preview/blob/main/system-card.md#econosumic

2 "Spurned Love Leads to Knitting Invention" 2014.

3 Conniff 2011.

4 D. Susskind 2020, p. 19.

5 Brynjolfsson and McAfee 2014.

6 Strachey 1954, p. 31.

7 Tyson and Zysman 2022.

8 Bommasani et al. 2021, p. 149.

9 Terrell 2019에서 재인용.

10 Chalaby 1998.

11 Walker and Matsa September 20, 2021.

12 Shearer 2021.

13 Fassler 2012.

14 Colford 2014.

15 Eide 2019.

16 Clerwall 2014.

17 Thurman et al. 2017.

18 Holmes 2016에서 재인용.

19 "Newspapers Fact Sheet" 2021.

20 Walker and Matsa May 21, 2021.

21 Edmonds 2022.

22 가령 다음과 같은 책들을 참고하라. Diakopoulos 2019; Eldridge and Franklin 2019; Marconi 2020; Thurman et al. 2021.

23 Fassler 2012에서 재인용.

24 Colford 2014에서 재인용.

25 Eide 2019에서 재인용.

26 Carlson 2015, p. 421에서 재인용.

27 "Microsoft 'to Replace Journalists with Robots'" 2020.

28 Oremus 2021.

29 소송에서 AI를 활용하는 문제에 대한 탁월한 자료집을 원한다면 다음을 참고하라. Presser et al. 2021.

30 https://en.wikipedia.org/wiki/LexisNexis

31 https://lexmachina.com/legal-analytics/

32 https://www.lexisnexis.com/en-us/products/context.page

33 Moran 2020.

34 Heller et al. 2021, p. 116.

35 For more examples, see Swanburg 2021.

36 https://www.legalmation.com/platform-overview/

37 Wiggers November 23, 2022.

38 https://www.americanbar.org/content/dam/aba/administrative/market_research/2022-nationallawyer-population-survey.pdf

39 https://www.bls.gov/oes/current/oes232011.htm

40 R. Susskind 2017, p. 188.

41 많은 다른 이도 인간 변호사가 필요하다는 요구가 여전히 강력할 것이라는 확신을 공유했다. 가령 다음을 참고하라. Fagan 2022; Legg and Bell 2020; Markovic 2019; Pasquale 2018.

41 Many others share the conviction that a strong need for human lawyers will remain. See, for example, Fagan 2022; Legg and Bell 2020; Markovic 2019; Pasquale 2018.

42 Remus and Levy 2017, pp. 519–520.

43 https://www.bls.gov/ooh/legal/paralegals-and-legal-assistants.htm

44 https://www.bls.gov/ooh/legal/lawyers.htm

45 Dickler 2009.

46 AI와 번역 문제와 관련해 나를 이끌어 준 린 보커에게 너무나 감사드린다.

47 Duff 1981; Gellerstam 1986.

48 M. Baker 1996.

49 Baroni and Bernardini 2006.

50 Vanmassenhove et al. 2021.

51 Bowker 2002.

52 https://www.bls.gov/ooh/media-and-communication/interpreters-and-translators.htm#tab-6

53 https://www.languagewire.com/en/blog/top-translation-companies

54 https://www.prnewswire.com/news-releases/machine-translation-market-to-value-usd-7-5-billionby-2030--says-global-market-insights-inc-301563769.html

55 린 보커는 공짜 번역 프로그램들은 당신의 데이터를 보유하고 재사용 또는 다른 용도로 유용할 수도 있지만, 유료 플랫폼은 아니라고 지적했다. 게다가 가령 법률과 같은 당신의 번역 영역에 맞추어 형성된 코퍼스를 기반으로 유료 플랫폼을 길

쓰기의 미래

들이는 것도 가능하다. 2022년 12월 9일 사적 의사소통으로 얻은 정보다.

56 Wetsman 2021.

57 Bowker and Buitrago Ciro 2019.

58 Toral 2019.

59 Pielmeier and O'Mara 2020.

60 린 보커에게서 2022년 12월 9일 사적 의사소통으로 얻은 정보다.

61 Stewart 2021; Udagawa 2021.

62 Motion 1999.

63 Kenny and Winters 2020; Zhang 2016.

64 Kenny and Winters 2020.

65 Moorkens et al. 2018에서 재인용.

66 Moorkens et al. 2018에서 재인용.

67 Guerberof Arenas and Toral 2020, Guerberof Arenas and Toral 2022.

68 Guerberof Arenas and Toral 2020에서 재인용.

9장 | AI의 창의성

1 Bruner 1962, p. 18. 원본에는 이탤릭체로 처리되어 있다.

2 Csikszentmihalyi 2013, p. 27.

3 Stein 1953, p. 311.

4 Vitale 2013.

5 Parkey 2021.

6 Merrotsy 2013.

7 Luckenback 1986, p. 9.

8 Boden 1991; Csikszentmihalyi 2013; Gardner 1993.

9 Csikszentmihalyi 2013, p. 7.

10 Csikszentmihalyi 1998, p. 81.

11 Kaufman and Beghetto 2009.

12 Gardner 1993.

13 Csikszentmihalyi 2013.

14 Richtel 2022, p.10.

15 "Calculus Created in India" 2007.

16 Boden 1991, p. 32. 원본에는 이탤릭체로 처리되어 있다.

17 Menick 2016에서 재인용.

18 Guilford 1950, p. 446.

19 Dietrich 2019.

20 창의성의 신경학적 기반에 대한 논의를 보려면 다음을 참고하라. Abraham 2018;
Nalbantian and Matthews 2019.

21 Andreasen 2005, pp. 70 ff.

22 Zedelius and Schooler 2020.

23 Andreasen 2005, p. 74.

24 Andreasen 2005.

25 Gardner 1983.

26 Jauk et al. 2013.

27 Gardner 1983.

28 Andreasen 2005, pp. 127ff.

29 Richtel 2022, p. 233의 인터뷰에서 재인용.

30 Aristotle Problemata XXX.1 953a10–14.

31 Ellis 1926.

32 Andreasen 2005, p. 95.

33 Kyaga 2015.

34 Grant 2018.

35 De Kamper and McGinn 2021.

36 Siegal 2015.

37 M. Brown 2020.

38 Boyd and Pennebaker 2015, p. 577.

39 T. Adams 2010.

40 du Sautoy 2019, pp. 200 ff.

41 G. Johnson 1997.에서 재인용.

42 더 상세한 것은 다음을 참고하라. Elgammal 2021. 토론 영상과 음악 견본을 원한
다면 다음을 참고하라. https://www.youtube.com/watch?v=kS6h1TKuOrw

43 Miller 2019, p. 113.

44 다음을 참고하라. https://www.nextrembrandt.com and Brinkhof 2021.

45 Brinkhof 2021.

46 "Is Artificial Intelligence Set to Become Art's Next Medium?" 2018.

47 Ranjit 2021에서 재인용.

48 Lau et al. 2020.

49 Wilk 2021.

50 Jozuka 2016.

51 https://www.ted.com/talks/oscar_schwartz_can_a_computer_write_poetry

52 http://bregman.dartmouth.edu/turingtests/competition2018

53 Rockmore 2020.

54 Wilk 2021.

55 Zacharias et al. n.d.

56 Boden 1998, p. 355.

57 Shane 2021.

58 AI의 스토리텔링에 대한 지침이 궁금하다면 다음을 참고하라. Riedl 2021.

59 논쟁을 일부 보고 싶다면 다음을 참고하라. Fletcher and Larson 2022.

60 Boden 1991, p. 5.

61 J. Kaufman 2018, p. 740.

10장 | 지브스 같은 AI

1 Hancock et al. 2020.

2 Earnest 2012.

3 Teitelman 1966.

4 Engber 2014.

5 Engber 2014.

6 Wilson 2008.

7 B. Zimmer 2011.

8 Ganapati 2010.

9 Kocienda 2018.

10 B. Zimmer 2011.

11 Selinger 2015.

12 Arnold et al. 2020.

13 Dobrin 1990.

14 내가 실험을 한 시기는 2020년 7월이었다. MS워드가 진화 중이기 때문에 지금은 동일한 결과가 나올 수도 안 나올 수도 있다.

15 Curzan 2014; McGee and Ericsson 2002.

16 Herrington and Moran 2012, p. 226.

17 Lytvyn 2021.

18 www.grammarly.com

19 https://support.grammarly.com/hc/en-us/articles/360029743831-Introducing-our-expert-writingservice

20 MS 에디터와 그래머리가 편견을 제거하고 포용성을 확장하려고 시도했을 때 시민들의 격렬한 반발이 있었다. 그 사례를 보고 싶다면 D. Baron 2022; Onion 2022 을 참고하라.

21 https://mentormywriting.org

22 https://www.cmu.edu/dietrich/english/research-and-publications/docus-cope.html

23 Burstein et al. 1998; Klebanov et al. 2017.

24 https://www.grammarly.com/press/research/docs/grammarlystudentsurvey-121018133119-phpapp01.pdf

25 de Beer 2020.

26 두 가지 쟁점 모두에 대한 논의가 궁금하다면 다음을 참고하라. Mayne 2021

27 Finley 2021, p. 6; C. Flaherty 2021.

28 N. Baron 2002.

29 Lubrano 1997, p. 124.

30 미국에서 인사 카드의 역사에 대해서라면 다음을 참고하라. Shank 2004.

31 Berrong 2021.

32 Chen et al. 2019.

33 Corrado 2015.

34 A. McCarthy 2019.

35 https://www.wordtune.com

36 https://www.articleforge.com 아티클포지는 독자적인 지식 검색엔진을 기반으로 구동된다.

37 Neely 2016.

38 N. Anderson 2021.

39 Mallon 1989.

40 McCabe 2005.

41 이를테면 다음을 참고하라. Krokoscz 2021; Nordling 2018.

42 Mesa 2022.

43 Clarke and Lancaster 2006.

44 Newton 2018.

45 Kansara and Main 2021.

쓰기의 미래

46 Abalkina 2021.

47 Cu and Hochman 2023.

48 Else 2023.

49 Choi et al. 2023.

50 Bommarito and Katz 2022.

51 Kung et al. 2022.

52 Chaski 2012.

53 https://marketing-tii-statamic-assets-us-west-2.s3-us-west-2.amazonaws.com/marketing/ourcontent-databases_brochure_us_0322.pdf

54 https://www.turnitin.com/blog/ai-writing-the-challenge-and-opportunity-in-front-of-education-now; https://www.turnitin.com/blog/sneak-preview-of-turnitins-ai-writing-and-chatgpt-detection-capability

55 Bowman 2023; https://gptzero.me

56 E. Mitchell et al. 2023; https://openai.com/blog/new-ai-classifier-for-indicating-ai-written-text/

57 Caren 2021.

58 https://www.turnitin.com/products/ithenticate

59 Tomar 2012.

60 https://help.turnitin.com/feedback-studio/flags.htm

11장 | 인간과 AI의 공생

1 Switek 2011.

2 "Duplicating Polygraph" n.d.

3 https://www.monticello.org/site/research-and-collections/polygraph

4 Trithemius 1974.

5 Febvre and Martin 1976, p. 74.

6 Brynjolfsson 2022.

7 Card et al. 1983.

8 Shneiderman 1987.

9 Xu 2019.

10 Monarch 2021.

11 https://research.ibm.com/blog/what-is-human-centered-ai; Shneiderman 2022.

12 무라티는 Murati 2022에서 오픈 AI의 코딩 프로그램 코덱스의 이점을 설명하면서 이렇게 쓴 것이다.

13 Scott 2022, p. 79.

14 S. Levy 1997에서 재인용.

15 Thompson February 18, 2022.

16 Kasparov 2010.

17 https://linuxhint.com/history-of-linux/

18 https://certificates.creativecommons.org/cccertedu/chapter/1-1-the-story-of-creative-commons/

19 Heaven May 3, 2022.

20 H. Shah n.d.

21 Thompson March 15, 2022.

22 https://www.mhanational.org/number-people-reporting-anxiety-and-depression-nationwide-startpandemic-hits-all-time-high

23 https://www.apa.org/ptsd-guideline/patients-and-families/cognitive-behavioral

24 https://woebothealth.com/img/2021/07/Woebot-Health-Research-Bibliography-July-2021-1.pdf

25 Jee and Heaven 2021; https://iesogroup.com

26 "Aligning Language Models to Follow Instructions" 2022.

27 https://openai.com/blog/chatgpt/

28 Heikkilä September 22, 2022.

29 왕의 생각에 대한 기본을 알고 싶다면 다음을 참고하라. Wang 2019. 이어지는 논의는 왕의 개략적 설명을 참고했다.

30 Wang 2019.

31 https://ccrma.stanford.edu/~ge/ocarina/

32 https://slork.stanford.edu

33 S. Kaufman 2020. 청의 작품 몇 점을 보고 싶다면 그녀의 다음 테드 토크를 참고하라. https://www.ted.com/talks/sougwen_chung_why_i_draw_with_robots

34 https://copysmith.ai/jarvis-vs-copysmith/

35 https://www.sudowrite.com; https://gpt3demo.com/apps/sudowrite

36 Dzieza 2022.

37 https://authors.ai/marlowe/

38 Archer and Jockers 2016.

39 Rose 2020.

40 Fingas 2020.

41 Miller 2019, chap. 37.

42 Huang et al. 2020.

43 https://computationalcreativity.net

44 https://www.improvisedshakespeare.com

45 Branch et al. 2021.

46 Roemmele 2021.

47 Vara 2021.

48 https://hai.stanford.edu/events/2022-hai-fall-conference-ai-loop-humans-charge

12장 | 우리는 늘 AI를 환영하는가

1 N. Baron 2015; N. Baron 2021.

2 UNIMORE 대학 영어 번역학과의 마리나 본디Marina Bondi 교수에게 내 연구가 수월하게 진행되도록 도와준 것에 대해 심심한 감사의 말을 전한다.

3 영어 철자의 역사와 미래에 대한 활발한 논의가 궁금하다면 다음을 참고하라. Crystal 2012 and Horobin 2013.

4 Sealfon 2019; Riley 2022.

5 Ehri 2000; Hayes and Berninger 2014; Joshi et al. 2008.

6 Jansen et al. 2021.

7 Martin-Lacroux and Lacroux 2017.

8 N. Baron 2008, chap. 5.

9 Park and Baron 2018.

10 Saenger 1982, pp. 381, 386–387.

11 필적의 근현대사에 관한 상세한 것을 알고 싶다면 다음을 참고하라. Thornton 1996.

12 Brick 2013.

13 J. Flaherty 2015.

14 Shapiro 2014.

15 Mangen and Schilhab 2012.

16 Mangen and Velay 2010.

17 James 2017.

18 Berninger et al. 2006.

19 Askvik et al. 2021.

20 Midling 2020의 인터뷰에서 재인용.

21 R. Abbott et al. 2010; Berninger et al. 2002.

22 Hall et al. 2015; Longcamp et al. 2005.

23 Alstad et al. 2015.

24 Mueller and Oppenheimer 2014.

25 Morehead et al. 2019; Urry et al. 2021.

13장 | 왜 인간의 저자됨이 중요한가

1 Holpuch 2022.

2 Kasparov 2007.

3 https://retrocomputingforum.com/t/machines-should-work-people-should-think-ibm-1967/1913

4 Connors and Lunsford 1988.

5 Lunsford and Lunsford 2008.

6 Temple 2012.

7 논제와 결론 진술—다섯 단락 에세이의 구성 요소들—을 찾아내는 ETS의 AI 소프트웨어에 관한 것을 알고 싶다면 다음을 참고할 것. Burstein and Marcu 2003.

8 Tremmel 2011.

9 다섯 단락 에세이에 대한 맹렬한 비판이 궁금하다면 다음을 참고할 것. Warner 2018.

10 D'Agostino 2022; Graham 2022; Peritz 2022; Schatten 2022.

11 노르웨이에 관한 이야기에 주목하라고 일러준 아네 망엔[Anne Mangen] 교수에게 감사드린다.

11 My thanks to Anne Mangen for alerting me to the Norwegian story.

12 Eriksen 2022에서 재인용.

13 Eriksen 2022에서 재인용.

14 Valand 2022. Italics in the original.

15 Eriksen 2022에서 재인용.

16 Valand 2022.

17 Eriksen 2022에서 재인용.

18 Eriksen 2022에서 재인용.

19 Heikkilä January 27, 2023; Wiggers December 10, 2022.

쓰기의 미래

20 https://huggingface.co/openai-detector

21 https://gptzero.substack.com/p/gptzero-classrooms

22 Vincent October 25, 2022.

23 Krill 2022.

24 Thompson October 13, 2022.

25 Manjoo 2022.

26 Handel 2022.

27 Under "journalism," Handel's analysis included public relations specialists.

28 Manjoo 2022에서 재인용.

29 Tegmark 2017, p. 121. 또한 다음을 참고하라. Roose 2021.

30 Hoffman 2022.

31 Evans 2022.

32 Gero 2022.

33 Diresta 2019.

34 Stokel-Walker 2023.

참고 자료

Abadi, M. (March 26, 2018). "Americans and British People Spell Things Differently Largely Thanks to One Man with an Opinion." *Business Insider*. Available at https://www.businessinsider.com/spelling-american-vs-british-noah-webster-2018-3

Abalkina, A. (2021). "Publication and Collaboration Anomalies in Academic Papers Originating from a Paper Mill: Evidence from a Russia-Based Paper Mill." Available at https://arxiv.org/abs/2112.13322

Abbott, E. A. (1876). *How to Write Clearly: Rules and Exercises on English Composition.* Roberts Brothers. Available at https://www.google.com/books/edition/How_to_Write_Clearly/NAZKAAAAIAAJ?hl=en&gbpv=1&pg=PA3&printsec=frontcover

Abbott, R. D., Berninger, V. W., and Fayol, M. (2010). "Longitudinal Relationships of Levels of Language in Writing and Between Writing and Reading in Grades 1 to 7." *Journal of Educational Psychology* 102(2): 281–298.

Abid, A., Farooqi, M., and Zou, J. (June 17, 2021). "Large Language Models Associate Muslims with Violence." *Nature Machine Intelligence* 3: 461–463. Available at https://www.nature.com/articles/s42256-021-00359-2

Abraham, A. (2018). *The Neuroscience of Creativity.* Cambridge University Press.

Adams, C. F., Godkin, E. L., and Nutter, G. R. (1897). "Report of the Committee on Composition and Rhetoric." In J. C. Brereton, ed. (1995), *The Origins of Composition Studies in the American Colleges*, 1875–1925. University of Pittsburgh Press, pp. 101–127.

Adams, C. F., Godkin, E. L., and Quincy, J. (1892). "Report of the Committee on Composition and Rhetoric." In J. C. Brereton, ed. (1995), *The Origins of Composition Studies in the American Colleges*, 1875–1925. University of Pittsburgh Press, pp. 73–100.

Adams, T. (July 10, 2010). "David Cope: 'You Pushed the Button and Out Came Hundreds and Thousands of Sonatas.'" *Guardian*. Available at https://www.theguardian.com/technology/2010/jul/11/david-cope-computer-composer

Alexander, C. H. O'D. (n.d.). "Cryptographic History of Work on the German Naval Enigma." Typescript, pp. 19–20. Available at http://www.alanturing.net/turing_archive/

archive/b/b01/B01-022.html

"Aligning Language Models to Follow Instructions" (January 27, 2022). *OpenAI Blog*. Available at https://openai.com/blog/instruction-following/

Alkan, S. R. (n.d.). "The Copywriter of Tomorrow—How Companies Transform Text into a Revenue Driver Through a Copy Director." *AX Semantics*. Available at https://en.ax-semantics.com/blog/how-copy-directors-transform-text-into-a-turnover-driver/

Alstad, Z., et al. (2015). "Modes of Alphabet Letter Production During Middle Childhood and Adolescence: Interrelationships with Each Other and Other Writing Skills." *Journal of Writing Research 6*(3): 199–231. Available at https://www.ncbi.nlm.nih.gov/pmc/articles/PMC4433034/pdf/nihms-644747.pdf

Anderson, M. (December 9, 2022). "Preventing 'Hallucination' in GPT-3 and Other Complex Language Models." *Unite.AI*. Available at https://www.unite.ai/preventing-hallucination-in-gpt-3-and-other-complex-language-models/

Anderson, N. (May 14, 2021). "University of South Carolina President Resigns After Plagiarism Incident in Commencement Speech." *Washington Post*. Available at https://www.washingtonpost.com/education/2021/05/13/university-south-carolina-president-resigns-caslen/

Andreasen, N. C. (2005). *The Creating Brain*. Dana Press.

Archer, J., and Jockers, M. (2016). *The Bestseller Code: Anatomy of the Blockbuster Novel*. St. Martin's Press.

Arnold, K. C., Chauncey, K., and Gajos, K. Z. (2020). "Predictive Text Encourages Predictable Writing." IUI '20. Intelligent User Interfaces. Association for Computing Machinery. Available at https://www.eecs.harvard.edu/~kgajos/papers/2020/arnold20predictive.pdf

Asimov, I. (1981). "The Three Laws." *Compute* 18 (November): 18. Available at https://archive.org/details/1981-11-compute-magazine/page/n19/mode/1up?view=theater

Askvik, E. O., van der Weel, F. R., and van der Meer, A. L. H. (2021). "The Importance of Cursive Handwriting over Typing for Learning in the Classroom: A High-Density EEG Study of 12-Year-Old Children and Young Adults." *Frontiers in Psychology* 11, Article 1810. Available at https://www.frontiersin.org/articles/10.3389/fpsyg.2020.01810/full

Attali, Y., Bridgeman, B., and Trapani, C. (2010), "Performance of a Generic Approach in Automated Essay Scoring." *Journal of Technology, Learning, and Assessment* 10(3). Available at https://ejournals.bc.edu/index.php/jtla/article/view/1603/1455

"Australia: Oldest Rock Art is 17,300-Year-Old Kangaroo" (February 23, 2021). *BBC News*. Available at https://www.bbc.com/news/world-australia-56164484

Authors Guild (n.d.). "Who We Are." Available at https://www.authorsguild.org/who-we-are/

Bach, N. (August 8, 2018). "Facebook Apologizes for Algorithm Mishap That Threw Balloons and Confetti on Indonesia Earthquake Posts." *Fortune*.

Baines, S. (February 13, 2017). "Can You Code Love?" *Science and Industry Museum*. Manchester, UK. Available at https://blog.scienceandindustrymuseum.org.uk/can-you-code-love/

Baker, J., and Gillick, L. (n.d.). "Progress Report for DARPA SLS Program at Dragon Systems, Inc." Available at https://aclanthology.org/H91-1088.pdf

Baker, M. (1996). "Corpus-Based Translation Studies: The Challenges That Lie Ahead." In H. Somers, ed., *Terminology, LSP, and Translation: Studies in Language Engineering in Honour of Juan C. Sager*. John Benjamins, pp. 175–186.

Barber, G. (January 14, 2021). "Can an AI Predict the Language of Viral Mutation?" Wired. Available at https://www.wired.com/story/can-an-ai-predict-the-language-of-viral-mutation/

Bar-Hillel, Y. (1951). "The Present State of Research on Mechanical Translation." *American Documentation* 2(4): 229–237.

Bar-Hillel, Y. (1960). "The Present Status of Automatic Translation of Languages." *Advances in Computers* 1:91–163. Available at https://docplayer.net/167179-The-present-status-of-automatic-translation-of-languages.html

Barnet, B., and Tofts, D. (2013), "Too Dimensional: Literary and Technical Images of Potentiality in the History of Hypertext." In R. Siemens and S. Schreibman, eds., A *Companion to Digital Literary Studies*. Wiley-Blackwell, pp. 283–300.

Baron, D. (January 15, 2022). "Microsoft's Word Wokeness Checker Is Asleep on the Job." The Web of Language. Available at https://blogs.illinois.edu/view/25/520413787

Baron, N. S. (1981). Speech, Writing, and Sign. Indiana University Press.

Baron, N. S. (1998). "Letters by Phone or Speech by Other Means: The Linguistics of Email." *Language and Communication* 18: 133–170.

Baron, N. S. (2000). *Alphabet to Email: How Written English Evolved and Where It's Heading*. Routledge.

Baron, N. S. (2002). "Who Sets Email Style? Prescriptivism, Coping Strategies, and Democratizing Communication Access." *The Information Society* 18: 403–413.

Baron, N. S. (2008). *Always On: Language in an Online and Mobile World*. Oxford University Press.

Baron, N. S. (2015). *Words Onscreen: The Fate of Reading in a Digital World*. Oxford University Press.

Baron, N. S. (2021). *How We Read Now: Strategic Choices for Print, Screen, and Audio*. Oxford University Press.

Baroni, M., and Bernardini, S. (2006). "A New Approach to the Study of Translationese: Machine-Learning the Difference Between Original and Translated Text." *Literary and Linguistic Computing* 21(3): 259–274.

Barthes, R. (1970). S/Z. Editions du Seuil.

Barthes, R. (1977 [1967]). "Death of the Author." In *Image, Music*, Text, trans. S. Heath. Hill & Wang, pp. 142–148.

Basu, T. (December 16, 2021). "The Metaverse Has a Groping Problem Already." *MIT Technology Review*. Available at https://www.technologyreview.com/2021/12/16/1042516/the-metaverse-has-a-groping-problem/

Bavarian Broadcasting (n.d.). "Objective or Biased: On the Questionable Use of Artificial Intelligence for Job Applications." Available at https://interaktiv.br.de/ki-bewerbung/en/index.html

Baym, N. (2010). *Personal Connections in the Digital Age*. Polity.

Beard, M. (2007). *The Roman Triumph*. Harvard University Press.

Bender, E. M., et al. (2021). "On the Dangers of Stochastic Parrots: Can Language Models Be Too Big?" FAccT '21, March 3–10. Available at https://dl.acm.org/doi/pdf/10.1145/3442188.3445922

Bennett, W. S. (1995). "Machine Translation in North America." In E. F. K. Koerner and R. E. Asher, eds., *Concise History of the Language Sciences*. Pergamon, pp. 445–451.

Benson, E. (1975). "The Quipu: 'Written' Texts in Ancient Peru." *Princeton University Library Chronicle* 37: 11–23.

Berninger, V. W., et al. (2002). "Writing and Reading: Connections Between Language by Hand and Language by Eye." *Journal of Learning Disabilities* 35(1):39–56.

Berninger, V. W., et al. (2006). "Early Development of Language by Hand: Composing, Reading, Listening, and Speaking Connections; Three Letter-Writing Modes; and Fast Mapping in Spelling." *Developmental Neuropsychology* 29(1): 61–92.

Berrong, T. (March 19, 2021). "Sending Cards and Letters: Our Best Advice and Ideas." *Hallmark*. Available at https://ideas.hallmark.com/articles/card-ideas/sending-cards-

Biblical Archaeology Society (2020). "Epistles: FAQ: Did Ancient Hebrew Have Vowels?" *Biblical Archaeology Review* 46(2). Available at https://www.baslibrary.org/biblical-archaeology-review/46/2/24

Bloomfield, L. (1933). *Language*. Holt, Rinehart & Winston.

Boden, M. A. (1991). *The Creative Mind: Myths and Mechanisms*. Basic.

Boden, M. A. (1998). "Creativity and Artificial Intelligence." *Artificial Intelligence* 103: 347–356.

Bommarito, M. J., and Katz, D. M. (December 31, 2022). "GPT Takes the Bar Exam." Available at https://papers.ssrn.com/sol3/papers.cfm?abstract_id=4314839

Bommasani, R., et al. (August 18, 2021). "On the Opportunities and Risks of Foundation Models." Stanford Institute for Human-Centered Artificial Intelligence, Center for Research on Foundation Models. Available at https://arxiv.org/pdf/2108.07258.pdf

Boroditsky, L. (May 2, 2018). "How Language Shapes the Way We Think." *TED Talk*. Available at https://www.youtube.com/watch?v=RKK7wGAYP6k

Boroditsky, L., Schmidt, L. A., and Phillips, W. (2003). "Sex, Syntax and Semantics." In D. Gentner and S. Goldin-Meadow, eds., *Language in Mind: Advances in the Study of Language and Thought*. MIT Press, pp. 61–79.

Bosker, B. (February 11, 2013). "Philip Parker's Trick for Authoring over 1 Million Books: Don't Write." *Huff Post*. Available at https://www.huffpost.com/entry/philip-parker-books_n_2648820

Bowker, L. (2002). *Computer-Aided Translation Technology*. University of Ottawa Press.

Bowker, L. (2012). "Through the MT Looking Glass: Warren Weaver—Machine Translation Pioneer and Literary Translation Enthusiast." *Circuit* 116: 33–34.

Bowker, L., and Buitrago Ciro, J. (2019). *Machine Translation and Global Reach*. Emerald.

Bowman, E. (January 9, 2023). "A College Student Created an App That Can Tell Whether AI Wrote an Essay." *NPR*. Available at https://www.npr.org/2023/01/09/1147549845/gptzero-ai-chatgpt-edward-tian-plagiarism

Boyd, R. L., and Pennebaker, J. W. (2015). "Did Shakespeare Write *Double Falsehood*? Identifying Individuals by Creating Psychological Signatures with Text Analysis." *Psychological Science* 26(5): 570–582. Available at https://journals.sagepub.com/doi/abs/10.1177/0956797614566658

Branch, B., Mirowski, P., and Mathewson, K. (2021). "Collaborative Storytelling with Human Actors and AI Narrators." *Proceedings of the 12th International Conference on*

Computational Creativity, pp. 97–101. Available at https://arxiv.org/abs/2109.14728

Brereton, J. C., ed. (1995). *The Origins of Composition Studies in the American College*, 1875–1925. University of Pittsburgh Press.

Brick, M. (August 23, 2013). "Conservatives Are Very Upset That Kids These Days Can't Write in Cursive." *New York Magazine*. Available at https://nymag.com/intelligencer/2013/08/conservatives-rally-to-defend-fancy-handwriting.html

Bridy, A. (2012). "Coding Creativity: Copyright and the Artificially Intelligent Author." *Stanford Technology Law Review* 5: 1–28.

Bridy, A. (2016). "The Evolution of Authorship: Work Made by Code." *Columbia Journal of Law and the Arts* 39(3): 395–401.

Briggs, L. B. R. (1888). "The Harvard Admission Examination in English," in The Academy. In J. C. Brereton, ed. (1995), *The Origins of Composition Studies in the American College*, 1875–1925. University of Pittsburgh Press, pp. 57–73.

Brinkhof, T. (August 23, 2021). "How to Paint Like Rembrandt, According to Artificial Intelligence." *Discover Magazine*. Available at https://www.discovermagazine.com/technology/how-to-paint-like-rembrandt-according-to-artificial-intelligence

Brogaard, J., Engelberg, J., and Van Wesep, E. (2018). "Do Economists Swing for the Fences After Tenure?" *Journal of Economic Perspectives* 32(1): 179–194. Available at https://www.aeaweb.org/articles?id=10.1257/jep.32.1.179

Broussard, M. (2018). *Artificial Unintelligence: How Computers Misunderstand the World*. MIT Press.

Brown, M. (August 30, 2020). "'Fake' Rembrandt Came from Artist's Workshop and Is Possibly Genuine." *Guardian*. Available at https://www.theguardian.com/artanddesign/2020/aug/30/fake-rembrandt-came-from-artists-workshop-and-is-possibly-genuine-ashmolean-oxford

Brown, P., et al. (1988). "A Statistical Approach to Language Translation." *Proceedings of the 12th Conference on Computational Linguistics*, vol. 1, pp. 71–76.

Brown, R. (1980). "The First Sentences of Child and Chimpanzee." In T. A. Sebeok and J. Umiker-Sebeok, eds., *Speaking of Apes*. Topics in Contemporary Semiotics. Springer, pp. 85–101.

Brown, S. C., Meyer, P. R., and Enos, T. (1994). "Doctoral Programs in Rhetoric and Composition: A Catalog of the Profession." *Rhetoric Review* 12(2): 240–251.

Bruner, J. (1962). "The Condition of Creativity." In *On Knowing: Essays for the Left Hand*. Belknap, pp. 17–30.

Brynjolfsson, E. (2022). "The Turing Trap: The Promise and Peril of Human-Like Artificial Intelligence." *Daedalus* 151(2): 272–287.

Brynjolfsson, E., Hui, X., and Liu, M. (2019). "Does Machine Translation Affect International Trade? Evidence from a Large Digital Platform." *Management Science* 65(12): 5449–5460.

Brynjolfsson, E., and McAfee, A. (2014). *The Second Machine Age*. W. W. Norton.

Buolamwini, J., and Gebru, T. (2018). "Gender Shades: Intersectional Accuracy Disparities in Commercial Gender Classification." *Proceedings of Machine Learning Research* 81: 1–15.

Burstein, J., et al. (1998). "Computer Analysis of Essay Content for Automated Score Prediction: A Prototype Automated Scoring System for GMAT Analytical Writing Assessment Essays." *ETS Research Report Series*, pp. i–67. Available at https://onlinelibrary.wiley.com/doi/abs/10.1002/j.2333-8504.1998.tb01764.x

Burstein, J., Chodorow, M., and Leacock, C. (2004). "Automated Essay Evaluation: The Criterion Online Writing Service." *AI Magazine* 25(3): 27–36. Available at https://ojs.aaai.org//index.php/aimagazine/article/view/1774

Burstein, J., Leacock, C., and Swartz, R. (2001). "Automated Evaluation of Essays and Short Answers." ETS Technologies, Inc. Available at https://citeseerx.ist.psu.edu/viewdoc/download?doi=10.1.1.58.6253&rep=rep1&type=pdf

Burstein, J., and Marcu, D. (2003). "A Machine Learning Approach for Identification of Thesis and Conclusion Statements in Student Essays." *Computers and the Humanities* 37: 455–467.

Burstein, J., Tetreault, J., and Andreyev, S. (2010). "Using Entity-Based Features to Model Coherence in Student Essays." In *Human Language Technologies: The 2010 Annual Conference of the North American Chapter of the Association for Computational Linguistics*, pp. 681–684. Available at https://aclanthology.org/N10-1099.pdf

Bush, V. (1945). "As We May Think." *The Atlantic [The Atlantic Monthly]* (July). Available at https://www.theatlantic.com/magazine/archive/1945/07/as-we-may-think/303881/

Cahill, A., Chodorow, M., and Flor, M. (2018). "Developing an e-rater Advisory to Detect Babel-Generated Essays." Journal of Writing Analytics 2: 203–224. Available at https://wac.colostate.edu/docs/jwa/vol2/cahill.pdf

"Calculus Created in India 250 Years Before Newton: Study" (August 14, 2007). *CBC News*. Available at https://www.cbc.ca/news/science/calculus-created-in-india-250-years-before-newton-study-1.632433

쓰기의 미래

Callaway, E. (November 30, 2020). "'It Will Change Everything': DeepMind's AI Makes Gigantic Leap in Solving Protein Structures." *Nature* 588: 203–204. Available at https://www.nature.com/articles/d41586-020-03348-4

Card, S. K., Moran, T. P., and Newell, A. (1983). *The Psychology of Human–Computer Interaction*. Lawrence Erlbaum.

Caren, C. (January 21, 2021). "A New Path and Purpose for Turnitin." *Turnitin*. Available at https://www.turnitin.com blog/a-new-path-and-purpose-for-turnitin

Carlson, M. (2015). "The Robotic Reporter." *Digital Journalism* 3(3): 416–431.

Carreiras, M., et al. (2009). "An Anatomical Signature for Literacy." *Nature* 461 (October): 983–986.

Casey, B., Farhangi, A., and Vogl, R. (2019). "Rethinking Explainable Machines: The GDPR's 'Right to Explanation' Debate and the Rise of Algorithmic Audits in Enterprise." *Berkeley Technology Law Journal* 34: 143–188. Available at https://btlj.org/data/articles2019/34_1/04_Casey_Web.pdf

CCCC (2004). "Teaching, Learning, and Assessing Writing in Digital Environments." Conference on College Composition & Communication Committee on Teaching, Learning, and Assessing Writing in Digital Environments. Available at https://dtext.org/f14/505/readings/ncte-CCCC-digital-environments.pdf

Chadwick, J. (1959). "A Prehistoric Bureaucracy." *Diogenes* 26: 7–18.

Chalaby, J. K. (1998). *The Invention of Journalism*. St. Martin's Press.

Chaski, C. W. (2012). "Author Identification in the Forensic Setting." In P. M. Tiersma and L. M. Solon, eds., *Oxford Handbook of Language and Law*. Oxford University Press, pp. 489–503.

Chen, M. X., et al. (2019). "Gmail Smart Compose: Real-Time Assisted Writing." *KDD '19*. Knowledge Discovery and Data Mining. Association for Computing Machinery. Available at https://arxiv.org/abs/1906.00080

"Chinese Dissident, Winner of Nobel Literature Prize, Writes to Survive" (December 19, 2001). *Record-Courier*. Available at http://recordcourier.www.clients.ellingtoncms.com/news/2001/dec/19/chinese-dissident-winner-of-nobel-literature-prize/

Cho, K., et al. (2014). "On the Properties of Neural Translation: Encoder–Decoder Approaches." *Eighth Workshop on Syntax*, Semantics and Structure in Statistical Translation. Association for Computational Linguistics, pp. 103–111. Available at https://arxiv.org/abs/1409.1259

Choi, J. H., et al. (January 25, 2023). "ChatGPT Goes to Law School." Available at https://

papers.ssrn.com/sol3/papers.cfm?abstract_id=4335905

Chomsky, C. (1971). "Write First, Read Later." *Childhood Education* 47(6): 296–299.

Chomsky, C. (1979). "Approaching Reading Through Invented Spelling." In L. Resnick and P. Weaver, eds., *Theory and Practice of Early Reading*, vol. 2. Lawrence Erlbaum, pp. 43–65.

Chomsky, N. (1957). *Syntactic Structures*. Mouton.

Chomsky, N. (1959). "A Review of B. F. Skinner's *Verbal Behavior*." Language 35(1): 26–58.

Chomsky, N. (1966). *Cartesian Linguistics*. Harper and Row.

Chomsky, N. (1993). *Language and Thought*. Moyer Bell.

Christian, B. (2020). *The Alignment Problem: Machine Learning and Human Values*. W. W. Norton.

Chun, J., and Elkins, K. (2022). "What the Rise of AI Means for Narrative Studies: A Response to 'Why Computers Will Never Read (or Write) Literature' by Angus Fletcher." *Narrative* 30(1): 104–113.

Chung, E. (March 27, 2019). "Canadian Researchers Who Taught AI to Learn Like Humans Win $1M Turing Award." *CBC News*. Available at https://www.cbc.ca/news/science/turing-award-ai-deep-learning-1.5070415

Clark, E., et al. (2021). "All That's 'Human' Is Not Gold: Evaluating Human Evaluation of Generated Text." In P*roceedings of the 59th Annual Meeting of the Association of Computational Linguistics and the 11th International Joint Conference on Natural Language Processing*, vol. 1: long papers, pp. 7282–7296. Available at https://arxiv.org/abs/2107.00061

Clarke, R., and Lancaster, T. (2006). "Eliminating the Successor to Plagiarism? Identifying the Usage of Contract Cheating Sites." *Proceedings of 2nd International Plagiarism Conference*. JISC Plagiarism Advisory Service, Newcastle, UK.

Clerwall, C. (2014). "Enter the Robot Journalist: Users' Perceptions of Automated Content." *Journalism Practice* 8(5): 519–531.

Coelho, P. (1996 [1994 in Portuguese]). *By the River Piedra I Sat and Wept*. Trans. Alan R. Clarke. Available at https://docs.google.com/viewer?a=v&pid=sites&srcid=ZGVmYXVsdGRvbWFpbnxsaWJyY3NjfGd4OjVmMDg5MWU5YTllMDNiN2Y

Cohen, N. (April 14, 2008). "He Wrote 200,000 Books (But Computers Did Some of the Work)." *New York Times*. Available at https://www.nytimes.com/2008/04/14/business/media/14link.html

Colford, P. (June 30, 2014). "A Leap Forward in Quarterly Earnings Stories." *Blog AP*.

Available at https://blog.ap.org/announcements/a-leap-forward-in-quarterly -earnings-stories

College Board (n.d.). "Chapter 10. About the SAT Writing and Language Test." *SAT Suite of Assessments*. Available at https://satsuite.collegeboard.org/media/pdf/official-sat-study-guide-about-writing-language-test.pdf

Conniff, R. (March 2011). "What the Luddites Really Fought Against." *Smithsonian Magazine*. Available at https://www.smithsonianmag.com/history/what-the-luddites-really-fought-against-264412/

Connors, R. and Lunsford, A. A. (1988). "Frequency of Formal Errors in Current College Writing, or Ma and Pa Kettle Do Research." *College Composition and Communication* 39(4): 395–409.

Coover, R. (June 21, 1992). "The End of Books." *New York Times Book Review*. Available at https://archive.nytimes.com/www.nytimes.com/books/98/09/27/specials/coover-end.html?pagewanted=all

Coover, R. (August 29, 1993). "Hyperfiction: Novels for the Computer." *New York Times Book Review*. Available at https://archive.nytimes.com/www.nytimes.com/books/98/09/27/specials/coover-hyperfiction.html?_r=4

Copeland, B. J., ed. (2004). *The Essential Turing*. Oxford University Press.

"Copyright Basics" (n.d.). *US Copyright Office*. Available at https://www.copyright.gov/circs/circ01.pdf

Corrado, G. (November 3, 2015). "Computer, Respond to This Email." *Google AI Blog*. Available at https://ai.googleblog.com/2015/11/computer-respond-to-this-email.html

Costandi, M. (2016). *Neuroplasticity*. MIT Press.

Coulmas, F. (1989). *Writing Systems of the World*. Blackwell.

"Cracking the Maya Code" (n.d.). *PBS Nova*. Available at https://www.pbs.org/wgbh/nova/mayacode/time-nf.html

Cressy, D. (1980). *Literacy and the Social Order: Reading and Writing in Tudor and Stuart England*. Cambridge University Press.

Crouse, L. (January 28, 2022). "I Ditched My Smart Watch, and I Don't Regret It." *New York Times*. Available at https://www.nytimes.com/2022/01/28/opinion/smartwatch-health-body.html

Crystal, D. (2001). *Language and the Internet*. Cambridge University Press.

Crystal, D. (2006). *The Fight for English*. Oxford University Press.

Crystal, D. (2010). "Semantic Targeting: Past, Present, and Future." *Aslib Proceedings: New*

Information Perspectives 62(4/5): 355–365.

Crystal, D. (2012). *Spell It Out*. St. Martin's Press.

Csikszentmihalyi, M. (1998). "Letters from the Field." *Roeper Review* 21(1): 80–81.

Csikszentmihalyi, M. (2013 [1997]). *Creativity: The Psychology of Discovery and Invention*. Harper Perennial Modern Classics.

Cu, M. A., and Hochman, S. (January 22, 2023). "Scores of Stanford Students Used ChatGPT on Final Exams, Survey Suggests." *Stanford Daily*. Available at https://stanforddaily.com/2023/01/22/scores-of-stanford-students-used-chatgpt-on-final-exams-survey-suggests/

Curzan, A. (2014). *Fixing English: Prescriptivism and Language History*. Cambridge University Press.

D'Agostino, S. (October 26, 2022). "Machines Can Craft Essays. How Should Writing Be Taught Now?" *Inside Higher Ed*. Available at https://www.insidehighered.com/news/2022/10/26/machines-can-craft-essays-how-should-writing-be-taught-now

Dahl, R. (1984). *Boy: Tales of Childhood*. Farrar, Straus, Giroux.

Dahl, R. (1996 [1953]). "The Great Automatic Grammatizator." In *The Great Automatic Grammatizator and Other Stories*. Viking, pp. 9–34.

Davies, M. W. (1982). *Woman's Place Is at the Typewriter: Office Work and Office Workers, 1870–1930*. Temple University Press.

de Beer, D. (November 3, 2020). "Grammarly Both Helps, Hinders Students." *The Standard*. The American School in London. Available at https://standard.asl.org/16178/opinions/does-grammarly-help-or-hinder-students/

Dehaene, S. (2009). *Reading in the Brain*. Viking.

Dehaene, S., et al. (2010). "How Learning to Read Changes the Cortical Networks for Vision and Language." *Science* 330 (December): 1359–1364.

Dehaene, S., et al. (2015). "Illiterate to Literate: Behavioural and Cerebral Changes Induced by Reading Acquisition." *Nature Reviews Neuroscience* 16 (April): 234–244.

De Kamper, G., and McGinn, I. (May 21, 2021). "How We Proved a Rembrandt Painting Owned by the University of Pretoria Was a Fake." *Sunday Times*. Available at https://www.timeslive.co.za/news/sci-tech/2021-05-21-how-we-proved-a-rembrandt-painting-owned-by-the-university-of-pretoria-was-a-fake/

Devlin, J., et al. (2018). "BERT: Pre-Training of Deep Bidirectional Transformers for Language Understanding." Available at https://arxiv.org/abs/1810.04805

Diakopoulos, N. (2019). *Automating the News: How Algorithms Are Rewriting the Media*.

Harvard University Press.

Dickler, J. (May 1, 2009). "Getting Paid Not to Work." *CNN Money*. Available at https://money.cnn.com/2009/04/30/news/economy/legal_deferrals/

Didion, J. (December 5, 1976). "Why I Write." *New York Times*. Available at https://www.nytimes.com/1976/12/05/archives/why-i-write-why-i-write.html

Diehl, C. (1978). *Americans and German Scholarship*, 1770–1870. Yale University Press.

Dietrich, A. (2019). "Types of Creativity." *Psychonomic Bulletin & Review* 26: 1–12.

Diresta, R. (July 24, 2019). "A New Law Makes Bots Identify Themselves." *Wired*. Available at https://www.wired.com/story/law-makes-bots-identify-themselves/

Dobrin, D. N. (1990). "A New Grammar Checker." *Computers and the Humanities* 24(1/2): 67–80.

Dou, Y., et al. (2022). "Is GPT-3 Text Indistinguishable from Human Text? SCARECROW: A Framework for Scrutinizing Machine Text." In *Proceedings of the 60th Meeting of the Association for Computational Linguistics*, vol. 1: long papers, pp. 7250–7274. Available at https://arxiv.org/abs/2107.01294

Duff, A. (1981). *The Third Language*. Pergamon.

"Duplicating Polygraph" (n.d.). NYU Department of Media, Culture, and Communication. Available at http://cultureandcommunication.org/deadmedia/index.php/Duplicating_Polygraph

du Sautoy, M. (2019). *The Creativity Code*. 4th Estate.

Dzieza, J. (July 20, 2022). "The Great Fiction of AI." *The Verge*. Available at https://www.theverge.com/c/23194235/ai-fiction-writing-amazon-kindle-sudowrite-jasper

Earnest, L. (November 26, 2012). "Oral History of Lester D. 'Les' Earnest." Interviewed by Dag Spicer. Computer History Museum. Available at https://archive.computerhistory.org/resources/access/text/2013/05/102746589-05-01-acc.pdf

Edmonds, R. (June 29, 2022). "An Updated Survey of US Newspapers Finds 360 More Have Closed Since 2019." *Poynter*. Available at https://www.poynter.org/business-work/2022/an-updated-survey-of-us-newspapers-finds-360-more-have-closed-since-2019/

Ehri, L. C. (2000). "Learning to Read and Learning to Spell: Two Sides of a Coin." *Topics in Language Disorders* 20(3): 19–36.

Eide, N. (May 16, 2019). "All About 'Bertie': Overhauling CMS Technology at Forbes." *CIODIVE*. Available at https://www.ciodive.com/news/all-about-bertie-overhauling-cms-technology-at-forbes/554871/

Elbert, T., et al. (1995). "Increased Cortical Representation of the Fingers of the Left Hand in String Players." *Science* 270(5234): 305–307.

Eldridge, S., and Franklin, B., eds. (2019). *Routledge Handbook of Developments in Digital Journalism Studies*. Routledge.

Elgammal, A. (September 24, 2021). "How a Team of Musicologists and Computer Scientists Completed Beethoven's Unfinished 10th Symphony." *The Conversation*. Available at https://theconversation.com/how-a-team-of-musicologists-and-computer-scientists-completed-beethovens-unfinished-10th-symphony-168160

Eliot, C. W. (1869a). "The New Education." *The Atlantic [The Atlantic Monthly]* (February). Available at https://www.theatlantic.com/magazine/archive/1869/02/the-new-education/309049/

Eliot, C. W. (1869b). Inaugural Address as President of Harvard College. Available at https://homepages.uc.edu/~martinj/Ideal%20University/5.%20%20The%2019th%20Century%20American%20College/Eliot%20-%20Inauguration%20Address%201869.pdf

Ellis, H. (1926). *A Study of British Genius*. Houghton Mifflin.

Else, H. (January 19, 2023). "Abstracts Written by ChatGPT Fool Scientists." *Nature* 613: 423. Available at https://www.nature.com/articles/d41586-023-00056-7

Engber, D. (June 6, 2014). "Who Made That Autocorrect?" *New York Times Magazine*. Available at https://www.nytimes.com/2014/06/08/magazine/who-made-that-autocorrect.html

Eriksen, D. (December 7, 2022). "Teachers Despair over New Artificial Intelligence." *NRK Culture*. Original Norwegian available at https://www.nrk.no/kultur/laerere-fortvilet-over-ny-kunstig-intelligens-1.16210580; English translation through Microsoft Translator.

ETS (n.d. a). "ETS Proficiency Profile: Optional Essay." Available at https://www.ets.org/proficiency-profile/about/test-content.html

ETS (n.d. b). "e-rater Scoring Engine." Available at https://www.ets.org/erater/how.html

ETS Global (n.d.). "Criterion." Available at https://www.etsglobal.org/fr/en/test-type-family/criterion

European Union (April 27, 2016). "Regulation (EU) 2016/679 of the European Parliament and of the Council: On the Protection of Natural Persons with Regard to the Processing of Personal Data and on the Free Movement of Such Data." Available at https://eur-lex.europa.eu/legal-content/EN/TXT/PDF/?uri=CELEX:32016R0679

Evans, C. (October 20, 2022). "'The Robot Is Doing the Job': Robots Help Pick Strawberries in California amid Drought, Labor Shortage." *CBS News*. Available at https://www.cbsnews.com/news/robots-pick-strawberries-california/

"'Expert System' Picks Key Workers' Brains" (November 7, 1989). LA Times. Available at https://www.latimes.com/archives/la-xpm-1989-11-07-fi-1112-story.html

Fagan, F. (2022). "Law's Computational Paradox." *Virginal Journal of Law and Technology* 26 (4). Available at https://static1.squarespace.com/static/5e793709295d7b60295b2d29/t/63aa63a45c647b201f553c70/16721 11013175/v26i4.Fagan.pdf

Fassler, J. (April 12, 2012). "Can the Computers at Narrative Science Replace Paid Writers?" *The Atlantic*. Available at https://www.theatlantic.com/entertainment/archive/2012/04/can-the-computers-at-narrative-science-replace-paid-writers/255631/

"Fathers of the Deep Learning Revolution Receive ACM A. M. Turing Award" (March 27, 2019). *Association for Computing Machinery*. Available at https://www.acm.org/media-center/2019/march/turing-award-2018

Feather, J. (1994). *Publishing, Piracy, and Politics: A Historical Study of Copyright in Britain*. Mansell.

Febvre, L., and Martin, H.-J. (1976). *The Coming of the Book*. Trans. D. Gerard. NLB.

Fingas, J. (December 12, 2020). "Netflix Explains How It Uses AI to Sell You on a Show." *Engadget*. Available at https://www.engadget.com/netflix-explains-ai-for-show-marketing-201524601.html

Finley, A. (2021). How *College Contributes to Workforce Success*. Association of American Colleges and Universities, Hanover Research. Available at https://www.aacu.org/research/how-college-contributes-to-workforce-success

Fithian, D. F. (1950). *Charles W. Eliot's Contributions to Education*. PhD dissertation, University of Arizona. Available at https://repository.arizona.edu/bitstream/ handle/10150/318982/AZU_TD_BOX3_E9791_1950_29pdf?sequence=1&isAllowe d=y

Flaherty, A. (2004). *The Midnight Disease*. Houghton Mifflin.

Flaherty, C. (October 18, 2017). "Productivity: Age Is Just a Number." *Inside Higher Ed*. Available at https://www.insidehighered.com/news/2017/10/18/new-study-pushes-back-decades-studies-suggesting-scientific-productivity-peaks-early

Flaherty, C. (April 6, 2021). "What Employers Want." *Inside Higher Ed*. Available at https://www.insidehighered.com/news/2021/04/06/aacu-survey-finds-employers-wantcandidates-liberal-arts-skills-cite-preparedness

Flaherty, J. (February 24, 2015). "Meet Bond, the Robot That Creates Handwritten Notes for You." *Wired*. Available at https://www.wired.com/2015/02/meet-bond-robot-creates-handwritten-notes/

Fletcher, A., and Larson, E. J. (January 25, 2022). "Optimizing Machines Is Perilous. Consider 'Creatively Adequate' AI." *Wired*. Available at https://www.wired.com/story/artificial-intelligence-data-future-optimization-antifragility/

Flood, A. (March 2, 2009). "Writing Is 'No Fun,' Says Tóibín." *Guardian*. Available at https://www.theguardian.com/books/2009/mar/02/colm-toibin-writing-pleasure

Forster, A. (2001). "Review Journals and the Reading Public." In I. Rivers, ed., *Books and Their Readers in Eighteenth-Century England: New Essays*. Leicester University Press, pp. 171–190.

Fyfe, A. (July 8, 2021). "Where Did the Practice of 'Abstracts' Come From?" *A History of Scientific Journals*. Available at https://arts.st-andrews.ac.uk/philosophicaltransactions/where-did-the-practice-of-abstracts-come-from/

Gallagher, C. J. (2003). "Reconciling a Tradition of Testing with a New Learning Paradigm." *Educational Psychology Review* 15(1): 83–99.

Galton, F. (1869). *Hereditary Genius*. Macmillan.

Ganapati, P. (September 23, 2010). "How T9 Predictive Text Input Changed Mobile Phones." *Wired*. Available at https://www.wired.com/2010/09/martin-king-t9-dies/

Garber, M. (August 23, 2013). "How Google's Autocomplete Was . . . Created/Invented/Born." *The Atlantic*. Available at https://www.theatlantic.com/technology/archive/2013/08/how-googles-autocomplete-was-created-invented-born/278991/

Gardner, H. (1983). *Frames of Mind: The Theory of Multiple Intelligences*. Basic.

Gardner, H. (1993). *Creating Minds*. Basic.

Garfinkel, S. (n.d.). "Building 20: A Survey." Reflections on MIT's Building 20. Available at https://ic.media.mit.edu/projects/JBW/ARTICLES/SIMSONG.HTM

Gault, M. (August 31, 2022). "An AI-Generated Artwork Won First Place at a State Fair Fine Arts Competition, and Artists Are Pissed." *Motherboard*. Available at https://www.vice.com/en/article/bvmvqm/an-ai-generated-artwork-won-first-place-at-a-state-fair-fine-arts-competition-and-artists-are-pissed

Gebru, T., and Mitchell, M. (June 17, 2022). "We Warned Google That People Might Believe AI Was Sentient. Now It's Happening." *Washington Post*. Available at https://www.washingtonpost.com/opinions/2022/06/17/google-ai-ethics-sentient-lemoinewarning/

Gellerstam, M. (1986). "Translationese in Swedish Novels Translated from English." *Scandinavian Symposium on Translation Theory*. CWK Gleerup, pp. 88–95.

Gero, K. I. (December 2, 2022). "AI Reveals the Most Human Parts of Writing." *Wired*. Available at https://www.wired.com/story/artificial-intelligence-writing-art/

Gibbs, S. (December 5, 2016). "Google Alters Search Autocomplete to Remove 'Are Jews Evil' Suggestion." *Guardian*. Available at https://www.theguardian.com/technology/2016/dec/05/google-alters-search-autocomplete-remove-are-jews-evil-suggestion

Goldman, B. (May 12, 2021). "Software Turns 'Mental Handwriting' into On-Screen Words, Sentences." *Stanford Medicine News Center*. Available at https://med.stanford.edu/news/all-news/2021/05/software-turns-handwriting-thoughts-into-on-screen-text.html

Goodfellow, I. J., et al. (2014). "Generative Adversarial Nets." NIPS 14. *Proceedings of the 27th International Conference on Neural Information Processing Systems*, vol. 2, pp. 2672–2680. Available at https://arxiv.org/abs/1406.2661

Goody, J., and Watt, I. (1963). "The Consequences of Literacy." *Comparative Studies in Society and History* 5(3): 304–345.

"Gorham's Cave Complex" (n.d.). *UNESCO*. Available at https://whc.unesco.org/en/list/1500/

Gotti, F., Langlais, P., and Lapalme, G. (2014). "Designing a Machine Translation System for Canadian Weather Warnings: A Case Study." *Natural Language Engineering* 20(3): 399–433.

GPT Generative Pretrained Transformer, Thunström, A. O., and Steingrimsson, S. (2022). "Can GPT-3 Write an Academic Paper on Itself, with Minimal Human Input?" *HAL Open Science*. Available at https://hal.archives-ouvertes.fr/hal-03701250/document

Graham, S. S. (October 24, 2022). "AI-Generated Essays Are Nothing to Worry About." *Inside Higher Ed*. Available at https://www.insidehighered.com/views/2022/10/24/ai-generated-essays-are-nothing-worry-about-opinion

Grant, D. (July 10, 2018). "The Problem with Studies Claiming Artists Have Higher Rates of Mental Illness." *Observer*. Available at https://observer.com/2018/07/psychiatrists-say-studies-linking-artists-and-mental-illness-are-flawed/

Green, J. (n.d.). Reading Guide, *Looking for Alaska*. Penguin Random House Canada. Available at https://www.penguinrandomhouse.ca/books/292717/looking-for-alaskaby-john-green/9780593109069/reading-guide

Greenfield, P., and Bruner, J. (1966). "Culture and Cognitive Growth." *Journal of Psychology* 1: 89–107.

Grimmelmann, J. (2016a). "Copyright for Literate Robots." *Iowa Law Review* 101: 657–681.

Grimmelmann, J. (2016b). "There's No Such Thing as a Computer-Authored Work—And It's a Good Thing, Too." *Columbia Journal of Law and the Arts* 39: 403–416.

Guerberof Arenas, A., and Toral, A. (2020). "The Impact of Post-Editing and Machine Translation on Creativity and Reading Experience." *Translation Spaces* 9(2): 255–282.

Guerberof Arenas, A., and Toral, A. (2022). "Creativity in Translation: Machine Translation as a Constraint for Literary Texts." *Translation Spaces* 11(2): 184–212.

Guilford, J. P. (1950). "Creativity." *American Psychologist* 5(9): 444–454.

Gutman-Wei, R. (December 12, 2019). "A 'Mic Drop' on a Theory of Language Evolution." *The Atlantic*. Available at https://www.theatlantic.com/science/archive/2019/12/when-did-ancient-humans-start-speak/603484/

Hall, A. H., et al. (2015). "Examining the Effects of Preschool Writing Instruction on Emergent Literacy Skills: A Systematic Review of the Literature." Literacy *Research and Instruction* 54: 115–134. Available at https://tigerprints.clemson.edu/cgi/viewcontent.cgi?article=1040&context=eugene_pubs

Halverson, J. (1992). "Goody and the Implosion of the Literacy Thesis." *Man* 27: 301–317.

Hancock, J., Naaman, M., and Levy, K. (2020). "AI-Mediated Communication: Definition, Research Agenda, and Ethical Considerations." *Journal of Computer-Mediated Communication* 25: 89–100. Available at https://academic.oup.com/jcmc/article/25/1/89/5714020

Handel, M. (July 2022). "Growth Trends for Selected Occupations Considered at Risk from Automation." *Monthly Labor Review*. US Bureau of Labor Statistics. Available at https://www.bls.gov/opub/mlr/2022/article/growth-trends-for-selected-occupations-considered-at-risk-from-automation.htm

Hao, K. (July 9, 2021). "AI Voice Actors Sound More Human Than Ever—and They're Ready to Hire." *MIT Technology Review*. Available at https://www.technologyreview.com/2021/07/09/1028140/ai-voice-actors-sound-human/

Harris, R. (2000). *Rethinking Writing*. Indiana University Press.

Harris, W. V. (1989). *Ancient Literacy*. Cambridge University Press.

Hartocollis, A., Taylor, K., and Saul, S. (January 19, 2021). "Retooling During Pandemic, the

SAT Will Drop Essay and Subject Tests." *New York Times*. Available at https://www.nytimes.com/2021/01/19/us/sat-essay-subject-tests.html

Harvard University Archives Research Guides (n.d.). "Harvard Presidents Reports, 1826–1995." Available at https://guides.library.harvard.edu/c.php?g=638791&p=4471938

Havelock, E. (1963). *Preface to Plato*. Harvard University Press.

Hayes, J., and Berninger, V. (2014). "Cognitive Processes in Writing: A Framework." In B. Arfe, J. Dockrell, and V. Berninger, eds., *Writing Development in Children with Hearing Loss, Dyslexia, or Oral Language Problems*. Oxford University Press, pp. 3–15.

Heaven, W. D. (December 8, 2021). "DeepMind Says Its New Language Model Can Beat Others 25 Times Its Size." *MIT Technology Review*. Available at https://www.technologyreview.com/2021/12/08/1041557/deepmind-language-model-beat-others-25-times-size-gpt-3-megatron/

Heaven, W. D. (February 23, 2022). "This Is the Reason Demis Hassabis Started DeepMind." *MIT Technology Review*. Available at https://www.technologyreview.com/2022/02/23/1045016/ai-deepmind-demis-hassabis-alphafold/

Heaven, W. D. (March 29, 2022). "Chatbots Could One Day Replace Search Engines. Here's Why That's a Terrible Idea." *MIT Technology Review*. Available at https://www.technologyreview.com/2022/03/29/1048439/chatbots-replace-search-engine-terrible-idea/

Heaven, W. D. (May 3, 2022). "Meta Has Built a Massive New Language AI—and It's Giving It Away for Free." *MIT Technology Review*. Available at https://www.technologyreview.com/2022/05/03/1051691/meta-ai-large-language-model-gpt3-ethics-huggingface-transparency/

Heikkilä, M. (August 31, 2022). "What Does GPT-3 'Know' About Me?" *MIT Technology Review*. Available at https://www.technologyreview.com/2022/08/31/1058800/what-does-gpt-3-know-about-me/

Heikkilä, M. (September 22, 2022). "DeepMind's New Chatbot Uses Google Searches Plus Humans to Give Better Answers." *MIT Technology Review*. Available at https://www.technologyreview.com/2022/09/22/1059922/deepminds-new-chatbot-uses-google-searches-plus-humans-to-give-better-answers/

Heikkilä, M. (January 17, 2023). "Here's How Microsoft Could Use ChatGPT." *MIT Technology Review*. Available at https://www.technologyreview.com/2023/01/17/1067014/heres-how-microsoft-could-use-chatgpt/

Heikkilä, M. (January 27, 2023). "A Watermark for Chatbots Can Spot Text Written

by an AI." *MIT Technology Review*. Available at https://www.technologyreview.
com/2023/01/27/1067338/a-watermark-for-chatbots-can-spot-text-written-by-an-
ai/

Heller, J., Safdie, L., and Arrendondo, P. (2021). "AI in Legal Research." In N. Waisberg and H.
Alexander, eds., AI for Lawyers. Wiley, pp. 107–118.

Henrickson, L. (April 4, 2021). "Constructing the Other Half of *The Policeman's Beard.*"
Electronic Book Review. Available at https://electronicbookreview.com/essay/
constructing-the-other-half-of-the-policemans-beard/

Herrington, A., and Moran, C. (2012). "Writing to a Machine Is Not Writing at All." In N.
Elliot and L. Perelman, eds., *Writing Assessment in the 21st Century: Essays in Honor
of Edward M. White*. Hampton, pp. 219–232.

Hie, H., et al. (January 15, 2021). "Learning the Language of Viral Evolution and Escape."
Science. Available at https://www.science.org/doi/10.1126/science.abd7331

Hill, A. S. (1874). *General Rules for Punctuation and for the Use of Capital Letters*.
John Wilson & Son. Available at https://www.google.com/books/edition/
General_Rules_for_Punctuation_and_for_th/CTkAAAAAYAAJ?hl=en&gbpv=1&pg
=PA1&printsec=frontcover

"History of the Enigma" (n.d.). *Crypto Museum*. Available at https://www.cryptomuseum.
com/crypto/enigma/hist.htm

Hoffman, R. (September 27, 2022). "AI's Human Factor." *Greylock*. Available at https://
greylock.com/greymatter/ais-human-factor/

Hofstadter, D. (1979). *Gödel, Escher, Bach*. Basic.

Holmes, J. (April 3, 2016). "AI Is Already Making Inroads into Journalism but Could It Win a
Pulitzer?" *Guardian*. Available at https://www.theguardian.com/media/2016/apr/03/
artificla-intelligence-robot-reporter-pulitzer-prize

Holpuch, A. (February 23, 2022). "16-Year-Old Chess Prodigy Defeats World
Champion Magnus Carlsen." *New York Times*. Available at https://www.nytimes.
com/2022/02/23/arts/chess-magnus-carlsen-rameshbabu-praggnanandhaa.html

Horobin, S. (2013). *Does Spelling Matter?* Oxford University Press.

Horowitz-Kraus, T., and Hutton, J. S. (2018). "Brain Connectivity in Children Is Increased
by the Time They Spend Reading Books and Decreased by the Length of Exposure to
Screen-Based Media." *Acta Paediatrica* 107(4): 685–693.

"How Sequoyah, Who Did Not Read or Write, Created a Written Language for the
Cherokee Nation from Scratch" (November 24, 2020). *PBS American Masters*. Available

at https://www.pbs.org/wnet/americanmasters/blog/how-sequoyah-who-did-not-read-or-write-created-a-written-language-for-the-cherokee-nation-from-scratch/

Hsu, T., and Thompson, S. A. (February 8, 2023). "Disinformation Researchers Raise Alarms About A.I. Chatbots." *New York Times*. Available at https://www.nytimes.com/2023/02/08/technology/ai-chatbots-disinformation.html

Huang, C.-Z. A., et al. (2020). "AI Song Contest: Human–AI Co-Creation in Songwriting." *21st International Society for Music Information Retrieval Conference*. Available at https://arxiv.org/abs/2010.05388

Hutchins, J. (1996). "ALPAC: The (In)famous Report." *MT News International* 14: 9–12. Available at https://aclanthology.org/www.mt-archive.info/90/MTNI-1996- Hutchins.pdf

Hutchins, J. (2002). "Two Precursors of Machine Translation: Artsrouni and Trojanskij." Available at https://citeseerx.ist.psu.edu/viewdoc/download?doi=10.1.1.14.2564&rep=rep1&type=pdf

Hutton, J. S., et al. (2020a). "Associations Between Home Literacy Environment, Brain White Matter Integrity and Cognitive Abilities in Preschool-Age Children." *Acta Paediatrica* 109(7): 1376–1386.

Hutton, J. S., et al. (2020b). "Associations Between Screen-Based Media Use and Brain White Matter Integrity in Preschool-Aged Children." *JAMA Pediatrics* 174(1).

"International Literacy Day 2021: Literacy for a Human Centred Recovery: Narrowing the Digital Divide" (2021) *UNESCO*. Available at https://en.unesco.org/sites/default/files/ild-2021-fact-sheet.pdf

"Is Artificial Intelligence Set to Become Art's Next Medium?" (December 12, 2018). *Christie's*. Available at https://www.christies.com/features/a-collaboration-between-two-artists-one-human-one-a-machine-9332-1.aspx

Ives, M., and Mozur, P. (June 4, 2021). "India's 'Ugliest' Language? Google Had an Answer (and Drew a Backlash)." *New York Times*. Available at https://www.nytimes.com/2021/06/04/world/asia/google-india-language-kannada.html

Jabr, F. (May 14, 2012). "Know Your Neurons: The Discovery and Naming of the Neuron." *Scientific American*. Available at https://blogs.scientificamerican.com/brainwaves/know-your-neurons-the-discovery-and-naming-of-the-neuron/

Jacobsen, E. (n.d.). "A (Mostly) Brief History of the SAT and ACT Tests." Available at https://www.erikthered.com/tutor/sat-act-history.html

James, K. (2017). "The Importance of Handwriting Experience on the Development of the

Literate Brain." *Current Directions in Psychological Science* 26(6): 502–508.

Jansen, T., et al. (2021). "Don't Just Judge the Spelling! The Influence of Spelling on Assessing Second-Language Student Essays." *Frontline Learning Research* 9(1): 44–65. Available at https://files.eric.ed.gov/fulltext/EJ1284840.pdf

Jauk, E., et al. (2013). "The Relationship Between Intelligence and Creativity: New Support for the Threshold Hypothesis by Means of Empirical Breakpoint Detection." *Intelligence* 41(4): 212–221.

Jee, C. (October 18, 2022). "Technology That Lets Us 'Speak' to Our Dead Relatives. Are We Ready?" *MIT Technology Review*. Available at https://www.technologyreview.com/2022/10/18/1061320/digital-clones-of-dead-people/

Jee, C., and Heaven, W. D. (December 6, 2021). "The Therapists Using AI to Make Therapy Better." *MIT Technology Review*. Available at https://www.technologyreview.com/2021/12/06/1041345/ai-nlp-mental-health-better-therapists-psychology-cbt/

Jefferson, G. (1949). "The Mind of Mechanical Man." Lister Oration for 1949. *British Medical Journal* 1: 1105–1110.

Jia, Y., and Weiss, R. (May 15, 2019). "Introducing Translatotron: An End-to-End Speech-to-Speech Translation Model." *Google AI Blog*. Available at https://ai.googleblog.com/2019/05/introducing-translatotron-end-to-end.html

Johnson, G. (November 11, 1997). "Undiscovered Bach? No, a Computer Wrote It." *New York Times*. Available at https://www.nytimes.com/1997/11/11/science/undiscovered-bach-no-a-computer-wrote-it.html

Johnson, K. (November 2, 2021). "Facebook Drops Facial Recognition to Tag People in Photos." *Wired*. Available at https://www.wired.com/story/facebook-drops-facial-recognition-tag-people-photos/

Johnson, M. (April 20, 2020). "A Scalable Approach to Reducing Gender Bias in Google Translate." *Google AI Blog*. Available at https://ai.googleblog.com/2020/04/a-scalable-approach-to-reducing-gender.html

Johnson, S. (April 16, 2013). "Why No One Clicked on the Great Hypertext Story." *Wired*. Available at https://www.wired.com/2013/04/hypertext/

Joshi, R. M., et al. (2008). "How Words Cast Their Spell: Spelling Is an Integral Part of Learning the Language, Not a Matter of Memorization." *American Educator* 32(4): 6–16. Available at https://www.aft.org/sites/default/files/periodicals/joshi.pdf

Jozuka, E. (March 24, 2016). "A Japanese AI Almost Won a Literary Prize." *Vice*. Available at https://www.vice.com/en/article/wnxnjn/a-japanese-ai-almost-won-a-literary-prize

Kalchbrenner, N., and Blunsom, P. (2013). "Recurrent Continuous Translation Models." In *Proceedings of the ACL Conference on Empirical Methods in Natural Language Processing*, pp. 1700–1709.

Kansara, R., and Main, E. (September 9, 2021). "The Kenyans Who Are Helping the World to Cheat." *BBC News*. Available at https://www.bbc.com/news/blogs-trending-58465189

Kasparov, G. (2007). *How Life Imitates Chess: Making the Right Moves, from the Board to the Boardroom*. Bloomsbury.

Kasparov, G. (February 11, 2010). "The Chess Master and the Computer" (review of Diego Rasskin-Gutman, *Chess Metaphors*, MIT Press). In *The New York Review of Books*. Available at https://www.nybooks.com/articles/2010/02/11/the-chess-master-and-the-computer/

Kaufman J. C. (2018). "Finding Meaning with Creativity in the Past, Present, and Future." *Perspectives on Psychological Science* 13(6): 734–749.

Kaufman, J. C., and Beghetto, R. A. (2009). "Beyond Big and Little: The Four C Model of Creativity." *Review of General Psychology* 13(1): 1–12.

Kaufman, S. L. (November 5, 2020). "Artist Sougwen Chung Wanted Collaborators. So She Designed and Built Her Own AI Robots." *Washington Post*. Available at https://www.washingtonpost.com/business/2020/11/05/ai-artificial-intelligence-art-sougwen-chung/

Kennedy, H. (1980). "The First Written Examinations at Harvard College." *American Mathematical Monthly* 87(6): 483–486.

Kenny, D., and Winters, M. (2020). "Machine Translation, Ethics and the Literary Translator's Voice." *Translation Spaces* 9(1): 123–149.

Kim, J., et al. (2021). "Which Linguist Invented the Lightbulb? Presupposition Verification for Question-Answering." *ACL* 2021. Available at https://arxiv.org/pdf/2101.00391.pdf

Kincaid, J. P., et al. (February 1975). "Derivation of New Readability Formulas: Automated Readability Index (Fog Count and Flesch Reading Ease Formula) for Navy Enlisted Personnel." *Research Branch Report* 8-75. Available at https://apps.dtic.mil/sti/pdfs/ADA006655.pdf

Kindy, D. (November 11, 2022). "Nazi Ciphers Were No Match for WWII Code- Breaking Heroine." Washington Post. Available at https://www.washingtonpost.com/history/2022/11/11/julia-parsons-woman-codebreaker-wwii/

Klebanov, B. B., Gyawali, B., and Song, Y. (2017). "Detecting Good Arguments in a Non-Topic-Specific Way: An Oxymoron?" In *Proceedings of the 55th Meeting of the Association for Computational Linguistics*, short papers, pp. 244–249.

Klebanov, B. B., and Madnani, N. (2020). "Automated Evaluation of Writing—50 Years and Counting." In *Proceedings of the 58th Meeting of the Association for Computational Linguistics*, pp. 7796–7810.

Klingemann, M. (July 18, 2020). "Another Attempt at a Longer Piece. An Imaginary Jerome K. Jerome Writes About Twitter." *Twitter* post. Available at https://twitter.com/quasimondo/status/1284509525500989445?lang=en

Knight, W. (December 7, 2022). "ChatGPT's Most Charming Trick Is Also Its Biggest Flaw." *Wired*. Available at https://www.wired.com/story/openai-chatgpts-most-charming-trick-hides-its-biggest-flaw/

Koch, C. (March 19, 2016). "How the Computer Beat the Go Master." *Scientific American*. Available at https://www.scientificamerican.com/article/how-the-computer-beat-the-go-master/

Kocienda, K. (September 4, 2018). "I Invented the iPhone's Autocorrect. Sorry About That, and You're Welcome." *Wired*. Available at https://www.wired.com/story/opinion-i-invented-autocorrect/

Krill, P. (November 10, 2022). "GitHub Faces Lawsuit over Copilot AI Coding Assistant." InfoWorld. Available at https://www.infoworld.com/article/3679748/github-faces-lawsuit-over-copilot-coding-tool.html

Krokoscz, M. (2021). "Plagiarism in Articles Published in Journals Indexed in the Scientific Periodicals Electronic Library (SPELL): A Comparative Analysis Between 2013 and 2018." *International Journal for Academic Integrity* 17(1). Available at https://edintegrity.biomedcentral.com/articles/10.1007/s40979-020-00063-5

Kung, T. H., et al. (December 21, 2022). "Performance of ChatGPT on USMLE: Potential for AI-Assisted Medical Education Using Large Language Models." Available at https://www.medrxiv.org/content/10.1101/2022.12.19.22283643v2.full

Kyaga, S. (2015). Creativity and Mental Illness. Palgrave Macmillan/Springer Nature.

LaFranchi, H. (April 27, 1984). "John Martin's 'Writing to Read': A New Way to Teach Reading." *Christian Science Monitor*. Available at https://www.csmonitor.com/1984/0427/042701.html

Lahiri, J. (2017). "Introduction" to Domenico Starnone, *Ties*. Trans. J. Lahiri. Europa Editions, pp. 11–19.

Landow, G. (1992). *Hypertext: The Convergence of Contemporary Critical Theory and Technology*. Johns Hopkins University Press.

Language and Machines: Computers in Translation and Linguistics (1966). Automatic Language Processing Advisory Committee, National Academy of Sciences. Available at https://nap.nationalacademies.org/resource/alpac_lm/ARC000005.pdf

Lau, J. H., et al. (April 30, 2020). "This AI Poet Mastered Rhythm, Rhyme, and Natural Language to Write Like Shakespeare." *IEEE Spectrum*. Available at https://spectrum.ieee.org/artificial-intelligence/machine-learning/this-ai-poet-mastered-rhythm-rhyme-and-natural-language-to-write-like-shakespeare

LeCun, Y., et al. (1998). "Gradient-Based Learning Applied to Document Recognition." *Proceedings of the IEEE* 86(11): 2278–2324.

Lee, K.-F., and Qiufan, C. (2021). *AI 2041: Ten Visions for Our Future*. Currency.

Lee, N. T., and Lai, S. (December 20, 2021). "Why New York City Is Cracking Down on AI in Hiring." *Brookings Education Blog Tech Tank*. Available at https://www.brookings.edu/blog/techtank/2021/12/20/why-new-york-city-is-cracking-down-on-ai-in-hiring/

Legg, M., and Bell, F. (2020). *Artificial Intelligence and the Legal Profession*. Hart.

Lehmann, N. (1999). *The Big Test: The Secret History of the American Meritocracy*. Farrar, Straus and Giroux.

Lehmann, W. P. (n.d.). "Machine Translation at Texas: The Early Years." Linguistics Research Center, University of Texas at Austin. Available at https://liberalarts.utexas.edu/lrc/about/history/machine-translation-at-texas/early-years.php

Leonard, S. (1929). *The Doctrine of Correctness in English Usage*, 1700–1800. Russell and Russell.

Levy, F., and Marnane, R. (2004). The New Division of Labor. Russell Sage Foundation.

Levy, S. (May 18, 1997). "Big Blue's Hand of God." *Newsweek*. Available at https://www.newsweek.com/big-blues-hand-god-173076

Lewis-Kraus, G. (December 14, 2016). "The Great A.I. Awakening." *New York Times Magazine*. Available at https://www.nytimes.com/2016/12/14/magazine/the-great-ai-awakening.html

Li, F.-F. (n.d.). "ImageNet: Crowdsourcing, Benchmarking, and Other Cool Things." Stanford University. Available at https://www.image-net.org/static_files/papers/ImageNet_2010.pdf

Limbong, A. (July 16, 2021). "AI Brought Anthony Bourdain's Voice Back to Life. Should It Have?" *NPR*. Available at https://www.npr.org/2021/07/16/1016838440/aibrought-anthony-bourdains-voice-back-to-life-should-it-have

Ling, R. (2012). *Taken for Grantedness*. MIT Press.

"Listening to the Music of Turing's Computer" (October 1, 2016). *BBC News*. Available at https://www.bbc.com/news/magazine-37507707

Liukkonen, P. (2008). "James Fenimore Cooper (1789–1851)." Available at https://web.archive.org/web/20140823203150/http:/www.kirjasto.sci.fi/jfcooper.htm

Longcamp, M., Zerbato-Poudou, M.-T., and Velay, J.-L. (2005). "The Influence of Writing Practice on Letter Recognition in Preschool Children: A Comparison Between Handwriting and Typing." *Acta Psychologica* 119: 67–79.

Lorenz, T. (April 29, 2021). "What Is 'Cheugy'? You Know It When You See It." *New York Times*. Available at https://www.nytimes.com/2021/04/29/style/cheugy.html

Lou, P. J., and Johnson, M. (2020). "End-to-End Speech Recognition and Disfluency Removal." *Findings of the Association for Computational Linguistics*. EMNLP 2020, pp. 2051–2061. Available at https://arxiv.org/abs/2009.10298

Lounsbury, T. L. (1911). "Compulsory Composition in Colleges," in *Harper's Monthly* 123: 866–880. In J. C. Brereton, ed. (1995), *The Origins of Composition Studies in the American College*, 1875–1925. University of Pittsburgh Press, pp. 261–286.

Lubrano, A. (1997). *The Telegraph: How Technology Innovation Caused Social Change*. Routledge.

Luckenbach, T. A. (1986). "Encouraging 'little c' and 'Big C' Creativity." *Research Management* 29(2): 9–10.

Luhn, H. P. (1958). "The Automatic Creation of Literature Abstracts." *IBM Journal* (April): 159–165.

Lunsford, A., et al. (2017). *Everyone's an Author*, 2nd ed. W. W. Norton.

Lunsford, A. A., and Lunsford, K. J. (2008). "'Mistakes Are a Fact of Life': A National Comparative Study." *College Composition and Communication* 59(4): 781–806.

Lytvyn, M. (March 31, 2021). "A History of Innovation at Grammarly." *Grammarly Blog*. Available at https://www.grammarly.com/blog/grammarly-12-year-history/

Mac, R. (September 3, 2021). "Facebook Apologizes After A.I. Puts 'Primates' Label on Video of Black Men." *New York Times*. Available at https://www.nytimes.com/2021/09/03/technology/facebook-ai-race-primates.html

Maguire, E. A., et al. (2000). "Navigation-Related Structural Change in the Hippocampi of Taxi Drivers." *Proceedings of the National Academy of Sciences* 97(8): 4398–4403.

Mallery, G. (1972 [1893]). *Picture-Writing of the American Indians*. 2 vols. Dover.

Mallon, T. (1989). *Stolen Words*. Ticknor & Fields.

Mangen, A., and Schilhab, T. (2012). "An Embodied View of Reading: Theoretical Considerations, Empirical Findings, and Educational Implications." In S. Matre and A. Skaftun, eds., *Skriv! Les!* Akademika Forlag. Available at https://www.academia.edu/3850051/Mangen_A_and_Schilhab_T_2012_An_embodied_view_of_reading_Theoretical_considerations_empirical_findings_and_educational_implications

Mangen, A., and van der Weel, A. (2017). "Why Don't We Read Hypertext Novels?" *Convergence* 23(2): 166–181.

Mangen, A., and Velay, J.-L. (2010). "Digitizing Literacy: Reflections on the Haptics of Writing." In M. H. Zadeh, ed., *Advances in Haptics*, pp. 385–401. Available at https://www.intechopen.com/chapters/9927

Manjoo, F. (October 7, 2022). "In the Battle with Robots, Human Workers Are Winning." *New York Times*. Available at https://www.nytimes.com/2022/10/07/opinion/machines-ai-employment.html

Marconi, F. (2020). *Newsmakers: Artificial Intelligence and the Future of Journalism.* Columbia University Press.

Marcus, G. (December 29, 2022). "The Dark Risk of Large Language Models." *Wired*. Available at https://www.wired.com/story/large-language-models-artificial-intelligence/

Marcus, G., and Davis, E. (2019). *Rebooting AI: Building AI We Can Trust*. Pantheon.

Markovic, M. (2019). "Rise of the Robot Lawyer?" *Arizona Law Review* 61(2): 325–350.

Marshall, M. (January 7, 2021). "Humans May Have Domesticated Dogs by Accident by Sharing Excess Meat." *New Scientist*. Available at https://www.newscientist.com/article/2264329-humans-may-have-domesticated-dogs-by-accident-by-sharing-excess-meat/

Martin, J. H., and Friedberg, A. (1986). *Writing* to Read. Warner.

Martin-Lacroux, C., and Lacroux, A. (2017). "Do Employers Forgive Applicants' Bad Spelling in Résumés?" *Business and Professional Communication Quarterly* 80(3): 321–335.

Matan, O., et al. (1991). "Reading Handwritten Digits: A Zip Code Recognition System." *AT&T 1991* Report. Available at https://ieeexplore.ieee.org/document/144441

Mayne, D. (January 26, 2021). "Revisiting Grammarly: An Imperfect Tool for Final Editing." Writing Center, University of Wisconsin–Madison. Available at https://dept.writing.wisc.edu/blog/revisiting-grammarly/comment-page-1/

McAfee, A., and Brynjolfsson, E. (2017). *Machine, Platform, Crowd*. W. W. Norton.

McCabe, D. L. (2005). "Cheating Among College and University Students: A North American Perspective." *International Journal for Educational Integrity* 1(1). Available at https://ojs.unisa.edu.au/index.php/ijei/article/view/14

McCarthy, A. (August 12, 2019). "How 'Smart' Email Could Change the Way We Talk." *BBC Future*. Available at https://www.bbc.com/future/article/20190812-how-ai-powered-predictive-text-affects-your-brain

McCarthy, J. (2006). "The Dartmouth Workshop—As Planned and As It Happened." Available at http://www-formal.stanford.edu/jmc/slides/dartmouth/dartmouth/node1.html

McCarthy, J., et al. (August 31, 1955). "A Proposal for the Dartmouth Summer Research Project on Artificial Intelligence." Proposal to the Rockefeller Foundation. Available at http://www-formal.stanford.edu/jmc/history/dartmouth/dartmouth.html

McCoy, R. T., et al. (November 18, 2021). "How Much Do Language Models Copy from Their Training Data? Evaluating Linguistic Novelty in Text Generation Using RAVEN." Available at https://arxiv.org/pdf/2111.09509.pdf

McCulloch, W. S., and Pitts, W. (1943). "A Logical Calculus of the Ideas Immanent in Nervous Activity." *Bulletin of Mathematical Biophysics* 5: 115–133.

McGee, T., and Ericsson, P. (2002). "The Politics of the Program: MS Word as the Invisible Grammarian." *Computers and Composition* 19: 453–470.

McKinney, S. M., et al. (January 1, 2020). "International Evaluation of an AI System for Breast Cancer Screening." *Nature* 577: 89–94. Available at https://www.nature.com/articles/s41586-019-1799-6

Meehan, J. R. (1977). "Tale-Spin: An Interactive Program That Writes Stories." In *Proceedings of the 5th International Joint Conference on Artificial Intelligence*, vol. 1, pp. 91–98. Available at http://cs.uky.edu/~sgware/reading/papers/meehan1977tale.pdf

Menick, J. (2016). "Move 37: Artificial Intelligence, Randomness, and Creativity." *Mousse Magazine* 55 + 53. Available at https://www.johnmenick.com/writing/move-37-alpha-go-deep-mind.html

Merrotsy, P. (2013). "A Note on Big-C Creativity and Little-c Creativity." *Creativity Research Journal* 25(4): 474–476.

Mesa, N. (March 11, 2022). "UNC Research Chief Admits to Plagiarism, Resigns." *The Scientist*. Available at https://www.the-scientist.com/news-opinion/unc-researchchief-admits-to-plagiarism-resigns-69797

Messenger, R. (August 9, 2015). "The Wonderful World of Typewriters." *ozTypewriter*. Available at https://oztypewriter.blogspot.com/2015/08/street-scribes-in-istanbul. html

Metz, C. (February 19, 2021). "A Second Google A.I. Researcher Says the Company Fired Her." *New York Times*. Available at https://www.nytimes.com/2021/02/19/ technology/google-ethical-artificial-intelligence-team.html

Michie, D. (1986). On Machine Intelligence, 2nd ed. Ellis Horwood.

"Microsoft 'to Replace Journalists with Robots'" (May 30, 2020). *BBC News*. Available at https://www.bbc.com/news/world-us-canada-52860247

Midling, A. S. (October 1, 2020). "Why Writing by Hand Makes Kids Smarter." *Norwegian SciTech News*. Available at https://norwegianscitechnews.com/2020/10/why-writing-by-hand-makes-kids-smarter/

Miller, A. I. (2019). *The Artist in the Machine*. MIT Press.

Minnis, A. J. (1988). *Medieval Theory of Authorship*, 2nd ed. University of Pennsylvania Press.

Minsky, M., and Papert, S. (1969). *Perceptrons*. MIT Press.

Mitchell, E., et al. (January 26, 2023). "DetectGPT: ZeroShot Machine- Generated Text Detection Using Probability Curvature." Available at https://arxiv.org/ pdf/2301.11305v1.pdf

Mitchell, M. (n.d. a). "Curriculum." Excerpt from *Encyclopedia Brunoniana*. Available at https://www.brown.edu/Administration/News_Bureau/Databases/Encyclopedia/ search. php?serial=C0780

Mitchell, M. (n.d. b). "Philermenian Society." Excerpt from *Encyclopedia Brunoniana*. Available at https://www.brown.edu/Administration/News_Bureau/Databases/ Encyclopedia/search.php?serial=P0190

Monaghan, W., and Bridgeman, B. (April 2005). "E-rater as a Quality Control on Human Scores." *ETS R&D Connections*. Available at https://www.ets.org/Media/Research/ pdf/RD_Connections2.pdf

Monarch, R. (M.) (2021). *Human-in-the-Loop Machine Learning*. Available at https://www. manning.com/books/human-in-the-loop-machine-learning#toc

Moncada, C. (December 15, 1983). "Takoma Park Votes Itself a Nuclear-Free Zone." *Washington Post*. Available at https://www.washingtonpost.com/archive/local/ 1983/12/15/takoma-park-votes-itself-a-nuclear-free-zone/e8664144-8055-47ac-

8a4e-1925ce22b6e4/

Montfort, N. (2008), "Riddle Machines: The History and Nature of Interactive Fiction." In S. Schreibman and R. Siemens, eds., *A Companion to Digital Literacy Studies*. Blackwell, pp. 267–282.

Moor, J. (2006). "The Dartmouth College Artificial Intelligence Conference: The Next Fifty Years." *AI Magazine* 27(4): 87–91.

Moorkens, J., et al. (2018). "Translators' Perceptions of Literary Post-Editing Using Statistical and Neural Machine Translation." *Translation Spaces* 7(2): 240–262.

Moran, L. (February 25, 2020). "Casetext Launches Automated Brief-Writing Product." ABA *Journal*. Available at https://www.abajournal.com/news/article/casetext-launches-automated-brief-writing-product

Morehead, K., Dunlosky, J., and Rawson, K.A. (2019). "How Much Mightier Is the Pen Than the Keyboard for Note-Taking? A Replication and Extension of Mueller and Oppenheimer (2014)." *Educational Psychology Review* 31: 753–780.

Mori, M. (June 12, 2012). "The Uncanny Valley." *IEEE Spectrum*. Available at https://spectrum.ieee.org/the-uncanny-valley

Motion, A. (September 25, 1999). "Magnificent in Its Remoteness, Beowulf Is Also Shockingly Vivid." *Financial Times*.

Mueller, P. A., and Oppenheimer, D. M. (2014). "The Pen Is Mightier Than the Keyboard: Advantages of Longhand over Laptop Note Taking." *Psychological Science* 25(6): 1159–1168.

Murati, E. (2022). "Language & Coding Creativity." *Daedalus* 151(2): 156–167.

Myers, D. G. (1996). *The Elephants Teach: Creative Writing Since* 1880. Prentice-Hall.

NACE (December 12, 2018). "Employers Want to See These Attributes on Students' Resumes." National Association of Colleges and Employers.

NACE (February 15, 2022). "The Attributes Employers Want to See on College Students' Resumes." National Association of Colleges and Employers.

Nalbantian, S., and Matthews, P. M., eds. (2019). *Secrets of Creativity: What Neuroscience, the Arts, and Our Minds Reveal*. Oxford University Press.

Naruto v. Slater (2016). Order Granting Motions to Dismiss. Available at https://scholar.google.com/scholar_case?case=2028474831558505548hl=en&as_sdt=6=scholarr

Navarria, G. (November 2, 2016). "How the Internet Was Born: From the ARPANET to the Internet." *The Conversation*. Available at https://theconversation.com/how-the-internet-was-born-from-the-arpanet-to-the-internet-68072

Nayak, P. (May 18, 2021). "MUM: A New AI Milestone for Understanding Information." *Google Blog*. Available at https://blog.google/products/search/introducing-mum/

"Neanderthals" (n.d.). *Gibralter National Museum*. Available at https://www.gibmuseum.gi/world-heritage/neanderthals

Neate, R. (December 15, 2021). "Sotheby's Sells Record $7.3bn of Art So Far in 2021." *Guardian*. Available at https://www.theguardian.com/artanddesign/2021/dec/15/sothebys-record-sales-art-2021-auction-house

Neely, B. (July 20, 2016). "Trump Speechwriter Accepts Responsibility for Using Michelle Obama's Words." *NPR*. Available at https://www.npr.org/2016/07/20/486758596/trump-speechwriter-accepts-responsibility-for-using-michelle-obamas-words

Nelson, T. (1980). *Literacy Machines*. Available at https://archive.org/details/literarymachines00nels/page/n1/mode/2up

"New Navy Device Learns by Doing" (July 8, 1958). *New York Times*. Available at https://www.nytimes.com/1958/07/08/archives/new-navy-device-learns-by-doing-psychologist-shows-embryo-of.html

"Newspapers Fact Sheet" (June 29, 2021). *Pew Research Center*. Available at https://www.pewresearch.org/journalism/fact-sheet/newspapers/

Newton, P. M. (2018). "How Common Is Commercial Contract Cheating in Higher Education and Is It Increasing? A Systematic Review." *Frontiers in Education* 3, Article 67. Available at https://www.frontiersin.org/articles/10.3389/feduc.2018.00067/full

Ngo, H., and Sakhaee, E. (2022). "Chapter 3: Technical AI Ethics." In *Artificial Intelligence Index Report 2022*. Stanford University Institute for Human-Centered Artificial Intelligence. Available at https://aiindex.stanford.edu/wp-content/uploads/2022/03/2022-AI-Index-Report_Master.pdf

Nin, Anaïs. (1974). *The Diary of Anaïs Nin, Volume 5: 1947–1955*. Ed. and preface by Gunther Stuhlmann. Harcourt Brace Jovanovich.

Nizinsky, B. (2022). "AI Is Coming for Copywriters." *LinkedIn*. Available at https://www.linkedin.com/pulse/ai-coming-copywriters-brian-nizinsky

Noble, S. (2018). *Algorithms of Oppression: How Search Engines Reinforce Racism*. New York University Press.

Nordling, L. (November 16, 2018). "Widespread Plagiarism Detected in Many Medical Journals Based in Africa." *Nature*. Available at https://www.nature.com/articles/d41586-018-07462-2

NPR (September 30, 2005). "Joan Didion Survives 'The Year of Magical Thinking.'" Available at https://www.npr.org/transcripts/4866010

Olson, D. (1994). *The World on Paper: The Conceptual and Cognitive Implications of Writing and Reading*. Cambridge University Press.

Onion, R. (February 8, 2022). "Why Grammarly's New Suggestions for Writing About Slavery Were Always Going to Miss the Mark." *Slate*. Available at https://slate.com/technology/2022/02/grammarly-slavery-language-suggestions.html

Oravec, J. A. (2014). "Expert Systems and Knowledge-Based Engineering (1984– 1991)." *International Journal of Designs for Living* 5(2): 66–75.

Oremus, W. (October 12, 2021). "Lawmakers' Latest Idea to Fix Facebook: Regulate the Algorithm." *Washington Post*. Available at https://www.washingtonpost.com/technology/2021/10/12/congress-regulate-facebook-algorithm/

Orwell, G. (1946). "Why I Write." *Gangrel* 4 (Summer).

Page, E. (1966). "The Imminence of Grading Essays by Computer." *The Phi Delta Kappan* 47(5): 238–243.

Park, S., and Baron, N. S. (2018). "Experiences of Writing on Smartphones, Laptops, and Paper." In J. Vincent and L. Haddon, eds., *Smartphone Cultures*. Routledge, pp. 150–162.

Parkey, K. (June 6, 2021). "John Wayne Coined the Term 'The Big C' While Doing Cancer Awareness Outreach." *Outsider*. Available at https://outsider.com/entertainment/john-wayne-coined-term-the-big-c-cancer-awareness/

Pasquale, F. (2018). "A Rule of Persons, Not Machines: The Limits of Legal Automation." Available at https://digitalcommons.law.umaryland.edu/cgi/viewcontent.cgi?article=2616&context=fac_pubs

Pasquale, F. (2020). *New Laws of Robotics*. Belknap.

Patterson, F., and Linden, E. (1981). *The Education of Koko*. Holt, Rinehart & Winston.

Payne, W. M., ed. (1895). *English in American Universities, by Professors in the English Departments of Twenty Representative Institutions*. D.C. Heath. Selections in J. C. Brereton, ed. (1995), The Origins of Composition Studies in the American College, 1875–1925. University of Pittsburgh Press, pp. 157–186.

Peng, J., and Park, W. (June 4, 2019). "The Remarkable 'Plasticity' of Musicians' Brains." *BBC*. Available at https://www.bbc.com/worklife/article/20190604-the-woman-who-feels-music-on-her-skin

Perelman, L. (2020). "The BABEL Generator and E-Rater: 21st Century Writing Constructs and Automated Essay Scoring (AES)." *Journal of Writing Assessment* 13(1). Available at https://escholarship.org/uc/item/263565cq

Peritz, A. (September 6, 2022). "A.I. Is Making It Easier Than Ever for Students to Cheat." *Slate*. Available at https://slate.com/technology/2022/09/ai-students-writing-cheating-sudowrite.html

Phelps, W. L. (1912). "English Composition" in *Teaching in School and College*. Macmillan. In J. C. Brereton, ed. (1995), *The Origins of Composition Studies in the American College, 1875–1925*. University of Pittsburgh Press, pp. 287–291.

Pielmeier, H., and O'Mara, P. (January 2020). "The State of the Linguistic Supply Chain: Translators and Interpreters in 2020." *CSA Research*. Available at https://cdn2.hubspot.net/hubfs/4041721/Newsletter/The%20State%20of%20the%20Linguist%20Supply%20Chain%202020.pdf

"Pope Ditches Latin as Official Language of Vatican Synod" (October 6, 2014). *Reuters*. Available at https://www.reuters.com/article/us-pope-latin/pope-ditches-latin-as-official-language-of-vatican-synod-idUSKCN0HV1O220141006

Potthast, M., Hagen, M., and Stein, B. (June 2020). "The Dilemma of the Direct Answer." *ACM SIGIR Forum* 54(1). Available at https://webis.de/downloads/publications/papers/potthast_2020j.pdf

Powers, D. E., et al. (2001). "Stumping e-Rater: Challenging the Validity of Automated Essay Scoring." Computers in Human Behavior 18(2): 103–134.

Presser, J., Beatson, J., and Chan, G., eds. (2021). *Litigating Artificial Intelligence*. Emond.

Quote Investigator (n.d.). "How Can I Know What I Think Till I See What I Say?" Available at https://quoteinvestigator.com/2019/12/11/know-say/

Ramakrishnan, A., Sambuco, D., and Jagsi, R. (2014). "Women's Participation in the Medical Profession: Insights from Experiences in Japan, Scandinavia, Russia, and Eastern Europe." *Journal of Women's Health* 23(11): 927–934.

Ranjit, J. (October 6, 2021). "UK Pavilion: A Poetic Expression Designed by Es Devlin at Dubai Expo 2020." *Parametric Architecture*. Available at https://parametric-architecture.com/uk-pavilion-a-poetic-expression-designed-by-es-devlin-at-dubai-expo-2020/

Reid, R. F. (1959). "The Boylston Professorship of Rhetoric and Oratory, 1806–1904: A Case Study in Changing Concepts of Rhetoric and Pedagogy." *Quarterly Journal of Speech* 45(3): 239–257.

Remus, D., and Levy, F. (2017). "Can Robots be Lawyers? Computers, Lawyers, and the Practice of Law." *Georgetown Journal of Legal Ethics* 30(3): 501–558.

Richtel, M. (2022). Inspired. Mariner.

Riedl, M. (January 4, 2021). "An Introduction to AI Story Generation." *Medium*. Available at https://mark-riedl.medium.com/an-introduction-to-ai-story-generation-7f99 a450f615

Riley, M. (January 30, 2022). "The Scripps National Spelling Bee." *The Science Academic Stem Magnet*. Available at https://www.thescienceacademystemmagnet.org/2022/ 01/30/the-scripps-national-spelling-bee/

Roberts, M. S. (May 1, 2019). "Young Composer 'Solves' Elgar's Enigma—and It's Pretty Convincing." *Classic* fM. Available at https://www.classicfm.com/composers/elgar/ news/young-composer-solves-enigma/

Roberts, S. (February 14, 2017). "Christopher Strachey's Nineteen-Fifties Love Machine." *New Yorker*. Available at https://www.newyorker.com/tech/annals-of-technology/ christopher-stracheys-nineteen-fifties-love-machine

Rockmore, D. (January 7, 2020). "What Happens When Machines Learn to Write Poetry?" New Yorker. Available at https://www.newyorker.com/culture/annals-of-inquiry/the-mechanical-muse

Roemmele, M. (2021). "Inspiration Through Observation: Demonstrating the Influence of Automatically Generated Text on Creative Writing." In *Proceedings of the 12th International Conference on Computational Creativity*, pp. 52–61. Available at https:// arxiv.org/abs/2107.04007

Roose, K. (2021). *Futureproof*. Random House.

Rose, S. (January 16, 2020). "'It's a War Between Technology and a Donkey'—How AI is Shaking Up Hollywood." Guardian. Available at https://www.theguardian.com/ film/2020/jan/16/its-a-war-between-technology-and-a-donkey-how-ai-is-shaking-up-hollywood

Ruby, D. (March 9, 2023). "Jasper AI Review 2023." *DemandSage*. Available at https://www. demandsage.com/jasper-ai-review/

Rumelhart, D., Hinton, G., and Williams, R. (1986). "Learning Internal Representations by Error Propagation." In D. E. Rumelhart, J. L. McClelland, and PDP Research Group, eds., *Parallel Distributed Processing: Explorations in the Microstructure of Cognition*, Vol. 1: Foundations. MIT Press, pp. 318–362.

Russell, D. R. (2002 [1991]). *Writing in the Academic Disciplines*. Southern Illinois University Press.

Russell, S. (2019). *Human Compatible*. Penguin Random House.

Russell, S., and Norvig, P. (2021). *Artificial Intelligence: A Modern Approach*, 4th ed. Pearson Education.

Saenger, P. (1982). "Silent Reading: Its Impact on Late Medieval Script and Society." *Viator* 13: 367–414.

Samuel, A. L. (1959). "Some Studies in Machine Learning Using the Game of Checkers." *IBM Journal of Research and Development* 3(3): 210–229.

Samuelson, P. (1986). "Allocating Ownership Rights in Computer-Generated Works." *University of Pittsburgh Law Review* 47: 1185–1228.

Samuelson, P. (2020). "AI Authorship?" *Communications of the ACM* 63(7): 20–22.

Sapir, E. (1921). *Language*. Harcourt, Brace.

Savage-Rumbaugh, S. (1994). *Kanzi: The Ape on the Brink of the Human Mind*. Wiley.

Savoldi, B., et al. (2021). "Gender Bias in Machine Translation." *Transactions of the Association for Computational Linguistics* 9: 845–874. Available at https://arxiv.org/abs/2104.06001

Schank, R. C., and Abelson, R. P. (1977). *Scripts, Plans, Goals and Understanding: An Inquiry into Human Knowledge Structures*. Lawrence Erlbaum.

Schatten, J. (September 14, 2022). "Will Artificial Intelligence Kill College Writing?" *Chronicle of Higher Education*. Available at https://www.chronicle.com/article/will-artificial-intelligence-kill-college-writing

Schiff, J. (n.d.). "A Brief History of Yale." Yale University Library. Available at https://guides.library.yale.edu/yalehistory

Scott, K. (2022). "I Do Not Think It Means What You Think It Means: Artificial Intelligence, Cognitive Work & Scale." *Daedalus* 151(2): 75–84.

Scragg, D. G. (1974). *A History of English Spelling*. Barnes and Noble.

Scribner, S., and M. Cole (1981). *The Psychology of Literacy*. Harvard University Press.

Sealfon, R. (May 2019). "The History of the Spelling Bee." *Smithsonian Magazine*. Available at https://www.smithsonianmag.com/arts-culture/history-spelling-bee-180971916/

Selinger, E. (January 15, 2015). "Will Autocomplete Make You Too Predictable?" *BBC Future*. Available at https://www.bbc.com/future/article/20150115-is-autocorrect-making-you-boring

Shah, C., and Bender, E. M. (2022). "Situating Search." CHIIR '22. Association for Computing Machinery. Available at https://dl.acm.org/doi/pdf/10.1145/3498366.3505816

Shah, H. (n.d.). "How GitHub Democratized Coding, Built a $2 Billion Business, and Found a New Home at Microsoft." *Nira Blog*. Available at https://nira.com/github-history/

Shahriar, S. (2021). "GAN Computers Generate Arts? A Survey on Visual Arts, Music, and Literary Text Generation Using Generative Adversarial Network." Available at https://arxiv.org/abs/2108.03857v2

Shane, J. (December 30, 2021). "New Years Resolutions Generated by AI." *AI Weirdness*. Available at https://www.aiweirdness.com/new-years-resolutions-generated-by-ai/

Shank, B. (2004). *A Token of My Affection: Greeting Cards and American Business Culture*. Columbia University Press.

Shapiro, L., ed. (2014). *The Routledge Handbook of Embodied Cognition*. Routledge.

Shearer, E. (January 12, 2021). "More Than Eight-in-Ten Americans Get News from Digital Devices." *Pew Research Center*. Available at https://www.pewresearch.org/fact-tank/2021/01/12/more-than-eight-in-ten-americans-get-news-from-digital-devices/

Shepherd, R. (n.d.). "Why I Write." *Poets.org*. Available at https://poets.org/text/why-i-write

Shermis, M. D., and Burstein, J., eds. (2013). *Handbook of Automated Essay Evaluation*. Routledge.

Shneiderman, B. (1987). *Designing the User Interface: Strategies for Effective Human–Computer Interaction*. Addison-Wesley.

Shneiderman, B. (2022). *Human-Centered AI*. Oxford University Press.

Siegal, N. (June 9, 2015). "Disputed Painting Is Declared an Authentic Rembrandt After Decades." *New York Times*. Available at https://www.nytimes.com/2015/06/09/arts/international/lifting-doubt-over-a-rembrandt.html

Silverstone, R., and Hirsch, E., eds. (1992). *Consuming Technologies: Media and Information in Domestic Spaces*. Routledge.

Simonite, T. (June 8, 2021). "What Really Happened When Google Ousted Timnit Gebru." *Wired*. Available at https://www.wired.com/story/google-timnit-gebru-ai-what-really-happened/

Sinclair, U. (1906). *The Jungle*. Doubleday, Page.

Skeide, M., et al. (2017). "Learning to Read Alters Cortico-Subcortical Cross-Talk in the Visual System of Illiterates." *Sciences Advances* 3(5): 1–7.

Skinner, B. F. (1957). *Verbal Behavior*. Copley.

Slater, D. (2014). *Wildlife Personalities*. Blurb.

Slavin, R. E. (1991). "Reading Effects of IBM's 'Writing to Read' Program: A Review of Evaluations." *Educational Evaluation and Policy Analysis* 13(1): 1–11.

Slocum, J. (n.d.). "Machine Translation at Texas: The Later Years." Linguistics Research Center, University of Texas at Austin. Available at https://liberalarts.utexas.edu/lrc/about/history/machine-translation-at-texas/later-years.php

Smith, T. (June 30, 2018). "More States Opting to 'Robo-Grade' Student Essays by Computer." *NPR*. Transcript available at https://www.npr.org/transcripts/624373367?storyId=624373367?storyId=624373367

Smith, Z. (July 15, 2006). "On the Beginning." *Guardian*. Available at https://www.theguardian.com/books/2006/jul/15/zadiesmith

Springer, S., Buta, P., and Wolf, T. C. (1991). "Automatic Letter Composition for Customer Service." *Proceedings of the Third Conference on Innovative Applications of Artificial Intelligence*. AAAI. Available at https://www.researchgate.net/publication/221016496_Automatic_Letter_Composition_for_Customer_Service

"Spurned Love Leads to Knitting Invention" (November 13, 2014). *BBC Home*. Nottingham. Available at https://www.bbc.co.uk/nottingham/content/articles/2009/07/20/william_lee_knitting_frame_feature.shtml

Stein, M. I. (1953). "Creativity and Culture." *Journal of Psychology* 36: 311–322.

Stewart, S. (October 15, 2021). "Translators Fight for Credit on Their Own Book Covers." *Publishers Weekly*. Available at https://www.publishersweekly.com/pw/by-topic/industry-news/publisher-news/article/87649-translators-fight-for-credit-on-their-own-book-covers.html

Stokel-Walker, C. (January 18, 2023). "ChatGPT Listed as Author on Research Papers: Many Scientists Disapprove." *Nature*. Available at https://www.nature.com/articles/d41586-023-00107-z

Strachey, C. (1954). "The 'Thinking' Machine." *Encounter* 3(4): 25–31.

Strubell, E., Ganesh, A., and McCallum, A. (2019). "Energy and Policy Considerations for Deep Learning in NLP." Available at https://arxiv.org/pdf/1906.02243.pdf

"Summary of the Berne Convention for the Protection of Literary and Artistic Works (1886)" (n.d.). *World Intellectual Property Organization*. Available at https://www.wipo.int/treaties/en/ip/berne/summary_berne.html

Susskind, D. (2020). *A World Without Work*. Metropolitan.

Susskind, R. (2017). *Tomorrow's Lawyers*, 2nd ed. Oxford University Press.

Susskind, R., and Susskind, D. (2015). *The Future of the Professions*. Oxford University Press.

Swafford, I. (July 27, 2021). "First-of-Its-Kind Stanford Machine Learning Tool Streamlines

Student Feedback Process for Computer Science Professors." *Stanford News*. Available at https://news.stanford.edu/2021/07/27/ai-tool-streamlines-feedback-coding-homework/

Swanburg, C. (2021). "Research and Writing." In J. R. Presser, J. Beatson, and G. Chan, eds., *Litigating Artificial Intelligence*. Emond, pp. 505–524.

Swift, J. (1991 [1712]). "A Proposal for Correcting, Improving and Ascertaining the English Tongue." In T. Crowley, *Proper English? Readings in Language, History, and Cultural Identify*. Routledge, p. 37.

Switek, B. (2011). "Mastodon Fossil Throws Up Questions over 'Rapid' Extinction." *Nature*. Available at https://www.nature.com/articles/news.2011.606

Tegmark, M. (2017). *Life 3.0: Being Human in the Age of Artificial Intelligence*. Knopf.

Teitelman, W. (1966). *PILOT: A Step Toward Man–Computer Symbiosis*. MA thesis, Department of Mathematics, Massachusetts Institute of Technology. Available at https://apps.dtic.mil/sti/pdfs/AD0638446.pdf

Temple, E. (June 5, 2012). "A New Edition of 'A Farewell to Arms' Contains over 40 Alternate Endings." *Flavorwire*. Available at https://www.flavorwire.com/305974/a-new-edition-of-a-farewell-to-arms-contains-hemingways-40-alternate-endings

Terrace, H. (1979). *Nim*. Knopf.

Terrell, E. (January 17, 2019). "When a Quote Is Not (Exactly) a Quote: The Business of America Is Business Edition." *Library of Congress Blogs*. Available at https://blogs.loc.gov/inside_adams/2019/01/when-a-quote-is-not-exactly-a-quote-the-business-of-america-is-business-edition/

Theron, D. (July 28, 2022). "Getting Started with Bloom." *Towards Data Science*. Available at https://towardsdatascience.com/getting-started-with-bloom-9e3295459b65

Thompson, C. (February 18, 2022). "What the History of AI Tells Us About Its Future." *MIT Technology Review*. Available at https://www.technologyreview.com/2022/02/18/1044709/ibm-deep-blue-ai-history/

Thompson, C. (March 15, 2022). "It's Like GPT-3 but for Code—Fun, Fast, and Full of Flaws." *Wired*. Available at https://www.wired.com/story/openai-copilot-autocomplete-for-code/

Thompson, C. (October 13, 2022). "AI Shouldn't Compete with Workers—It Should Supercharge Them." *Wired*. Available at https://www.wired.com/story/ai-shouldnt-compete-with-workers-it-should-supercharge-them-turing-trap/

Thornton, T. P. (1996). *Handwriting in America*. Yale University Press.

Thouin, B. (1982). "The METEO System." In V. Lawson, ed., *Practical Experience of Machine Translation*. North-Holland, pp. 39–44.

Thunström, A. O. (June 30, 2022). "We Asked GPT-3 to Write an Academic Paper About Itself—and Then We Tried to Get It Published." *Scientific American*. Available at https://www.scientificamerican.com/article/we-asked-gpt-3-to-write-an-academic-paper-about-itself-mdash-then-we-tried-to-get-it-published/

Thurman, N., Dörr, K., and Kunert, J. (2017). "When Reporters Get Hands-On with Robo-Writing." *Digital Journalism* 5(10): 1240–1259.

Thurman, N., Lewis, S. C., and Kunert, J., eds. (2021). *Algorithms, Automation, and News*. Routledge.

Tiku, N. (June 11, 2022). "The Google Engineer Who Thinks the Company's AI Has Come to Life." *Washington Post*. Available at https://www.washingtonpost.com/technology/2022/06/11/google-ai-lamda-blake-lemoine/

Tomar, D. (2012). *The Shadow Scholar*. Bloomsbury.

Toral, A. (2019). "Post-Editese: An Exacerbated Translationese." In *Proceedings of Machine Translation Summit XVII, Research Track*, pp. 273–281. Dublin, European Association for Machine Translation.

Tremmel, M. (2011). "What to Make of the Five-Paragraph Theme." Teaching English in the Two-Year College 39(1): 29–42.

Trithemius, J. (1974 [1492]). *In Praise of Scribes (De Laude Scriptorum)*. Ed. K. Arnold, trans. R. Behrendt. Coronado.

Tsu, J. (2022). *Kingdom of Characters: The Language Revolution That Made China Modern*. Penguin Random House.

Turing, A. (1937). "On Computable Numbers, with an Application to the Entscheidungsproblem." *Proceedings of the London Mathematical Society* 42: 230–265.

Turing, A. (1948). "Intelligent Machinery." National Physical Laboratory. Typescript. Available at https://www.npl.co.uk/getattachment/about-us/History/Famous-faces/Alan-Turing/80916595-Intelligent-Machinery.pdf?lang=en-GB. Also in B. J. Copeland, ed. (2004), *The Essential Turing*. Oxford University Press, pp. 410–432.

Turing, A. (1950). "Computing Machinery and Intelligence." *Mind* 59(236): 433–460.

Turing, A. (May 15, 1951). "Can Digital Computers Think?" BBC Radio Program. Text available in B. J. Copeland, ed. (2004), *The Essential Turing*. Oxford University Press, pp. 482–486.

Turing, A., et al. (January 10, 1952). "Can Automatic Calculating Machines Be Said to

Think?" BBC Radio Program. Text available in B. J. Copeland, ed. (2004), *The Essential Turing*. Oxford University Press, pp. 494–506.

Tyson, L. D., and Zysman, J. (2022). "Automation, AI & Work." *Daedalus* 151(2): 256–271.

Udagawa, A. F. (January 1, 2021). "New Year's Resolution: #Namethetranslator." *GLLI*. Available at https://glli-us.org/2021/01/01/new-years-resolution-nam ethetranslator/

"UK Copyright Law: Fact Sheet P-01" (2021). *UK Copyright Service*. Available at https://copyrightservice.co.uk/copyright/p01_uk_copyright_law

Urry, H. L., et al. (2021). "Don't Ditch the Laptop Just Yet: A Direct Replication of Mueller and Oppenheimer's (2014) Study 1 Plus Mini Meta-Analyses Across Similar Studies." *Psychological Science* 32(3): 326–339.

US Copyright Office (2014). *Compendium of US Copyright Office Practices*, 3rd ed. §313.2.

US Food and Drug Administration (n.d.). "When and Why Was FDA Formed?" Available at https://www.fda.gov/about-fda/fda-basics/when-and-why-was-fda-formed

Valand, S. S. (December 19, 2022). "Is It Now That the Living Writing Dies?" *Klassekampen*. Original Norwegian available at https://klassekampen.no/utgave/2022-12-19/debatt-er-det-na-den-levende-skriften-dor1/; English translation through Microsoft Translator.

van Bezooijen, R. (1995). "Sociocultural Aspects of Pitch Differences Between Japanese and Dutch Women." *Language and Speech* 38(3): 253–265.

Vanmassenhove, E., Shterionov, D., and Gwilliam, M. (2021). "Machine Translationese: Effects of Algorithmic Bias on Linguistic Complexity in Machine Translation." *Proceedings of the 16th Conference of the European Chapter of the Association for Computational Linguistics: Main Volume*. Available at https://aclanthology.org/2021.eacl-main.188/

Vara, V. (August 9, 2021). "Ghosts." *The Believer Magazine*. Available at https://www.thebeliever.net/ghosts

Vaswani, A., et al. (2017). "Attention Is All You Need." 31st Conference on Neural Information Processing Systems (NIPS 2017). Available at https://arxiv.org/abs/1706.03762

Vincent, J. (January 12, 2018). "Google 'Fixed' Its Racist Algorithm by Removing Gorillas from Its Image-Labeling Tech." *The Verge*. Available at https://www.theverge.com/2018/1/12/16882408/google-racist-gorillas-photo-recognition-algorithm-ai

Vincent, J. (April 17, 2018). "Watch Jordan Peele Use AI to Make Barack Obama Deliver a PSA About Fake News." *The Verge*. Available at https://www.theverge.com/

tldr/2018/4/17/17247334/ai-fake-news-video-barack-obama-jordan-peele-buzzfeed

Vincent, J. (April 10, 2019). "The First AI-Generated Textbook Shows What Robot Writers Are Actually Good At." *The Verge*. Available at https://www.theverge.com/2019/4/10/18304558/ai-writing-academic-research-book-springer-nature-artificial-intelligence

Vincent, J. (October 25, 2022). "Shutterstock Will Start Selling AI-Generated Stock Imagery with Help from OpenAI." *The Verge*. Available at https://www.theverge.com/2022/10/25/23422359/shutterstock-ai-generated-art-openai-dall-e-partnership-contributors-fund-reimbursement

Vitale, T. (February17, 2013). "'Amory Show' That Shocked America in 1913, Celebrates 100." *NPR*. Available at https://www.npr.org/2013/02/17/172002686/armory-show-that-shocked-america-in-1913-celebrates-100

"Voters Turn Down Ban on Nuclear Arms Work in Massachusetts City." (November 12, 1983). *Washington Post*. Available at https://www.washingtonpost.com/archive/politics/1983/11/12/voters-turn-down-ban-on-nuclear-arms-work-in-massachusetts-city/c6e9c205-782e-4dbe-8365-053ae3e46229/

Waldorf Today (n.d.). "7 Benefits of Waldorf's 'Writing to Read' Approach." From Nelson Waldorf School. Available at https://www.waldorftoday.com/2018/05/7-benefits-of-waldorfs-writing-to-read-approach/

Walker, M., and Matsa , K. E. (May 21, 2021). "A Third of Large U.S. Newspapers Experienced Layoffs in 2020, More Than in 2019." *Pew Research Center*. Available at https://www.pewresearch.org/fact-tank/2021/05/21/a-third-of-large-u-s-newspapers-experienced-layoffs-in-2020-more-than-in-2019/

Walker, M., and Matsa, K. E. (September 20, 2021). "News Consumption Across Social Media in 2021." *Pew Research Center*. Available at https://www.pewresearch.org/journalism/2021/09/20/news-consumption-across-social-media-in-2021/

Walker, P. R. (November 23, 2015). "The Trials and Triumphs of Leon Dostert '28." Occidental College. Available at https://www.oxy.edu/magazine/issues/fall-2015/trials-and-triumphs-leon-dostert-28

Wang, G. (October 20, 2019). "Humans in the Loop: The Design of Interactive AI Systems." *Stanford University Human-Centered Artificial Intelligence*. Available at https://hai.stanford.edu/news/humans-loop-design-interactive-ai-systems

Wardrip-Fruin, N. (September 13, 2006). "The Story of Meehan's Tale-Spin." *Grand Text*

Auto. Available at https://grandtextauto.soe.ucsc.edu/2006/09/13/the-story-of-meehans-tale-spin/

Warner, J. (2018). *Why They Can't Write*. Johns Hopkins University Press.

Weaver, W. (1949). "Translation." Memorandum. Rockefeller Foundation. Available at http://gunkelweb.com/coms493/texts/weaver_translation.pdf

Weaver, W. (1964). *Alice in Many Tongues*. University of Wisconsin Press.

Weizenbaum, J. (1966). "ELIZA—A Computer Program for the Study of Natural Language Communication Between Men and Machines." *Communications of the ACM 9*: 36–45.

Welbl, J., et al. (2021). "Challenges in Detoxifying Language Models." DeepMind. Available at https://arxiv.org/pdf/2109.07445.pdf

Wetsman, N. (March 9, 2021). "Google Translate Still Isn't Good Enough for Medical Instructions." *The Verge*. Available at https://www.theverge.com/2021/3/9/22319225/google-translate-medical-instructions-unreliable

"What Does Copyright Protect?" (n.d.). *US Copyright Office*. Available at https://www.copyright.gov/help/faq/faq-protect.html

"What Grades Can AI Get in College?" (n.d.). *EduRef.net*. Available at https://best-universities.net/features/what-grades-can-ai-get-in-college/

"What Is a Neuron?" (n.d.). *Queensland Brain Institute*. University of Queensland, Australia. Available at https://qbi.uq.edu.au/brain/brain-anatomy/what-neuron

"When Greek and Latin Ruled" (September 29, 1914). *Harvard Crimson*. Available at https://www.thecrimson.com/article/1914/9/29/when-greek-and-latin-ruled-pthe/

White, E. M. (1969). "Writing for Nobody." *College English* 31(2): 166–168.

"Why I Write: 23 Fascinating Quotes from Famous Authors" (March 27, 2014). *Aerogramme Writers' Studio*. Available at https://www.aerogrammestudio.com/2014/03/27/why-i-write-23-quotes-famous-authors/

Wiesel, E. (April 14, 1985). "Why Would I Write: Making No Become Yes." *New York Times*. Available at https://www.nytimes.com/1985/04/14/books/why-would-i-write-making-no-become-yes.html

Wiggers, K. (November 23, 2022). "Harvey, Which Uses AI to Answer Legal Questions, Lands Cash from OpenAI." *TechCrunch*. Available at https://techcrunch.com/2022/11/23/harvey-which-uses-ai-to-answer-legal-questions-lands-cash-from-openai/

Wiggers, K. (December 10, 2022). "OpenAI's Attempts to Watermark AI Text Hit Limits." *TechCrunch*. Available at https://techcrunch.com/2022/12/10/openais-attempts-to-

· watermark-ai-text-hit-limits/

Wilk, E. (March 28, 2021). "What AI Can Teach Us About the Myth of Human Genius." *The Atlantic*. Available at https://www.theatlantic.com/culture/archive/2021/03/pharmako-ai-possibilities-machine-creativity/618435/

Wilson, C. (November 6, 2008). "Introducing President 'Barracks Boatman'— Updated." *Slate*. Available at https://slate.com/news-and-politics/2008/11/introducing-president-barracks-boatman-updated.html

Winerip, M. (April 22, 2012). "Facing a Robo-Grader? Just Keep Obfuscating Mellifluously." *New York Times*. Available at https://www.nytimes.com/2012/04/23/education/robo-readers-used-to-grade-test-essays.html

Wolf, G. (1995). "The Curse of Xanadu." *Wired*. Available at https://www.wired.com/1995/06/xanadu/

"Workshop on Foundation Models" (August 23–24, 2021). Stanford University Institute for Human-Centered Artificial Intelligence. Available at https://crfm.stanford.edu/workshop.html

Wozniak, J. M. (1978). *English Composition in Eastern Colleges*, 1850–1940. University Press of America.

Wright, L. (n.d.). "The History of Microsoft Word." *CORE*. Available at https://www.core.co.uk/blog/blog/history-microsoft-word

Wu, Y., et al. (2016). "Google's Neural Machine Translation System: Bridging the Gap Between Human and Machine Translation." Available at https://arxiv.org/abs/1609.08144

Xu, Wei (2019). "Toward Human-Centered AI: A Perspective from Human–Computer Interaction." *Interactions* 26(4): 42–46.

Yan, D., Rupp, A. A., and Foltz, P. W., eds. (2020). *Handbook of Automated Scoring: Theory into Practice*. Chapman and Hall/CRC.

Yates, J. (1989). *Control Through Communication*. Johns Hopkins University Press.

"Year of China: Introduction to Chinese Characters" (n.d.). *Brown University*. Available at https://www.brown.edu/about/administration/international-affairs/year-of-china/language-and-cultural-resources/introduction-chinese-characters/introduction-chinese-characters

Zacharias, T., Taklikar, A., and Giryes, R. (n.d.). "Extending the Vocabulary of Fictional Languages Using Neural Networks." Available at https://arxiv.org/pdf/2201.07288.pdf

Zafón, C. R. (n.d.). "Why I Write." *Carlos Ruiz Zafón*. Available at https://www.carlosruizzafon.co.uk/landing-page/carlos-ruiz-zafon/carlos-ruiz-zafon-why-i-write/

Zedelius, C. M., and Schooler, J. W. (2020). "Capturing the Dynamics of Creative Daydreaming." In D. D. Preiss, D. Cosmelli, and J. C. Kaufman, eds., *Creativity and the Wandering Mind*. Academic, pp. 55–72.

Zeitchik, S. (November 26, 2021). "We Asked a Computer Program to Imitate Gay Talese's Writing. Then We Asked Talese What He Thought." *Washington Post*. Available at https://www.washingtonpost.com/technology/2021/11/26/sudowrite-gpt3-talese-imitate/

Zhang, Q.-x. (2016). "Translator's Voice in Translated Texts." *Journal of Literature and Art Studies* 6(2): 178–185. Available at http://www.davidpublisher.com/Public/uploads/Contribute/568c7f57043fe.pdf

Zhou, B. (n.d.). "Artificial Intelligence and Copyright Protection—Judicial Practice in Chinese Courts." Available at https://www.wipo.int/export/sites/www/about-ip/en/artificial_intelligence/conversation_ip_ai/pdf/ms_china_1_en.pdf

Zimmer, B. (January 13, 2011). "Auto(in)correct." *New Yok Times Magazine*. Available at https://www.nytimes.com/2011/01/16/magazine/16FOB-onlanguage-t.html

Zimmer, C. (June 20, 2014). "This Is Your Brain on Writing." *New York Times*. Available at https://www.nytimes.com/2014/06/19/science/researching-the-brain-of-writers.html

찾아보기

　　　　　　　　　　　　　　　　AI시대의 글쓰기

북트리거 일반 도서

북트리거 청소년 도서

쓰기의 미래

AI라는 유혹적 글쓰기 도구의 등장, 그 이후

1판 1쇄 발행일 2025년 1월 15일

지은이 나오미 배런
옮긴이 배동근 ┃ 해제 엄기호
펴낸이 권준구 ┃ 펴낸곳 (주)지학사
편집장 김지영 ┃ 편집 공승현 명준성 원동민
책임편집 공승현 ┃ 디자인 정은경디자인
마케팅 송성만 손정빈 윤술옥 이채영 ┃ 제작 김현정 이진형 강석준 오지형
등록 2017년 2월 9일(제2017-000034호) ┃ 주소 서울시 마포구 신촌로6길 5
전화 02.330.5265 ┃ 팩스 02.3141.4488 ┃ 이메일 booktrigger@naver.com
홈페이지 www.jihak.co.kr ┃ 포스트 post.naver.com/booktrigger
페이스북 www.facebook.com/booktrigger ┃ 인스타그램 @booktrigger

ISBN 979-11-93378-32-8 03700

북트리거

트리거(trigger)는 '방아쇠, 계기, 유인, 자극'을 뜻합니다.
북트리거는 나와 사물, 이웃과 세상을 바라보는 시선에 신선한 자극을 주는 책을 펴냅니다.